미중 경쟁과 글로벌 디지털 거버넌스

미중 경쟁과 글로벌 디지털 거버넌스

2020년 8월 21일 초판 1쇄 인쇄
2020년 8월 31일 초판 1쇄 발행

엮은이 이승주
지은이 이승주·배영자·차정미·홍건식·강하연·유인태·김상배·김주희·이왕휘·김준연·
　　　 최용호·김지이

펴낸이 윤철호·고하영
펴낸곳 (주)사회평론아카데미
편집 김천희
디자인 김진운
마케팅 최민규
등록번호 2013-000247(2013년 8월 23일)
전화 02-326-0333
팩스 02-326-1626
주소 03993 서울특별시 마포구 월드컵북로6길 56
ISBN 979-11-89946-73-9　93340

이 저서는 2016년 대한민국 교육부와 한국연구재단의 지원을 받아 수행된 연구임(NRF-2016S1A3A2924409).

미중 경쟁과 글로벌 디지털 거버넌스

이승주 엮음

사회평론아카데미

서론

디지털경제 시대 미중 경쟁과 글로벌 거버넌스

이승주

2018년 3월 트럼프 행정부의 중국산 수입품에 대한 관세 부과로 시작된 미중 무역전쟁이 장기화되면서 미중 경쟁이 새로운 단계로 진입하고 있다. 미중 무역전쟁의 외연은 무역 불균형을 시정하려는 미국의 문제제기에서 비롯되었으나, 그 본질은 향후 세계질서를 주도하기 위한 전략 경쟁이다. 이 때문에 미중 경쟁이 디지털 무역, 빅데이터, 디지털 통화, 인공지능(AI), 해외직접투자(FDI) 등 디지털 분야에서 전방위적으로 전개되고 있다. 전략 경쟁은 현재뿐 아니라 미래의 주도권 다툼이라는 면에서 기술 경쟁, 특히 첨단산업 분야의 기술 경쟁이 갖는 국제정치적 중요성이 지대하다. 중국이 '중국제조 2025'를 통해서 기술 자급력을 높이려고 시도하는 데 대하여, 미국은 중국 기업들의 미국 기술 탈취에 대하여 강력한 문제제기를 하고 중국 기술 기업에 대한 거래 제한과 대미 투자 제한 등 강력한 대응을 하고 있다. 더 나아가 미중 양국에서는 공급 사슬을 분리함으로써 향후 패권 경쟁에 대비해야 한다는 주장이 제기되고 있다.

　이 책은 디지털경제 시대 미중 경쟁의 본질을 검토하고, 이를 바탕으로 글로벌 디지털 거버넌스의 형성을 둘러싼 주요 행위자들 사이의 동태적 상호작용을 분석한다. 기술 경쟁은 지구적 차원에서 기술 표준 설정, 지적재산권 보호, 외국인 투자 보호 등 다양한 이슈와 직간접적으로 맞닿아 있다. 이는 네 가지 측면에서 주목할 필요가 있다. 첫째, 기술 경쟁의 중요한 특징 가운데 하나는 '이슈 연계(issue linkage)'이다. 기술이 독자적 이슈로서 중요성을 갖기도 하지만, 다른 이슈와 긴밀하게 연계되고 있다는 점에서 그 중요성이 더욱 부각된다. 문제는 이슈 연계로 인해 문제의 복잡성이 매우 커진다는 데 있다. 즉, 이슈 연계에 따른 복잡성의 증가는 현상에 대한 파악, 원인 규명, 대안의 발견, 집합행동의 조직 등 문제해결의 각 단계마다 어려움을 가중시키는 경향이 있다. 미중 기술 경쟁이 매우 다양한 모습을 보이고 있는 것은 이슈 연계 현상과 밀접한 관련이 있다. 표면적으로 다른 이슈의 모습을 보이더라도, 그 본질은 기술 경쟁으로 연결될 수 있기 때문에 문제해결이 결코 용이하지 않을 수 있다.

둘째, 기술 경쟁의 '경제·안보 넥서스(economy-security nexus)' 효과이다. 트럼프 행정부가 '파이브아이즈(Five Eyes)'에 화웨이의 5G 장비 도입을 배제할 것을 강력하게 요청한 데서 경제·안보 넥서스로서 기술 경쟁의 성격이 명확하게 드러났다. 기술 경쟁의 안보화라고 할 수 있다. 물론 과도한 안보화의 가능성에 대하여 우려의 목소리가 제기되고 있기도 하지만, 미중 전략 경쟁에서 경제·안보 넥서스는 불가피한 측면이 있다. 전략 경쟁의 수위가 높아질수록 경제·안보 넥서스 현상은 더욱 강화될 것이다. 트럼프 행정부가 2020년 5월 인권 탄압과 대량살상무기 개발에 관여했다는 이유로 중국 33개 기업과 기관을 제재하기로 발표한 것이 이를 뒷받침한다.

셋째, 기술 경쟁이 기술력 또는 경제력에 의해서만 결정되는 것은 아니며, 표준 경쟁과 규범 경쟁의 측면도 있다. 기술 경쟁은 한편으로는 경쟁국에 비해 우월한 기술 수준을 갖추는 것을 기본으로 하지만, 다른 한편으로는 자국과 기술 표준을 공유하는 국가들을 많이 확보하기 위한 경쟁이기도 하다. 이 경쟁에서 승리하는 국가가 향후 수립될 세계 경제질서를 자국의 기술 표준으로 통합시키기 위한 규범 경쟁에서 유리한 위치를 확보할 수 있을 것이라는 예상은 충분히 가능하다. 문제는 규범 경쟁의 핵심은 보편성을 기반으로 해야 한다는 점에 비추어 볼 때, 현 시점에서 자국의 이익을 우선 추구하는 미국과 중국의 리더십 한계는 명확하다. 규범 경쟁이 장기화될 가능성이 있으며, 이를 최소화하기 위해서는 중견국 리더십이 요구되기도 한다.

넷째, 미중 기술 경쟁은 '장의 연계(forum linkage)'라는 시각에서 이해할 필요가 있다. 미국과 중국은 기술 경쟁에서 유리한 위치를 확보하기 위해 양자, 지역, 다자 수준을 상호 연계하고 있다. '무역 관련 투자조치(Trade Related Investment Measures, TRIMS)' 및 '무역 관련 지적재산권 협정(The Agreement on Trade Related Aspects of Intellectual Property Rights, TRIPs)'의 사례에서 나타나듯이, WTO도 이 문제의 중요성을 인식하고 상당히 오랫동안 협상을 진행해왔다. 그러나 WTO 협상 자체가 획기적 성과를 내기 어려운 구조적 한계를 보이고 있을 뿐 아니라, 트럼프 행정부의 WTO에 대한 비판적 인식에서 나타나듯이, 미국은 다자 차원보다는 양자적 접근 방식을 통해 이 문제를 해결하려는 데 우선순위를 부여하고 있다. 다만, 트럼프 행정부의 양자주의는 그 자체가 목적이라기보다는 수단적 성격이 강하다. 양자주의를 통해 자신이 선호하는 규범과 규칙의 선례를 축적하고 이를 향후 전개될 다자 협상에 적극 활용하는 전략적 접근을 할 것으로 보인다.

이승주는 글로벌 디지털 거버넌스 수립을 둘러싸고 전개되는 경쟁이 다차원적으로 형성되고 있음에 주목한다. 이슈 연계에 더해 경쟁의 축이 다차원적이기 때문에 글로벌 디지털 거버넌스의 수립 과정에서 복합 갈등 구도가 형성되고 있다는 것이다. 구체적으로 미국, EU, 중국은 데이터의 초국적 이동에 대한 기본 인식과 원칙이 상이할 뿐아니라, 실행 전략에서도 상당한 차별성을 드러내고 있다. 이로 인해 미국, EU, 중국은 경쟁과 협력의 양면 전략을 구사하고 있으며, 글로벌 디지털 거버넌스 수립의 동학은 매우 복잡하고 유동적일 수밖에 없다. 이승주는 주요국들이 글로벌 데이터 거버넌스를 수립하는 과정에서 유리한 위치를 확보하기 위해 양자, 지역, 다자 등 다양한 층위의 장을 연계하는 것이 글로벌 디지털 거버넌스의 수립 과정에 복잡성을 더하는 요인이라고 설명한다.

배영자는 미국의 FDI 규제가 안보화의 과정을 거치면서 강화되었다고 주장한다. 미국의 FDI 규제는 미중 경쟁의 국면에서 트럼프 행정부가 중국 기업의 미국 기업 인수를 저지하기 위한 수단으로 활용하면서 가시화되었다. 트럼프 행정부에서 제도적으로 강화된 해외투자위원회(Committee on Foreign Investment in the United States, CFIUS)가 앤트파이낸셜(Ant Financial)의 머니그램(MoneyGram) 인수 시도와 화웨이의 3리프(3leaf) 지분 매입을 모두 불허하면서 미국의 FDI 규제는 미중 경쟁의 핵심 사안으로 부상하였다. 배영자에 따르면, 미국이 FDI 규제를 안보화한 기원은 1980년대 말까지 거슬러 올라간다. 1900년대 부분적으로 완화되었던 FDI 규제는 2007년 외국인 투자 및 국가안보법(Foreign Investment and National Security, FINSA)과 2018년 '외국인 투자위험 심사 현대화법(Foreign Investment Risk Review Modernization Act, FIRRMA)의 제정을 계기로 대폭 강화되었다. 배영자는 FDI 규제의 안보화가 미국뿐 아니라, 다른 국가들로 확산되는 경향이 있음을 감안할 때, FDI 투자 보장과 국가안보 사이의 균형을 적극적으로 모색할 필요가 있다고 결론내리고 있다.

차정미는 일대일로의 핵심축 가운데 하나인 디지털 실크로드(Digitla Silk Road; 数字丝绸之路)가 미국 정부의 화웨이 제재 등 미국의 공세에 대응하는 수단인 동시에 중국 중심의 디지털 블록을 형성하려는 시도라고 파악한다. 일대일로가 전통 인프라의 연결성을 증대시키는 데 초점을 맞춘 것이라면, 디지털 실크로드는 ICT 상품과 서비스 무역의 확대와 이를 위한 디지털 인프라의 건설을 추구한다는 면에서 차별적이다. 차정미는 중국의 담론, 전략, 추진 양상을 검토함으로써, 중국이 디지털 실크로드를 통해 디지털경제의 영향력을 확대하는 동시에 지역 차원의 디지털 생태계를 구축하려는 시도임을 밝히고 있다. 차정미는 더 나아가 이러한 분석을 바탕으로 디지털 실크로드가 디지털경제 분야에서 역내 국가들의 대중국 의존도를 심화시키는 결과를 초래하고 있다는 국제정치경제적 함의를 제시하고 있다.

홍건식은 디지털 무역질서의 변화의 동학을 '레짐 복합성'(regime complex)의 관점에서 분석한다. 조셉 나이(Joseph Nye)가 최초로 제시한 레짐 복합성 프레임워크는 환경과 원자력 등의 분야의 국제정치경제 현상을 설명하는 데 활용되기는 하였다. 홍건식은 레짐 복합성 프레임워크를 디지털 무역 분야에 적용함으로써 분석 도구로서 레짐 복합성의 적실성과 확장 가능성을 탐색하였다는 데 상당한 의미가 있다고 할 수 있다. 홍건식은 디지털 무역 레짐의 복합성이 증대된 것은 미국, EU, 중국 등 주요국들이 차별화된 레짐 접근을 한 결과라고 주장한다. 즉, 미국, EU, 중국이 자신이 처한 환경과 친화성이 높은 디지털 무역질서를 구축하려고 시도하는 과정에서 레짐 복합성이 증대되었다는 것이다.

강하연은 디지털경제 시대의 석유인 데이터, 특히 빅데이터 분야의 글로벌 거버넌스 수립에 대한 정치경제적 분석을 시도한다. 빅데이터의 축적, 수집, 이용, 분석, 가공 등이 현실화되고 있는데, 데이터의 속성은 초국적 유통을 전제로 한다. 데이터의 자유로운 유통과 관리를 관장하는 지구적 차원의 단일 거버넌스가 필요한 이유는 여기에 있다. 그러나 글로벌 데이터 거버넌스의 형성에는 경제적 이해관계만이 투영되는 것은 아니라는 데 문제의 복잡성이 있다. 강하연은 국내적 차원에서 데이터의 이동과 규제 필요성에 대한 사회적 합의가 저마다 상이하게 형성되어 있다는 점에 주목하여, 자국에 유리한 글로벌 데이터 거버넌스를 형성하려는 경쟁이 치열하게 전개되고 있다고 주장한다. 바로 이 때문에 글로벌 데이터 거버넌스의 현재를 진단하고 미래를 전망하기 위해서는 지정학과 지경학적 시각이 필요하다.

유인태는 디지털경제 시대 초국적 기술 기업들이 영향력을 빠르게 확대하는 데 따른 반작용으로서 국가 주권이 확장되는 현상에 주목함으로써 국가와 기업의 관계를 재조명한다. 디지털경제 시대는 초국적 경제활동을 필요로 하는 초국적 기술 기업들과 이에 대한 규제를 시도하는 국가 사이에 근원적 긴장관계가 조성되고 있다. 국가는 국내 기업에 대한 역차별 해소, 기업 이탈 방지, 초국적 기술 기업의 조세 회피 방지 등 다양한 이유에서 초국적 기술 기업을 규제할 필요가 있다. 유인태에 따르면 초국적 기술 기업의 관점에서 볼 때, 국가별로 상이한 규제에 순응해야 하는, 특히 국내 규제의 역외 적용의 대표적 사례인 디지털세 도입에 대한 분석을 통해 주권 개념의 확장과 동태적 변화를 검토한다.

김상배는 '복합지정학'의 시각에서 사이버 안보 분야의 미중 경쟁을 분석한다. 김상배의 문제인식은 미국 정부가 화웨이 문제를 경제 또는 산업적 관점보다는 안보적 관점에서 접근하였다는 데서 출발한다. 미국이 화웨이 문제를 미래의 안보 위협으로 규정함으로써 기술 또는 산업 문제를 안보화하였다는 것이다. 김상배는 안보화의 이면에는 미국과 중국의 패권 경쟁이라는 국제정치경제적 요인이 작용하였는데, 미국이 중국의 기술 굴기를 견제하려는 우방국들의 협력을 이끌어내기 위해 화웨이 문제를 안보화하였다고 주장한다. 김상배는 장주기이론, 코펜하겐학파의 안보화이론, 전략무역이론, 행위자-네트워크이론 등으로 구성한 독자적인 분석틀에 기반하여 이러한 주장을 뒷받침하고 있다.

김주희는 디지털경제 시대 미중 경쟁에 대한 유럽의 대응 전략에 초점을 맞추고 있다. 유럽 국가들의 입장에서 볼 때, 5G 네트워크 도입을 둘러싼 미중 갈등은 경제의 디지털화를 위한 '따라잡기'와 미중 패권 경쟁에 대한 대응이라는 양면의 도전을 제기하고 있다. 김주희는 유럽 국가가 개인정보 보호와 관련 GDPR의 채택을 통해 단일한 입장을 취했던 것과 달리, 5G와 디지털세 도입 문제에 대해서는 매우 차별화된 대응 전략을 추구하고 있다고 주장한다.

이왕휘는 미중 경쟁이 디지털 통화 분야로 확대되고 있을 뿐 아니라, 디지털 통화의 도입에 대해 미국과 중국이 전혀 다른 입장을 취하고 있음에 주목한다. 페이스북(Facebook)이 추진하는 리브라(Libra)와 중국인민은행이 추진하는 디지털 통화가 많은 차이점에도 불구하고, 미중 디지털 통화 경쟁, 더 나아가 통화 전쟁의 진원지가 될 가능성이 점차 높아지고 있다. 마크 저커버그(Mark Zuckerberg)가 미 하원 청문회에서 "리브라가 미국의 통화와 금융 지배력, 더 나아가 민주적 가치를 확대하는 데 기여할 것"이라고 설파한 것이 미중 디지털 통화 전쟁의 국제정치적 성격을 드러낸다.

김준연은 AI 분야의 미중 경쟁을 '중국의 기술 추격과 미국의 견제'라는 시각에서 분석한다. 미중 AI 경쟁의 본질은 기본적으로 선도국과 추격국의 경쟁 구도라는 것이다. 김준연은 이러한 주장을 '기술의 특성이 해당 산업의 혁신 패턴을 결정한다는 기술혁신론'에 입각하여 검토한다. 기술 선도 전략을 추구하는 미국은 기술 공개를 통해 경쟁국의 추격을 견제하는 전략을 구사한다. 기술 혁신의 성과를 적극적으로 공개함으로써 경쟁국이 미국의 기술 생태계에 대한 의존도를 오히려 높이는 역설적 결과가 초래된다는 것이다. 미국의 이러한 전략에 대응하여 중국은 BAT(바이두, 알리바바, 텐센트)가 주도하는 '공개형 독자 생태계' 전략을 추구한다. 김준연은 이처럼 상이한 패러다임이 미중 AI 경쟁의 향방을 결정할 것이라고 전망한다.

최용호는 1990년대 치열하게 전개되었던 미일 기술 경쟁의 성격을 민군겸용기술에 대한 미국 내 안보 논쟁과 그 결과 초래된 통상 마찰의 사례를 중심으로 검토한다. 최용호는 1980년대 중반에서 1990년대 초 미국과 일본의 통상 마찰이 선도 부문을 둘러싼 경제적 갈등의 형태로 나타난 패권 경쟁의 한 단면이라고 본다. 미일 통상 마찰의 핵심은 기술적으로 부상하는 일본에 대한 미국의 '사다리 걷어차기'라는 것이다. 경제적 이익을 추구하는 경제 행위자들과 패권 경쟁을 위한 정책적 대응이라는 정책 결정자 사이의 선호가 일치된 결과, 미국이 일본과의 통상 마찰을 본격적으로 전개하게 되었다는 주장이다.

기술 경쟁을 안보화는 것은 미국만은 아니다. 김지이는 미국 기술에 대한 위협 인식은 미국에 선행하여 중국에서 먼저 형성되었다고 주장한다. 1990년대 후반 중국은 미국의 기술 기업들이 중국에 진출하는 과정에서 중국 정부의 위협 인식이 강화되었다는 것이다. 중국이 사이버 공간에 인터넷 주권을 강조하는 근원적 이유는 여기에 있다. 김지이는 더 나아가 중국 정부가 사회 질서 유지를 위한 통제 시스템을 필요로 하기 때문에, 미국 기술 기업들의 기술 독점이 경제적 문제에 그치지 않는다고 주장한다. 이러한 면에서 중국 정부의 기술 안보화는 미국의 그것과 근본적으로 상이하다.

14

차례

제2부 디지털경제와 미중 경쟁

제1부

디지털 전략과 글로벌 디지털 거버넌스

제1장

디지털 무역 전략의 국제정치경제

이승주

* 이 글은 이승주. 2020. "디지털 무역 질서의 국제정치경제: 디지털 무역 전략의 차별화와 갈등 구도의 복합성."『한국동북아논총』25(2): 53-80에 게재된 논문을 일부 수정한 것임.

I. 서론

디지털경제의 진전은 다양한 기회를 제공하는 동시에 해결해야 할 도전 과제 역시 제시하고 있다. 디지털경제 시대 세계 주요국들은 경제적 측면에서는 산업과 기술 혁신의 새로운 동력으로서 디지털경제를 적극적으로 지원하고 진흥해야 하는 반면, 사회적 측면에서는 디지털경제로 인해 초래될 수 있는 긍정적·부정적 영향을 최소화시키는 과제에 직면하고 있다.[1] 결국 국내적 차원에서는 디지털경제의 이점과 있을 수 있는 부작용 사이의 건강한 균형을 유지하는 것이 디지털경제의 지속가능성을 담보하는 효과적인 방안이 된다.

주목할 것은 양자 사이의 긴장 관계를 해소하는 방식이 국가별로 매우 상이하다는 점이다. 미국을 비롯한 일부 선진국들은 데이터의 자유로운 이동에 높은 우선순위를 부여하며, 초국적 테크 기업들의 확장을 이면에서 지원하였다. 그러나 일부 권위주의 국가들로 국한되었던 데이터 국지화 관련 규제가 2010년대 중반 이후 초국적 기술 기업과 선진국들에 대한 반발이 커지면서 상당수 개도국들로 확산되는 현상이 대두되고 있다. 데이터의 초국적 이동과 데이터 국지화라는 두 패러다임이 충돌하는 양상이다.

국내적 차원의 문제는 불가피하게 지구적 차원의 거버넌스 수립의 문제를 초래한다. 세계 주요국들이 각자의 독특한 경제적·사회적 요구를 반영하여 저마다 상이한 발전 전략을 추진하고 있기 때문에, 이에 기반하여 자국에 유리한 지구적 차원의 디지털 거버넌스를 수립

---

[1]   이 문제는 디지털경제가 진전하는 과정에서 인터넷 권능화, 인터넷 안과 밖의 경쟁 촉진 및 유지, 프라이버시와 소비자 보호 등 세 가지 정책 목표의 상충으로 이해하기도 한다 (CRS 2018).

하기 위해 노력하게 된다. 한 국가가 추구하는 다자 차원의 디지털 거버넌스 전략은 개인정보 보호와 데이터의 초국적 이전에서 디지털 산업의 성장 전략과 규제 정책에 이르기까지 실로 다양한 이슈를 포괄하여 수립된다. 지구적 차원의 디지털 거버넌스를 수립하려는 노력이 증대하는 필요성에도 불구하고 뚜렷한 성과를 거두지 못하는 근본 원인은 이처럼 세계 주요국들의 입장이 근본적으로 상이하기 때문이다.

　더욱이 주요국 간 경쟁의 차원이 더해지기 때문에 문제의 복잡성은 더욱 커질 수밖에 없다. 글로벌 디지털 거버넌스의 수립은 한편으로는 데이터의 수집·분석·활용을 위한 경쟁이라는 점을 부인하기 어렵다. 디지털경제가 21세기 국가 간 경쟁의 핵심 요소가 될 것이라는 전망을 감안하면, 글로벌 디지털 거버넌스는 데이터 관리 및 통제에 관한 규범과 규칙을 설정하는 문제라는 점에서 21세기 세계 경제 질서의 재편과 불가피하게 연결된다(Sack and Sherman 2019). 바로 이 때문에 글로벌 디지털 거버넌스의 형성을 둘러싼 국제정치적 지형이 고정되어 있는 것이 아니라 유동적으로 변화하고 있다. 이러한 유동성, 더 나아가 변동성은 글로벌 디지털 거버넌스의 형성을 더욱 어렵게 만드는 요인으로 작용하고 있다. 다양한 쟁점들이 연계되어 있는 만큼, 국가 간 이해관계가 첨예하게 엇갈리고 있어서 합의의 기반을 형성하기가 용이하지 않기 때문이다.

　글로벌 디지털 거버넌스 수립 과정에서 주요국들이 드러내고 있는 갈등과 협력의 이중 동학은 주요국들이 국내적 차원의 요구와 디지털경제를 선도하려는 경쟁이라는 국제적 차원의 요소가 결합된 결과이다. 이 글은 글로벌 디지털 거버넌스 수립을 둘러싼 국제 정치 과정을 세 가지 측면에 초점을 맞추어 논의한다. 첫째, 주요국들이 글로벌 디지털 거버넌스 수립 과정에서 경쟁의 축을 다차원적으로 형성하는 복합 갈등 구도가 형성되고 있다. 둘째, 데이터의 초국적 이동에 대한 기본 인식을 공유하고 있음에도, 규범과 규칙 제정을 선도해 온 선진국들의 실행 전략에서 상당한 차별성을 드러나고 있으며, 이 과정에서 경쟁과 협력의 양면 전략을 추구하는 현상이 대두되고 있다. 셋째, 세계 주요국들이 글로벌 데이터 거버넌스를 수립하는 과정에서 유리한 위치를 확보하기 위해 양자, 지역, 다자 등 다양한 층위의 장을 연계하고 있다.

II. 디지털 무역 장벽: 유형과 현황

1. 디지털 무역 장벽의 유형

미국의 디지털 무역 전략은 기본적으로 데이터의 자유로운 이동을 촉진하는 무역 협정에 구속적 규정을 포함시키는 것을 적극 지지하는 반면, 프라이버시와 서버 위치 등에 대한 규제에 반대하는 것을 기본으로 하고 있다. 이와 관련, 미국 통상대표부는 '해외무역장벽보고서' (National Trade Estimate Report on Foreign Trade Barriers)를 통해 외국의 디지털 무역 장벽을 구체적으로 적시하고 있다(Office of the United States Trade Representative 2018).

- 고관세(high tariffs)
- 지적재산권 침해(IPR infringement)
- 차별적, 특수한 표준 또는 과도한 시험(discriminatory, unique standards or burdensome testing)

- 온라인 콘텐츠 필터링 또는 차단(filtering or blocking of online content)
- 전자 결제 시스템에 대한 규제(restrictions on electronic payment systems)
- 미국 기업 비밀에 대한 사이버 절도(cyber-theft of U.S. trade secrets)
- 기술 이전 강요 또는 제한적 사이버 안보법(forced technology transfer or restrictive cyber-security laws)
- 암호 또는 암호화 제한(restrictions on cryptography and the use of encryption)
- 국지화 의무화(localization requirements)

미국 정부는 위의 기준에 따라 세계 주요국의 디지털 무역 장벽을 분석하고, 철폐 및 완화를 정책 목표로 추진하고 있다(U.S. Joint Economic Committee 2018). 미국의 입장에서 볼 때, 디지털 무역을 제한하는 정도가 가장 심한 국가들은 중국, EU, 인도, 브라질 등이다. 반면, 캐나다, 멕시코, 호주는 디지털 무역 장벽이 상대적으로 낮은 수준인 것으로 파악되고 있다.

중국의 경우, 미국이 문제를 제기하고 있는 디지털 무역 장벽은 크게 네 분야로 나누어진다. 첫째, 인터넷 접근 장벽으로 중국 정부가 웹 필터링과 차단, 합작 벤처 요건 부과, 외국인 투자 제한 등을 통해 외국 기업들의 중국 국내 시장에 대한 인터넷 접근 자체를 심각하게 제한한다는 것이다. 둘째, 미국은 데이터 국지화에 있어서도 데이터의 초국적 이동을 제한하고 국지화 요건을 부과함으로써 외국 기술 기업들의 중국 내 사업을 실질적으로 제한하고 있다고 본다. 셋째, 소스

코드와 기타 IP 공개 및 이전을 의무화하는 기술 장벽이다. 네 번째 장벽은 사이버 안보 위협과 취약한 지적재산권 보호이다(Congressional Research Service 2018).

미국은 인터넷 서비스와 데이터 국지화를 EU의 무역 장벽으로 파악하고 있다. 인터넷 서비스의 경우, 중개사업자 책임(intermediary liability) 제도와 스니펫세(snippet tax)가 무역 장벽화할 가능성을 예의주시하고 있다. 중개사업자 책임은 인터넷 서비스 제공자(internet service providers, ISPs), 네트워크 운영자(network operators), 인터넷 인프라 제공자(internet infrastructure providers), 인터넷 접근 제공자(internet access providers, IAPs), 소셜 네트워크, 검색 엔진 업체 등에게 불법 또는 유해 콘텐츠에 대한 책임을 묻는다는 데 근본 취지가 있다. 이 업체들이 불법 또는 유해 콘텐츠를 제공하지 않도록 의무를 부과하고, 이러한 의무를 이행하지 못했을 경우 법적 조치를 받도록 하는 것이다. 스니펫세(snippet tax)는 구글과 같은 검색 업체들이 언론과 미디어의 콘텐츠를 아무런 대가를 지불하지 않고 사용하는 데 문제가 있다는 것으로, 이들에게 정당한 대가를 지불하도록 해야 한다는 것이다.[2] 2015년 12월 EU 집행위원회는 스니펫세 부과 방안을 검토하였고, 이어 2016년 9월 유럽 저작권법을 개정하면서 뉴스에 대한 언론사의 권리를 인정하였다(유현우 2017). 데이터 국지화 역시 GDPR(개인정보 보호 규정)의 시행과 함께 EU의 무역 장벽으로 지적되고 있다. 프라이버시 보호에 대한 규제가 강화되면서 데이터의 초국적 이전 관련 절차가 복잡해지고 비용이 증가하였기 때문이다. 미국은 또한 EU

---

2   스니펫은 언론사들이 검색 엔진에서 뉴스의 제목과 일부 뉴스 내용을 보여주고 링크를 제공하는 방식을 말한다. 스니펫세는 구글 등 검색 업체들이 이 콘텐츠를 대가를 지불하지 않고 사용하는 데 대한 문제 제기이다. 유현우(2017).

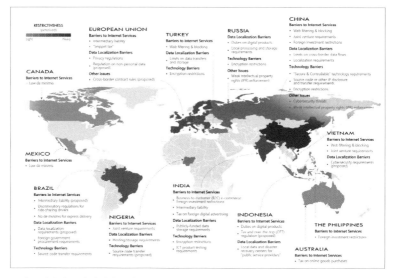

그림 1 디지털 무역 장벽의 유형: 국가별 비교
출처: Fefer(2018).

에 제출되어 있는 비개인 데이터(non-personal data)에 대한 규제가 무역 장벽화할 가능성에 대해서도 예의 주시하고 있다.

인도의 디지털 무역 장벽은 인터넷 서비스 장벽, 데이터 국지화, 기술 장벽 등 매우 다양하다. 인터넷 서비스 장벽에는 B2C 전자상거래 외국인 투자 제한, 중개사업자 책임, 외국 디지털 광고에 대한 징세 등이 포함된다. 인도는 매우 강력한 데이터 국지화 정책을 도입했는데(Desai 2019), 페이스북 등 소셜네트워크 서비스 기업뿐 아니라, 비자(VISA), 마스터카드(MasterCard), 아메리칸 엑스프레스(American Express) 등 국제 결제 서비스 업체들의 우려가 큰 것으로 알려졌다(Economic Times 2019/6/18). 암호화 제한과 ICT 제품 테스트 의무화 등 기술 장벽의 수준도 매우 높다.

브라질의 디지털 무역 장벽 역시 인터넷 서비스 장벽, 데이터 국지화, 기술 장벽 등으로 파악되고 있다. 인터넷 서비스의 경우, 중개자 책임 제도가 제안되어 있는 상태인데다, 우버와 같은 모빌리티 서비스에 대하여 차별적 규제를 시행하는 등 무역 장벽의 정도가 매우 높은 것으로 나타났다. 데이터 국지화의 경우에도 법안이 제출되어 있고, 특히 정부 조달 사업에서 외국 기업들에 대한 규제가 도입되어 있다. 브라질 정부는 소스 코드 이전을 의무화하는 등 기술 장벽도 상당한 것으로 알려져 있다.

2. 디지털 무역 장벽의 국가별 현황

1) EU

GDPR은 개인의 권리를 확대하기 위한 데이터 삭제권, 데이터 이동권의 법제화, 개인정보 처리 기준의 강화, 위반 시 강력한 처벌 규정 등을 주 내용으로 하고 있다(정일영 외 2019). GDPR은 "EU에 설립된 외국 기업들이 EU 시민들에 대한 데이터를 수집 또는 처리할 경우, 새로운 규제 요건을 충족해야 한다"(foreign companies established in the EU and companies abroad that collect or process data on EU-based individuals have a new set of regulatory requirements by which they must abide)고 규정하고 있다. 특히 GDPR은 외국 기업들이 EU 밖으로 데이터를 이전할 때 필요한 요건을 명시하고 있는데, 기업들이 해외 이전 시 개인정보의 관리 방식을 변화시키도록 되어 있다.

GDPR은 세 가지 측면에서 디지털 무역에 영향을 미친다. 첫째, 글로벌 기술 기업들의 입장에서 볼 때, GDPR이 강력한 실행 메커니즘을 포함하고 있기 때문에 강화된 프라이버시 규정을 충족시키는 과정에서 비용 증가가 불가피하다는 점이다. 2017년 프라이버시 거버넌스 보고서(2017 Privacy Governance Report)에 근거하여 추산할 경우, GDPR을 준수하기 위해 포춘 500대 기업이 지출해야 할 비용이 약 78억 달러에 달하는 것으로 나타났다("Global 500 companies to spend $7.8B on GDPR compliance" 2017). 뿐만 아니라, GDPR 관련 소송의 증가와 감독 기관의 벌금 부과 가능성이 높아짐에 따라 이에 대비한 기업 측의 부담이 대폭 증가할 것으로 예상된다.

둘째, GDPR은 '동의 철회권'을 강화하였는데, 실제로 개인정보 이용 동의를 철회하는 상황이 발생할 경우, 글로벌 기술 기업들의 매출이 감소할 뿐 아니라, 구글과 같은 검색 기업들의 광고 매출 또한 감소할 것으로 예상된다(Business Insider 2018). 데이터 이용이 제한됨에 따라 즉각적으로 발생하는 경제적 손실이 약 660억 달러에 달할 뿐 아니라, 소비자 신용 정보 및 웹 분석 등의 감소로 인해 약 1730억 달러의 손실이 발생할 것으로 예상된다("No Choice? GDPR's Impact on the U.S., UK, and the EU").

셋째, GDPR에서 제3국 이전이 허용되는 경우는 '제3국이 적정 수준의 보호를 보장할 경우, 데이터 이전을 위한 개별적 승인을 구체적으로 얻을 필요가 없도록 규정하고 있는데'(제45조), 현재 이 기준을 충족하는 국가는 13개국에 불과하다. EU의 적정성 승인을 받지 못한 국가의 기업의 입장에서 GDPR은 무역을 제한하는 효과를 초래하는 것으로 볼 수 있다.

2) 중국

중국은 사이버 공간의 안전과 사이버 주권을 명분으로 데이터 국지화를 시행하고 있는 대표적인 국가이다. 2011년 중국인민은행이 중국 내에서 수집된 금융 정보가 중국 내에서 저장, 처리, 분석되어야 한다는 가이드라인을 발표한 바 있고, 2014년 보건 분야에서도 유사한 가이드라인이 제정되었다. 광범위한 데이터 국지화 의무화 요건은 2014년 11월 발표된 대테러법인데, 이 법은 네트워크 안전법으로 통합되었다.

2017년 시행된 네트워크 안전법은 사이버 공간에 대한 통제를 명분으로 데이터 국지화를 의무화하고 있다. 네트워크 안전법 37조는 주요 정보 인프라 운영자들이 모든 개인정보와 주요 데이터를 중국 내에 저장하도록 의무화하고 있다. 구체적으로 네트워크 안전법(网络安全法)은 '개인정보는 중국 국내 서버에 저장되어야(37조)' 한다고 규정함으로써 데이터 국지화를 명확하게 의무화하고 있다.[3] 또한 중국의 데이터 국지화 관련 규제는 모든 외국 기업들이 데이터 저장을 위해 중국 데이터 센터와 협력하는 것을 의무화하고 있다. 또한 데이터 센터 면허가 중국, 홍콩, 마카오에 근거를 두고 있는 기업에게만 부여되기 때문에, 글로벌 테크 기업들은 중국 데이터 센터와 협력할 수밖에 없다. 2017년 애플이 구이저우(贵州)성에 데이터 센터를 건설하면서 공산당원이 관장하는 실무위원회를 설치할 계획을 함께 밝힌 것이 대표적인 사례이다("A Local Chinese Government Will Oversee Apple's New iCloud Data Center" 2017).

더 나아가 중국은 디지털 보호주의의 선례를 만들고 있을 뿐 아니라, 외국 기업의 중국 시장에 대한 접근을 제한하고, 인터넷을 파편화하는 결과를 초래하고 있다는 비판을 받기도 한다. 구체적으로 중국은 만리방화벽을 통해 외국 기업의 중국 내 인터넷 서비스를 통제하고, 웹 필터링을 통해 검열을 시행하며, 데이터의 초국적 이동을 제한하는

---

3   러시아도 자국 기업은 물론 외국 기업들이 데이터를 러시아 데이터 센터로 이전하도록 하는 규제를 시행하고 있다.

등 다양한 방식으로 비관세 장벽을 통한 보호주의적 행태를 보이고 있다는 것이다. 문제는 다른 개도국들이 중국의 이러한 행태를 모방, 도입하고 있기 때문에, 디지털 보호주의가 전 세계적으로 확대되는 경향이 대두되고 있다는 점이다(Fefer 2018).

사이버 안전법에 대한 외국 기업들의 비판은 네 가지로 구분된다. 첫째, 데이터 국지화 의무화가 보안상의 이점이 없는 가운데 기업의 투자비용만 증가시킴으로써 외국 기업에 대한 차별을 가한다는 점이다. 이 때문에 2016년 5월 사이버 안전법 초안이 발표되었을 때, 미국, 유럽, 일본 기업들이 관련 조항의 변경을 요구하는 성명을 발표하기도 하였다.

둘째, 데이터 국지화와 관련해 모호한 규정이 많아 혼란을 초래하는 점 역시 사실상 무역 장벽이 될 소지가 다분하다. 문제는 이 조치가 '매우 광범위하지만 모호하다'는 특징을 갖고 있다. 주요 데이터 관련 규정이 대표적인 사례이다. 중국 정부가 규정하는 데이터 국지화에는 개인 데이터뿐 아니라, 주요 정보 인프라와 관련된 '주요 데이터'(important data)도 포함되어 있다. 중국 정부가 주요 정보 인프라에 대한 정의를 매우 광범위하게 내리고 있기 때문에, 데이터 국지화의 범위가 확장될 뿐 아니라, 중국 정부의 자의적 판단의 위험성도 있다.

중국 정부가 비판에 직면하여 주요 데이터에 대해서도 상당히 구체화하여 모호성을 완화시키기 위해 노력하였으나 문제는 데이터 국지화 요건이 주요 데이터를 포함한다는 것이지, 주요 데이터에 국한되지 않는 데 있다. 더욱이 가이드라인에서 명시되지 않는 '기타'는 관련 산업과 부문의 일부를 제시한 데 지나지 않는다. 가이드라인은 참고용일 뿐 주요 데이터인지 여부에 대한 최종 판단은 정부가 한다는 것이다(Wei 2018).

셋째, 중국 정부가 외국 기업의 데이터에 접근할 수 있다는 점 역시 우려 요인이다. 2016년 통과된 사이버안보법은 중국 정부가 인터넷상의 정보를 감시, 감독하고, 필요할 경우 기업에 소스코드 제출을 요구할 수 있도록 규정하고 있다. 더욱이 네트워크 안전법이 '중국 정부의 요구에 응해서 데이터를 제공해야 한다'(23조)고 규정하고 있는 데서 나타나듯이, 중국 정부의 요구가 있을 경우 데이터를 제출해야 하는 의무를 규정하고 있다. 이러한 정책은 정책의 투명성이 확보되지 않을 경우, 외국 기업에 대한 차별적 조치가 될 가능성이 높다는 점에서 문제가 있다. 또한 데이터의 초국적 이전이 필요할 경우, 중국 내에 저장된 데이터에 대한 안전성 평가를 요구하고, 감독 기관이 기업 데이터를 복제할 수 있도록 하고 있다.[4] 더 나아가 2018년 11월 중국 정부는 공공기관이 인터넷 보안을 감독, 조사할 수 있는 권한을 구체화하였다. 이를 통해 중국 정부가 컴퓨터 네트워크에 대한 현장 및 원격 조사를 할 수 있는 권한이 규정되었다(Dan 2019). 이는 중국 정부가 사실상 초국적 기술 기업의 영업 비밀을 요구하고, 중국 정부가 시행하고 있는 정보 수집 권한을 명문화하려는 시도라고 할 수 있다.

물론 마이크로소프트, IBM, 아마존 등 미국 테크 기업들이 클라우드 서비스를 위해 협력하는 21Vianet(世纪互联)과 Beijing Sinnet Technology(北京光环新网科技股份有限公司)는 민간기업이고 제3의 독립적인 데이터 센터를 지향하고 있음을 공표하는 등 글로벌 테크 기업들의 우려를 불식시키기 위해 다양한 노력이 이루어지기도 하였다. 그러나 중국에서 민간기업들조차 상황에 따라서는 중국 정부의 압력으로부터 자유롭지 않기 때문에, 데이터 국지화에 따른 문제들이 원천적

4　이러한 조치가 유럽 시민의 개인정보를 포함할 경우 GDPR과 상충될 소지가 있다.

으로 제거되었다고 보기는 어렵다.

　넷째, 중국 정부의 개인정보 보호 정책 역시 차별적 성격이 강하다. 중국 정부가 개인정보 보호를 전반적으로 강화하고 있으나, 기존 네트워크 사업자들이 보유하고 있는 개인정보를 광고나 인공지능 사업 등에 사용하는 것은 암묵적으로 허용하고 있기 때문이다. 알리바바나 텐센트 등 중국 기업들이 이미 수집한 개인정보를 가공·활용할 수 있는 반면, 외국의 신규 사업자들에게는 강화된 개인정보 보호 규정이 적용된다. 또한 중국 정부는 안전하고 통제 가능한 기술을 의무화한다는 이유로 기업들이 중국산 제품과 서비스 공급자를 사용하도록 의무화하고 있다(USTR 2019). 데이터 국지화를 포함한 중국 정부의 정책은 외국 기업이 중국 디지털 시장에 접근하는 데 있어서 사실상의 차별을 가하고 있다는 점에서 디지털 무역 장벽이라고 할 수 있다.

3) 인도

인도는 모든 결제 정보와 주요 데이터의 수집, 처리, 저장을 데이터 국지화의 대상으로 규정하고 있으며, 이와 함께 500만 이상의 이용자를 보유하고 있는 온라인 업체와 모든 규모의 전자상거래 업체 등에 대해 데이터 국지화를 의무 규정으로 부과하고 있다(Singh and Bhatia 2019). 인도는 2017년 모든 정부 기관들이 클라우드 서비스를 사용하는 계약을 체결하는 데 있어서 데이터 국지화 규정을 포함하도록 하였다.

　2018년 이후 인도의 데이터 국지화 관련 조치들이 더욱 강화되기 시작하였는데, 그 배경에는 '시민은 프라이버시에 대한 근본적인 권한을 갖는다'는 2017년 인도 대법원의 판결이 결정적인 계기가 되었다. 이 판결에서 인도 대법원이 데이터 프라이버시 레짐(data privacy regime)을 수립할 것을 명령함에 따라, 인도 정부가 데이터 국지화를 더욱 본격화하게 되었다. '개인 데이터 보호법'(Personal Data Protection Bill)에 따르면, 모든 개인 데이터의 카피를 인도 내에 보관, 저장하도록 되어 있다(The Personal Data Protection Bill. Bill No. 373 of 2019). 이 법안은 더 나아가 인도 중앙정부가 개인 데이터를 '주요 개인 데이터'로 분류하여 인도 내에서만 처리할 수 있도록 규정하였다(Wimmer and Maldoff 2019). 이 외에도 인도중앙은행이 모든 결제 정보를 인도 내에서만 보관, 저장하도록 하는 등 인도의 데이터 국지화는 상당히 광범위하게 추진되고 있다(The Reserve Bank of India 2018).

인도에서 사업을 하는 기업들이 인도 고객의 데이터를 인도 국내에만 저장하도록 하고, 해외 복제를 금지하는 등 인도의 데이터 국지화 정책은 매우 엄격하다. 특히, 인도중앙은행은 비자, 마스터카드, 아메리칸 익스프레스 등 외국 결제 기업들이 인도 서버에만 데이터를 저장하도록 하는 규칙을 6개월이라는 매우 짧은 준비 기간을 거쳐 전격적으로 시행하였다(Economic Times 2019/6/18).[5]

인도 정부가 데이터 국지화를 빠른 속도로 추진하는 이유는 매우 다양하다. 데이터 프라이버시에 대한 고려는 물론이고, 데이터 국지화를 통한 경제적 효과, 향상된 모니터링의 보장 등 다양한 명분을 제시하고 있다. 그러나 인도의 데이터 국지화 정책의 동기는 크게 '데이터 식민주의'에 대한 반감과 데이터 사용량의 급격한 증가를 인도 기업이 우선적으로 활용해야 한다는 경제적 이익 추구로 나누어 볼 수 있다.

우선, 인도는 '데이터 식민지' 또는 '데이터 식민주의' 등의 과격한 표현을 서슴지 않고 사용하며 글로벌 테크 기업들을 비난하는 대

---

[5] 데이터 처리를 위해 인도 고객의 데이터가 반출될 경우, 24시간 이내에 다시 인도로 반송하도록 되어 있다(Economic Times 2019/6/18).

표적인 국가이다. 표면적으로 인도 정부는 '인도 시민만이 인도의 데이터를 보유할 수 있다'는 명분을 내세우며 데이터 국지화 정책을 강하게 추진하고 있다. '인도의 데이터에 대한 소유권과 통제를 다시 인도로 되돌리는 것은 인도의 부를 인도인에게 되돌려주는 것이나 마찬가지'라는 주장에서 알 수 있듯이(Desai 2019), '데이터 식민화'를 종식시켜야 한다는 주장이 많은 인도인들의 공감을 얻고 있는 것은 사실이다.

한편, 이러한 명분의 이면에는 국내 관련 산업의 발전을 포함한 경제적 동기가 도사리고 있는 것 역시 명확하다. 특히 인도의 데이터 국지화 정책에는 내면적으로는 인도의 인터넷 기반 데이터의 규모가 세계에서 가장 빠르게 증가함에 따라, 이를 국내 기업들이 우선 활용해야 한다는 경제적 동기가 작용하였다. 전자상거래 정책 초안에서 데이터 국지화를 프라이버시 보호 차원을 넘어서 국내 관련 산업의 발전을 포함한 경제적 요인에 대한 고려도 함께 하고 있음을 밝히고 있는 것이 대표적 사례이다. 즉, 전자상거래 정책은 데이터 국지화를 통해 국내 기업을 지원하고 혁신을 촉진하겠다는 산업정책 차원의 고려가 작용한 것이라고 할 수 있다(Singh and Bhatia 2019). 2015년 인도 정부가 인도 내에서 제조된 심카드 및 부품이 공급된 제품을 사용하고, 응용 서버와 게이트웨이를 인도 내에 유지할 것을 의무화한 것이 이러한 사례에 해당한다(Office of the United States Trade Representative 2016).

인도는 자국의 관련 규제를 다른 개도국들이 참고해야 할 일종의 템플릿으로 선전할 정도로 데이터 국지화를 가장 강력하게 옹호하는 대표적인 국가이다. 그러나 인도가 이러한 입장을 비교적 일관성 있게 유지할 수 있는 근본 이유는 인도의 디지털 산업과 기술 인력 등 관련 인프라가 비교적 잘 갖추어져 있기 때문이다. 반면, 인도네시아와 같이 온라인 사용자 수가 많으나 ICT 산업 인프라가 상대적으로 취약한 국가들이 데이터 국지화와 관련해 일관성 있는 입장을 유지하지 못하는 것과 대조적이다.

　　인도 정부의 데이터 국지화 정책에는 산업정책 차원을 넘어선 다양한 경제적 동기도 함께 반영되어 있다. '전자상거래 정책'(e-Commerce Policy) 초안에 데이터 국지화 관련 규정이 포함되어 있는데, 이 정책 초안에 따르면, 데이터 국지화 조치가 데이터의 안전한 보관뿐 아니라, 그로 인한 경제적 효과와 고용 창출도 발생시킨다는 점을 명시하고 있다. 결제 정보의 경우, '한층 향상된 모니터링을 위한 무제한적 감독'(unfettered supervisory access to ensure better monitoring)을 통해 소비자 이익을 보호한다는 명분도 제시한다(Singh and Bhatia 2019).

III. 데이터 초국적 이동의 정치경제

미국 국제무역위원회의 보고서에 따르면 데이터 국지화는 미국 테크 기업들이 가장 빈번하게 불만을 제기하는 하는 디지털 무역 장벽이다(U.S. International Trade Commission 2017). 데이터 국지화가 방식과 정도의 차이는 있으나, 점차 확산되고 있는 것은 사실이다. 데이터 국지화는 매우 다양한 이유에서 다양한 방식으로 대두되고 있다. 데이터 국지화의 유형은 매우 다양하다. 호주와 같이 보건 데이터 등 특정 데이터의 국지화만을 의무화하는 유형이 있는가 하면, 데이터의 해외 전송을 위해서는 개인의 동의를 얻도록 하는 한국의 유형도 있다. 일반적으로 중국, 러시아, 인도, 브라질이 데이터 국지화를 매우 엄격하게 적용하는 국가로 분류된다. 이 밖에도 터키 정부가 금융 결제 정보의 기록, 저장, 처리를 터키 내에서 하도록 하고, 나이지리아 정부가 ICT 서비스 사업을 하는 외국 기업들이 부가가치의 80% 이상을 자국 기업들을 활용하도록 하는 등 데이터의 자유로운 이동에 대한 제한과 데이터 국지화가 개도국들을 중심으로 확산되는 사례가 다수 발견된다.

2019 오사카G20 정상회의에서 인도, 인도네시아, 남아프리카 등 일부 개도국들이 데이터 이동에 대한 국제적 선언인 오사카 트랙에 대한 서명을 거부한 것이 선진국 대 개도국 갈등이 표면화된 대표적인 사례이다. 이 선언에 개도국들의 이해관계가 충분히 반영되지 않았다는 불만 때문이다. 글로벌 테크 기업들이 개도국으로 사업을 빠르게 확장하고 있는 데 반해, 글로벌 테크 기업들의 데이터 센터는 여전히 대부분 북미와 유럽 지역에 위치하고 있다.

페이스북의 경우, 인도가 세계 최대의 사용자를 보유한 국가임에도 페이스북의 15개 데이터 센터는 북미(10개), 유럽(4개), 싱가포르(1개)에 위치하고 있다(Facebook Data Center Locations, https://baxtel.com/data-centers/facebook). 이를 바탕으로 디지털경제의 과실을 선진국과 초국적 테크 기업들이 배타적으로 향유하고 있다는 비판이 제기되고 있다. 이러한 비판의 빌미는 아이러니컬하게도 페이스북이 스스로 제공하기도 하였다. 페이스북의 후원으로 이루어진 연구 결과에 따르면, 2010년에서 2016년 사이 페이스북 데이터 센터가 미국 내에서 유발한 경제적 효과는 지난 6년간 58억 달러에 달하는 것으로 추정되었다(Oliver et al. 2018). 수많은 국가들에서 수익을 창출하고 있는 페이스북이 데이터 센터의 건설과 운용에 따른 경제적 효과의 대부분을 미국 내에 집중시키고 있는 것이다.

인도가 RCEP(역내포괄적경제동반자협정)에 참여하지 않기로 결정한 주요 이유도 역시 전자상거래와 관련이 있다. RCEP은 인도를 제외한 15개국이 가서명을 마친 상태로 2020년 상반기 최종 타결될 예정이다. RCEP이 발효되면 2030년까지 연평균 2,850억 달러의 실질소득 증가 효과를 발생시킬 것으로 예상된다. CPTPP(포괄적·점진적 환태평양경제동반자협정) 수준에는 미치지 못하지만 RCEP은 관세 인하는 물론, 원산지 규정, 지적재산권 등의 분야에서 상당한 진전을 이룬 것으로 평가된다.

RCEP이 전자상거래를 포함한 일부 분야에서는 여전히 낮은 수준의 합의에 머물고 있음에도, 인도의 참가 거부에서 나타나듯이 협상 참여국들 사이에 전자상거래의 무역 자유화에 대한 이해관계의 차이가 여전히 상당하다. 인도는 전자상거래 관련 협상에서 특정 국가의 시민에 대하여 수집된 데이터를 해당 국가에 보관해야 한다는 데이터 국지화 규정을 강하게 요구한 바 있다. 그러나 이러한 규정이 전자상거래를 위축시킬 뿐 아니라 정부의 데이터 관리에서 문제의 소지가 있다는 점 때문에 상당수 국가들이 반대하였다. 인도는 이처럼 데이터 국지화를 국내 정책 또는 양자 차원에서뿐 아니라, RCEP과 같은 지역 무역협정에서도 강력하게 고수하는 대표적인 국가이다.

데이터의 초국적 이동 제한은 데이터의 해외 반출을 금지한다는 면에서 데이터 국지화와 밀접하게 연계된다. 문제는 데이터 국지화를 의무화하는 것이 디지털 무역을 제한하는 효과가 있다는 데 있다. 지구적 가치사슬을 형성, 운영하는 다국적기업이나 전 세계를 대상으로 금융 서비스를 제공하는 금융기관이 해당 국가에 모두 서버를 설치해야 할 경우 규모의 경제를 실현하는 데 어려움이 발생하고, 그 결과 비용의 상승이 초래된다(Office of the United States Trade Representative 2019).

　기업들의 클라우딩 서비스 사용 비중이 급격하게 증가하는 상황에서 데이터의 초국적 이동을 제한하는 것은 효율성에 부정적인 영향을 미칠 수밖에 없다. 2014년 기준 OECD 회원국 기업 가운데 약 22%가 이미 클라우딩 서비스를 활용하고 있으며(OECD 2015, 5), 이 비율은 계속 높아지고 있다. 2015년 미국의 정보통신기술산업위원회(Information Technology Industry Council, ITI)가 중국, 인도네시아, 나이지리아, 러시아 등 데이터 국지화를 강제하는 국가들이 증가하고 있다고 경고한 것은 이러한 배경이다(CRS 2017). 데이터의 자유로운 이동을 제한하는 조치는 데이터 국지화뿐 아니라, 정부 조달 사업 참여를 조건으로 자국 콘텐츠 사용을 의무화하거나 자국 인프라 및 컴퓨팅 시설을 사용하도록 요구하는 등 다양한 방식이 존재한다.

　데이터의 초국적 이동에 대한 규제를 도입하는 국가들이 증가한다는 것은 글로벌 기술 기업의 입장에서 이러한 변화는 사업 환경이 악화되고 있음을 의미한다. 2019년 기준 약 120개국이 데이터 보호와 프라이버시 관련법을 채택하고 있으며, 40여 개국은 법안을 준비 중인 것으로 알려졌다(CockroachLabs 2019). 기업의 입장에서는 데이터의 활용과 이동을 최적화할 수 있는 사업 환경을 적극적으로 찾아나서야 하는 상황에 직면한 것이다. 글로벌 기술 기업의 관점에서 볼 때, 사업 전략을 수립할 때 데이터의 초국적 이동에 대한 규제에 순응하는 비용을 지불해야 하는 것이다. 이러한 측면에서 볼 때, 중국, 러시아, 터키, 인도네시아 등이 규제 순응 비용 대비 투자 수익률이 상대적으로 낮은 것으로 파악된다. 반면, 미국, EU, 일본은 순응 비용 대비 투자 수익률이 높은 국가로 분류된다(그림 2 참조).

　중국의 규제 순응 비용은 특히 높은 것으로 나타났다. 네트워크

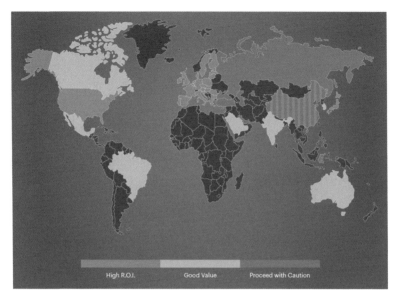

그림 2 세계 주요국 디지털 산업 사업 환경(규제 순응 비용 대비 사업 투자 수익률)
출처: CockroachLabs(2019).

안전법은 통신, 정보 서비스, 에너지 운송, 수자원, 금융 서비스, 공공 서비스, 전기 서비스 등 주요 부문의 네트워크 사업자가 개인정보와 주요 데이터를 중국 내에 저장하도록 의무화하고 있다. 기업들은 또한 중국 정부의 규제 준수 여부를 파악하기 위한 점검을 부정기적으로 받도록 되어 있다.[6] 이에 더하여 중국의 인터넷 주권과 사이버 안보 정책은 미국의 기술 기업들에게 추가적인 부담 요인으로 작용하고 있다.

또한 미국 상공회의소의 2019년 설문조사에 따르면, 중국에서 기술 및 연구개발 중심의 산업 분야에 종사하는 응답자 가운데 73%가

---

6   중국의 순응 난이도 대비 시장 잠재력 비율이 0.8로 비교적 높게 평가되었다. 그러나 이는 중국의 경제 규모를 고려한 시장 잠재력이 반영된 데 따른 것으로, 중국의 규제 순응 난이도 자체는 최고 수준인 5를 기록하였다(CockroachLabs 2019).

표 1 미국 기술 기업들의 중국 시장 장벽의 유형

시장 장벽의 유형	비율
초국적 인터넷 스피드	88
소프프웨어를 포함한 온라인 도구에 대한 접근 제한	86
VPN을 통한 초국적 인터넷 접근	83
데이터 안보 및 IP 노출	79
주요 정보 인프라 및 주요 데이터를 보호하는 사이버 안보 규칙	75
데이터 프라이버시 규제	75
인테넷 검열 및 인터넷 발행/공유에 대한 제한	73
데이터 국지화 의무화	72

출처: 2019 AmCham China Business Survey.

상당한 수준의 시장 장벽에 직면한 경험이 있다고 답하였다. 미비한 지적재산권 보호와 사이버 안보 정책이 중국에서 미국 기업들의 혁신을 저해하는 요인으로 지적한 응답자가 각각 35%와 27%에 달하였다. 또한 응답자의 72%와 88%는 중국 정부의 규제가 미국 기업의 중국 내 사업 활동과 경쟁력에 상당한 정도 또는 그 이상 영향을 주었다고 답하였다(표 1 참조).

2018년 European Centre for International Political Economy (ECIPE)가 65개국을 대상으로 발간하는 디지털 무역 제한 지수(Digital Trade Restrictiveness Index: DTRI)에서도 중국의 디지털 정책에 대한 제한이 최고 수준인 것으로 나타났다(ECIPE 2018). 중국의 뒤를 이어 러시아, 인도, 인도네시아, 베트남, 브라질, 터키, 아르헨티나 등이 디지털 무역에 대한 제한을 강하게 하는 국가로 분류된다. 반면, 디지털 무역에 대한 제한이 약한 국가들로는 뉴질랜드, 이스라엘, 노르웨이, 아일랜드, 홍콩 등이다(ECIPE 2018).

IV. 글로벌 디지털 거버넌스의 국제정치경제

1. 경쟁과 협력의 세 차원

글로벌 디지털 거버넌스 관련 경쟁과 협력의 주요 축은 선진국 대 선진국, 미국 대 중국, 선진국 대 개도국의 구도로 형성되고 있다. 첫째, '선진국 대 선진국'의 구도는 기본적으로 미국과 EU를 중심으로 형성되어 있다. 디지털경제 시대의 본격적 전개를 위해 데이터의 초국적 이동, 개인정보 보호, 국가 안보, 인공지능 관련 윤리, 저작권 등 주요 쟁점들에 대하여 지구적 차원의 디지털 거버넌스를 수립할 필요가 있다는 데 대해서는 미국과 EU 사이에 상당한 공감대가 형성되어 있다. 그러나 문제는 미국과 EU가 상이한 비전에 기반하여 개인정보 보호, 비개인 데이터에 대한 규제, 인터넷 서비스 장벽, 초국적 계약 규칙 등 주요 쟁점에 대하여 상당히 다른 패러다임을 추구한다는 데 있다(The Office of USTR 2018). 미국과 EU는 일정한 공통분모를 갖고 있음에도 자신이 선호하는 비전을 확산시키기 위하여 경쟁과 협력의 양면성을 보이고 있는 것이다. 미국과 EU가 전개하는 경쟁과 협력의 이중 동학은 앞으로도 상당 기간 지구적 차원의 디지털 거버넌스를 형성하는 논의의 핵심 축이 될 것이다.

둘째, 미중 경쟁은 글로벌 데이터 거버넌스의 수립에서도 가시화되고 있다. 미국은 자국의 초국적 기술 기업들의 활동을 측면에서 지원하는 데 매우 적극적인 모습을 보여 왔다. 미국은 디지털 무역을 활성화하는 데 저해 요소인 데이터 국지화에 반대한다는 입장을 바탕으로 데이터의 초국적 이동에 관한 규정을 명문화하는 데 가장 적극적인 입장을 견지하고 있다. 미국은 더 나아가 중국 정부가 외국 거대

기술 기업들에 대하여 데이터 국지화, 소스코드의 공개, 기술 이전 강요 등 다양한 규제를 부과하려는 데 대하여 강력하게 문제 제기를 하고 있다.

글로벌 디지털 거버넌스의 수립을 둘러싼 세 번째 축은 '선진국 대 개도국'의 구도이다. 개도국들 사이에 단일한 입장이 형성되어 있는 것은 아니다. 그러나 일부 개도국들이 선진국의 거대 기술 기업에 대한 의존도가 심화될 것을 우려하여 이에 대한 안전장치를 강조함에 따라 데이터 거버넌스의 수립을 위한 국제정치 구도는 더욱 복잡다기화하고 있다. 더욱이 WTO 전자상거래 선언은 선진국과 개도국들이 디지털 무역에 대한 각자의 입장을 드러냄으로써 논의의 단초를 제공하였다는 데 의미가 있으나, 선진국 대 개도국의 갈등 구도가 본격화될 가능성이 높아질 것임을 시사한다. 개도국들이 다자 차원에서 논의의 장에 본격적으로 참여할 경우 기존의 선진국 대 선진국의 갈등 구도에 더해서 글로벌 디지털 무역 거버넌스의 논의 구조가 한층 복잡하고 격렬해질 가능성이 높기 때문이다.

지구적 차원의 디지털 거버넌스의 수립을 둘러싼 경쟁과 갈등의 구도는 세부 쟁점 영역에서도 그대로 드러난다. 데이터 국지화가 대표적 사례이다. 데이터의 자유로운 이동은 디지털경제의 핵심이다. 그러나 사이버 공격의 증가 등으로 인해 데이터 프라이버시와 안보의 중요성 또한 증대되고 있다. 데이터의 초국적 이동과 프라이버시 또는 데이터 안보가 일정한 긴장 관계에 놓일 수밖에 없다. 데이터 국지화를 지지하는 진영에서는 초국적 테크 기업들이 보유하고 있는 디지털 인프라에 대한 의존과 경제적 과실의 불공정한 배분을 문제로 지적한다. 데이터 국지화를 초국적 테크 기업들이 조세 등 다양한 방식으로 경제적 이익을 보다 균형 있게 배분할 수 있도록 하는 수단으로 활용할 필요가 있다는 인식도 자리 잡고 있다. 데이터 국지화를 반대하는 진영에서는 사업비용의 증가와 혁신 역량의 저하를 지적하고, 더 나아가 데이터 국지화론자들이 데이터 센터 설치에 필요한 기술적 조건들에 대해 충분히 고려하지 못한다고 비판한다.

데이터 국지화는 표면적으로는 위에서 언급한 긴장관계를 해소하는 수단으로 개인 프라이버시와 데이터의 안전을 향상시킨다는 명분을 내세우고 있다. 그러나 그 이면에는 미국과 선진국 테크 기업들의 과도한 영향력을 제어하고, 그들이 향유하는 경제적 과실을 '공정하게' 배분한다는 경제적 동기도 작용하였다. 더 나아가 일부 국가들이기는 하나 자국 ICT 산업의 육성을 위한 수단으로 데이터 국지화를 활용하기도 하였다. 그러나 선진국이라고 해서 동일한 입장을 취하는 것은 아니다. GDPR의 사례에서 나타나듯이, 데이터 국지화의 조건과 방식에 대한 미국과 EU 사이에도 적지 않은 차별성이 확인된다. EU가 데이터 국지화 자체를 금지하는 것은 아니나, 더욱 엄격한 조건을 부과함으로써 기업의 입장에서 비용 상승이 불가피하게 되었다. 데이터 국지화에 대한 순응 비용이 증가한다는 것은 글로벌 기술 기업에게는 비용의 문제뿐 아니라, 기술 혁신을 포함한 사업 전략의 조정을 필요로 하는 변화임에는 틀림없다.

데이터 국지화에도 미중 경쟁의 차원이 투영된다. 중국은 프라이버시 보호의 필요성은 논외로 하더라도, 정치적, 사회적 안정을 유지하기 위한 수단으로서 데이터 통제의 필요성 때문에 데이터 국지화를 의무화하였다. 또한 중국이 데이터 국지화를 강력하게 시행하는 것은 이를 통해 국내 클라우드 기업의 경쟁력을 확보하고 ICT 산업과의 연계를 확대, 강화함으로써 이른바 '디지털 산업화'(digital industrialization)를 가속화할 수 있다고 판단하기 때문이다. 미중 경쟁이 미래의 글로벌 거버넌스를 수립하는 데 있어서 유리한 위치를 선점하기 위한 게임이라고 할 때, 디지털 산업의 경쟁력 강화는 필수적이다.

인도와 브라질 등이 강력한 데이터 국지화 정책을 시행 중이거나 시행할 예정이라는 점에서 데이터 국지화를 둘러싼 갈등에서도 선진국 대 개도국의 구도가 형성되고 있다. 인도와 브라질과 같은 국가들은 표면적으로 데이터 식민주의의 폐해를 이유로 데이터 국지화를 추진하고 있으나, 국내 디지털경제 관련 산업의 발전을 위한 보호주의적 동기가 작용하고 있다는 점 역시 간과하기 어렵다. 특히, 개도국 중에서도 인터넷 사용자가 많아 데이터의 증가 속도가 빠르고, ICT 산업 인프라가 비교적 탄탄한 인도가 데이터 국지화 정책을 광범위하면서도 엄격하게 적용하고 있다. 이는 글로벌 기술 기업들의 수익 구조에 상당한 영향을 미칠 수 있다는 점에서 선진국 대 개도국의 갈등 수위가 점차 높아질 가능성이 있다.

2. 디지털 무역 전략의 차별성

디지털 무역의 규모는 지속적으로 성장하여 금융 및 상품 무역의 규모를 능가할 것으로 예상된다. 2016년 디지털경제 분야에 고용된 종사자의 수는 미국 전체 근로자의 3.9%인 590만 명에 달하고, GDP의 6.5%를 차지한다(Fefer 2018). 2016년 전 세계 전자상거래의 규모는 28조 달러로, 이 가운데 86%가 기업 간 거래인 것으로 파악되고 있다(USITC 2017). 디지털 무역의 규칙과 규범을 수립하는 다자 차원의 시도는 빠른 속도로 증가하는 디지털 무역의 현실을 반영하지 못하고 있다. 기존 가트 규정이나 TRIPS(Trade-Related Intellectual Property Rights) 규정은 서비스를 제공하는 기술적 수단의 차이를 구분하지 않는 '기술 중립적' 입장을 취하고 있다. 예를 들어, TRIPS의 보호 대상은 온라인 디지털 콘텐츠에도 적용되기 때문에 전자상거래와 디지털 수단을 통해 이루어지는 무역 역시 WTO 규칙 준수의 대상이 된다. WTO의 디지털 무역에 관한 논의의 기원은 1994년으로 거슬러 올라간다. 그러나 당시는 디지털 기술이 지금과 같이 광범위하게 활용되지 않았기 때문에, 관련 규정이 심도 있게 논의되지 못한 한계가 있을 수밖에 없었다.

WTO 차원에서 디지털 무역 규칙을 업그레이드하는 노력이 결실을 맺지 못하는 답보 상태를 벗어나지 못하고 있다. 그 결과 디지털 무역 관련 규칙을 업그레이드하는 변화 노력은 주로 FTA를 통해 이루어지고 있다.[7] WTO 전체 회원국 가운데 거의 절반에 달하는 국가들이 전자상거래에 관한 규정을 포함한 FTA를 발효시켰다는 점이 이러한 경향을 뒷받침한다. 구체적으로 2001년부터 2016년까지 체결된 FTA 가운데 90개의 FTA가 디지털 무역 관련 규칙을 직간접적으로 포함하고 있다. 이 가운데 69개의 FTA는 별도의 챕터에서 디지털 무역 규칙을 명문화하였으며, 21개의 FTA는 독립 챕터는 아니나 디지털 무역 관련 조항을 FTA 협정문에 포함시키는 방식을 취하고 있다(Wu 2017).

FTA에서 다루어지고 있는 디지털 무역 관련 규범 및 규칙은 기존에는 소비자 보호와 전자 인증 및 서명 등을 주로 다루었으나, 점차 데이터의 초국적 이동, 데이터 국지화, 개인정보 보호, 소스코드 공개 금

---

7   마크 우(Wu 2017)는 디지털 무역 규칙의 제정이 지역무역협정과 유엔국제무역법위원(United Nations Commission on International Trade Law, UNCITRAL), 세계관세기구(World Customs Organization, WCO), 세계지적재산권기구(World Intellectual Property Organization, WIPO) 등 국제기구를 통해 산재된 형태로 이루어지고 있다고 지적한다.

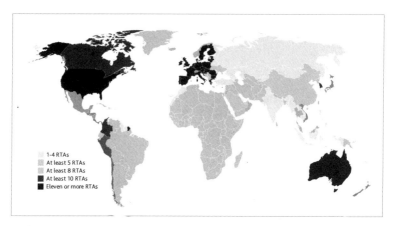

그림 3 디지털 무역 관련 조항을 포함하고 있는 FTA 체결 국가 현황
출처: Wu(2017).

지 등을 포함하는 방식으로 확대되고 있다. 가장 일반적인 형태는 데이터의 초국적 이동에 관한 규제 협력의 증진을 지향하는 방식이다.[8] 이러한 유형의 FTA에서는 데이터의 초국적 이동이 전자상거래를 위한 환경을 조성하는 데 핵심적인 요소임을 인식하고, 이를 유지하기 위해 공동 노력한다는 정도의 내용을 담고 있다(Wu 2017). 다만, FTA를 통해 전자상거래를 활성화하는 방식과 수준 면에서 상당한 차별성이 발견된다. 어떤 FTA는 구체적인 이슈들을 광범위하게 포괄하는가 하면, 어떤 FTA는 전자상거래에 대한 관세 부과 의무 정도만 포함시키는 등 FTA에서 전자상거래를 포함시키는 수준과 범위는 매우 다양하다.

디지털 무역의 증진을 위해 FTA를 적극적으로 활용하는 국가는 미국, 호주, 싱가포르 등이다. 미국, 호주, 싱가포르의 주도적 역할로

---

8   캐나다 역시 한국, 온두라스, 콜롬비아, 페루 등과 체결한 FTA에서 이러한 방식을 취하고 있다(Wu 2017).

인해 FTA에 전자상거래 규정이 포함되는 추세가 점차 강화되고 있다. 이 가운데 특히 미국은 데이터의 초국적 이동을 촉진하는 디지털 무역 관련 규범과 규칙을 FTA와 연계하는 방식을 추구하는 대표적인 국가이다. 미국은 가장 포괄적인 디지털 무역 규칙을 지향하는 국가이다. 미국이 체결한 한미 FTA, TPP, USMCA에서는 모두 디지털 무역 관련 규정이 포함되어 있는 데서 미국의 접근 방식이 잘 드러난다. 특히, NAFTA를 재협상하여 체결한 USMCA는 규정이 명문화된 분야가 많고, 다수의 의무 규정을 명시하고 있다는 점에서 현재까지 체결된 FTA 가운데 가장 포괄적이고 강력하다는 평가를 받는다. 예를 들어, USMCA는 한미 FTA와 TPP에 포함되어 있지 않은 공공 데이터 접근 관련 규칙을 노력 규정의 방식으로 포함시켰을 뿐 아니라, '쌍방향적 컴퓨터 서비스'(interactive computer service) 관련 규칙을 의무 조항으로 만들었다. 이처럼 미국은 디지털 무역 관련 규범과 규칙을 명문화하는 데 선도적인 역할을 하고 있다(이규엽·강민지 2019).

미국의 입장은 트럼프 대통령의 국가안보전략(National Security Strategy)에 잘 나타나 있다. 국가안보전략은 "미국의 정책 목표는 개방적이고, 상호 운용이 가능하며, 정보와 서비스를 전 세계적으로 교환하기 위해 장벽을 최소화"하는 것을 옹호한다고 명시하고 있다(The President of the United States 2017). 또한 2015년 6월 미 의회가 무역 촉진권한(Trade Promotion Authority: TPA)을 부여할 당시 미국 정부의 디지털 무역 정책 목표를 제시한 바 있다. 여기에는 (1) 디지털 무역 환경에 대한 기존 WTO 공약의 적용 보장, (2) 데이터 국지화 강제화와 디지털 무역 및 데이터 이동에 대한 제한 금지, (3) 전자 전송에 대한 무관세 유지, (4) 관련 규제의 무역 제한 효과 최소화 등이 포함되어 있다(CRS 2019).

디지털 무역 정책은 또한 미국 외교 정책과 연계되어 있기도 하다. 예를 들어, 미 국무부는 자유롭고 열린 인터넷의 보장에 높은 정책적 우선순위를 부여하고 있는데, 미 통상대표부는 '디지털 자유'(digital freedom)가 '디지털 보호주의'(digital protectionism)에 우위를 확보해야 한다는 차원에서 미 국무부의 정책을 세계 무역의 증진과 연계하고 있다. 자유롭고 열린 인터넷이 디지털경제 시대의 핵심일 뿐 아니라, 디지털 무역의 확대를 위해서는 정보의 자유로운 이동과 이와 관련한 인위적 장벽을 제거할 필요가 있다는 것이다. 이러한 맥락에서 미 상무부 역시 강건한 디지털경제의 활성화를 위한 '디지털경제 어젠다'(Digital Economy Agenda)를 출범시켰다. 여기에는 자유롭고 열린 전 세계 인터넷의 증진, 온라인상의 신뢰 증진, 다양한 계층과 집단을 위한 접근성 보장, 스마트한 지적재산권 규칙을 통한 혁신의 증진 등이 포함되어 있다(CRS 2017).

트럼프 행정부의 전략은 2019년 9월 타결된 미일 무역 협상에서도 이어졌다. 미일 양국은 디지털 무역 관련 우선 역점 분야들을 처리하기 위해 높은 수준의 포괄적인 규정에 합의하였다. 우선 역점에는 디지털 제품에 대한 관세 부과 금지, 디지털 제품에 대한 비차별적 대우 보장, 전산업 분야에서 초국적 데이터 이전에 대한 장벽 철폐, 데이터 국지화 금지, 소스코드와 알고리즘에 대한 자의적 접근 금지, 혁신적 암호 기술 사용에 있어서 기업의 탄력적 접근 보장 등이 포함되었다.

트럼프 행정부는 USMCA의 디지털 무역 규칙을 미일 협정에도 확대 적용함으로써 지구적 차원의 디지털 거버넌스 수립을 위한 또 하나의 중요한 선례를 축적하였다(USTR 2019). 디지털 무역의 증가는 미국 통상 정책에 새로운 도전 요인으로 등장하고 있다. 디지털 무역

에는 전통적인 관세 장벽뿐 아니라 다양한 무역 장벽이 존재하기 때문
이다. 디지털 무역을 저해하는 대표적인 비관세 장벽으로는 데이터 국
지화 의무화, 데이터 초국적 이동 제한, 지적재산권 침해, 강제화된 기
술 이전, 웹 필터링, 경제적 첩보, 사이버 범죄, 국가 주도의 기업 비밀
탈취 등이 포함된다.

　　USMCA는 TPP보다 한층 진전된 디지털 무역 관련 규정을 명문
화하고 있다. USMCA에는 디지털 제품에 대한 관세 부과, 소스코드
및 알고리즘 공개, 기술 이전 요구 등을 금지하는 규정이 포함되어 있
다. USMCA는 이와 함께 온라인 소비자 및 개인 프라이버시 보호를
위한 국내법적 틀을 의무화하는 규정을 포함하고 있다. USMCA는 데
이터의 초국적 이동을 보호하고 데이터 국지화를 요건을 제한하는 광
범위한 규정을 갖고 있다. 디지털 무역 챕터에서는 미국법과 유사하
게 인터넷 중개업체들에게 책임을 묻는 것을 제한하는 한편, 공개 데
이터 포맷으로 정부 데이터를 발간하는 것을 촉진한다. 협상 당사국들
은 위험 기반 사이버 안보(risk-based cybersecurity), 프라이버시, 중
소기업, APEC 초국적 프라이버시 규칙(APEC Cross-Border Privacy
Rules) 등을 포함한 다양한 이슈들에 대하여 협력하기로 합의하였다
(CRS 2019).

　　한편, EU는 일본과의 협상 과정에서 잘 나타나듯이, 디지털 무역
관련 규정을 FTA에 명문화하는 방식이 아니라, 별도의 '적정성 결정'
(adequacy decision)을 승인하는 차별화된 방식을 취하고 있다. 이러
한 방식은 데이터의 초국적 이전 자체를 반대하는 것은 아니나, 개인
정보 보호 조치가 충분히 선행되어야 한다는 EU의 전통적 입장을 반
영한 것이다. 디지털경제 시대를 맞이하여 데이터의 초국적 이전을 촉
진하기 위해서라도 높은 수준의 개인정보 보호를 위한 노력이 병행

될 필요가 있다는 것이다. 이러한 의미에서 적정성 결정은 EU-일본 EPA를 보완하는 의미가 있다("EU-Japan Economic Partnership Agreement" 2019).

적정성 결정은 EU가 상대국의 데이터 보호가 자국에 상응하는 수준으로 이루어지고 있다는 것을 인정하는 것이다. 이로써 일본은 EU로부터 적정성 결정을 받은 12번째 국가가 되었다. 이 결정으로 세계 최대의 데이터 이전을 위한 안전지대가 형성되었을 뿐 아니라, EU와 일본이 채택한 방식이 향후 지구적 차원의 데이터 거버넌스를 수립하는 과정에서 중요한 교두보를 확보하게 되었다.

여기서 주목할 것은 EU와 일본이 양자 차원에서 디지털 무역에 관한 규범과 규칙을 형성해 나가는 데 있어서 미국과 다른 접근을 하고 있다는 점이다. 미국 정부는 디지털 무역 관련 규정을 FTA에 포함시키고, 그것도 선언적 규정이 아니라 별도의 챕터를 통해 명문화하는 전략을 추구한다. 미국 정부는 다수의 FTA를 체결 또는 재협상하는 과정에서 디지털 무역 관련 규정에 대한 자국 우선의 표준을 만들어 나가고 있는 셈이다. 반면, EU는 FTA와 적정성 평가를 별개로 추진하면서 상호 연계하는 방식을 추구하고 있다.

V. 결론

지금까지 다자 차원에서 디지털 거버넌스의 가능성과 한계를 검토하였다. 디지털경제 시대가 본격화됨에 따라, 데이터의 초국적 이동은 국가 간 협력과 경쟁의 핵심 이슈가 되었다. 데이터의 특성상 자유로운 초국적 이동을 위한 국가 간 협력이 필수적인 동시에 그에 따른 다양한 문제가 파생되고 있다. 한편, 데이터가 '21세기의 석유'로 불리는 것처럼 데이터 수집, 저장, 처리, 분석을 위한 국가 간 경쟁도 가속화되고 있다. 데이터의 초국적 이동을 위한 제한과 데이터 국지화 사례가 점차 확대되고 있는 것은 이 때문이다.

데이터 국지화는 데이터의 초국적 이동을 제한하는 대표적인 수단이다. 데이터 국지화는 디지털 무역뿐 아니라, 국가 안보, 공공 안녕, 소비자 보호 등 매우 다양한 분야의 쟁점들과 직간접적인 영향을 주고받는다. 그러나 어떠한 형태가 되었든 데이터 국지화 관련 규제는 국내 산업을 보호하도록 설계되어, 디지털 무역을 제한하는 위장 규제의 요소가 있다는 비판을 벗어나기 어려운 것도 사실이다.

이처럼 급격하게 변화하는 현실에도 불구하고, 디지털 무역의 촉진과 제한에 대한 다자 차원의 광범위한 합의가 부재한 상태이다. 그 결과 세계 주요국들은 국내적으로는 자국의 디지털 산업의 진흥을 위해 데이터 국지화를 활용하고, 대외적으로는 FTA에 자국의 이해관계를 투사하고 있다. 미국을 비롯한 선진국들이 체결하는 FTA에 전자상거래 규정을 광범위하게 포함시키는 추세가 점차 강화되고 있다. 미국을 제외하면 일본, 호주, 싱가포르 등 CPTPP 참가국, 한국, 콜롬비아 등이 디지털 무역에 대한 규칙과 규범을 수립하는 데 적극성을 보이고 있으나, 이들의 관행 또는 모델이 WTO 회원국 전반으로 확대되기까지는 상당한 시간을 필요로 할 것으로 보인다. 특히, FTA에 규정된 전자상거래 규정은 협정 당사국 간에만 적용되기 때문에, WTO와 달리 최혜국대우를 제3국에 부여할 필요가 없다는 점에서 전 세계적 효과를 기대하기는 어렵다는 데 문제가 있다. 세계 주요국들은 자국의 FTA를 하나의 템플릿으로 삼아 향후 글로벌 디지털 거버넌스의 수립 과정에서 유리한 위치를 확보하기 위한 다음 단계의 게임으로 이행하고 있다.

참고문헌

유현우. 2017. "유럽 저작권 개혁의 시작 스니펫세(Snippet tax)." (https://kcopastory.blog.
    me/221100186399)
이규엽 · 강민지. 2019. "디지털 무역규범의 국제 논의 동향: WTO 전자상거래 협상과 미
    개인정보보호법 입법안을 중심으로." 『KIEP 오늘의 세계 경제』 19(12). 5월 22일.

"A Local Chinese Government Will Oversee Apple's New iCloud Data Center." 2017.
    Fortune. August 15. (https://fortune.com/2017/08/14/apple-china-icloud-data-
    center/)
Bednar, Lindsay. 2017. Locking Data Behind National Borders Is Unjustified and Causes
    Self-Inflicted Wounds. ITIF Testifies Before U.S. International Trade Commission.
    April 4.
"Britain looks to boost partnership with China in fintech: Lord Mayor of City of London."
    2019. March 19. Xinhua. (http://www.chinadaily.com.cn/a/201903/19/WS5c909f5
    9a3106c65c34ef778.html)
CockroachLabs. 2019. Enterprise Database Impact: Data Localization Regulation2019
    Snapshot.
Congressional Research Service. 2019. Data Flows, Online Privacy, and Trade Policy.
    R45584.
CRS analysis based on U.S. Trade Representative, 2018 National Trade Estimate Report
    on Foreign Trade Barriers. (https://ustr.gov/sites/default/files/files/Press/
    Reports/2018%20National%20Trade%20Estimate%20Report.pdf)
Deloitte. 2019. Fintech, Challenges for European Players.
Desai, Ronak D. 2019. "India's Data Localization Remains a Key Challenge for Foreign
    Companies." Forbes. April 30.
"EU Fintech action plan for a more competitive and innovative European financial
    sector." 2018. (https://home.kpmg/xx/en/home/insights/2018/03/eu-fintech-
    action-plan-fs.html)
European Commission. 2018. FinTech Action plan: For a more competitive and
    innovative European financial sector.
Fefer, Rachel F. 2018. The Need for U.S. Leadership on Digital Trade. Congressional
    Research Service. 7-5700. June 21.
Gomber, Peter, Jascha-Alexander Koch, Michael Siering. 2017. "Digital Finance and
    FinTech: current research and future research directions", Journal of Business
    Economics 87(5): 537‒580.
"Governments Actively Engaged at WTO E-Commerce Negotiations." (https://

www.uscib.org/governments-actively-engaged-at-wto-e-commerce-negotiations/)

Hufbauer, Gary Clyde and Zhiyao (Lucy) Lu. 2018. "Can Digital Flows Compensate for Lethargic Trade and Investment?" The Peterson Institute of International Economics, November 28.

Myers, Julie. 2018. "Out of Many, One? — The Future of U.S. FinTech Regulation", *Fintech Weekly*. August 29. (https://medium.com/fintech-weekly-magazine/out-of-many-one-the-future-of-u-s-fintech-regulation-4459cb77118a)

OECD. 2015. OECD Digital Economy Outlook 2015.

OECD. 2019. Financial Markets, Insurance, and Pensions: Digitalisation and Finance.

Office of the United States Trade Representative. 2019. 2019 National Trade Estimate Report on Foreign Trade Barriers. March.

Oliver, Zachary et. al. 2018. The Impact of Facebook's U.S. Data Center Fleet. RTI International.

"RBI to examine concerns over data localisation rule: Government." 2019. *Economic Times*. June 18. (https://m.economictimes.com/news/economy/policy/rbi-to-review-data-storage-rules-for-payment-firms-government/articleshow/69838249.cms)

Sack, Samm and Justin Sherman. 2019. "The Global Data War Heats Up: Japanese Prime Minister Shinzo Abe wants the G20 summit to set the rules on how countries share data, but nations are deeply divided on the issue." June 26. (https://www.theatlantic.com/international/archive/2019/06/g20-data/592606/)

Singh, Vikram and Kalindi Bhatia. 2019. "What's Driving Data Localisation in India?" 11/27. (https://iclg.com/practice-areas/telecoms-media-and-internet-laws-and-regulations/4-what-s-driving-data-localisation-in-india)

The Office of the United States Trade Representative. 2018. 2018 National Trade Estimate Report on Foreign Trade Barriers.

The Reserve Bank of India. 2018. Storage of Payment System Data.

"The World's Top 10 FinTech Companies." 2019. May 20. (https://www.investopedia.com/terms/s/series-b-financing.asp)

"Top 10 fintech companies in 2018." 2018. *China Daily*. November 12. (http://www.chinadaily.com.cn/a/201811/12/WS5be8b0e7a310eff303287e93.html)

U.S. International Trade Commission. 2017. Global Digital Trade 1: Market Opportunities and Key Foreign Trade Restrictions.

Wei, Yuxi. 2018. "Chinese Data Localization Law: Comprehensive but Ambiguous." February 7. (https://jsis.washington.edu/news/chinese-data-localization-law-comprehensive-ambiguous/)

Wimmer, Kurt and Gabe Maldoff. 2019. "India Proposes Updated Personal Data Protection Bill." 12/12. (https://www.insideprivacy.com/india/india-proposes-updated-personal-data-protection-bill/)

WTO. 2019. Joint Statement on Electronic Commerce. January 29. WT/L/1056. 19-0423.

Wu, Mark. 2017. Digital Trade-Related Provisions in Regional Trade Agreements: Existing Models and Lessons for the Multilateral Trade System. Overview Paper. International Centre for Trade and Sustainable Development(ICTSD).

国家互联网信息办公室关于《个人信息和重要数据出境安全评估办法(征求意见稿)》公开征求意见的通知. (http://www.cac.gov.cn/2017-04/11/c_1120785691.htm)

제2장

해외직접투자 규제와 국가안보[*]
미국 사례를 중심으로

배영자

[*] 본 연구의 내용을 토대로 학술논문이 작성되어 출판되었음.
배영자. 2020. "외국인 직접투자규제와 국가안보: 미국 사례를 중심으로." 『국제지역연구』 24(2).

I. 문제제기

최근 중국 기업의 미국 내 투자와 인수합병에 제동이 걸리면서 미국의 대내 해외직접투자(Inward FDI) 정책에 대한 논란이 제기되고 있다. 2018년 싱가포르 계열 기업 브로드컴(Broadcom)의 미국 퀄컴(Qualcomm) 인수가 제지되었고 알리바바 마윈이 소유한 앤트파이낸셜(Ant Financial)의 머니그램(MoneyGram) 인수 시도도 성사되지 못했다. 2010년 중국 최대 통신장비업체 화웨이(華爲)가 미국 소프트웨어 벤처기업인 3리프(3leaf)사의 지분을 매입했다. 하지만 미국 국방부가 이를 반대하고 재무부 산하 해외투자위원회(The Committee on Foreign Investment in the United States, 이하 CFIUS)가 화웨이의 지분 매입이 미국의 국가안보에 위험을 줄 수 있다는 입장을 밝히면서 결국 지분 매입을 포기했다. 이후 중국 기업의 미국 투자와 인수합병에 대한 제재가 지속적으로 증대되어 왔다.

미국이 국가안보를 이유로 외국기업의 미국 내 투자에 제동을 건 것이 최근에 시작된 일은 아니다. 1980년대 후반 일본 반도체기업 후지쯔(Fujitsu)사가 미국 반도체회사 페어차일드(Fairchild)사를 매입하고자 했을 때 일본 기업에 의한 미국 내 첨단 기업 인수에 대한 우려가 미국 내에서 고조되고 정치권의 압력이 거세지면서 후지쯔가 페어차일드 매입을 포기하였다. 당시 미국은 일본 기업을 위시한 외국기업의 미국 내 해외투자를 견제하기 위해 1988년에 엑슨플로리오(Exon Florio)법을 제정하였다. 1990년대 미국 내 해외직접투자에 대한 규제가 다소 완화되었다가 2000년대 중반을 기점으로 외국기업의 미국 기업 인수를 국가안보와 관련시키는 논의가 확산되면서 2007년 '외국인 투자 및 국가안보법(Foreign Investment and National Security,

FINSA)'이 제정되어 해외투자 규제를 강화하였다. 2018년 국방수권법 (National Defense Authorization Act, NDAA)에 포함된 외국인 투자위험 심사 현대화법(Foreign Investment Risk Review Modernization Act, FIRRMA)이 또 다시 제정되면서 CFIUS의 심사 범위를 확대하고 국가안보의 개념을 포괄적으로 적용하여 심사하며, 검토 및 조사 중 해당 투자거래를 중지시킬 수 있도록 하는 등 권한을 강화하였다.

미국 해외직접투자 규제 강화는 해외직접투자와 국가안보를 연관짓는 흐름 속에서 발생하고 있고 특히 해외직접투자 추세의 변화 및 미중 갈등에 대한 함의로 인해 많은 주목을 받고 있다. 최근 미국 이외에도 많은 국가들이 국가안보를 이유로 해외직접투자를 규제하는 법이나 조항을 제정하고 있으며(Wehrle and Pohl 2016) 이는 투자 위축으로 이어져 2016년 이후 현재까지 해외직접투자 감소의 한 요인이 되고 있다(UNCTAD 2019). 국가가 자국의 안보를 이유로 해외직접투자를 제한할 수 있는 권한은 전통적으로 인정되어 왔지만 이는 전시상황이나 군수산업과의 직접적인 관련 부문에 한정되었다. 최근 많은 국가들이 국가안보를 내세워 국방부문 이외 해외직접투자를 규제하는 법이나 조항을 제정하고 있어 해외직접투자 규범과 국가안보와의 관계에 대한 정리가 필요한 상황이다. 미국을 위시한 많은 국가들이 왜 국가안보를 이유로 해외직접투자 규제를 강화하고 있는가? 과연 국가안보를 목적으로 어느 정도까지 해외직접투자에 대한 규제가 허용될 수 있는가? 자유로운 해외직접투자 보장과 국가안보 목적의 해외직접투자 규제와의 조화로운 균형은 가능한가? 미국은 해외직접투자 규범에서 국가안보를 어떻게 규정해 왔는가? 어떤 해외직접투자가 국가안보를 위협하거나 침해한다고 판단하는지에 대한 명시적인 기준이 존재해 왔는가?

본 연구에서는 이러한 질문들을 배경으로 하면서 해외직접투자 규제와 국가안보와의 적절한 관계를 이해하는 데 도움이 되는 이론적 논의들을 먼저 검토한다. 이후 미국의 경우를 사례로 해외직접투자 규범에서 국가안보에 대한 이해가 변화되어온 과정을 추적하면서 변화의 배경이 무엇이었는지, 구체적으로 어떤 변화가 진행되었는지, 이러한 변화의 함의가 무엇인지를 고찰해 본다.

II. 이론적 논의

해외투자는 해외직접투자와 해외간접투자로 구성된다. 해외직접투자는 경영참가를 목적으로 자본, 생산시설, 경영기술 등 생산요소를 외국에 이전시키는 것을 말한다. 이는 경영에 참가하지 않고 단순히 이자, 주식배당 등 투자이익의 획득을 목적으로 하는 해외간접투자(Foreign Portfolio Investment)와 구분된다. 일반적으로 IMF나 OECD와 같은 국제기구들은 해외기업 총주식의 10% 이상을 구입하면 기업 경영에 영향력을 행사할 수 있게 되는 것으로 간주하고 이를 해외직접투자로, 10% 이하를 해외간접투자로 규정하지만, 현실에서 해외 직접투자와 간접투자를 명확히 구분하기 어려운 경우가 많다. 본 논문에서는 현지법인설립, 합작투자, 인수합병 등을 포함하는 해외직접투자를 논의한다.

해외직접투자에 대한 국제정치경제 논쟁의 초점은 해외직접투자의 동기와 효과에 관한 것이었다. 예컨대 버넌(Vernon)은 해외직접투자를 제품수명주기(Product Life Cycle)와 관련하여 설명한다(Vernon 1966). 이 이론에 따르면 한 상품은 도입, 성숙, 표준화, 쇠퇴라는 주기를 가지고 있고 성숙 단계에서 선진국 기업들의 해외직접투자 및 생산기지 해외 이전이 이루어진다. 더닝(Dunning)은 초국적 기업이 특정 지식의 소유(Ownership), 지역(Location)의 우위, 내부화(Internalization) 전략에 토대하여 해외직접투자를 하고 경쟁력을 확보한다고 주장한다(Dunning 1992). 더닝이나 버넌의 이론은 초국적 기업들이 투자본국과 투자대상국 경제에 이득을 가져다준다는 자유주의 가정에 기반하고 있다. 즉 투자본국은 해외직접투자로 인해 투자 수익을 얻을 수 있고, 해외로 공장설비 등 자본재 수출이 증가하므로 국제수지에도 긍정적인 영향을 준다. 투자대상국은 해외직접투자에 의해 생산시설이 이전되면서 기술과 경영 노하우를 전수받을 수 있게 되고, 국내 고용이 창출된다. 한편 하이머(Hymer)는 자본, 기술, 경영 노하우 등에서 독과점 우위를 지니는 기업만이 해외직접투자를 감당할 수 있고 이들은 해외로 팽창하면서 세계 노동분업구조를 중심과 주변으로 나누고 자신들의 이익에 부합하도록 저개발국을 착취한다고 주장하면서 초국적 기업의 독점적 우위(Monopolistic Advantage)에 대해 비판적이다(Hymer 1976).

　해외직접투자가 투자본국 혹은 투자대상국에게 어떤 효과를 가져오는지에 대한 논쟁에도 불구하고 해외직접투자 규모는 1970년대 중반 이후 1980년대 중반까지 연평균 10~20%, 1980년대 중반 이후 각국 해외직접투자 자유화 및 개방화 정책이 본격적으로 도입되면서 연평균 성장률 30% 내외로 급격히 성장했다(UNCTAD 각 년호). 해외직접투자의 규모는 세계화가 본격화된 1990년대 중반 이후 급속히 증가하다가 2001년 9·11사태 이후 급감하였다. 다시 2000년대 중반 급증하다가 2008년 세계금융위기로 위축되었다 서서히 회복되었고 2016년을 정점으로 다시 감소하고 있다.

역사적으로 글로벌한 수준에서 구속력을 가지는 국제 투자협정을 수립하려는 시도가 여러 번 진행되었지만 모두 실패했다(Milner 2014). 2차 세계대전 직후 하바나 헌장을 통해 공식적인 다자투자협정을 창출하려는 노력이 실패하였고, 1995년 OECD 주도로 진행된 다자간 투자협정(Multilateral Agreements on Investment, MAI) 체결 노력 역시 프랑스의 탈퇴, 국제 비정부기구들의 반대 등으로 성공하지 못했다. 무역에서와는 달리 공식적인 해외직접투자 규범의 부재 속에서 국가들은 지역 또는 양자 간 투자협정을 통해 해외직접투자를 다루어왔다.

1980년대 중반 이후 신자유주의의 영향으로 해외직접투자에 대한 규제는 바닥을 향한 경주로 불릴 만큼 완화되었다. 이 시기에 가속화된 세계화는 특히 국경을 넘는 해외직접투자에 의해 견인되었다고 해도 과언이 아니었다. 1990년대 후반 해외직접투자의 급격한 증가는 해외직접투자에 대한 규제가 완화된 우호적인 환경 속에서 진행되었다. 그러나 2000년대 초반을 기점으로 특정 부문의 투자를 제한하거나 정부의 해외직접투자에 대한 감독을 강화시키는 규제가 강화되어 왔고 특히 2016년 이후 규제가 증가하면서 해외직접투자도 감소하는 추세를 보이고 있다(UNCTAD 2019). UNCTAD 자료에 의하면 2000년대 초반 각국 해외투자정책의 6%가 규제하는 내용을 담고 있었음에 반해 2018년 이 비율은 30%를 넘는다. 최근의 이러한 추세가 해외투자정책을 보호주의 양상으로 전환하고 있는 신호인지 아니면 기존에 모호했던 해외투자 정책을 보다 투명하고 명시화하기 시작하면서 부각되는 일시적인 갈등일 뿐 개방적인 기조는 그대로 유지할 것인지에 대한 논쟁이 제기되기도 하였다(Marchick and Slaughter 2008).

해외직접투자를 규제하는 동기는 다양하다(Pandya 2007; Pinto

2013). 그 가운데 주목받아온 몇 가지를 열거해 보면 첫째, 초국적 기업에 의한 독점 방지, 둘째, 국내산업 보호, 셋째, 국가안보 이유 등이다. 초국적 기업은 일반적으로 풍부한 자본과 높은 기술 수준에 토대하여 국내 시장을 독점할 가능성이 있기 때문에 국내 시장을 보호하기 위해 초국적 기업에 의한 해외직접투자를 규제한다. 국내 기업과 시장이 충분히 성숙하지 못한 상태에서 초국적 기업의 해외직접투자가 이루어지면 국내산업이 발전할 수 없기 때문에 국내산업 보호를 위해 해외직접투자를 규제하는 경우도 있다. 국가안보와 직결되는 국방 부문이나 국가의 기간산업에 대한 해외직접투자를 규제한다.

　　본 논문에서 특히 주목하는 것은 세 번째 동기이다. 특히 1990년대 후반 이후 해외직접투자 규제 논의 속에서 가장 빈번하게 논의되고 있는 동기 가운데 하나가 국가안보적 고려이다. 다양한 해외직접투자 규범에서 국가안보 개념은 조금씩 다르게 인식되고 있다(UNCTAD 2019). 예컨대 1961년 제정된 OECD 자본이동 자유화 규약(OECD Code of Liberalization of Capital Movement)은 회원국이 핵심 안보 이익(essential security interests)의 보호, 국제평화 안전과 관련된 의무의 이행을 위해 필요한 경우 해외투자 규제를 인정하였다. 1994년 WTO 서비스무역에 관한 일반협정(GATS)에서도 회원국의 핵심 안보 이익(essential security interests) 보호를 위한 안보 예외조항(제14조의 2)을 두었고 핵심 안보이익의 보호는 군사시설에 공급할 목적으로 직접 또는 간접적으로 행해지는 서비스 공급과 관련되거나, 핵분열과 핵융합물질 혹은 이들의 원료가 되는 물질과 관련되거나, 전쟁 또는 국제적인 긴급 상황에서 취해지는 조치여야 한다고 정의하였다. 1990년대 세계화가 진행되며 국영기업이 운영해왔던 전기, 통신, 에너지 등 핵심 기간시설(critical infrastructure) 부문이 자유화 및 개방화되고 공공성을 보유한 부문들에 대한 외국기업의 해외직접투자가 시도되면서 특히 핵심 기간시설 부문과 전략산업(strategic industry)에 대한 해외직접투자 규제 필요에 대한 목소리가 높아지게 되었다. 실제로 2000년대 중반 이후 영국, 프랑스, 독일, 네덜란드 등 많은 국가들에서 국방, 에너지, 기타 전략부문에 대한 대내 해외직접투자를 규제하는 법을 제정하는 움직임이 진행되었다(Marchick and Slaughter 2008). 프랑스는 국방, 항공, 정보통신 등 11개 부문에 대한 해외투자를 제한하는 법령을 도입하였으며, 러시아 역시 에너지 등 40개 산업분야에서 해외투자를 제한하는 입법을 추진하였다. 최근에는 정보혁명이나 신기술산업의 첨단기술에 대한 해외직접투자 규제가 추가되는 양상을 보이고 있다(Wehrle and Pohl 2016).

이러한 규제에 대해 학계나 국제기구에서는 해외직접투자 규제의 필요성은 인정하지만 규제가 투자보호주의(Investment Protectionism)에로의 선회로 이끌어지지는 않아야 한다고 주장하면서 특히 국가안보, 전략산업, 핵심 기간설비, 신기술 및 첨단기술 등이 명확히 규정되지 않음으로써 규제가 남발될 것을 우려하고 국가안보와의 관련성에 대한 기준을 보다 분명히 할 것을 요구하고 있다(Marchick and Slaughter 2008; Travalini 2009; Wehrle and Pohl 2016). 실제로 OECD는 2009년 국가안보와 관련된 해외투자에 대한 권고(Recommendation adopted by the Council on recipient country investment policies relation to national security)를 채택하였다(OECD 2009). 이 권고는 국가안보 목적 해외투자 규제에 대한 기준으로 차별금지원칙(non-discrimination), 정책의 투명성(transparency)과 결과의 예측가능성(predictability), 조치의 비례성(proportionality)과 관련 당국의 책임성(accountability)을 제시하였다.

모란(Moran)의 연구는 해외직접투자가 실질적으로 국가안보를 위협할 수 있는 3가지 경우를 구체적으로 제시한다(Moran 2008). 첫 번째 위협(Threat I)은 해외투자로 인해 국가안보에 중요한 물자나 서비스의 의존도가 높아지는 경우, 두 번째 위협(Threat II)은 해외투자가 국익에 해로운 방식으로 기술과 전문성을 해외로 이전할 수 있는 경우, 세 번째 위협(Threat III)은 해외투자로 경제의 작동에 중요한 물자나 서비스에 대한 침해 감시 방해 능력이 유입되는 경우이다. 그는 국가안보에 중요한 물자나 서비스가 중단되었을 때 대체재를 활용할 수 있는 비용, 해외투자로 인한 상대국의 실질적인 국가안보 이익, 상대국의 침해 방해 능력이 미치는 범위를 고려하여 중요도 테스트(criticality test)를 위한 틀을 만들고, 이에 기반하여 결정이 신중하게 내려져야 하고, 자유로운 해외투자로 인한 이득과의 균형 속에서 해외투자에 대한 규제가 이루어져야 한다고 주장하였다. OECD나 모란이 제시한 기준 역시 현실에서 적용될 때 주관적 해석이 달라질 수 있는 모호한 부분이 많고 실제로 이러한 기준들은 아무런 강제성이 없기 때문에 국가들이 이에 구속되지 않는다. 그럼에도 불구하고 이러한 기준들은 지나치게 일방적이고 자의적인 규제에 대한 비판과 설득력 있는 기준의 적용을 요구함으로써 필요불가결한 국가안보 이익 수호와 자유로운 해외투자 질서의 조화를 모색하려는 노력으로서 의미를 가진다고 볼 수 있다.

해외직접투자 규제에서 국가안보의 영역이 확장되고 각 국가들의 규제가 강화되는 현실과 다른 한편, 자유로운 해외직접투자 질서 유지의 중요성 및 해외직접투자와 관련된 국가안보 이익의 명확한 의미와 기준 적용에 대한 요구의 증대를 배경으로 본 연구는 특정 국가에서 특정 시기에 국가안보적 고려를 이유로 해외직접투자에 대한 규제가 강화되는 배경과 구체적 내용을 미국 사례를 중심으로 분석하고자 한다. 미국의 국가안보 목적 해외직접투자 규제가 어떻게 전개되어 왔으며 이 속에서 국가안보에 대한 이해가 어떻게 변화되어 왔는지 살펴본다. 주지되듯 미국은 해외직접투자 규모 면에서 가장 중요한 국가이며 미국의 해외투자 정책이 세계 해외직접투자 질서에 미치는 영향력이 막대하다. 아울러 최근 미국의 국가안보 목적 해외직접투자 규제가 주로 중국 기업을 대상으로 하고 있어 미중관계 갈등 요인이 되고 있고 자유로운 해외직접투자 질서를 위축시키면서 더욱 관심을 끌고 있다.

미국의 해외직접투자와 국가안보에 관한 기존 연구들은 주로 법학적 관점에서 개별 규제의 전반적인 내용을 소개할 뿐(Graham and Marchick 2006; Jackson 2019; Pasco 2014; 김종호 2015; 신꽃비 외 2018; 심정희 2019 등), 해외직접투자 규제의 역사적 발전 과정에서 국가안보 개념이 어떻게 변화해 왔는지에 대해 주목하지 않았다. 본 논문에서는 특히 2차 세계대전 이후 미국의 해외직접투자 규제에서 특히 국가안보의 개념이 구체적으로 어떻게 변화되어 왔는지를 개괄적으로 살펴보면서 어떤 맥락에서 변화가 진행되었는지, 구체적인 규제 내용들은 어떤 것들이었는지, 이러한 규제들을 어떻게 이해하는 것이 적절한지를 생각해 본다.

III. 미국 해외투자 규제와 국가안보

본 연구는 2차 세계대전 이후 미국의 해외직접투자 규제를 크게 4단계로 나누어 고찰한다. 1단계는 1975년 포드 행정부가 외국기업의 미국 내 직접투자를 검토하기 위해 CFIUS(The Committee on Foreign

Investment in the United States)를 설치한 것, 2단계는 1988년 CFIUS 역할을 대폭 강화한 엑슨플로리오법(Exon Florio Amendment)을 제정한 것, 3단계는 2007년 해외투자 및 국가안보법(The Foreign Investment and National Security Act, FINSA)을 제정한 것, 4단계는 2018년 미국 외국인투자 위험심사 현대화법(Foreign Investment Risk Review Modernization Act, FIRRMA)을 국방수권법(National Defense Authorization Act of Fiscal Year 2019)의 일환으로 제정한 것이다. 각 단계의 배경, 내용, 운영 및 효과를 분석한다.

1. CFIUS 설립

미국은 1차 세계대전 당시 적성국 교역법(Trading with the Enemy Act, TWEA)을 제정하였고 이 법에서 대통령에게 국가비상시 군사안보를 위협하는 교역과 해외직접투자를 금지하고 규제할 수 있는 권한을 부여하였다.[1] 이 법은 당시 화학, 라디오 통신 등의 부문에서 독일 기업들의 미국 투자를 규제하기 위한 것이었고(Graham and Marchick 2006), 이 법에 따라 실제로 독일 화학기업의 미국 현지법인들이 미국 정부 자산으로 귀속되었다. 이 법은 1941년 2차 세계대전 당시 다시 소환되었으나 이때에는 독일이나 일본 기업의 미국 내 투자가 많지 않아 크게 주목되지 않았다. 이와 같은 적성국가나 군사 부문 관련 해외직접투자 이외 미국의 해외직접투자에 대한 별도의 규제는 없었고 미국은 자국 내 해외직접투자에 대해 중립적인 입장을 유지해 왔다(Bergsten 1979).

---

[1]   TWEA 법안의 내용은 https://www.treasury.gov/resource-center/sanctions/Documents/twea.pdf 참조(2020년 1월 검색).

전시가 아닌 평상시에, 군사부문이 아닌 민간부문에서, 미국 내 해외직접투자가 국가안보의 관점에서 다시 관심의 대상으로 떠오른 계기는 1970년대 두 차례에 걸친 석유위기와 관련된다. 석유위기로 축적된 산유국, 특히 OPEC(Organization of Petroleum Exporting Countries) 국가의 페트로 달러가 미국의 주요 자산들에 투자할 우려가 강조되었고 이에 따라 두 가지 조치가 이루어졌다. 첫째, 1977년 미국 의회는 기존 TWEA를 국제 긴급경제권한법(International Emergency Economic Powers Act, IEEPA)으로 수정한다.[2] 기존 TWEA가 대통령이 국가안보에 위협이 되는 외국기업의 자산 몰수까지 할 수 있도록 허용하였음에 반해, IEEPA는 대통령의 권한을 축소하여 외국기업의 자산을 동결할 수는 있지만 법적 소유권을 변경할 수 없다고 규정했다. TWEA에서 대통령이 전쟁이나 국제적 비상사태에서 외국기업의 자산을 몰수할 수 있다고 했지만 무엇이 비상사태인지에 대해 별도로 규정하지 않아 애매했다. IEEPA에서는 대통령이 국가비상법에 따라 국제적 비상사태를 선포해야 하고 이러한 상황에서만 대통령이 외국기업의 자산을 동결할 수 있다고 규정하였다(Graham and Marchick 2006). 둘째는 1974년 미국 의회가 해외투자연구법(Foreign Investment Study Act)을 제정하여, 재무부 및 상무부가 미국 내 해외투자에 대해 광범위한 검토를 할 것을 요구하였고 해외직접투자를 감시할 수 있는 적절한 메커니즘이 없다고 결론지어, 1975년 미국 내 해외직접투자를 검토하기 위해 새로운 기구 CFIUS를 설치한다. 포드 행정부 행정명령 11858에 의해[3] 설립된 CFIUS는 설립 당시 재무부 장

---

2   IEEPA 법안의 내용은 https://www.treasury.gov/resource-center/sanctions/Documents/ieepa.pdf (2020년 1월 검색)

3   포드 행정부 행정명령 11858 내용은 https://www.archives.gov/federal-register/codi-

관이 위원장을 맡고 국무부 장관, 국방부 장관, 상무부 장관, 대통령 경제보좌관, 국제경제정책위원회 원장으로 구성되는 부처 간 위원회 (intra-agency)였다. 위원회는 미국 내 해외투자의 영향을 모니터링하는 책임을 지니며, 특히 미국 해외투자 동향과 발전을 분석하고 해외 정부투자를 사전에 협의하고, 해외투자가 미국의 국익에 미치는 영향을 검토하며 필요한 경우 새로운 입법을 제안하는 기능을 하는 것으로 규정된다.

설립 당시의 규정에 따르면 CFIUS는 해외투자를 규제하거나 금지할 수 있는 권한을 가지고 있지 않다. 단지 해외투자를 모니터하고 해외투자의 영향을 검토하는 권한만 소유한다. 아울러 모니터의 목적이 국가안보라는 명시적인 언급이 들어 있지 않고 대신 국익(national interests)이라고 표현되고 있다.[4] 국익 개념의 모호함과 관련하여 1979년 CFIUS의 활동에 관한 청문회에서 국익을 정치적 의미로만 해석하고 있다고 비난하면서 국익의 경제적 측면을 포괄적으로 검토해야 한다는 주장이 제기되기도 하였다(US Congress 1980). 실제로 CFIUS의 활동은 활발하지 않았고 1975년 설립 후 1980년까지 10번 개최되었으며 해외투자의 정치적 혹은 경제적 측면에 초점을 둘 것인지를 결정하지 못했다(Jackson 2019). CFIUS 활동의 부진과 국익 개념 및 기능의 모호함에도 불구하고 CFIUS의 존재 자체는 외국기업의 미국 해외투자를 신중하게 결정하는 효과를 가져왔다고 평가된다(Travalini 2009). 아울러 CFIUS는 미국 해외투자 규제의 가장 중요한

---

fication/executive-order/11858.html (2020년 1월 검색)

4   …review investments in the United States which, in the judgment of the Committee, might have major implications for United States **national interests**…(Executive Order 11858 of May 7, 1975, Section 1, b (3)).

구심점으로 인식되면서 이후 미국 해외투자 규제 강화에 대한 논의는 주로 CFIUS의 권한을 확대하는 방향으로 진행된다.

2. 엑슨 플로리오 수정조항(Exon Florio Amendment) 제정

1980년대 레이건 행정부의 개방적인 해외투자정책으로 일본 및 영국 기업 등에 의한 미국 내 투자가 증대되었다. CFIUS가 이러한 해외투자에 대해 적절히 검토하지 못하고 있다는 비판이 대두되면서 미국 내 해외투자에 대한 검토가 강화되어야 한다는 주장이 제기되기 시작하였다. 1980년에서 1987년 사이에 CFIUS는 국방부의 제안으로 몇 건의 해외투자를 검토하였는데 이 가운데 대부분이 미국의 특수강철, 군용 볼 베어링, 반도체 생산업체 인수 시도 등 일본 기업의 해외투자였다(Jackson 2019). 이 가운데 가장 논쟁이 되었던 사례가 바로 일본 후지쯔(Fujitz)사의 미국 페어차일드(Fairchild) 인수 시도이다. 1957년 설립되어 최초로 집적회로를 상용화시켰고 실리콘밸리의 대표적 혁신기업이었던 페어차일드사를 1987년 당시 빠르게 성장하던 일본 반도체업체 후지쯔가 인수하려고 시도할 때 미국 내에서 많은 반발이 있었다(Tolchin and Tolchin 1988). 일본 기업의 미국 기업 인수는 미국의 기술경쟁력을 감소시킬 것이며 심지어 미국이 이에 적절히 대응하지 못하면 미국과 일본 사이에 전쟁이 발생할 수 있다는 경고도 제기되었다(Thurow 1992). 당시 쌍둥이 적자에 시달리는 미국 경제의 상대적 쇠퇴가 논의되고 일본의 부상이 주목되는 상황에서 일본 기업의 미국 첨단 기업 인수는 미국에 위협적인 것으로 인식되었다. 이러한 논쟁의 와중에 후지쯔는 자발적으로 페어차일드사 인수를 철회하였지만 미국 의회는 대통령이 비상사태를 선포하지 않는 한 이러한 인수를 막을 적절한 권한을 가지고 있지 않음에 유의하면서 새로운 법을 제정하게 된다.

당시 세계 경제에서 미국의 상대적 지위가 약화되고 철강, 자동차 산업 등의 경쟁력이 취약해지면서 보호주의 무역법 제정에 대한 요구가 증가하였고 레이건 행정부는 1988년 거의 모든 경제 부문을 총망라한 포괄적인 종합무역법(Omnibus Trade and Competitive Act of 1988)을 제정하였다. 상원의원 엑슨(Exon)과 하원의원 플로리오(Florio)가 각각 발의한 해외투자 규제법은 의회 내 논쟁을 거쳐 1988년 종합무역법 5021조에서 방위생산법(Defense Product Act of 1950) 721조를 수정하는 엑슨 플로리오 조항으로 제정되었다.

엑슨 플로리오 조항은 해외투자 검토 및 분석에 한정되어 있던 대통령의 권한을 확대하여 국가안보에 위협이 되는 합병, 인수, 매수(merger, acquisition, takeover)를 금지 또는 중지(prohibit or suspend)시킬 수 있는 권한을 부여하였다. 레이건 대통령은 엑슨 플로리오 조항을 이행하기 위해 행정명령 12661을 통해[5] CFIUS에 해외투자를 검토 조사하여 대통령에게 권고할 권한을 위임하였고 CFIUS는 미국 해외투자 정책의 핵심적 기관으로 부상하게 되었다. 본 조항에 따르면 CFIUS는 재무부 장관이 위원장을 맡고 국무부·국방부 장관 등을 포함한 11명으로 구성된다. 엑슨 플로리오 조항에 따르면 일방 또는 쌍방의 자발적인 서면통지로 조사 절차가 시작된다. 본격적인 조사에 들어가기 전에 조사 여부를 결정하기 위해 서면 통보(notice)부터 최대 30일 동안 검토(review)하고 본격적인 조사(investigation)에 들어가게 되며 45일 이내에 마쳐야 한다. CFIUS는 조사가 끝나면 권고

---

5   레이건 행정부 행정명령 12661 내용은 https://www.archives.gov/federal-register/codification/executive-order/12661.html (2020년 1월 검색).

사항을 포함하여 대통령에게 보고하고, 대통령은 15일 이내에 결정 내용을 발표하여야 하며, 국가안보를 위협(threat to impair the national security)할 가능성이 있는 외국인 투자에 대하여 금지 또는 중지를 명할 수 있다. 대통령이 권한을 발동하기 위해서는 국가안보를 해할 위협을 가져올 것이라는 신뢰할 만한 증거(credible evidence)가 있어야 한다.

이 법 제정을 둘러싼 주요 논쟁 가운데 하나가 국가안보를 어떻게 규성할 것인지에 관한 것이었다. 상원의원 엑슨이 처음 발의한 법에는 국가안보와 핵심상업(essential commerce) 부문에 영향을 미치는 해외투자를 검토한다고 되어 있었다(Jackson 2019 등). 그러나 당시 레이건 행정부 재무부 장관 베이커(James Baker)와 각료들은 국가안보가 전통적인 군사 부문을 넘어 경제적인 영역으로 확대 해석되는 것을 우려하였다. 아울러 이 법의 확대 적용으로 인해 해외투자가 위축될 위험을 고려한 레이건 행정부는 법 초안에 반대하였고 결국 최종 법안에 핵심상업이라는 용어는 빠진 채 국가안보 개념만 포함되었다. 엑슨 플로리오 조항의 가장 중요한 부분은 국가안보를 어떻게 정의하며 특정 해외투자가 국가안보에 위협인지를 어떻게 판단하느냐이다. 조항은 정확하게 국가안보가 무엇인지에 대해 규정하고 있지 않다. 다만 국가안보에 대한 잠재적 위협을 평가할 때에 고려할 사항으로 몇 가지 기준을 제시하고 있다. 첫째, 국가 방위에 필요한 국내 생산과 관련되는지 여부, 둘째, 국가 방위를 위한 인적 자원, 생산품, 기술, 원자재 등을 포함한 국내 산업의 생산 능력과 관련되는지 여부, 셋째, 국가안보를 위한 미국의 생산 능력에 영향을 줄 수 있는 외국인에 의한 국내 산업과 상업 활동의 통제와 관련되는지 여부, 넷째, 테러지원국, 군사무기 및 생화학무기 확산국과의 거래의 잠재적 영향, 다섯째, 국가안보와 관련되는 미국의 기술 우위에 영향을 주는 거래의 잠재적 영향 등이다. 기준으로 제시된 내용은 모두 국가안보와 관련되는 생산이나 산업 기술 등이라고 언급하고 있으나 결정적으로 무엇이 국가안보와 관련되는 것인지는 여전히 모호하게 남아 있다. 이 조항들은 국가안보라는 핵심개념을 언급하고 있지만 그 범위를 명확히 군사 부문에 한정하고 있지 않아 군사 부문과 직접적으로 관련되지 않는 원자재, 기술, 생산 등 도 넓은 의미의 국가안보적 차원에서 문제가 되고 심사가 될 수 있는 소지를 남기고 있다. 실제로 CFIUS 운영에 관한 재무부 시행 규칙에서 국가안보를 보호하는 데 있어 대통령의 광범위한 권위를 축소시키지 않기 위해 국가안보의 개념을 명확히 규정하지 않았다고 밝히고 있다(Graham and Marchick 2006).

〈표 1〉에서 보여지듯 엑슨 플로리오 법 제정 이후 1988년에서 2005년까지 총 1,593건의 통보(notice)가 있었고 이 가운데 25건에 대해 조사(investigation)가 진행되었으며, 13건이 자발적으로 투자를 철회하였다. 나머지 12건에 대해 대통령의 결정이 내려졌으며 이 가운데 중국 회사의 미국 항공 제조업체 투자 1건만이 투자 금지 명령을 받았다. 통보된 1,593건은 동 기간에 이루어진 미국 대내 해외투자의 약 10%에 해당하는 것으로 알려졌다(Graham and Marchick 2006). 기간 내 총 1건의 투자 거부라는 결과를 놓고 CFIUS가 국가안보를 위한 해외투자에 대한 검토라는 기능을 제대로 수행하지 못하고 있다는 비판도 제기되었다. 그러나 통보된 해외투자 건 가운데 많은 수가 조사 이전 30일 기간 동안에 투자를 철회하였음을 고려할 때, CFIUS의 존재와 조사가 국가안보 침해 우려가 있는 해외투자를 사전에 걸러내는 역할을 해 왔다고 평가할 수 있다.

표 1 CFIUS 통보와 조사 (1988년-2005년)

Year	Notifications	Investigations	Notices withdrawn	Presidential decision
1988	14	1	0	1
1989	204	5	2	3[a]
1990	295	6	2	4
1991	152	1	0	1
1992	106	2	1	1
1993	82	0	0	0
1994	69	0	0	0
1995	81	0	0	0
1996	55	0	0	0
1997	62	0	0	0
1998	65	2	2	0
1999	79	0	0	0
2000	72	1	0	1
2001	55	1	1	0
2002	43	0	0	0
2003	41	2	1	1
2004	53	2	2	0
2005	65	2	2	0
Total	1,593	25	13	12

a. Includes the China National Aero Tech (PRC)/MAMCO Manufacturing transaction, which the president ordered divested on February 2, 1990.
출처: CFIUS Annual Report, Graham and Marchick(2006) 재인용.

3. 국가안보법(FINSA) 제정

2001년 9 · 11 테러 이후 미국에서 국가안보에 대한 우려가 비약적으로 증대하였고 기존의 엑슨 플로리오법의 운용만으로는 이러한 목표를 달성하기에 부족하다는 비판이 제기되었다. 9 · 11 테러 이후 새로 출범한 국토안보부가 2002년부터 CFIUS에 참여하면서 해외투자로 인한 국가안보의 잠재적 위협을 걸러내는 것이 더욱 강조되었다. 2004년부터 미국 의회는 해외투자를 국가안보 관점에서 조사할 때 보다 투명한 절차와 명확한 기준이 필요하고 국가안보의 관점을 보다 확대해서 보아야 할 필요성을 강조하며 CFIUS 조사 과정을 개정하기 위한 연구를 시작하였다(US Senate 2006). 이러한 분위기가 조성되고 있는 가운데 정치적으로 크게 이슈화된 2개의 해외투자 인수 건이 발생하였다. 2005년 중국의 국영 석유회사인 CNOOC(China National Offshore Petroleum Company)의 미국 석유회사 UNOCAL 의 인수 건은 미국의 에너지 안보 문제와 중국 경제의 부상으로 인한 국가안보 위협에 대한 공방을 촉발하였다. 또한 아랍에미리트 정부 소유 DPW(Dubai Ports World)의 미국 항만 운영권의 인수 건은 미국의 항만 등 기간시설에 대한 해외투자를 국가안보 차원에서 더욱 엄격히 규제해야 한다는 주장을 한층 강화하는 계기가 되었다. 미 의회에서는 2005년 하반기부터 엑슨 플로리오법을 확대 및 강화하는 내용의 개정 법안이 20여 개 이상 발의되었고, 2년여에 걸친 의회의 논의 결과 2007년 7월 엑슨 플로리오법을 대체하는 법으로서 방위생산법(Defence Production Act of 1950)의 721조 수정법의 형태로 해외투자 및 국가안보법(Foreign Investment and National Security Act, FINSA)이 도입되었다.[6]

이전에는 CFIUS가 11개 부처의 대표로 구성되었으나, FINSA는 9개 부처의 대표를 기본 위원으로 하고 여기에 대통령이 상황에 따라 위원들을 추가로 임명할 수 있게 하였다. CFIUS의 기본 구성원으로 국토안보부와 에너지부 장관이 주목되었고 CFIUS의 구성원 중 주된 해당 거래 관련 정부 부처가 조사와 결정을 주도하는 것으로 규정되었다. 지금까지 CFIUS는 투자 당사자의 자발적인 서면통지가 있어야 조사 절차를 개시할 수 있었는데, 이 법에서는 대통령 또는 CFIUS의 직권에 의한 절차 개시를 규정하고 있으며 30일 검토, 45일 조사 및 15

6   FINSA의 구체적 내용은 https://home.treasury.gov/system/files/206/Section-721-Amend.pdf 참조(2020년 1월 검색).

일 대통령 결정 등 해외투자에 대한 심사 절차를 구체적으로 기술하였다. CFIUS가 관행적으로 검토 또는 조사 단계에서 국가안보에 대한 위협을 완화(mitigation) 시킬 목적으로 협의를 통해 투자 당사자에게 일련의 조치를 제시하여 왔는데 FINSA에 의해 이러한 완화조치가 명시적으로 언급되고 CFIUS의 법적 권한으로 인정받게 되었다. 만약 투자자가 고의적으로 완화조치를 이행하지 않는 경우 다른 구제책이나 집행 도구가 없다면 대통령이나 CFIUS가 조사를 재개할 수 있게 되었고 이에 따라 더 강력한 완화조치들을 제시하거나 거래를 철회시킬 수도 있게 되었다.

FINSA에서는 국가안보 판단 고려 사항으로 엑슨 플로리오에서 제시된 5개 외에 6개를 추가하였다. 새로 추가된 사항은 주요 에너지 자산을 포함한 미국 핵심 기반시설에 대한 잠재적 국가안보 관련 영향, 미국 핵심 기술에 대한 잠재적 국가안보 관련 영향, 외국 정부가 통제하는 거래, 핵비확산통제체제, 반테러, 수출통제 관련 거래, 미국의 에너지 및 핵심 자원 장기적 필요 등이다. 추가된 6개 요건 가운데 가장 눈에 띄는 것이 에너지 등을 포함한 핵심 기반시설(critical infra-structure)과 핵심 기술(critical technologies)의 강조이다.[7] 핵심 기반시설은 물질적이든 가상적이든 그 시설이나 자산의 파괴 내지는 불능이 국가안보를 약화시키는 효과를 가진 것으로, 핵심 기술은 국가 방위에 필수적인 기술로 정의되고 있다. 본 법은 핵심 기반시설을 구체적으로 정의하고 있지 않다. 국가 안보와 관련하여 핵심 기반시설의 개념은 이미 2001년에 제정된 애국법(Patriot Act)과 2002년에 제정

---

7   (6) the potential national security-related effects on United States critical infrastruc-ture, including major energy assets; (7) the potential national security-related effects on United States critical technologies

된 국토안보법(Homeland Security Act)에 들어가 있어 이로부터 이어
진 것으로 추측해 볼 수 있다(김여선 2018; 심정희 2019). 이 법들에 따
르면 국토안보부 장관은 핵심 기반시설을 지정하고 변경할 수 있는데,
화학, 상업시설, 통신, 주요 제조업, 댐, 국방기간산업, 응급서비스, 에
너지, 금융서비스, 식품, 농업, 정부시설, 건강관리와 공중보건, 정보
기술, 원자로, 핵물질 및 방사성 폐기물, 교통시스템, 상하수도 시스템
등이 핵심 기반시설로 지정되어 있다. 9·11 이후 대외적인 국방과 함
께 미국 영토 내 안전이 중요시되면서 국토보안부가 창설되었고 이 부
처가 CFIUS의 구성원이 되면서 미국 영토내의 핵심 기반시설의 보호
가 국가안보의 핵심 내용으로 들어오게 되었음을 볼 수 있다. FINSA
역시 국가안보를 명확히 정의하고 있지는 않지만 엑슨 플로리오법에
서 국가안보가 주로 국방 관련 부문에 맞추어졌던 것과 달리 FINSA에
서는 국방 관련 부문은 물론 영토 내 핵심 기반시설과 핵심 기술들을
포함하는 것으로 확대되어 이해되고 있음을 알 수 있다.

　실제로 이 시기에 CFIUS 조사 대상은 에너지산업, 금융업, 정보
통신 서비스업 부분이 크게 증가하였다(김여선 2018; CFIUS 각 년호).
예컨대 〈표 2〉에서 드러나듯 2016년 전체 CFIUS 통보 172건 가운데
68건이 금융 및 통신 서비스 관련 부문이었고 에너지 및 유틸리티 부
문은 14건이었고, 2017년의 경우 전체 CFIUS 조사 237건 가운데 금
융 및 정보통신 서비스 부문이 108건, 에너지 및 유틸리티 부문은 23
건이었다.

　FINSA는 9·11 이후 더욱 강화된 미국의 안보 의식을 반영하여
해외투자 조사 시 국방 관련 부문은 물론 핵심 기반시설 및 기술에 대
한 위협을 고려하는 방식으로 국가안보 개념을 확대하여 적용하고 있
음을 볼 수 있다. 또한 일방적으로 심사 개시를 할 수 있게 하고 완화

표 2 CFIUS 통보 연도별 부문별 추이 (2009년-2017년)

Covered Transaction by Sector and Year, 2009-2017					
Year	Manufacturing	Finance, Information, and Services	Mining, Utilities, and Construction	Wholesale Trade, Retail Trade, and Transportation	Total
2009	21(32%)	22(34%)	19(29%)	3(5%)	65
2010	36(39%)	35(38%)	13(14%)	9(10%)	93
2011	49(44%)	38(34%)	16(14%)	8(7%)	111
2012	47(39%)	36(33%)	23(20%)	8(7%)	114
2013	35(36%)	32(33%)	20(21%)	10(10%)	97
2014	69(47%)	38(26%)	25(17%)	15(10%)	147
2015	68(48%)	42(29%)	21(15%)	12(8%)	143
2016	67(39%)	68(40%)	18(10%)	19(11%)	172
2017	82(35%)	108(46%)	28(12%)	19(8%)	237
Total	474(40%)	419(36%)	183(16%)	103(9%)	1,179

출처: CFIUS 2019. Annual Report to Congress.

조치가 이행되지 않을 때 재조사를 통해 더욱 강력한 완화 조치나 투자 철회를 통보할 수 있게 하는 등 민감한 부문의 해외투자에 대한 심사를 강제적으로 진행할 수 있고 완화 조치도 보다 효력을 가질 수 있게 하는 의지를 담았음도 알 수 있다. 실제로 에너지, 정보통신, 금융 부문 등이 핵심 기반시설이라는 이유로 주요 검토 대상이 되었음을 확인할 수 있다.

4. FIRRMA 제정

2010년 이후 증가하기 시작한 중국 기업의 미국 내 투자는 2016년에 이르러 정점에 이르고 이후 조금씩 감소하기 시작한다(김꽃비 외 2018). 중국 기업의 미국 내 투자는 약 93%가 인수합병 형식으로 진행되며 정보통신, 부동산, 금융 등 부문에 집중된다. 트럼프 행정부 들어서면서 중국 기업의 미국 내 투자에 대한 경계심이 고조되어 2017년 8

월 미국 무역대표부는 무역법 제301조를 발동하기 위한 조사를 착수하고 그 결과로 2018년 3월 기술이전, 지적재산 및 혁신과 관련된 중국의 법, 정책 및 실행에 대한 조사보고서를 발간한다.[8] 아울러 미–중 경제안보조사위원회(USCC)의 중국시장 왜곡에 대한 청문회 보고서(USCC 2018), 백악관의 중국의 경제침략에 관한 보고서(White House 2018)도 발간된다. 이 보고서들은 중국의 기술자립과 기술대국을 목표로 하는 '중국제조 2025'에 주목하고 중국 정부의 지원을 받는 중국 기업들이 미국, EU를 비롯한 선진국 첨단기술 획득을 목적으로 대규모 해외투자를 실행하고 있으며 이는 핵심 기술 및 지적재산권 획득을 위한 경제침략(Economic Aggression)이라는 인식을 공유하고 있다. 실제로 이런 분위기를 반영하여 〈표 3〉에서 보여지듯 CFIUS의 중국 기업 미국 내 투자에 대한 검토는 빠르게 증가하였고 2012년 이후 중국은 CFIUS의 관심과 검토를 가장 많이 받는 국가가 되었다. 트럼프 대통령은 이러한 보고서를 토대로 중국에 대한 보복관세 부과, WTO

표 3 CFIUS 검토 국가별 통계 (2011-2017년)

	2011	2012	2013	2014	2015	2016	2017
중국	10	23	21	24	29	54	60
영국	25	17	7	21	19	7	18
캐나다	9	13	12	15	22	22	22
일본	7	9	18	10	13	13	20
프랑스	14	8	7	6	8	8	14
독일	3	4	4	9	1	6	7
한국	1	2	1	7	0	1	0

출처: CFIUS 연차 보고서 참조.

8   US Trade Representative. 2018. Investigation into China's Acts, Policies, and Practices Related to Technology Transfer, Intellectual Property, and Innovation Under Section 301 of the Trade Act of 1974. https://ustr.gov/sites/default/files/Section%20301%20FINAL.PDF (2020년 1월 검색)

제소와 미국의 중요 산업 및 기술에 대한 중국의 투자 제한을 위한 규범 강화를 결정하고 실행한다. 특히 해외투자와 관련하여 미 무역대표부의 301조 조사를 근거로 미국의 주요 산업이나 기술에 대한 중국의 투자를 제한하기 위한 조치로 CFIUS의 권한을 확대하는 개정안이 2018년 8월 국방수권법(National Defense Authorization Act of Fiscal Year 2019)에 포함되어 해외투자위험심사현대화법(Foreign Investment Risk Review Modernization Act of 2018, FIRRMA)으로 제정된다.[9]

FIRRMA는 서두에서 해외투자가 미국 경제에 미치는 긍정적인 영향을 길게 언급한 후 그럼에도 불구하고 국가안보 상황의 변화로 해외투자를 검토하고 조사해야 할 필요성을 확인하고 있다. FIRMMA가 크게 달라진 점은 CFIUS 심사 대상을 확대했다는 점이다. FIRMAA는 4가지 새로운 심사 대상 거래를 명시적으로 규정하고 있다. 첫째, 공항, 항만, 군사시설이나 민감한 국가안보 관련 시설에 인접한 부동산에 대한 거래, 둘째, 핵심 기반시설, 핵심 기술 및 민감한 개인정보에 접근할 수 있는 해외투자. 즉 핵심 기반시설을 소유하고 공급하는 미국 기업에 대한 투자, 핵심 기술을 개발하고 생산하는 미국 기업에 대한 투자, 국가안보를 위협하는 방법으로 이용될 수 있는 개인의 민감한 개인정보를 수집하고 보유하고 있는 미국 기업에 대한 투자, 셋째, 미국 기업에 대한 외국인의 통제를 결과하는 해외 투자, 넷째, CFIUS의 심사를 회피하기 위해 고안된 해외 투자이다. 여기서 부동산과 개인정보 관련 부문이 국가안보 심사의 대상으로 새로 들어왔고 핵심 기

---

9   FIRMMA 주요 내용은 https://home.treasury.gov/sites/default/files/2018-08/The-Foreign-Investment-Risk-Review-Modernization-Act-of-2018-FIRRMA_0.pdf 참조 (2020년 1월 검색).

술에 대해서 자세히 기술하고 있는 점이 주목된다. 핵심 기술의 경우 군사적 용도, 핵무기, 생화학무기 관련 기술과 함께 신흥 및 기초 기술(emerging and foundational technologies)이 포함되어 있다. 신흥 및 기초 기술이 구체적으로 어떤 기술을 의미하는지 FIRMMA 자체가 규정하고 있지는 않지만 이에 대한 해석에 따르면 14개 범주의 기술을 의미하는 것으로 보인다. 즉 바이오기술, 인공지능, 위치정보기술, 마이크로프로세서 기술, 고급컴퓨팅, 양자컴퓨팅, 데이터분석 기술, 로지스틱스 기술, 3D, 로봇, 뇌-컴퓨터 인터페이스, 초음속비행기술, 신재료기술, 감시기술 등이다(Jones Day 2018).

또한 CFIUS가 국가안보 위험을 판단함에 있어서 특별 관심국가가 개입된 거래인지, 투자에 관여한 외국인이 미국의 규범을 준수한 경우가 있는지, 특정 투자가 개인정보, 유전정보 등 미국의 민감 정보를 국가안보를 위협하는 방법으로 외국 정부나 외국인이 접근할 수 있도록 허용하는지, 해외투자가 미국의 사이버 안보 취약성에 영향을 미치는지를 고려할 수 있다고 언급하고 있다. 이외 CFIUS 제1차 심사 기간을 30일에서 45일로 연장하고 주무장관 요청으로 특수한 상황하에서 심사기간을 1회에 한하여 30일 연장하였고, CFIUS 심사 개시에 필요한 공식 통지의 대안으로 신고(declaration)제도를 도입하였다. CFIUS는 국가안보 위험이 있는 해외투자에 대한 검토나 조사가 이루어지는 과정에 해당 투자를 중지시킬 수 있는 권한을 새롭게 부여받았다. 상무부 장관은 본 법안 발효 2년 이내에 의회 및 CFIUS에 중국의 대미 투자를 산업별, 지배구조별로 식별하고 '중국제조 2025'의 목적에 부합하는지에 대한 분석을 포함하는 중국투자보고서(Report on Chinese Investment)를 제출하도록 명시하였다.

FIRMMA는 국가안보를 명확히 규정하고 있지 않지만 국방이나 군사, 그리고 핵심 기반시설을 넘어 부동산, 개인정보, 사이버 안보, 광범위한 신흥 및 기반 기술을 모두 국가안보 위협을 심사할 때 고려할 사항이라고 밝힘으로써 국가안보의 범위를 매우 포괄적으로 확대하고 있음을 볼 수 있다. 2007년 FINSA를 통해 외국인 투자의 규제에 대한 법률이 온전한 체제를 갖추게 되었다면, 2018년 FIRRMA를 통해서는 트럼프 행정부의 미국 우선주의 정책기조와 중국 견제 분위기 속에서 CFIUS의 심사대상 확대 및 권한 강화라는 형태로 해외투자에 대한 규제가 킹화되있다고 평가할 수 있다. 이 법은 실행되기 이전 세정되는 과정에서부터 중국의 대미 투자에 대한 논쟁을 야기하고 문제시하였으며 향후 실행되면서 실제로 중국의 대미 투자를 위축시킬 것으로 예상된다.

IV. 맺음말

본 연구는 최근 국가안보를 목적으로 해외투자에 대한 규제가 강화되는 추세 속에서 미국을 사례로 국가안보 목적의 해외투자 규제가 어떻게 변화되어 왔는지를 특히 국가안보에 대한 이해의 변화를 중심으로 살펴보았다. 미국의 해외투자 규제는 1차대전 당시 전시상황, 적성국의 해외투자, 군사 부문에 한정하여 해외투자를 제한한 적성국 교역법에서 출발하였다. 이후 1975년 OPEC 국가들의 페트로 달러가 미국 내 투자로 유입되는 것을 견제하고 광범위한 미국의 국익을 보호하기 위해 포드 행정부가 외국기업의 미국 내 직접투자를 검토하기 위해 CFIUS를 설치하였다. 1988년 일본 기업들의 미국 첨단기업 인수합병을 보다 효과적으로 검토하기 위해 CFIUS 역할을 대폭 강화한 엑슨 플로리오법(Exon Florio Amendment)을 제정하였고 여기에서는 주로 국방 부문과 관련되는 국가안보를 위한 해외투자 규제를 언급하였다. 그러나 법 초안에 명시되었던 핵심 상업(essential commerce)이라는 개념은 최종안에서 빠졌지만 국가안보의 범위를 명확히 군사 무기 등 부문에 한정하지 않고 국방 부문과 직간접적으로 관련되는 원자재, 기술, 생산 등도 넓은 의미의 국가안보에 포함되는 것으로 해석할 수 있는 소지를 남겼다. 2007년 FINSA에서는 9·11 이후 미국 영토 내 안보 개념이 국가안보의 중요한 개념으로 추가되면서 특히 에너지, 운송, 금융 등 핵심 기반시설에 대한 침해나 위협이 될 수 있는 해외투자를 조사하는 것으로 국가안보의 주요 내용을 확대하였다. 트럼프 행정부 들어 강화된 대중 견제 분위기 속에서 2018년 새로 제정된 FIRRMA는 다시 국가안보를 위협하는 내용으로 국방 부문이나 핵심 기반시설을 넘어 부동산, 개인정보, 사이버 안보 그리고 다양한 첨단기술을 아우르는 신흥 및 기초 기술들을 첨가하고 이와 관련되는 해외투자에 대한 검토와 심사를 의무화하고 있다. 이 과정에서 CFIUS는 모니터링만 하는 기관에서 강제로 조사를 실시할 수 있고 필요시 검토 및 심사 때 투자를 중지시킬 수 있는 권한을 가진 막강한 기관으로 그 역할과 범위가 확대되어 왔다.

　미국 해외투자 규범은 미국이 직면한 도전에 대해 대응하는 방식으로 변화되면서 검토의 대상과 기준이 보다 구체적으로 제시되어 왔다. 이 과정에서 미국이 느끼는 위협이 모란(Moran)이 제시한 해외투자의 위협—국가안보에 중요 물자나 서비스의 의존도가 높아지는 것, 국익에 해로운 방식으로 기술과 전문성이 해외로 이전되는 것, 경제에 중요한 물자나 서비스에 대한 침해 감시 방해 능력이 유입되는 것에 대한 미국의 불안감과 경계심이 확대되어 왔음을 확인할 수 있다.

이러한 위협이 실질적으로 증대한 것인지 아니면 미국이 체감하는 위협의 정도가 커진 것인지에 대해서는 논쟁의 여지가 있다고 판단된다. 현재 미국의 해외투자 규제가 OECD에서 권고하는 기준들—차별금지원칙(non-discrimination), 정책의 투명성(transparency), 결과의 예측가능성(predictability), 조치의 비례성(proportionality), 관련 당국의 책임성(accountability) 등을 잘 준수하고 있는지에 대해서는 다른 국가와의 비교 등을 통한 본격적인 연구가 필요한 부분이다. 본 연구는 미국의 해외투자 규제가 강화되면서 절차 규정, 규제 대상, 기준들이 보다 구체적으로 제시되기는 했지만 여전히 어떤 해외투자가 국가안보를 위협하는가를 판단하는 기준은 모호한 부분이 남아 있고 최근 제정된 FIRMMA에서는 특정 관심 국가의 해외투자에 더욱 집중하면서 차별금지원칙이나 투명성 등의 기준이 잘 적용되고 있다고 판단하기 어렵다고 본다.

미국은 FIRMMA 서문에서 1954년 당시 아이젠하워 대통령이 의회에 보낸 메시지를 소개하고 있다. 개방적인 무역과 투자는 상호 이익(great mutual advantages)을 창출하며 미국의 경제성장은 바로 이러한 상호 이익에 토대하고 있다는 것을 잊어서는 안 된다는 내용이다. 미국은 여전히 자유롭고 개방적인 해외투자 질서를 지지하며 해외투자를 환영한다고 밝히고 있다. 이와 함께 CFIUS를 통한 해외투자 규제 강화를 변화된 안보 환경 속에서 국가안보를 지키기 위해 필요한 조치이며 다른 동맹국과 파트너 국가들도 자국 안보를 위해 미국의 해외투자 규범과 일관된 조치들을 제정하고 시행할 것을 권유하고 있다. 실제로 미국의 전체 대내 해외투자 가운데 CFIUS의 검토 대상이 되는 것은 일부에 불과하다. 그럼에도 불구하고 본 연구에서 소개한 최근 미국 정부가 취한 일련의 조치들과 흐름들이 개방적인 해외투자 질서를 위축시키고 있음은 부인하기 어려운 사실이다. 현재 미국뿐만 아니라 많은 국가들이 앞다투어 국가안보를 위한 해외투자 규제를 강화하고 있는 상황에서 해외투자 규범이 자유롭고 개방적인 해외투자 질서 유지와 국가안보 보호라는 양대 가치의 조화를 잘 구현할 수 있도록 어떻게 변화되어 나가야 할지에 대해 글로벌한 차원에서 문제를 인식하고 대안을 모색하는 논의와 노력이 활성화되어야 하는 시점이다.

참고문헌

김여선. 2018. "국제투자규범에서 국가안보에 대한 규제." 『서울법학』 26(2).
김종호. 2015. "미국의 외국투자자에 대한 대내 직접투자 규제와 국가안전보장의 심사."
　　『충남대학교 법학연구』 26(2).
신꽃비 · 나수엽 · 박민숙. 2018. 『미국의 중국 기업 대비 투자제한 강화와 시사점』.
　　대외경제정책연구원.
심정희. 2019. "국가기간산업 보호를 위한 외국인투자 규제 연구." 성균관대학교 석사학위
　　논문.

Bergsten, C.F. 1979. "US Policy Toward Foreign Direct Investment in the United States:
　　The Committee and Foreign Investment in the United States." F. Bergsten ed. *The
　　International Economic Policy of the United States: Selected Papers of C.F. Bergsten,
　　1977-1979*. Lexington Books.
CFIUS. 각 년호. Annual Report.
Dunning, John H. 1992. *Multinational Enterprises and the Global Economy.* Addison-
　　Wesley.
Graham, E. and D. Marchic. 2006. *U.S. National Security and Foreign Direct Investment.*
　　Institute for International Economics.
Hymer, S. 1976. *The International Operations of National Firms: A Study of Direct Foreign
　　Investment.* Cambridge. M.I.T. Press.
Jackson, James K. 2019. "The Committee on Foreign Investment in the United States."
　　CRS Report.
Jones Day. 2018. "The Emerging List of Emerging and Foundational Technologies."
　　Commentaries.
Marchick, D. and M. Slaughter 2008. "Global FDI Policy: Correcting a Protectionist Drift."
　　CFR 34. Council on Foreign Relations.
Milner H.V. 2014. "Introduction: The global economy, FDI, and the regime for
　　investment." *World Politics* 66 (1).
Moran, T. 2008. "US National Security and Foreign Direct Investment." Peterson Institute
　　for International Economics, Washington, D.C.
OECD. 2009. *Guidelines for Recipient Country Investment Policies relating to National
　　Security.* OECD, Paris.
Pandya, Sonal S. 2013. *Trading Spaces: Foreign Direct Investment Regulation, 1970–
　　2000.* Cambridge University Press.
Pasco, Brandt J C. 2014. "United States National Security Reviews of Foreign Direct
　　Investment." *ICSID Review: Foreign Investment Law Journal* Vol. 29.

Pinto, Pablo. 2013. *Partisan Investment in the Global Economy.* Columbia University Press.

Thurow, Lester C. 1992. *Head to Head: The Coming Economic Battle Among Japan, Europe, and America.* William Morrow & Co.

Tolchin, Martin and Susan J. Tolchin. 1988. *Buying into America: How Foreign Money is Changing the Face of Our Nation.* Times Book.

Travalini, J.R. 2009. "Foreign Direct Investment in the United States: Achieving a Balance Between National Economy Benefits and National Security Interests." *Northwestern Journal of International Law &Business* 29(3).

UNCTAD. 2019. *World Investment Report.*

US Congress. House Committee on Government Operations. 1980. "The Adequacy of the Federal Response to Foreign Investment in the United States." Report by the Committee on Government Operations. H.Rept. 96–1216, 96th Cong., 2nd sess., GPO.

US Senate. 2006. "Foreign Investment and National Security Act of 2006." S. Rept. 109–264.

USCC. 2018. "Hearing on US Tools to Adress Chinese Market Distortion." https://www.uscc.gov/sites/default/files/transcripts/Hearing%20Transcript%20-%20June%208,%202018.pdf (2020년 1월 검색)

US Trade Representative. 2018. "Investigation into China's Acts, Policies, and Practices Related to Technology Transfer, Intellectual Property, and Innovation Under Section 301 of the Trade Act of 1974." https://ustr.gov/sites/default/files/Section%20301%20FINAL.PDF (2020년 1월 검색)

Vernon, R. 1966. "International Investment and International Trade in the Product Cycle." *Quarterly Journal of Economics* 80.

Wehrle, Frederic and Joachim Pohl. 2016. "Investment Policies Related to National Security: A Survey of Country Practices." OECD Working Paper.

White House. 2018. "How China's Economic Aggression Threatens the Technologies and Intellectual Property of the United States and the World." https://www.whitehouse.gov/wp-content/uploads/2018/06/FINAL-China-Technology-Report-6.18.18-PDF.pdf (2020년 1월 검색)

레이건 행정부 행정명령 12661. https://www.archives.gov/federal-register/codification/executive-order/12661.html (2020년 1월 검색)

포드 행정부 행정명령 11858. https://www.archives.gov/federal-register/codification/executive-order/11858.html (2020년 1월 검색)

FINSA. https://home.treasury.gov/system/files/206/Section-721-Amend.pdf (2020년 1월 검색)

FIRMMA. https://home.treasury.gov/sites/default/files/2018-08/The-Foreign-Investment-Risk-Review-Modernization-Act-of-2018-FIRRMA_0.pdf (2020년 1월

검색)

IEEPA. https://www.treasury.gov/resource-center/sanctions/Documents/ieepa.pdf
    (2020년 1월 검색)

TWEA. https://www.treasury.gov/resource-center/sanctions/Documents/twea.pdf
    (2020년 1월 검색)

제3장

중국의 "디지털 실크로드(数字丝绸之路)"
'중화 디지털 블록(China-centered Digital Bloc)'과
'디지털 위계(digital hierarchy)'의 부상

차정미

* 본 연구는 『현대중국연구』 제21집 4호에 게재된 필자의 논문을 수정 보완한 것임.

I. 서론: 중국의 디지털 실크로드와 헤게모니 경쟁

1. 연구배경과 목적

찰스 힐(Charles Hill) 예일대 교수는 세계질서의 변화와 함께 현대 세계가 직면하고 있는 '근대질서 종말'의 위기를 역설한 바 있다. 즉, 주권평등의 원칙에 기반한 베스트팔렌 체제가 위협받고 있다는 것이다.[1] 그리고 그러한 근대질서 위기의 배경에는 중국의 부상과 팽창이 자리하고 있다고 강조하였다. 과거 중국은 스스로를 세계의 유일한 중심으로, 다른 모든 국가에 우월한 제국으로 인식하고, 조공체제를 합당한 것으로 인식하였다(Hills 2019, 53). 중국은 오늘날 내정불간섭과 불가침을 핵심 외교기조로 강조하고 있으나, 중국의 부상은 과거 자국을 세계의 중심으로 인식하고, 주변국이 자발적으로 중국의 중심성을 인정하는 중화주의, 조공체제로의 회귀 가능성이 존재한다는 것이다. 중국 시진핑 체제 이후 추진하고 있는 '일대일로' 전략, 경제력을 활용한 영향력 제고의 현실이 그러한 중화질서 부상론의 주요한 근거가 되고 있다. 다른 학자들도 연구를 통해 중국 '일대일로'가 헤게모니 경쟁과 서구 주도의 국제질서를 변화시키는 중요한 전략적·정치적 함의를 가진 것으로 해석하고 있다(Flint & Zhu 2019; Dungse, Chidozie and Aje 2018). 특히, 미국은 일대일로가 초래하는 경제적 리스크와 주권 훼손의 우려를 강조하면서 일대일로에 대한 경계를 명확히 하고 있다.[2]

---

1   미국무부 프로그램 '2019 Study of the U.S. Institutes(SUSI) on U.S. National Security Policymaking' 세미나. 2019년 2월 8일 예일대학교.

2   2019년 10월 유럽을 방문한 미국 폼페이오 국무장관은 발칸국가들과의 간담회에서 일대일로 참여를 자제할 것을 촉구한 바 있다(뉴시스, 2019.10.07.).

　일대일로는 2013년 중국이 주도하는 새로운 지전략으로 공식화 된 이후 2019년 10월 말까지 공식적으로 137개 국가와 30개 국제기 구 등 총 197개 국가 혹은 조직이 협약서를 체결한 대규모 프로젝트이 다.[3] 본 논문은 이러한 일대일로 프로젝트가 최근 점점 더 4차 산업혁 명 시대의 혁신기술과 디지털경제에 비중을 두고 있다는 점에 주목한 다. ICT네트워크와 데이터, 표준 등 일대일로 국가들과 중국 간의 정 보고속도로를 건설하여 상호 연결되고 통합되는 디지털 생태계를 만 들겠다는 '디지털 실크로드(数字丝绸之路)'는 디지털경제 시대의 부상 과 함께 중국 일대일로 추진의 핵심축이 되고 있다. 디지털 실크로드 는 화웨이 제재 등 미국의 대중국 세력균형을 돌파하는 통로로 활용되 고 있으며, 중국 정보통신의 국제표준화를 확대해 가는 핵심 기제가 되고 있다.[4] 2019년 4월 26일 제2차 일대일로 국제협력정상회의에서 시진핑 주석은 "우리는 제4차 산업혁명 시대에 부응하여 디지털화, 네 트워크화, 인공지능화 발전의 기회를 함께 잡아야 하고, 신기술, 신산 업, 신모델을 함께 모색하여 디지털 실크로드, 혁신 실크로드를 함께 건설해야 한다"고 강조하였다.[5] 디지털 실크로드를 시진핑 주석이 직 접 강조하고 나선 것은 중국의 일대일로 구상이 점점 더 정보통신 기 반의 기술과 시장연계에 주력하고 있음을 보여주는 것이라 할 수 있 다. 중국의 일대일로는 중국 ICT 수출과 네트워크 팽창의 주요한 채널 로 역할하고 있으며, 사이버 공간에서 중국과 일대일로 국가들을 연결

3　中国一带一路网. "已同中国签订共建"一带一路"合作文件的国家一览." https://www.yidai-yilu.gov.cn/gbjg/gbgk/77073.htm

4　光明网. "一带一路"与中国国际电信标准化之路. 2019.10.12. http://www.gmw.cn/xue-shu/2019-10/12/content_33227629.htm

5　电子说. "关于"一带一路"建设数字丝绸之路." 2019.4.29. http://www.elecfans.com/d/926461.html

하고 통합하는 지경학 전략이 되고 있다.

중국의 디지털 실크로드는 4차 산업혁명 시대 미중 패권경쟁 양상의 변화와 중국 일대일로 프로젝트의 디지털화를 반영하고 있다. 디지털경제 시대의 부상과 함께 정보통신 인프라와 핵심기술, 데이터, 인터넷 플랫폼 등이 미중 패권경쟁의 핵심 요소로 부상하고 있다. 이러한 맥락에서 미중 패권경쟁과 국제정치경제 질서 변화에 있어 중국의 디지털 경쟁력과 대외 영향력을 확대 강화하는 디지털 실크로드 구상이 갖는 의미는 매우 크다고 할 수 있다. 그럼에도 불구하고 실제 중국의 디지털 실크로드에 대한 학문적 연구와 체계적 분석이 매우 취약한 현실이다. 최근 들어 디지털 실크로드의 중요성에 주목하면서 기업 진출과 연구 협력 등의 내용을 소개하는 연구들이 일부 있을 뿐이다 (Shen 2018; Islam 2019; Janz and Askar 2019). 이러한 학문적·분석적 연구의 한계 속에서 미국 등 서구의 정부보고서와 언론 등을 중심으로 중국의 디지털 실크로드에 대한 정치적·경제적 위협을 강조하는 내용들이 부각되고 있다(AEI 2019; CFR 2019). 홍콩아시아타임즈는 중국의 '디지털 실크로드'가 전례 없는 중국의 글로벌 영향력 강화를 실현시킬 것이라고 강조한 바 있다. 디지털 실크로드가 하드웨어뿐만 아니라 소프트웨어 측면에서도 중국의 주도권을 강화할 것이라는 것이다.[6] 중화질서와 조공체제의 부상이라는 일대일로에 대한 비판적 분석과 인식이 디지털 실크로드에도 그대로 반영되고 있다.[7] 디지털 실크로드

---

6   中国一带一路网. "港媒 : "数字丝路"提升中国海外影响力." 2019.06.30. https://www.yidai-yilu.gov.cn/ghsl/gnzjgd/95354.htm

7   2018년 미국의 국가안보전략은 중국을 '약탈적 경제국가(predatory economics)'라고 비판하였다. 폼페이오 국무장관도 중국을 '금전제국(treasury-run empire)'이라고 비판하면서 중국의 일대일로 건설의 전략적 의도를 경계한 바 있다(The Atlantic 2019.08.17.).

가 중국의 부상과 강대국화에 대한 위협인식의 주요한 소재가 되고 있는 것이다.

　본 논문은 최근 중국 정부에 의해 급격히 그 중요성이 강조되고 있고, 이에 대한 서구의 관심과 경계도 확대되고 있는 중국 디지털 실크로드의 담론과 전략, 구체적인 추진 양상을 분석한다. 중국이 어떻게 디지털 실크로드라는 담론 하에 중국에 통합되는, 중국이 중심이 되는 디지털 생태계를 만들어 가고 있는지를 분석한다. 중국의 디지털 실크로드가 공식적으로 표방하고 있는 저발전국가들의 디지털 격차 해소와 공동 번영의 담론에도 불구하고 실제 일대일로 국가들에 대한 중국의 디지털 영향력과 역할을 확대하면서 디지털경제 시대 중국의 헤게모니를 강화해가는 기반이 될 가능성이 있다는 점에 주목한다. 2절에서 중국의 일대일로와 디지털 실크로드 전략의 내용을 살펴보고 핵심 추진 분야와 추진 방향을 고찰하여 중국의 중장기 전략 구상을 분석한다. 3절에서는 ICT인프라, 데이터, 표준 등 3개 분야를 중심으로 중국의 디지털 실크로드가 어떻게 확장되어 가는지를 분석한다. 4절에서는 이러한 중국의 디지털 실크로드 추진이 어떻게 중국의 디지털 헤게모니 강화와 역내 헤게모니적 질서를 만들어 가고 있는지를 분석한다. 디지털 실크로드의 팽창 전략이 네트워크 기반시설과 서비스를 제공하는 것은 물론 IT기기와 상품의 수출, 이를 기반으로 한 데이터 수집과 기술표준의 수출, 플랫폼의 수출과 시장점유 등 해당 국가의 디지털경제 전반에 침투하는 방식이라는 점에서 디지털 실크로드 전략이 단순히 기술 협력과 네트워크 협력을 넘어 중국 중심의 디지털 생태계, 디지털 블록을 형성하고 이는 디지털 시대 새로운 체제적 위계, 경제적 위계질서를 양산할 수 있다는 점에 주목한다. 결론적으로 디지털 실크로드가 디지털경제 시대에 참여 국가들의 대중국 의존을 심화시키면서 중국 주도의 디지털 생태계를 구축할 수 있다고 보고 중국 디지털 실크로드의 국제정치경제적 함의를 제시한다.

2. 선행연구 검토와 이론적 분석틀

디지털 실크로드가 중국의 발전 전략에서 차지하는 중요성과 무게가 강화되고 있음에도 불구하고, 국내적으로 디지털 실크로드에 대한 분석이 부재함은 물론 세계적으로도 제한적인 연구만이 존재한다(Jauz 2015; Shen 2018; Seoane 2019). 션(Shen)은 디지털 실크로드 구축에 중국 정부와 기업 간의 새로운 협력관계가 강화되고 있다고 강조하고, 디지털 실크로드가 중국 기업들의 세계 진출, 위안화의 국제화, 중국 중심의 초국적 네트워크 기반 구축 등 인터넷 기반의 '포용적 세계화'를 목표로 하고 있으나, 정부–기업 관계의 역동성이 긴장과 갈등을 지속적으로 양산하고 있다고 강조한다(Shen 2018, 1). 시오안(Seoane)은 알리바바의 'electric World Trade Platform(eWTP)'을 중심으로 중국 디지털 실크로드의 담론을 분석하였다(Seoane 2019). 대부분 중국의 디지털 글로벌화와 현황 등을 소개하고 있으나, 전체적이고 구체적인 전략과 인식, 추진 양상 등을 고찰하고 분석한 연구가 결여되어 있을 뿐만 아니라, 이것이 국제질서, 국제정치경제 질서에 어떠한 영향력과 함의를 갖는지에 대한 분석적 연구가 매우 취약한 현실이다. 이에 본 연구는 저발전국가들의 디지털 발전과 디지털경제공동체를 지향하는 디지털 실크로드가 중국 주도, 중국 중심으로 연결된 디지털 생태계를 구축하고 있다는 데에 주목하고, 실제 이러한 디지털 연결과 통합의 과정이 중국의 헤게모니와 대중국 의존이라는 디지털 위계질서(digital hierarchy)를 양산할 수 있다는 점에서 헤게모니 이론과 위계질서 이론의 틀에서 디지털 실크로드의 발전 양상을 분석한다.

헤게모니(hegemony)란 국제체제와 다른 국가들의 행위에 대해 영향력 혹은 통제력을 갖거나, 압력을 행사할 수 있는 힘을 가진 것을 의미한다. 대부분의 국제정치 이론에서 헤게모니 개념은 어떤 한 국가가 상당히 강력해지면서 국체체제에 리더십 혹은 지배력을 행사하게 되는 국제체제에서의 힘의 불균등 상태를 상징하는 것으로 쓰여 왔다 (Antoniades 2008, 597). 그렇다면, 이러한 강대국들은 어떻게 헤게모니와 헤게모니적 질서를 형성하는가? 콕스(Cox)는 헤게모니의 개념이 단순히 힘뿐만 아니라 이념과 제도의 결합이라고 강조한 바 있다. 세계질서는 힘과 이념, 제도의 결합이면서 이 3가지 차원의 변화로 힘의 부상과 쇠퇴 등을 설명할 수 있다는 것이다(Cox 1981, 141). 아이켄베리(Ikenberry)와 쿱찬(Kupchan)은 대부분의 국제정치학자들이 헤게모니 형성의 지배적 요소라고 하는 물질적 인센티브, 물질적 역량 (material incentives)에 더해 실질적 신념(substantive beliefs)의 요소를 강조하였다. 하위 국가들의 엘리트들이 패권국의 규범을 수용하고 내재화하는 사회화의 과정이 복종의 배경이라는 것이다(Ikenberry & Kupchan 1990, 283). 조셉(Joseph)은 헤게모니가 단순히 물질적 역량 혹은 간주관적 동의 이상의 개념이라고 주장한다. 헤게모니는 사회적 구조가 재생산되는 과정에서의 정치운동이라고 강조하고 구조와 행위자 사이의 상호작용에 주목한다(Joseph 2008, 110). 이러한 맥락에서 현재의 구조를 유지하려는 측과 변화시키려는 행위자 간의 경쟁을 헤게모니 경쟁의 구조로 이해할 수 있다. 중국의 디지털 실크로드는 이러한 헤게모니 형성이론과 헤게모니 경쟁의 틀에서 분석할 때 중국의 부상하는 기술력과 경제력뿐만 아니라 반서구 규범의 확산과 권위주의 체제의 확산, 표준의 공유, 일대일로협력포럼과 아시아인프라개발은행(AIIB) 등 제도의 차원에서 중국의 헤게모니를 구축해가는 과정으로 이해할 수 있다.

헤게모니의 부상은 결과적으로 패권국이 다른 국가들에게 상대적 영향력과 권위를 가진 헤게모니적 질서, 위계적 질서를 양산한다. 중국의 디지털 실크로드가 중국의 헤게모니 강화를 촉진할 경우 이는 디지털 기반의 위계질서의 양산으로 이어질 수 있다. 위계(hierarchy)란 지배적 위치의 행위자가 다른 행위자에 대해 권위를 가지고 있을 때 형성된다. 어떠한 국가도 다른 이떤 국가의 행위를 제약할 권위를 기지고 있지 않은 것이 이상적인 '주권평등의 원칙(Westphalian sovereignty)'이지만, 레이크(Lake 2009)는 세계의 위계질서는 과거나 현재에서나 보편적이고, 국가들은 전부 혹은 부분적으로 패권국에게 종속되어 있다고 강조한다. 위계질서는 안보적 위계(Security hierarchy)와 경제적 위계(Economic hierarchy)로 구분할 수 있고, 서유럽 국가들이 냉전시대 미국이 주도하는 반소전선에 참여하였던 것을 안보적 위계라고 할 수 있다. 경제적 위계는 의존국가가 패권국에게 통화정책, 금융정책 등 부분적이든 전면적이든 일정한 권한을 위임하고 있는 상태에서 발생한다고 설명한다(Lake 2009, 55-57). 위계는 고정되어 있는 것이 아니라 패권국이 의존국의 경제에 더 많은 권한을 가지면 가질수록 심화된다고 할 수 있다(Lake 2009, 2). 이러한 위계적 국제질서에 대한 논의는 디지털 시대 정보기술의 발전과 함께 새로운 관점에서 조명되고 있다. 디지털 제국주의, 디지털 식민주의에 대한 논의이다. 만(Mann)은 호주를 정보제국주의(informational imperialism)와 디지털 식민주의로 규정하고 호주의 데이터 검열과 통제 등을 분석하였다(Mann 2019). 크웻(Kwet)은 저발전국가에 대한 새로운 미국 제국주의를 근거로 '디지털 식민주의(digital colonialism)'를 조명하고 있다.

디지털 생태계의 3개 핵심축인 소프트웨어, 하드웨어, 네트워크 연결성에 대한 집중화된 통제력과 지배력을 바탕으로 미국이 거대한 정치적, 경제적, 사회적 영향력을 행사하면서 새로운 형태의 패권을 구축하고 있다는 것이다(Kwet 2019, 3-4). 미국의 구글, 애플, 페이스북, 아마존, 마이크로소프트 등 소수의 IT기업들이 아프리카 등에 진출하면서 미국이 그들의 경제에 대한 영향력을 갖게 되는 것은 물론 기술의존을 창출하여 지속적인 자원채굴을 하게 된다(Kwet 2019, 6). 크웻의 관점에서 디지털 실크로드를 분석할 때 중국은 디지털 생태계의 3개 핵심축인 네트워크 연결성, 하드웨어, 소프트웨어에 대한 집중화된 통제력과 지배력을 바탕으로 정치적, 경제적, 사회적 영향력을 행사하면서 새로운 형태의 패권을 형성할 수 있다고 전망할 수 있다.

　　중국 정부는 일대일로와 디지털 실크로드에 대한 서구의 경계와 위협인식을 불식시키기 위해 평등성과 호혜성을 지속적으로 강조하면서 해당 국가들의 자발성과 지지를 부각시키고 있다. 중국은 디지털 실크로드가 선진국과 개발도상국 간 정보격차를 축소하고 공동번영의 새로운 길을 창출할 것이라고 강조한다. 세계화 이후 서구가 주도해온 '중심'과 '주변'이라는 국제노동분업 모델로 인해 개발도상국들이 글로벌 가치사슬의 중하위에 정체되어 있고, 디지털경제의 급속한 발전이 이러한 불균형 구조를 더욱 공고히 하는 상황에서, 이러한 발전의 격차를 축소하고 공동번영의 새로운 길을 창출하는 것이 디지털 실크로드 추진의 배경이라고 강조한다(方芳 2019, 59). 일대일로가 모두에게 이익이 되는 개방된, 포용적인, 대등한 지역경제 협력구조를 강조하듯 디지털 실크로드 또한 개방된, 포용적, 대등한 호혜성을 부각시키고 있다.[8] 호워스(Howarth)는 헤게모니가 정치프로젝트와 담론연합을 형성하거나 깨는 행위이며, 또 다른 한편으로는 힘에 의해 만들어진

정책, 실천, 체제를 유지하기 위해 표현하는 지배 혹은 거버넌스의 형태라고 설명한다(Howarth 2010, 310). 중국의 디지털 실크로드가 공동번영과 인류운명공동체, 반패권을 내세우고 있으나, 이는 헤게모니가 정치프로젝트와 담론연합을 형성하는 행위라는 호워스의 주장처럼 비전과 담론을 중심으로 헤게모니를 형성하는 과정이라고 볼 수 있다. 콕스(Cox)는 헤게모니가 지배적 힘이라는 형식을 띠지만 합의적 질서에 가깝기 때문에 강대국에 의한 지배적 힘은 헤게모니를 위한 필요조건이지 충분조건은 아니리고 강조한다(Cox 1981, 139). 중국은 일대일로 공식 홈페이지를 통해 디지털 실크로드를 지지하고 협력하는 국가들의 뉴스를 지속 게재하고 있다. 벨라루스가 중국의 디지털 실크로드를 지지하고 적극적인 참여를 표시했다거나,[9] 남미의 우루과이도 중국 디지털 실크로드의 대상지역이 되기를 희망한다는 내용[10] 등으로 디지털 실크로드에 대한 우호적 지지적 환경을 지속강조하고 있다. 이러한 협력적 분위기를 부각시키는 것은 콕스, 아이켄베리와 쿱찬의 논의에서 보듯 다른 국가들이 패권국의 담론과 규범을 수용하고 내재화하는 헤게모니 형성의 주요한 과정으로 이해할 수 있다.

본 논문은 중국의 디지털 실크로드에 주목하고, 네트워크 인프라, 기술과 상품, 데이터, 표준 등 다양한 측면에서 중국의 영향력과 역할

---

8   National Development and Reform Commission, Ministry of Foreign Affairs, and Ministry of Commerce of the People's Republic of China, "Vision and Actions on Jointly Building Silk Road Economic Belt and 21st-Century Maritime Silk Road." 2015.03.28. https://en.ndrc.gov.cn/newsrelease_8232/201503/t20150330_1193900. html

9   中国一带一路网. "白俄罗斯支持中国建设数字丝绸之路倡议." 2019.04.30. https://www. yidaiyilu.gov.cn/xwzx/hwxw/88700.htm

10   中国一带一路网. "乌拉圭驻华大使: 乌拉圭希望成为"数字丝路"一部分." 2019.04.08. https:// www.yidaiyilu.gov.cn/ghsl/hwksl/85048.htm

을 확대해 가는 양상을 구체적으로 분석한다. 특히, 중국의 디지털 실크로드가 디지털경제 시대 기술 협력과 네트워크 협력 등을 내세우면서 상호의존과 공동번영을 추구하고 있지만, 실제 중국이 역내 디지털경제 생태계의 기술적· 산업적· 체제적 우위와 주도권을 갖고 영향력을 키워가는 디지털 헤게모니, 디지털 위계질서 구축의 과정일 수 있다는 점을 분석한다.

II. 중국 디지털 실크로드의 담론과 전략

1. 중국의 일대일로와 디지털 실크로드의 부상

일대일로(一带一路) 구상은 2013년 9월 시진핑 주석이 카자흐스탄에서 "중국과 유라시아 국가들의 거대한 공동 프로젝트, 실크로드 경제벨트"를 언급하고, 같은 해 10월 인도네시아에서 "21세기형 해상 실크로드"를 통해 동남아시아와 중국을 연결해야 한다고 강조하면서 구체화되었다(Islam 2019, 7). 중국은 항만, 고속도로, 철도, 다리, 산업단지를 건설하고 여행과 ICT 등 다양한 인프라 건설을 통해 일대일로 국가들에 투자하고 상호 연결하여 거대한 경제권을 형성하려 하고 있다. 이러한 '실크로드 경제벨트'와 '해상 실크로드'를 두 축으로 하는 중국의 일대일로 구상은 2015년 3월 국가발전개혁위, 외교부, 상무부 공동 명의의 〈실크로드 경제벨트와 21세기 해상실크로드의 비전과 행동(推动共建丝绸之路经济带和21世纪海上丝绸之路的愿景与行动)〉이 발표되면서 공식화되었다. 중국은 2013년 시진핑 체제 이후 중국의 발전이 전면적인 심화발전의 단계로 진입했다고 인식하고,[11] 산업구조의 혁신과 세계화가 요구되는 단계에서 일대일로가 지속발전의 우호적 환경을 제공할 것이라고 강조하고 있다. 일대일로는 물류교통, 에너지 안보, 무역투자, 문화여행, 과학기술협력, 생태환경 보호 등 다방면의 연결과 협력을 포괄하고 있으며, 정보화 시대에 이러한 협력을 위해서는 상호 연결되는 호련호통(互联互通)의 정보화 인프라와 실크로드의 개방된 데이터 플랫폼이 반드시 구축되어야 한다고 강조되고 있다(诸云强·孙九林 2015, 54). 중국은 성장률의 조정과 과잉공급의 위기 속에서 혁신빌진(创新发展)을 중국 빌진 이념의 핵심 요소로 강조하고 있다. 혁신발전은 과학기술혁신을 핵심 요소로 한다(蔡昉·Peter Nolan 2018, 15). 시진핑 체제 이후 중국의 부상을 반영한 새로운 지전략이라고 할 수 있는 일대일로 구상은 이러한 과학기술혁신을 핵심 요소로 구체화되고 있다. 2015년 중국제조 2025와 인터넷플러스 정책이 공표된 이후 중국은 전통산업의 모든 분야에 인터넷을 접목시키는, 즉 산업화와 정보화를 결합시키는 '양화융합(两化融合)'을 4차 산업혁명 시대 중국의 핵심전략으로 내세우고 있다(차정미 2019). 이러한 양화융합의 전략은 중국의 일대일로에도 반영되고 있다. 결국 디지털경제 시대 중국의 일대일로는 일대일로 국가들을 연결하는 ICT인프라 건설, 데이터 교류와 통합, 전자상거래의 자유화, 제조업 지능화, 스마트 시티 등을 포괄하는 디지털 실크로드(数字丝绸之路)의 중요성이 부상하고 있다.

디지털 실크로드는 '일대일로' 프로젝트에서 그 중요성과 비중이

---

11 중국사회과학원이 발간한 『일대일로책자("一带一路"手册)』에는 중국 개혁개방 이후 발전의 단계를 ① 1978년부터 1992년까지를 1단계 탐색단계로 ② 1992년부터 2013년까지를 전면추진의 2단계로 ③ 2013년 이후부터를 전면심화발전의 3단계로 규정하고 있다(蔡昉·Peter Nolan 2018, 1-3).

점점 더 높아지고 있다. 중국의 일대일로는 대륙 실크로드 경제벨트
와 21세기 해상 실크로드를 통합하며 참여 국가들의 정책, 기반시설,
무역, 금융, 민심이 상호 교류하고 통합되는 '5통(五通)'을 목표로 하
고 있다(蔡昉·Peter Nolan 2018, 135-156). 디지털 실크로드는 〈실크로
드 경제벨트와 21세기 해상실크로드의 비전과 행동〉에서 5통 중 기반
시설 연결 과제로 언급된 바 있다. 일대일로 국가들을 연결, 통합하는
데 기반시설 연결이 핵심 과제이고, 국경을 초월한 육지와 해저의 광
통신망과 통신네트워크 구축, 위성정보 공유를 통해 통신의 연결성을
향상시키는 '정보 실크로드'를 창출해야 한다는 것이다.[12] 이러한 디
지털 실크로드 개념은 시진핑 주석이 2017년 제1차 일대일로 국제협
력 정상회의에서 제기하여 공식화되었다. 당시 시진핑은 "혁신발전을
지속하고, 디지털경제, 인공지능, 반도체기술, 양자컴퓨터 등에서 일
대일로 국가들과의 협력을 강화하여, 빅데이터, 클라우딩, 스마트시
티 건설을 가속화하여 21세기의 '디지털 실크로드'를 구축해야 한다"
고 강조하였다(方芳 2019, 57). 이후 2017년 제4차 세계인터넷 컨퍼런
스에서는 중국, 라오스, 사우디아라비아, 세르비아, 태국, 아랍에미리
트연합 등 국가들이 '일대일로 디지털경제국제협력구상("一带一路"数
字经济国际合作倡议)'을 공동 발의하면서 참여 국가들의 핵심 협력의제
로 디지털 실크로드가 부상한다. 2018년 4월 전국사이버 안전과 정보
화 공작회의에서도 시진핑은 "일대일로 건설의 기회를 활용하여 참여
국들 특히 개발도상국들과 인터넷 기반시설 구축과 디지털경제, 사이

---

12   National Development and Reform Commission, Ministry of Foreign Affairs, and
Ministry of Commerce of the People's Republic of China, "Vision and Actions on
Jointly Building Silk Road Economic Belt and 21st-Century Maritime Silk Road."
2015.03.28. https://en.ndrc.gov.cn/newsrelease_8232/201503/t20150330_1193900.
html

버 안전 등 분야의 협력을 강화해야 한다"면서 지속적으로 디지털 실크로드를 강조하였다. 시진핑 주석의 디지털 실크로드 강조 이후 디지털 실크로드는 정부와 기업들의 본격적인 참여로 이행이 가속화되었고 2019년 2차 일대일로국제협력포럼회의에서 '디지털 실크로드' 분과포럼이 별도로 개최되면서 더욱 주목받았다. 2017년 시진핑 주석의 디지털 실크로드 언급 이후 2년 동안 중국은 2019년 4월 현재 16개국과 함께 디지털 실크로드 건설에 대한 양해 각서에 서명했으며 12개국과 행동계획을 수립하고 있다.[13]

2. 중국 디지털 실크로드의 전략과 추진구조

중국의 디지털 실크로드는 '호련호통(互联互通)'이라는 구호 아래 일대일로 국가들이 디지털 생태계의 3개 핵심축인 소프트웨어, 하드웨어, 네트워크 연결성을 강화해 갈 수 있도록 다양한 프로젝트를 진행하고 있다. 광케이블 등 통신인프라, 통신서비스, 데이터, 통신기기와 표준, 자동화 공정, 전자상거래 등 네트워크, 하드웨어와 소프트웨어 등 모든 측면에서의 연결성과 통합성을 강화한다는 것이다. 디지털 실크로드는 디지털경제 시대 중국으로 연결되고 통합되는 디지털경제 생태계 구축을 목표로 하고 있다. 최근에는 인공지능, 스마트 시티 등 4차 산업혁명 시대 핵심 기술과 산업들까지 디지털 실크로드의 핵심 사안으로 부상하면서 디지털 실크로드의 범위가 점점 더 확대되고 있다.[14]

---

13   中国一带一路网, "数字丝绸之路建设成为新亮点," 2019.04.22. https://www.yidaiyilu.gov.cn/zgsg/slsb/89445.htm

14   中国一带一路网, "王义桅 : "数字丝绸之路"让众多国家实现弯道超车," 2018.02.26 https://www.yidaiyilu.gov.cn/ghsl/gnzjgd/48895.htm

중국이 꿈꾸는 '21세기 디지털 실크로드'의 완성은 단순히 네트워크 시설과 서비스의 통합을 넘어 4차 산업혁명 시대 경제와 사회문화 전반의 연결성과 통합성의 제고를 목표로 하고 있다.

중국의 디지털 실크로드는 일대일로의 5통(通) 전략―정책, 기반시설, 무역, 금융, 민심 등 5개 분야를 연결하고 소통하는 전략을 그대로 반영하고 있다. 즉, 디지털 시대 인터넷 발전전략과 정책 소통, 인터넷 통신망 등 정보통신 기반시설 연결과 통합, 전자상거래를 통한 자유무역의 확대, 금융화폐 결제체계의 연결과 통합, 디지털 공간의 민심 연결과 통합(디지털인재 교육 등 포함)이 디지털 실크로드의 핵심 전략이 되고 있다. 디지털 실크로드의 5통의 구체적인 전략과 과제는 2017년 4차 세계인터넷컨퍼런스에서 채택된 '일대일로 디지털경제 국제협력구상("一带一路"数字经济国际合作倡议)'에 잘 나타나 있다. 본 구상은 '이익공동체'와 공동발전번영의 '운명공동체'를 지향하면서, 이를 위해 15항목의 협력방안을 제시한다(信息化建设 本刊编辑部 2017, 20-22).

〈표 1〉에서 보는 바와 같이 중국은 디지털 실크로드 구축에 있어서 ICT기반시설 구축과 각국의 디지털화 전략을 공유하고, 전자상거래, 금융화폐, 교육, 법제도, 표준 등을 일체화하고 상호교류를 촉진하여 신뢰를 강화하고 국제무대에서의 협력과 평화와 안정의 디지털 국제질서 안정에 공동 노력한다는 것을 목표로 하고 있다. 이러한 디지털 실크로드 추진전략을 단계적으로 분석하면 〈그림 1〉과 같이 구조화할 수 있다.

〈그림 1〉에서 보는 바와 같이, 디지털 실크로드의 디딤돌은 위성통신망과 인터넷망, IoT네트워크, 기반시설 운용서비스 등이 연결되고 정보화 기반시설을 구축하는 것이라 할 수 있다. 이러한 기초시설

표 1 '일대일로 디지털경제공동체 국제협력구상'의 15개 협력 항목

협력 항목	주요 내용
광대역통신 연결과 품질향상	통신, 인터넷, 위성항법 등 정보통신기반시설 구축/ 호련호통(互聯互通)
디지털화 촉진	농업, 산업, 유통 등의 디지털화/ 제조업의 정보화 지능화/ 모바일 결제/ 교육, 의료, 환경, 도시계획, 여행 등의 정보화
전자상거래 협력 촉진	전자상거래 신용, 통관, 검열, 소비자보호 등 연결과 통합시스템 구축/ 금융결제, 물류, 기술서비스, 온라인전시 등 협력
ICT 창업혁신 촉진	인터넷 연구개발혁신과 창업 촉진 위한 법률체계구축/ 인터넷을 결합한 상품, 서비스, 유통, 상업 등 혁신
중소기업 발전 촉진	중소기업의 정보통신기술혁신 정책적 재정적 지원/ 공공부문정보통신 제품과 서비스에 중소기업 참여 독려
디지털화 교육	학교, 직장, 공공부문의 디지털 교육강화로 디지털 역량 제고
정보통신기술 분야 투자 촉진	금융기관, 개발기구 등의 정보통신 기반시설과 응용 투자촉진 기업투자기금과 사회기금의 디지털 분야 투자 촉진/ 민관합작투자(PPP) 독려/ ICT기업과 금융기관 간 투자정보교류와 정보통신기술 분야 상호투자 독려
도시 간 디지털경제협력	접경도시 간 전략협력관계 구축/ 도시 간 정보기반시설협력, 정보공유, 정보기술협력, 전자상거래와 인문교류 촉진/ 디지털 실크로드 협력시범구 건설, ICT 기반시설, 스마트시티, 전자상거래, 원격진료, 인터넷+, 사물인터넷, 인공지능 등 분야 협력
디지털 포용성 제고	디지털 격차 축소/ 인터넷 보급/ 학교에서 디지털 교육강화 온라인 교육환경 구축/ 각국 문화콘텐츠 교류 강화, 민심통합
디지털 정책 투명성 제고	공개, 투명, 포용적 디지털경제정책 제정/ 정부 데이터와 정책 공개로 신상품, 신서비스 등 정책적 지원
국제표준화 협력	기술상품과 서비스의 국제표준 제정과 응용 공동협력/ 제정된 국제표준과 국내표준의 일치 촉진
신뢰 증대	인터넷 교역의 가용성, 완성도, 개인정보 보호 등 신뢰도 제고/ 사이버안보와 안정성 제고/ 인터넷 교역 국제협력
공동협력과 자주적 발전 촉진	정책제도 감독 분야의 협력 제고/ 국제법과 국내법의 일치/ 각국의 발전상황과 역사문화전통, 법률체계와 국가관 이해
사이버 공간의 평화, 안전, 개방, 협력, 질서 구축 협력	사이버 주권 존중/ 사이버 안전 수호와 사이버 공포주의, 범죄 대응/ 다원적, 민주적, 투명한 국제 인터넷 거버넌스체계 추진
다층적 문화교류 체계 독려	정부, 기업, 과학연구기관, 단체 등 각 방면의 교류 촉진/ 디지털경제 분야의 교육과 연구협력/일대일로 국가 간 정책제정과 입법경험 교류/ 다양한 국제기구와 회의들을 디지털 실크로드 구축에 활용

이 표는 信息化建设 本刊编辑部(2017, 20-22)의 내용을 참고하여 작성한 것임.

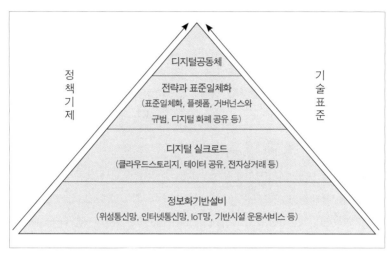

그림 1 디지털 실크로드 구축전략도

이 그림은 诸云强, 孙九林, 董锁成, 王末, 赵红伟, 罗侃, 郭春霞(2015, 55)의 도표를 참고하여 새롭게 디지털 실크로드 실천의 고도화 단계를 피라미드 형태로 구조화한 것임.

을 기반으로 정보가 자유롭게 흐르는 디지털 실크로드를 구축한다. 즉, 클라우드 서비스와 데이터 공유, 전자상거래 등 디지털경제 자유무역과 정보교류가 활성화되도록 한다는 것이다. 디지털 실크로드는 상위의 전략과 표준일체화를 동시에 추진한다. 디지털 시대 국가발전전략의 공유와 함께 표준과 제도의 일체화를 위한 다양한 제도적 협력들이 전개되고 디지털 화폐와 기술표준 등이 일체화되면서 실제 디지털경제 시대 새로운 초국경적 경제, 문화, 정보블럭을 구축하는 디지털 공동체의 단계로 나아갈 수 있다는 것이다. 이러한 디지털 실크로드 구상 추진의 핵심기제는 정책과 기술표준이다.

3. 중국 디지털 실크로드의 담론과 실재, 그리고 헤게모니

중국의 디지털 실크로드의 공식적·공개적 비전과 담론은 글로벌 디지털 격차해소를 위한 저발전국가들에 대한 지원과 공동번영, 그리고 디지털경제 시대 경제 문화가 교류하고 소통하면서 평화와 안정을 추구하는 운명공동체를 내세우고 있다. 디지털 실크로드는 일대일로에 참여하는 개발도상국들의 정보화 건설을 추진하여 일대일로가 목표하는 호련호통(互聯互通)의 수준을 제고하고 중국과 일대일로 국가 간의 왕래와 문화교류를 확대할 수 있다는 것이다(方芳 2019, 59). 디지털 실크로드는 일대일로 건설에 '인터넷'을 결합시킨 것이다. 중국의 디지털 실크로드는 이렇듯 일대일로 국가들에게 디지털 시대 공동발전과 번영의 기회를 역설하고, 중국의 적극적 지원과 공동협력을 강조하고 있다.

그러나, 한편으로 중국의 디지털 실크로드는 중화민족의 위대한 부흥을 꿈꾸는 중국몽, 중국의 중심성 회복을 꿈꾸는 실크로드의 복원과 밀접히 연계되어 있다는 점에서 반패권을 표방하고 있지만 새로운 헤게모니 질서를 구축하는 전략적 목적과 인식을 내포하고 있다. 왕텅(王騰)과 우젠공(吳建功)은 디지털 실크로드 실현이 21세기 중엽 강대국이 되겠다는 중국의 꿈을 실현하는 데 중요한 전략적 과제가 되고 있다고 강조하고, 디지털 실크로드 건설이 중국을 경제강국으로 이끌고 중국의 지정학적 외교적 지위를 공고히 하여 중국몽 실현에 핵심동력이 될 것이라고 강조하였다(王騰·吳建功 2017, 61). 디지털 실크로드가 주변국들의 대중국 이해와 우호 인식을 제고하여 중국의 글로벌 영향력을 강화할 것이고, 이러한 측면에서 디지털 실크로드가 단순히 경제뿐만 아니라 외교와 정치 등 다양한 방면에서 의미가 있다는 것이다

(伍佳荣·吴建功 2017, 35). 중국은 2015년 중국제조 2025와 인터넷 플러스 정책을 공표하고, 전통산업에 인터넷을 결합하는 혁신경제로 전환하여 21세기 중엽 글로벌 대국이 되겠다는 목표를 설정하였다. 일대일로는 이러한 중국의 꿈을 실현하는 핵심적 공간이 되고 있다. 일대일로는 아시아와 유럽, 아프리카 대륙을 연결하여 교류 협력하는 호련호통을 목표로 내세우고 있으나, 그 구조는 중국을 중심으로 연결되어 있다. 일대일로는 "중국과 중앙아시아, 러시아와 유럽을 통합하고, 중앙아시아 및 서아시아를 통해 중국을 페르시아만, 지중해와 연결하고, 중국을 동남아시아, 남아시아 및 인도양과 연결하는 것이 핵심이고, 21세기 해양 실크로드 또한 중국해에서 남중국해와 인도양을 거쳐 유럽으로 가는 루트와 중국해에서 남중국해를 거쳐 남태평양으로 가는 두 개의 루트를 축으로 하고, 핵심 지역으로 '중국–몽골–러시아' '중국–중앙아시아–서아시아' '중국–인도차이나반도' 등"을 내세우는 등 중국을 중심으로 한 새로운 지리적 경제권을 형성하는 것을 목표로 하고 있다.[15]

중국의 디지털 실크로드가 표방하는 비전과 담론의 한편에 중국의 부상과 강대국화, 중심화를 꿈꾸는 전략과 목표가 존재함을 볼 수 있다. 시오안은 환상을 심어주는 것은 담론이 어떻게 극단적 행동의 위험을 숨기고 지배의 다른 방식을 자연스럽게 만드는지를 이해하는 데 핵심적인 역할을 한다고 역설한 바 있다(Seoane 2019, 3). 왕젠과 우젠공은 디지털 실크로드를 통해 중국이 세계무역질서에서의 지위를

---

15 National Development and Reform Commission, Ministry of Foreign Affairs, and Ministry of Commerce of the People's Republic of China, "Vision and Actions on Jointly Building Silk Road Economic Belt and 21st-Century Maritime Silk Road." 2015.03.28. https://en.ndrc.gov.cn/newsrelease_8232/201503/t20150330_1193900. html

제고하고, 힘을 쓰지 않고도 정치이익과 외교목표를 달성하고, 중국위협론을 불식시키고 중국의 역할론을 부각시켜 중국의 강대국 이미지를 강화하면서 지정학적 지위를 제고시킬 수 있을 것이라고 강조한 바 있다(王騰·吳建功 2017, 61). 이러한 전략적 인식과 목표는 디지털 실크로드가 내세우는 저발전국의 디지털 발전 지원과 공동번영, 공동운명체라는 담론이 헤게모니 질서를 형성하는 다른 방식일 수 있음을 보여주고 있다고 할 수 있다.

III. 중국의 디지털 실크로드 추진 양상과 상호 연계성의 확대

중국 시진핑 주석이 강조한 '21세기 디지털 실크로드'는 데이터, 스마트시티, 브로드밴드 네트워크, 전자상거래 등 빅데이터와 다양한 IT 인프라를 통합하는 것이다. 중국은 국가 대 국가 간의 협약은 물론 IT 기업들을 적극 참여시키면서 광범위하고 전면적인 디지털 실크로드, 즉 '디지털경제공동체'를 구축해 가고 있다. 중국은 2013년부터 디지털 실크로드 프로젝트에 170억 달러를 넘게 투자하였다. 최소 70억 달러가 광케이블과 통신망 구축을 위한 차관이나 직접투자 형태로 사용되었고, 100억 달러가 전자상거래와 모바일 결제거래에 투자되었다. 스마트시티 프로젝트에도 수천 달러가 투자되고, 데이터센터와 연구센터 건립에도 상당한 액수가 투자되었을 것으로 보인다(Mercater Institute for China Studies 2019.08.28.). 중국의 디지털 실크로드는 정부가 주도적으로 경제적·외교적 영향력을 활용하여 중국 ICT 기업들의 해외진출과 투자를 적극 지원하는 양상이다. 2018년 9월 '중-아프리카 협력포럼-베이징행동계획(2019-2021)'은 외교관계를 디지털 실크로드 추진에 적극 활용하면서 민간기업의 시장진출을 지원하는 구조를 그대로 보여주고 있다. 본 합의에서는 광케이블 backbone 네트워크, 국경 간 연결 케이블, 해저 케이블, 차세대 모바일 네트워크, 데이터센터, 관련 운용 및 서비스 지원 등이 포함되어 있다. 이는 중국 중심의 디지털 생태계를 구축하기 위한 외교적 노력을 보여주는 것이다(中非合作论坛 2018.09.05.). 중국의 일대일로는 정부가 기업의 해외진출 시장을 개척하고 해외사업을 촉진하는 형태로 가속화하고 있다. 중국의 81개 국영기업이 '일대일로' 국가들에서 3400여 개 항목의 사업에 참여하고 있고, 2019년 2차 일대일로 국제협력포럼에서 국영기업들이 체결한 계약만 460억 달러를 초과하였다.[16]

중국 디지털 실크로드는 디지털 인프라, 상품, 기술과 플랫폼, 데이터와 서비스 등 디지털경제 전반에 걸쳐 세계와 중국을 연결하는 4차 산업혁명 시대의 핵심기술경제를 기반으로 중화경제권을 새롭게 구축하는 프로젝트라고 할 수 있다. 이 절은 네트워크 기반시설과 데이터, 표준 등의 3가지 측면에서 중국의 디지털 실크로드 전략이 어떻게 중국으로 연결되는 새로운 디지털 생태계를 구축하고 있는지를 고찰한다.

1. 중국 주도의 디지털 인프라 구축과 '호련호통(互联互通)'의 네트워크 구축

일대일로는 참여 국가들의 정보통신 기반을 연결하는 것을 주요한 과제로 제시하고 있다. 2015년 일대일로 행동보고서에서도 대륙과 해

---

16 中国一带一路网. "中国81家央企在"一带一路"沿线承担超3400个项目." 2020.01.16. https://www.yidaiyilu.gov.cn/xwzx/gnxw/115548.htm

저의 광케이블 연결은 일대일로 국가들의 연결과 통합에 핵심 과제로 제시되고 있다. 여전히 개인정보 보호와 데이터 국경 간 이동 등의 법률 규정이 나라마다 상이한 상황에서 중국은 5G 등 정보통신 인프라를 구축하는 것을 우선 과제로 인식하고 있다. 중국 정부는 이러한 인식 하에 중국의 통신기업들이 적극적으로 전산망과 인터넷망 구축 등 디지털 기반시설 구축에 참여하도록 독려한다(魏强 2017, 43). 이러한 중국 정부의 구상에 기업들도 적극적으로 참여하면서 디지털 실크로드 가속화의 핵심동력이 되고 있다. 중국 기업들은 2017년 11월 '일대일로 디지털화 경제연맹("一帶一路"数字化经济联盟)'을 창설하고, 일대일로 국가들의 정보화 건설을 위해 '데이터센터＋클라우드서비스,' 스마트금융, 스마트홈, 스마트세무, 스마트도시 등 각 분야에서 기술지원과 자본지원을 위해 공동 노력하기로 하였다. 본 연맹은 랑차오그룹(浪潮集团)이 발기하여 4대 기술기업인 CISCO, IBM, Diebold, 에릭슨이 공동으로 설립한 것으로, 중국수출입은행, 중국국가개발은행, 중국수출신용보험공사 등 3개의 국책금융기관이 함께 기술과 자본을 공동 지원하여 디지털 실크로드 건설에 참여하는 것이다. 본 연맹은 160여 개 일대일로 국가들의 정보화 건설에 다수 기업의 참여가 필요하다는 인식에서 출발한 것으로 우선 태국, 싱가포르, 말레이시아, 인도네시아, 나이지리아, 에티오피아, 튀니지, 탄자니아, 잠비아, 케냐 등 남아시아와 아프리카 국가들을 대상으로 추진한다(中国经济导报 2018.11.11).

중국의 ICT 기업들은 통신인프라와 통신서비스 구축으로 중국과 통합된 '디지털 생태계' 기반을 만들어 가고 있다. 화웨이는 방글라데시에 5G 네트워크를, 캄보디아에 4.5G 서비스를 개통하고 케냐 정부의 정보통신 기술 '마스터플랜'을 자문 지원하고 있으며, 칭화유니그

룹 산하의 H3C는 나이지리아 공항과 파키스탄 과다르 항구에 텔레커
뮤니케이션 네트워크를 구축하였다. 중국은 최근 미얀마와 키르기스
스탄, 네팔 등에도 광통신망을 구축하였다(Freedom House, 2018). 화
웨이는 2021년까지 파키스탄에서 출발해 동아프리카 각국을 연결하
여 프랑스로 이어지는 1만 5000km의 해저 광케이블 구축 사업을 진
행 중이고, 이 사업은 중국건설은행이 자금을 지원하고 있다. 중국은
2018년에 브라질과 아프리카 서해안에 있는 카메룬을 연결하는 해저
광케이블 구축 사업도 마무리했다. 비용 일부는 중국수출입은행이 지
원했다(매일경제 2020.01.02.). 화웨이는 또한 ZTE와 함께 디지털 실
크로드의 주요 분야 중 하나인 스마트 시티 건설에 나서면서, 최근 말
레이시아, 케냐, 독일 등 일대일로 국가들에 스마트 시티 건설을 지원
해 왔다. ZTE 자회사인 ZTE소프트는 일대일로 이름을 차용한 "Data
Belt, Information Road" 이니셔티브를 추진하면서 적극적으로 일
대일로 국가들에게 스마트시티 건설 노하우를 수출하고 있다(Brown
2017).

차이나텔레콤, 차이나유니콤, 차이나모바일과 같은 국영 통신기
업들도 통신인프라와 서비스를 제공하면서 디지털 실크로드 구축에
광범위하게 참여하고 있다(Brown 2017). 차이나유니콤은 2019년 12
월 캄보디아에 지사를 공식 설립하면서 일대일로 국가와 지역에 설립
된 지사는 총 13개가 되었다. 캄보디아 차이나유니콤 설립 행사에 캄
보디아 우전부 장관과 관료들이 참여한 가운데 차이나유니콤 회장은
강연을 통해 "본 지사 설립이 중국과 캄보디아간의 인터넷 호련호통을
구축하여 상호보완적 일대일로 협력 생태계를 만들 것"이라고 강조하
였다. 차이나유니콤은 일대일로 국가들의 인터넷광통신망 구축에 주
력하여 2019년 12월 현재 세계 20여 개 육로케이블과 30여 개 해양케

이블 건설에 참여하고 있으며, 국외에 80여 개의 PoP를 가지고 있고, 특히 동남아시아와 클라우드 네트워크 통합 종합정보통신 서비스를 제공하기 위해 협력을 강화하고 있다(人民邮电报 2019.12.03).

중국은 또한 일대일로 국가들에게 베이더우 위성네트워크를 도입하도록 하는 '우주 실크로드'를 네트워크 기반 통합의 주요 과제로 추진하고 있다. 국무원 정보화판공실은 2018년까지 일대일로 국가들에게 베이더우 기본 서비스를 구축하여 전력 전송에서부터 운송까지 모든 분야에서 베이더우 위싱 사용을 촉진하도록 하고 있다(Brown 2017). 중국은 국산 위성인 베이더우의 확산이 디지털 실크로드 구축에 주요한 요소가 될 수 있다고 인식하고 있다(诸云强·孙九林 2015, 56). 중국 국영 방산업체를 총괄하는 국방과학공업국은 국가발전개혁위와 함께 2017년 일대일로 '우주공간정보회랑건설과 응용가속화를 위한 지도의견(加快推进"一带一路"空间信息走廊建设与应用的指导意见)'을 발표하고 디지털 실크로드의 공간을 우주로 확대하고 있다. 중국은 우주과학기술의 발달로 통신, 네비게이션, 지구관측위성 등의 체계를 구축하고, 30개 이상의 국가들과 우주항공협력 계약을 체결하여 일대일로 국가들과 정책협력의 우호적 기반을 구축하여 우주정보기술 응용력을 확대하는 데 주요한 기초를 만들어가고 있다.[17]

2. 중국 주도의 빅데이터 실크로드와 데이터 패권

디지털 시대 들어 빅데이터에 대한 중국 정부의 관심과 강조는 지속 증대하고 있다. 2015년 11월 중국 국무원은 공식적으로 빅데이터를

---

17   发改委网站. "国防科工局发展改革委关于加快推进"一带一路"空间信息走廊建设与应用的指导意见." 2017.03.16. https://www.yidaiyilu.gov.cn/zchj/zcfg/2966.htm

국가전략의 핵심으로 발표한 바 있다(Zheng 2016, 1443). 2017년 시진핑 체제 2기를 공식화한 19차 당대회 직후 새롭게 구성된 중국공산당 중앙정치국 지도부의 집체학습(集體學習) 주제가 '빅데이터'였다는 점은 중국의 국가전략에서 빅데이터가 차지하는 위상과 중요성을 보여주는 것이라 할 수 있다.[18] 디지털 실크로드 또한 IT 인프라의 연결성을 넘어 디지털 시대 핵심 자원이라고 할 수 있는 데이터 교류와 통합을 가속화하고 있다. 중국은 '디지털경제, 데이터가 왕이다(數字经济, 数据为王)'이라는 담론으로 디지털 실크로드 실현에 있어 빅데이터의 중요성을 강조하고 있다. 디지털 실크로드의 성공에 빅데이터의 지원과 활용이 핵심이라는 것이다. 또한, 빅데이터의 업그레이드에도 디지털 실크로드가 주요한 토대가 될 것이라고 인식한다. 빅데이터이가 디지털 실크로드를 움직여 일대일로 국가들의 빅데이터 교류와 정보교류, 기술교류, 인재교류, 물자교류를 가능케 하는 '오류합일(五流合一)'을 이룰 것이라고 강조한다. 빅데이터가 일대일로의 비전, 디지털 실크로드를 실현시키고 있다는 것이다.[19]

중국은 일대일로 국가들 간의 데이터교류와 정보교류를 촉진하기 위해 '데이터센터+클라우드 서비스'를 제공하고자 하고 있다. 빅데이터, 인터넷, 클라우드컴퓨팅, 인공지능 등을 활용하여 디지털 실크로드가 인류발전의 새로운 단계를 개척한다는 것이다.[20] 2015년 국가데

---

18 중국공산당 중앙정치국 집체학습은 중요 이슈를 최고지도부가 관련 전문가들과 함께 학습하고 토론하는 것으로, 2017년 19차 당대회 직후인 12월 8일 개최된 새 지도부의 2차 집체학습 주제가 '국가빅데이터전략 실천(实施国家大数据战略)'이었음. 中国共产党新闻网. http://cpc.people.com.cn/n1/2017/1025/c414940-29608670.html

19 中国一带一路网. "大数据铺设"数字丝路"" 2018.05.30. https://www.yidaiyilu.gov.cn/zgsg/slsb/89446.htm

20 中国一带一路网. "大数据铺设"数字丝路"" 2018.05.30. https://www.yidaiyilu.gov.cn/zgsg/slsb/89446.htm

이터센터는 '일대일로 빅데이터센터(一帶一路大数据中心)'를 별도로 설립하고 일대일로 건설공작영도소조 판공실의 지도하에 빅데이터를 기반으로 한 일대일로 구축에 주력하고 있다.[21] 중국은 우선 각국의 디지털경제정책이 조화롭게 구축될 수 있도록 정책협의를 강화하기 위해 정부가 대상 국가들과 협약서를 체결하는 등 상호 전략적 소통과 정책협의를 강화하고, 그러한 인프라와 정책 공유를 기반으로 빅데이터, 클라우드, IoT 등 기술을 응용하여 일대일로 무역과 서비스에 빅데이디 플랫폼올 구축하여 데이터의 국경 간 교류를 제고한디는 목표를 가지고 있다(魏强 2017, 43). 중국은 2019년 5월 국제데이터산업엑스포를 개최하면서 데이터 강국화를 위한 다양한 프로그램들을 전개하고 있다. 본 박람회에는 156개 해외기업을 포함한 448개의 기업이 참여하였고, 이 중 일대일로 국가 30여 개국이 참여한 바 있다.[22]

최근 중국과 방글라데시 정부의 디지털 협력 사업은 중국이 어떻게 일대일로 국가들에게 전략과 정책을 소통하고 데이터 교류와 협력, 통합을 추진해 가는지, 그리고 어떻게 정부와 기업이 함께 참여하고 있는지를 보여주는 사례라고 할 수 있다. 2019년 방글라데시 정부는 2021년까지 '디지털 방글라데시' 비전을 수립하고, 정보통신 기술 발전에 주력하면서 중국의 '디지털 실크로드'와의 전략적 통합을 적극 추진하고 있다. 2015년 ZTE는 방글라데시 컴퓨터위원회와 1억 5500만 달러 가치의 4세대 국가데이터센터 프로젝트 계약을 체결한 바 있고, 2018년 10월 중국의 철도건설사인 종티에(中铁)는 10억 달러의 예

---

21   国家信息中心发布《"一带一路"大数据报告2018》http://www.stc.sic.gov.cn/index.php?c=content&a=show&id=678
22   中国一带一路网, "大数据国际合作向"一带一路"延伸." 2019.05.30. https://www.yidaiyilu.gov.cn/zgsg/slsb/92376.htm

산으로 방글라데시 국가디지털유니콤 프로젝트 계약을 체결하였다. 최근 화웨이 또한 방글라데시 정부의 요청으로 현지에 국가데이터센터를 설립하고 국가정보통신기술 빌딩의 한 층을 전부 사용하면서 전국 정보업무를 업그레이드하는 역할을 할 뿐만 아니라, 맞은편 사무실에는 화웨이가 지원하는 정부클라우드 프로젝트가 진행되어 방글라데시 정부와 사회의 빅데이터 시대 구축을 지원하고 있다.[23]

중국은 최근 북아프리카에도 데이터센터를 확장하면서 글로벌 데이터 패권을 향한 활동을 적극 확대하고 있다. 화웨이는 2019년 2월 이집트에 북아프리카 최초의 클라우드 데이터센터를 설립하였고, 알제리 세관과도 데이터센터 구축 협약을 체결하였다. 중국이 건설한 모로코의 스마트시티인 탕헤르 테크(Tangier Tech)는 200여 개의 중국 첨단기술 기업들이 들어설 계획이며, 튀니지에서는 중국 기술 기업들이 '디지털 튀니지 2020' 국가전략을 실행하는 데 적극적으로 참여하고 있다(Chatham House 2019.06.06.). 중국의 일대일로 국가들에 대한 데이터센터 구축과 클라우드 서비스 협력, 이에 더한 중국 기업들의 적극적인 진출은 데이터 통합이 디지털 실크로드 구축의 핵심동력이 될 것임을 보여주고 있다.

3. 초국경 전자상거래 실크로드와 eWTP

초국경 전자상거래는 실질적으로 디지털경제 시대에 중국과 연결된 시장과 교역, 결제체계를 구축하고 통합해가면서 중국의 디지털 실크로드 구축의 핵심적 동력이 되고 있다. 전자상거래는 통신기술과 인터

---

23 中国一带一路网. "中国通信技术助建"数字孟加拉"建设骨干网络带动行业发展." 2019.06.22. https://www.yidaiyilu.gov.cn/xwzx/hwxw/94550.htm

넷망의 급속한 발전으로 일대일로 국가들의 제조업, 무역상, 소비자가 함께 전면적 다층적인 상호 거래를 가능하게 하고 일대일로 국가 간 교역을 심화시켜 정보교류와 공유를 확대하는 핵심기제라는 것이다 (张莉 2017, 17). 디지털 실크로드를 통한 데이터 생태계의 통합은 중국 주도의 글로벌 전자상거래 시장의 창출에도 핵심적 동력이 되고 있다. 2020년 1월 14일 중국 관세청이 발표한 자료에 따르면, 2019년 중국의 글로벌 전자상거래 플랫폼을 통한 수출입 규모가 지속 증대되어 전년 대비 38.3%가 증내한 186.21억 위안(약 3조 2685억여 원)을 기록하였고, 이는 '전자상거래 실크로드(丝路电商)'를 일대일로 무역교류의 핵심 요소로 추진하고 있는 정책방향에 힘입은 바 크다고 강조하였다.[24]

일대일로 추진 이후 '전자상거래 실크로드'가 지속 성장하여, 2019년 말 현재까지 중국은 22개 국가 및 지역과 전자상거래 협력 각서에 서명하였고 중국과 일대일로 국가 간의 전자상거래는 전년 대비 20% 이상 증가했으며 캄보디아, 쿠웨이트, UAE, 오스트리아 및 기타 국가와의 거래는 전년 대비 100% 이상 증가했다.[25] 중국의 디지털 실크로드는 중국의 정치적·경제적 영향력의 범위와 강도를 확대하는 것은 물론 중국 IT 기업의 글로벌 시장 주도권과 점유율을 급격히 성장시키면서 민관이 함께 중국 중심의 전자상거래 시장을 구축하는 상황이다. 대표적인 기업이 알리바바로 2016년부터 디지털 실크로드 전략에 부합하여 전자상거래 실크로드 프로젝트라고 할 수 있는

---

24   中国一带一路网. ""丝路电商"成为"一带一路"贸易畅通重要引擎." 2020.01.18. https://www.yidaiyilu.gov.cn/xwzx/gnxw/115782.htm

25   中国一带一路网. "中国与"一带一路"相关国家的跨境电商交易额增速超20%." 2019.12.25. https://www.yidaiyilu.gov.cn/xwzx/gnxw/113704.htm

'eWTP(electronic World Trade Platform)'를 추진해 가고 있다. eWTP 는 공식적으로 말레이시아, 르완다, 벨기에 등 다수 국가에서 프로젝트를 착수하였고 WTO, UNCTAD, UNDP 등 국제기구들과의 협력을 확대하고 있다(Seoane 2019, 2). 말레이시아 정부와는 '디지털 자유무역지대' 수립 협약을 체결하고, 온라인 서비스 유통 등 전자상거래 전반의 시스템을 구축할 계획이다. 또 다른 대표적인 중국의 전자상거래 기업인 징동닷컴 또한 일대일로 국가들을 포함하여 100여 개 국가들을 연결하는 20여 개의 해외 물류센터를 구축한 바 있다(Brown 2017).

중국의 디지털 실크로드 프로젝트는 광통신망 등 IT기반시설, 통신서비스, 핸드폰 등 IT제품, IT 플랫폼 등 디지털경제 전반의 시설과 기술, 산업과 시장을 모두 포괄하면서 일대일로 국가들에게 중국의 디지털 시스템을 투입시키는 전략이라고 할 수 있다. 2018년 OECD 보고서는 중국이 기반시설이나 통신서비스를 통해 해당국의 데이터 수집과 활용을 용이하게 하면서, 알리바바와 징동 등 중국의 전자상거래 기업들이 저발전국의 디지털경제 시장을 선점해 가고 있고, 이는 저발전국가들의 슈퍼마켓 체인과 쇼핑몰을 뛰어넘어 성장할 수 있다고 전망하였다(OECD 2018, 27). 중국이 디지털경제 시대 무역 확대와 시장 창출의 주요한 기제로 전자상거래 실크로드를 적극 추진해가면서 중국 주도의 전자상거래 시장이 확대될 것으로 보인다.

4. 일대일로를 통한 중국표준의 수출과 디지털경제통합 강화

중국 일대일로 사업의 주요한 핵심 과제는 중국표준의 수출, 중국표준의 글로벌 점유율 확대이다. 중국은 일대일로를 추진하면서 중국표준의 '해외진출(走出去)'을 핵심 과제 중의 하나로 추진하여 왔다. 일대일로 국가들에게 철도, 통신 등 기반시설을 구축하는 작업은 중국의 장비와 기술은 물론 중국의 표준, 중국의 모델을 수출하는 것이다. 중국의 일대일로가 기술과 설비를 수출하는 것은 '중국표준(中国标准)' '중국방식(中国方案)'의 해외진출(走出去)이라는 중요한 의미를 가지며, 중국 정부는 이러한 중국표준과 방식의 해외진출을 중요한 과제로 추진하고 있다.[26] 디지털 실크로드 또한 중국의 네트워크 인프라와 상품, 서비스의 수출을 통해 중국표준의 수출과 글로벌화를 견인하는 것을 주요한 목적으로 다양한 노력을 전개하고 있다.

중국공업정보화부는 2018년 11월 〈일대일로 건설에 산업통신업 표준화공작을 실시하는 것에 대한 의견(关于工业通信业标准化工作服务于 "一带一路"建设的实施意见)〉을 발표하고, 2020년까지 상호 연결 통합되는 '일대일로' 표준화 협력의 신국면을 열어가겠다고 강조하였다. 본 의견에 따라 중국은 일대일로 국가들과 80항 이상의 국제표준을 제정하여 중국표준들을 일대일로 중점 국가들에게 적용하여 표준체계 연결에 주력할 계획이다. 중국의 '인터넷플러스' 분야의 선진기술들을 활용하여 일대일로 국가들의 정보통신 분야 표준화 협력을 강화하고, 중국 통신기업들과 제조기업들이 일대일로 표준화 작업에 참여하는 것을 지원한다는 계획이다. 그리고 국제표준 제정, 이의 외국어판 제정, 해외응용이라는 사업을 통해 일대일로 표준협력체계 강화를 위한 서비스를 확대를 추진한다(每日经济新闻 2018.11.12.).

본 의견은 2017년 12월 일대일로건설공작영도소조판공실이 발

---

26   中国一带一路网. "中国标准""中国方案"走出去 近60家工程造价咨询企业服务74国."
      2018.08.06. https://www.yidaiyilu.gov.cn/xwzx/gnxw/62013.htm(검색일:
      2019.12.15.)

표한 〈표준연결 일대일로 행동계획(标准联通共建"一带一路"行动计划) 2018-2020〉에서 중점영역, 중점국가, 중점플랫폼과 중요 기반시설을 대상으로 일대일로 표준화에 주력하기로 한 계획의 일환이라고 할 수 있다. 2015년에도 일대일로판공실은 〈표준연결 일대일로 행동계획 2015-2017〉을 발표하고, 중국이 정보통신기술과 인공지능교통, 첨단장비제조 등 10대 분야에서 일대일로 국가들과 함께 국제표준을 제정하고 상호 연결하는 등 표준화 협력을 강화하기로 한 바 있다.[27] 이러한 일대일로 표준화 협력 계획을 수립한 이후 중국은 2016년 9월 12일 일대일로 국가인 알바니아, 보스니아, 캄보디아, 몬테네그로, 러시아, 세르비아, 슬로바키아, 마케도니아, 터키 등 9개국 국가표준화 기관과 협력 계약을 체결하는 등 적극적으로 표준 공유와 일체화를 추진하고 있다.[28] 중국표준화연구원은 일대일로 공동표준기반 구축 작업으로 2019년 4월 23일 '일대일로 공동국가표준정보플랫폼' 웹사이트를 오픈하였다. 이는 중국이 최초로 표준화 분야에서 일대일로 국가들에게 관련 정보를 분류하고, 번역해주는 서비스이다. 플랫폼은 35개국과 국제표준화기구(ISO)를 포함한 5개 국제기구의 표준목록정보를 통합하고, 검색서비스를 제공한다. 중국은 이 플랫폼이 외국인들이 중국표준을 보고 사용할 수 있도록 빠른 번역채널을 제공하여 일대일로 국가들이 표준 분야의 연계를 위한 교량역할을 할 것으로 기대하고 있다.[29] 이러한 중국표준의 수출과 확산 전략은 중국 기업들에게 시장개척의

---

27 中国一带一路网. "国家标准化管理委员会：标准联通助力"一带一路"建设. 2015.10.22. https://www.yidaiyilu.gov.cn/zchj/xzcjd/7276.htm (검색일: 2019.12.16.)

28 中国一带一路网. "我国与"一带一路"沿线9国签署标准化合作协议." 2016.09.14. https://www.yidaiyilu.gov.cn/wtfz/zcgt/119.htm(검색일: 2019.12.17.)

29 中国一带一路网. "'一带一路'共建国家标准信息平台上线." 2019.04.24. https://www.yidaiyilu.gov.cn/xwzx/gnxw/87206.htm(검색일: 2019.12.16.)

주요한 기반이 되고 있으며 중국의 국영 및 민간 기업들 또한 적극적
으로 표준 수출에 참여하고 있다. 중국의 정부와 민간기업은 일대일로
국가들에게 광케이블 연결사업, 베이더우 위성프로그램, 전자상거래,
5G 분야 표준에 집중투자하고 있다(OECD 2018, 27). 5G가 사물인터
넷, 스마트 교통, 드론, 스마트 시티 등 4차 산업혁명 시대 주요 분야
의 핵심 동력이 된다는 점에서 5G 표준의 수출과 연계는 향후 미래 시
장점유와 디지털 실크로드 추진에 주요한 동력이 될 수 있다.

IV. 디지털 실크로드와 중국 중심 헤게모니 질서의 부상

중국의 디지털 실크로드는 디지털 인프라와 상품, 시장과 플랫폼, 데
이터 등의 열린 교류와 협력을 지향하고 있으나, 실제 중국의 디지털
정책과 규범, 표준, 인프라와 서비스 등이 중국 정부와 기업을 통해 일
대일로 국가들에게 수출되고 지원되는 구조라는 점에서 중국 중심의,
중국 주도의 디지털 생태계를 구축하고, 중국의 영향력과 역할이 강화
되는 헤게모니 질서 형성의 가능성이 존재한다. 콕스는 국가의 국제화
가 국제생산의 확산과 연계되어 있고, 국제생산은 국가구조와 세계질
서 구축의 역할을 한다고 강조하였다(Cox 1981, 146). 국제생산은 사
회적 힘(social forces)을 동원하고 이를 통해 정치적 결과―국가의 본
질과 국제질서의 미래를 전망할 수 있고, 이것에 근거하여 새로운 헤
게모니의 등장을 전망할 수 있다고 하였다(Cox 1981, 149). 중국의 디
지털 실크로드는 디지털경제 시대 중국 주도의 새로운 질서와 헤게모
니의 등장 가능성을 보여주는 것이라 할 수 있다. 이 절은 중국의 디지
털 실크로드가 어떻게 중국의 헤게모니를 형성하고, 정치적·경제적

위계질서를 초래할 수 있는 디지털 위계질서를 구축할 수 있는지를 분석한다.

1. 중국모델의 확산과 진영의 구축

중국의 일대일로는 참여 국가들의 정책, 기반시설, 무역, 금융, 민심이 상호 교류하고 통합되는 '5통(五通)'을 목표로 하고 있다(蔡昉·Peter Nolan 2018, 135-156). 5통은 대등하고 상호 호혜적인 소통과 교류를 표명하면서 공동번영을 목표로 한다. 중국은 또한 일대일로 구상이 세계의 주목을 받고 있는 요인 중 하나가 저발전국가들의 발전 문제에 주력하고 있기 때문이라고 강조한다(张效羽 2017, 35). 그러나 한편으로 디지털 실크로드의 성공은 결과적으로 참여국들의 다수 국민들이 중국이 구축한 통신망에 중국산 하드웨어를 가지고 중국의 애플리케이션을 설치하여 사용한다는 의미로 이해될 수 있다. 중국의 디지털 실크로드가 중국모델의 교류, 중국으로 통하는 통신의 구축, 중국 디지털 상품시장의 창출, 위안화(중국 디지털화폐)의 국제화, 중국 문명과 언어의 전파 등 중국 중심의 교류와 통합을 핵심으로 하는 내용들을 담고 있다는 점에서 중국의 강대국화에 따른 새로운 질서를 구상하고 있음을 보여주고 있다.

　일대일로는 중국 경제력과 기업의 해외진출의 통로이면서 동시에 문화와 체제의 확산 통로로도 강조되고 있다. 중국의 디지털 실크로드는 단순히 중국 기술과 산업, 시장의 확대를 넘어 중국식 발전방안의 공유, 중국모델의 확산을 목표로 하고 있다. 강대국화의 핵심 요소가 중국 문명과 사상, 사회주의 이념과 체제의 확산이라는 점을 강조하고 일대일로가 이러한 중국의 경험과 발전모델을 공유하고, 중국 특색의 사회주의 문화 건설의 중요한 기반이 될 것이라고 강조하고 있다(蔡昉·Peter Nolan 2018, 25-29). 웨이창(魏强)은 디지털 실크로드는 기술 이외에 인재 양성, 이념과 방안에서 광범위한 협력을 추구하면서 중국의 정보화 건설, '인터넷플러스' 발전역량과 경험, 성공 모델로서의 '중국방안'을 일대일로 국가들과 공유하고 협력하는 것을 내용으로 한다고 밝히고 있다. 웨이창은 알리바바, 텐센트, 화웨이, ZTE, 샤오미, 야신그룹 등 중국의 대기업들이 진출하여 그들의 성공 경험과 관리 이념, 방식을 세계와 공유하게 되던 '중국모델'이 '세계모델'이 될 것이라고 강조한다(魏强 2017, 56). 결국 디지털 실크로드는 정보통신 기반시설, 기술과 상품을 수출하면서 동시에 중국식 이념과 방식의 공유와 확산의 채널이라고 할 수 있다.

중국의 디지털 실크로드는 단순히 기술과 인프라를 수출하는 것을 넘어 정치적·체제적 연대와 통합전략을 병행하고 있다. 시걸(Segal)은 디지털 실크로드가 단기적으로 개발도상국들에게 특히 권위주의 정부들에게 중국의 닫힌 인터넷 개념을 확산시킬 수 있을 것이라고 강조하고 있다(Segal 2018, 15). 중국은 2017년 11월 '일대일로 국가 관료들에 대한 사이버 공간 관리 세미나'를 2주 프로그램으로 개최하여 태국과 베트남 등의 미디어 분야 관료들을 훈련시켰다. 2018년에도 이집트, 요르단, 레바논, 모로코, 사우디아라비아와 아랍에미레이트 등 아랍 국가들을 대상으로 3주 프로그램의 세미나를 개최하여 사이버 공간에 대한 관리와 기술 등을 교육하였다(Freedom House 2018). 이러한 세미나는 대체로 중국의 사이버 안보법과 같은 통제지향적 사이버 안보법을 제정하거나, 안면인식 등 사회검열을 위한 IT기술의 활용이라는 중국모델의 도입으로 이어진다. 2019년 4월 이집트 정보통신부 장관은 중국을 방문하여 중국의 핵심적 IT기업 10개의 대표들과 간담을 가졌다. 안면인식 기술의 아이플라이텍, 만리방화벽 기술 그룹을 만나 현지 연구소와 기술합작을 논의하고, ZTE와 유니온페이 대표를 만나 핀테크 기술의 도입 등을 협의하였다.[30] 특히 이집트는 안면인식 기술과 인터넷 통제 기술을 적극 도입하면서 중국식 인터넷 거버넌스 정책을 따르고 있다. 이렇듯 일대일로에 참여하는 많은 수의 국가들이 권위주의 국가라는 점에서 검열과 통제를 기반으로 한 중국의 인터넷 정책과 기술은 이들 국가들에게 유용한 사이버 거버넌스 구축의 모델이 되고 있다. 중국의 디지털 실크로드는 참여 국가들과의 국내외 인터넷 전략의 협의와 협력을 강조하고 있다. 2018년 9월 '중-아프리카 협력포럼-베이징행동계획(2019-2021)'에서 양측이 국제전기통신연합(ITU)과 다른 국제기구들에서의 협력을 강화하고 ICT 정책수립과 발전전략도 협력하기로 합의한 것은 디지털 협력이 기술적 협력을 넘어 외교협력과 발전모델 교류 차원으로 확대되고 있음을 보여주고 있다.[31] 2019년 7월 중국-아세안 외무장관 회의에서도 2020년이 중국-아세안 디지털경제협력의 해라고 선언하고 양측이 디지털 실크로드를 위한 정책적 협의와 협력을 강화할 것이라고 강조하였다(环球网 2019.10.23.).

디지털 실크로드는 중국의 문화와 가치, 규범의 확산에도 주요한 채널로 역할할 수 있다. 디지털 실크로드는 '디지털 실크로드＋미디어' '디지털 실크로드＋생활서비스' '디지털 실크로드＋생산방식' 등 다양한 방면을 포괄하고 있다. 중국은 고대 실크로드가 중국 문화

---

30 Egypt Ministry of ICT. "During BRF 2019, ICT Minister, 10 Major ICT Chinese Companies Discuss Stimulating Investment." 2019.04.27. http://www.mcit.gov.eg/Media_Center/Press_Room/Press_Releases/32210

31 中非合作论坛. "中非合作论坛－北京行动计划(2019-2021年)." 2018.09.05. http://www.mofcom.gov.cn/article/i/dxfw/gzzd/201809/20180902783477.shtml

를 전달하고, 서구사회의 중국에 대한 인식을 형성했던 통로였듯이 디지털 실크로드도 중화문명을 전파하고 중국의 이미지와 담론을 보여주는 핵심 채널로 역할할 것이라고 강조한다. 문화와 가치를 공유하고 체험하는 채널로서 디지털 실크로드가 중국의 문화적 영향력을 제고할 것이라고 인식한다(光明网 2017.05.16.). 차오단(曹丹)도 일대일로의 핵심 이념이 문화교류를 통한 신뢰의 제고라는 점에서 중국에 대한 위협인식을 불식시키고 중국의 문화영향력을 확대할 수 있다고 분석하였다(曹丹 2019, 56). 리웨이(李巍) 또한 중소기업과 벤처창입자들이 일대일로의 민심상통에 역할을 하도록 하여 중국의 인터넷 정신과 규범이 일대일로 국가들에게 공유될 수 있도록 해야 한다고 강조하였다(李巍 2018, 43).

중국의 언론과 연구들이 체제와 문화, 가치의 확산을 강조하고 있는 것은 디지털 실크로드가 강대국의 규범을 수용하고 내재화하는 사회화 과정, 정치운동이라는 헤게모니 형성의 핵심 요소를 내포하고 있음을 보여주는 것이라 할 수 있다. 프리드버그(Friedberg)는 강대국 관계를 결정하는 것은 단순히 힘뿐만 아니라 이데올로기가 중요한 영향 요소라고 강조하고, 미국이 자유민주주의 체제이고 중국이 여전히 권위주의체제를 유지하고 있다는 것은 양국 라이벌 관계의 핵심 배경이면서 안정적이고 협력적인 관계를 저해하고 상호적대와 불신의 요소라고 하였다(Friedberg 2011, 21). 중국의 디지털 실크로드가 중국의 체제와 규범, 문화와 가치를 확산시키는 데 주력한다면 이는 헤게모니 경쟁의 주요한 공간이 될 수 있음을 보여주고 있다.

2. 중국네트워크의 확산과 데이터 패권

정(Zheng)은 빅데이터의 부상이 권위주의 정부에게 복합적 의미를 갖는다면서 이는 빅데이터가 공공서비스를 향상시킬 수 있을 뿐 아니라 시민의 자유를 위협하는 잠재력을 가지고 있는 양날의 칼이라고 주장하였다. 특히 거대한 양의 디지털 데이터가 소수의 손에 집중될 경우 패권경쟁의 무기로 사용되면서 그 피해는 막대할 것이라고 전망하였다(Zheng 2016, 1461). 정의 분석은 빅데이터가 권위주의 체제에서 초래할 수 있는 '통제기술'로서의 부정적 측면을 강조한 것이지만 실제 디지털 실크로드에 있어서 중국이 주도하는 데이터센터와 인터넷 인프라의 연결 양상은 광범위한 영토의 엄청난 데이터가 중국으로 연결될 수 있다는 의미이고, 이는 디지털 시대 중국의 영향력을 확대하는 핵심적 자원이 될 수 있을 것으로 전망할 수 있다.

영국 싱크탱크 채텀하우스는 "세계 최대 테크 기업인 화웨이 등이 아프리카 등 국가에 통신 인프라를 깔아주는 대가로 상당한 경제적 가치는 물론 엄청난 빅데이터를 가져간다"고 지적했다(매일경제 2020.01.02.). 중국은 2억 달러 자금을 투자해 에티오피아에 아프리카연합(AU) 건물을 건설해주고, 화웨이와 ZTE가 현지 통신인프라를 구축한 바 있다. 르몽드지는 이 아프리카연합 건물의 IT 네트워크에서 기밀 데이터가 2012년부터 2017년까지 5년간 매일 저녁 상하이로 들어갔다고 중국의 해킹 사실을 보도하였다(CFR 2018.03.07.). 중국 IT 인프라의 해킹 우려에도 불구하고 대부분의 아프리카 국가들은 이러한 위협인식에 동조하지 않는다. 2019년 모바일세계총회에서 말라위 장관은 화웨이 문제에 대해 '안보위협은 증거가 있을 때만 실재하는 것'이라면서 '화웨이 문제는 여전히 미국의 의심에 불과하다'고 언급한 바 있다(Umejei 2019). 중국의 디지털 인프라와 데이터 접근에 대한 상대적 수용성을 보여주는 것이라 할 수 있다.

중국은 디지털 실크로드를 통해 저발전국가들에게 통신인프라 구축과 서비스, 데이터센터 구축과 클라우드 서비스를 함께 지원하면서 디지털 시대 핵심 자원인 데이터 역량을 강화해 가고 있다. 중국의 기술침투가 데이터에 대한 접근과 활용을 매우 용이케 한다는 점에서 디지털 실크로드가 전개하고 있는 해당 국가들에 대한 IT 인프라지원과 서비스 지원 등의 전략은 4차 산업혁명과 디지털경세 시내에 경세적으로 정치적으로 핵심적 권력이 될 수 있는 데이터를 중국이 점유하고 활용하게 하는 전략이라고 할 수 있다. 데이터가 인프라와 컨텐츠를 운영하는 민간기업들에 의해 수집되고 활용되나, 중국의 정치체제 특성과 정부–기업 관계의 특색을 고려할 때 중국 정부의 데이터 접근과 활용의 가능성은 여전히 의심과 경계를 받고 있는 핵심적인 부분이다. 브라운은 특히 중국과의 외교적 마찰이 있을 수 있는 국가들이 중국이 제공하는 디지털 인프라에 대한 의존도가 높아지는 것은 안보 우려의 증대로 이어질 수 있다고 우려하면서 필리핀 마닐라에 조성되고 있는 진주도시프로젝트가 중국과 홍콩이 관련된 UAA Kinming 그룹이 건설하면서 안보 우려가 제기될 수 있다고 강조하였다(Brown 2017).

디지털 실크로드를 기반으로 한 중국 ICT 인프라의 확산은 데이터 실크로드, 즉 중국 주도의 데이터 교류와 통합을 의미한다. 결국 중국 주도의 경제권, 문화권, 가치권을 형성할 수 있는 의미 있는 데이터의 교류와 디지털경제 시대 핵심 자원이라고 할 수 있는 광대한 데이터의 수집과 활용을 가능케 한다는 점에서 중국의 데이터 패권을 강화시켜갈 수 있다. 또 한편으로 데이터화(datafication)를 통해 체제 유지를 위한 통제와 검열이 유용하다는 점에서 중국식 데이터 권위주의 규범이 확산될 수 있는 기반이 될 수 있다. 중국은 디지털 시대 핵심 성장동력으로 빅데이터를 인식하고 발전에 주력하고 있으나 다른 한편으로 빅데이터 시대에 어떻게 공산당 유일영도체제를 유지할 수 있을 것인가가 주요한 과제가 되고 있다. 데이터 관련 기술은 권위주의 체제에서 권위주의 체제를 침식하기보다 오히려 권위주의 국가를 강화하는 '통제기술(repression technology)'로 사용되고 있다(Zheng 2016, 1446). 디지털경제 시대 핵심 자원이 될 데이터의 점유와 활용은 경제력과 정치력, 통제력을 강화하는 요소라는 점에서 중국의 디지털 실크로드가 추진하고 있는 데이터센터와 클라우드 서비스의 확산이 중국 헤게모니를 강화하는 동력이 될 수 있고, 새로운 디지털 위계질서를 구축하는 기반이 될 수 있다.

3. 중국 디지털 플랫폼의 확산, 중국 중심의 시장창출과 문화패권의 부상

디지털 실크로드는 중국의 IT제품과 플랫폼, 전자상거래 시스템이 해외로 진출하는 길을 열어주고 있다. 중국의 일대일로는 세계 인류공동체와 공영을 내세우면서 일대일로 참여 국가들의 공동이익을 역설하고 있지만, 한편으로는 중국의 ICT 기업들에게 해외시장을 개척해주고 시장 선점의 우위를 제공해주는 역할을 하고 있다. 이러한 인식속에서 오늘날 알리바바, 텐센트, ZTE, 화웨이, 샤오미, 아신(亚信) 등 ICT 기업들은 중국의 디지털 실크로드 건설에 적극적으로 참여하면서 디지털 실크로드 개척의 핵심 주체로 역할하고 있다(王腾·吴建功 2017, 61). 시오안(Seoane)은 알리바바의 eWTP가 일대일로와 디지털 실크로드의 한 부분으로 포용적 세계화의 새로운 형태라고 강조하고 있지만, 실제 중국 중심의 개인이 주도하는 글로벌 디지털 무역체제를 세계화하기 대응헤게니적 담론이라고 주장하였다(Seoane 2019, 6). 실제 디지털 실크로드와 전자상거래 플랫폼의 진출은 중국 제품의 새로운 수출 통로를 개척하고 중국 기업의 마케팅 채널을 발전시키는 효과를 발휘한다(张莉 2017, 17). 디지털경제는 정보와 데이터가 기본이 되는 특징을 가지고 있어서 디지털경제 시대의 자본과 기술, 그리고 대량의 데이터를 장악하고 있는 ICT 기업들이 해외로 진출하는 것은 더 많은 데이터를 확보하는 효과가 있을 뿐만 아니라 다른 기업들의 마케팅에도 중요한 정보를 제공하는 역할을 할 수 있다(张效羽 2017, 40). 즉 국가의 디지털 실크로드 전략이 기업들에게 기회를 줄 뿐만 아니라 기업들의 진출이 데이터 확보와 영향력 확산이라는 측면에서 국가에게 경제적·정치적 이익을 제공하게 되는 것이다.

중국의 전자상거래 실크로드는 단순히 데이터와 시장의 점유를 넘어 표준의 확산에도 중요한 기여를 할 수 있다. 중국은 전자상거래 시장의 연계와 통합을 추진하면서 표준의 통합을 강조하고 있다. 초국경 전자상거래 국제표준을 제정하고 상품의 품질표준, 검역표준 등을 포함하여 각국의 표준이 일치하도록 해야 한다는 것이다(曹丹 2019, 56). 나아가 전자상거래 결제지급 방식의 통일을 필요로 하게 된다. 디지털 실크로드는 위안화의 글로벌화와 중국 디지털 화폐의 통용화로 중국 위안화 패권, 디지털 화폐의 패권 형성에 주요한 기반으로 작용할 수 있다. 전자상거래 실크로드는 또한 무역과 문화 간의 상호 융합을 추구하면서 중국의 가치와 문화의 확산에도 역할할 수 있다. 중국의 전략은 디지털 상품 안에 중국의 가치를 담는 것이다. 2017년 중국의 '국가브랜드계획(国家品牌计划)'은 일대일로 구상을 차용하여 중국 상품에 문화적 가치를 담는 것을 내용으로 하고 있다. 중국 문화, 중국

취향과 중국 특색을 세계에 보여주고 이를 활용하여 무역과 가치를 높인다는 것이다(邓文吴建功 2017, 61). 중국의 디지털 실크로드는 디지털 시대 경제적 영향력뿐만 아니라 문화적 확산과 영향력 강화에도 주요한 기반이 될 것으로 보인다.

V. 결론

프리드버그는 중국의 전략은 '중화중심주의'와 중국을 중심으로 한 '위계적 질서'라는 과거의 역사를 배경으로 하고 있으며, 중국이 말하는 '조화로운 아시아'란 중국의 정치규범과 중국 주도의 경제통합, 강한 아시아 문화정체성을 내포하고 있다고 강조한다(Friedberg 2014, 143). 시진핑 체제의 핵심 담론인 '중화민족의 위대한 부흥'은 중심 제국, 세계 제1의 경제대국이었던 중국의 영화로운 과거를 회복하겠다는 역사 인식과 상징전략을 가지고 있다고 할 수 있다. 일대일로와 디지털 실크로드 또한 그러한 과거 중국의 중심성과 부강함의 역사적 상징인 '실크로드'의 복원이라는 점에서 '중화민족의 위대한 부흥'이라는 중심성과 수월성 회복의 핵심 전략이라고 할 수 있다. 디지털 실크로드는 이러한 중국의 역사와 전략인식의 산물이면서 또 다른 한편으로는 중국의 경제성장, 첨단기술 발달의 산물이라고 할 수 있다. 헤드릭(Headrick)은 새로운 기술의 부상이 국가의 강대국화 의도를 더 강하게 할 수 있다는 점에서 팽창주의에 미친 기술의 영향을 강조한 바 있다(Headrick 1979, 234). 기술의 발전이 팽창과 확장의 수단이면서 동시에 팽창의 의지를 강화시키는 배경이 될 수 있다는 것이다. 오늘날 중국은 세계 제2의 경제대국이면서 세계 최대의 인터넷 대국이다. 특히 ICT 첨단기술과 산업의 급속한 발전, 디지털경제전략은 중국의 해외진출 의지를 강화시켰고 디지털 실크로드라는 확장적 경제구상을 이끌어가는 핵심 요인이라고 할 수 있다. 중국의 민족부흥 담론과 기술뿐만 아니라 역할 규정 또한 강대국화의 주요한 요소가 되고 있다. 안토니아드스는 우리가 어떠한 국가를 헤게모니라고 규정할 때, 군사력과 경제력 같은 '물리적 힘'만이 아니라 패권질서 형성 과정에 그 국가의 힘이 어떻게 사회적 맥락과 목적에 투자되는지를 고찰해야 한다고 주장한다(Antoniades 2018, 606). 단순히 중국의 디지털 기술역량과 경제력뿐만 아니라 글로벌 디지털 격차해소와 공동번영, 운명공동체의 담론을 주도하면서 그 안에서 중국의 역할을 규정하고 있는 디지털 실크로드 구상은 이러한 물리적 힘과 역할담론의 복합이라는 점에서 중국의 헤게모니 형성 과정을 이해할 수 있다.

　중국은 디지털 실크로드 구축으로 개발도상국 기업들의 글로벌 진출을 촉진하여 미국이 주도했던 경제적 구속에서 탈피할 수 있고, 지정학적 패권경쟁에 직접 대응하지 않고 아시아 유럽의 신흥경제체제를 연결하여 유라시아 대륙 전체의 발전을 추구할 수 있게 한다고 강조한다(王騰·吳建功 2017, 61). 이러한 상호 연결과 공동발전의 운명공동체 담론 뒤에는 중국의 강대국화와 중국몽의 실현이라는 중국의 국가전략이 자리하고 있다. 저발전국가, 개발도상국들의 디지털화를 지원하고 자유화된 디지털 시장을 구축하겠다는 세계화 전략 또한 서구 주도의 시장이 아닌 중국이 주도하는 새로운 시장의 창출이라는 전략을 담고 있다고 할 수 있다. 최근 미중 경쟁의 기술 패권경쟁 양상이 강화되면서 화웨이에 대한 미국의 안보 공세가 부상하는 가운데 디지털 실크로드는 미중 패권경쟁의 미래에 또 하나의 주요한 전장이 될 수 있다. 디지털 시대 중국의 기술적·산업적·문화적 팽창은 서구 주도의 기존 질서에 대한 도전일 수 있으며, 이러한 인식 속에서 중국의 디지털 실크로드에 대한 서구의 경계와 대응은 더욱 심화될 수 있다. 안보위협에 대한 우려로 호주가 솔로몬제도의 해저 광케이블을 중국 기업들보다 더 싼 가격으로 제공한 것 등은 이러한 서구의 경계를 반영한 것이라 할 수 있다(Mercater Institute for China Studies 2019.08.28). 중국의 디지털 실크로드는 중국 ICT 기업들의 참여와 정부의 정책적 재정적 지원에서 지속 확대될 것이고, 미래 헤게모니 질서를 형성하는 새로운 지경학 구조를 만들어 갈 것이라는 점에서 디지털 실크로드의 추진 양상과 국제정치경제 질서에 미치는 영향을 지속적으로 관찰하고 연구 분석할 필요가 있다.

참고문헌

차정미. 2019. "중국 4차 산업혁명 담론과 전략, 추진체계 분석." 『동서연구』 30 (1): 143-177.

매일경제. "화웨이 앞세워 '디지털 중국夢'…中, 아프리카 23개국 통신망 장악." 2020.01.02. https://www.mk.co.kr/news/world/view/2020/01/6346/

Antoniades, Andreas. 2008. "From 'Theories of Hegemony' to 'Hegemony Analysis' in International Relations." In 49th Annual Convention of the International Studies Association (ISA), San Francisco, USA.

_____. 2018. "Hegemony and international relations," *International Politics* 55 (5): 595-611.

AEI. "The digital silk road." 2019.06.10. https://www.aei.org/articles/digital-silk-road/

Brown, Rachel. "Beijing's Silk Road Goes Digital." Council on Foreign Policy Relations. 2017.06.06. https://www.cfr.org/blog/beijings-silk-road-goes-digital

CFR. "China's Digital Silk Road: Strategic Technological Competition and Exporting Political Illiberalism." 2019.09.26

_____. "African Union Bugged by China: Cyber Espionage as Evidence of Strategic Shifts." 2018.03.07.

Cheney, Clayton. "China's Digital Silk Road Could Decide the US-China Competition," *The Diplomat; Tokyo* (Jul 17, 2019).

Chan, Jia Hao. "China's Digital Silk Road: A Game Changer for Asian Economies," *The Diplomat; Tokyo* (Apr 30, 2019).

Chatham House. "The Promise and Peril of the Digital Silk Road." 2019.06.06.

Cox, Robert. 1981. "Social Forces, States and World Orders: Beyond International Relations Theory," *Millennium-Journal of International Studies* 10(2): 126-155.

Lake, David A. 2009. *Hierarchy in International Relations.* Cornell University Press.

_____. 2009. "Regional hierarchy: authority and local international order," *Review of International Studies* 35(S1): 35-58.

Dungse, Yildom. Chidozie, Felix and Aje, Oluwatobi O. 2018. "Oscillating between the Great Powers and China's Quest for a New World Order," *RelationsInternational* 11(2).

Flint, Colin and Zhu, Cuiping. 2019. "The Geopolitics of Connectivity, Cooperation, and Hegemonic Competition," *Geoforum* 99: 95-101.

Freedom House. 2018. "China Country Report. Freedom on the Net 2018." https://freedomhouse.org/report/freedom-net/2018/china

Friedberg, Aaron L. 2011. "Hegemony with Chinese Characteristics," *The National*

Interest 114: 18–27.

_____. 2014. "The Sources of Chinese Conduct: Explaining Beijing's Assertiveness," *The Washington Quarterly* 37(4): 133–150.

Headrick, Daniel R. 1979. "The Tools of Imperialism: Technology and the Expansion of European Colonial Empires in the Nineteenth Century," *The Journal of Modern History* 51(2): 231–263.

Hill, Charles. 2019. *Trial of a Thousand Years: World Order and Islamism*. Hoover Press.

Howarth, David. 2010. "Power, discourse, and policy: Articulating a hegemony approach to critical policy studies," *Critical Policy Studies* 3(3–4): 309–335.

Ikenberry, G. John and Charles A. Kupchan. 1990. "Socialization and Hegemonic Power," *International Organization* 44(3): 283–315.

Janz, Robert. Kutanov, Askar. Spitaler, Helga. Tetenyi, Istvan and West, David. 2015. "Building the Digital Silk Road: Charting the Development of Academic Collaborations between Europe and Central Asia," *Bildung und Erziehung* 69(1): 11–40.

Joseph, Jonathan. 2008. "Hegemony and the Structure-Agency Problem in International Relations: A Scientific Realist Contribution," *Review of International Studies* 34(1): 109–128.

Kwet, Michael. 2019. "Digital colonialism: US empire and the new imperialism in the Global South," *Race & Class* 60(4): 3–26.

Mann, Monique. 2019. "(Big) Data and the North-in-South: Australia's Informational Imperialism and Digital Colonialism," *Television & new media* 20(4): 379–395.

Md. Nazrul Islam ed. 2019. *Silk Road to Belt Road: Reinventing the Past and Shaping the Future*. Singapore; Springer.

Mercater Institute for China Studies. "Networking the "Belt and Road" – The future is digital." 2019.08.28.

Nikkei Asian review. "China takes fight to control internet global via digital Silk Road." 2019.10.21.

OECD. 2018. "China's Belt and Road Initiative in the Global Trade, Investment and Finance Landscape."

Segal, Adam. 2018. "When China Rules the Web: Technology in Service of the State," *Foreign Affairs* 97(5): 10–18.

Seoane, Maximiliano Facundo Vila. 2018. "Alibaba's discourse for the digital Silk Road: the electronic World Trade Platform and 'inclusive globalization'," *Chinese Journal of Communication* 1–16.

Shen, H. 2018. "Building a Digital Silk Road? Situating the Internet in China's Belt and Road Initiative." *International journal of communication* 12. 2683–2701.

The Atlantic. "'One Belt One Road' Is Just a Marketing Campaign." 2019.08.17.

Umejei, Emeka. "Huawei's threat to democratisation in Africa." East Asia Forum.

2019.04.15.

Zheng, Jinghan. 2016. "China's date with big data: will it strengthen or threaten authoritarian rule?" *International affairs* 92(6): 1443-1462.

蔡昉·Peter Nolan. 2018. 『"一带一路"手册』. 中国社会科学出版社.

诸云强·孙九林·董锁成·王末·赵红伟·罗侃·郭春霞. 2015. "关于制定"数字'丝绸之路经济带'与信息化基础设施建设科技支撑计划"的思考." 『中国科学』. 2015年第1期.

李巍. 2018. "数字丝绸之路, 怎么走." 『人民论坛』. 2018年5月.

信息化建设 本刊编辑部. 2017. "共同打造数字丝绸之路." 2017年12期.

储殷·李巍. 2018. ""数字丝绸之路"怎么走." 『人民论坛』. 2018年13期.

张效羽. 2017. "中国互联网+"数字丝绸之路"报告——"一带一路"倡议下的中国互联网经济发展机遇、挑战与对策." 『大陆桥视野』. 2017年07期.

张莉. 2017. "以跨境电子商务引领21世纪数字丝绸之路建设." 『中国经贸导刊』. 2017年22期.

邓文·吴建功. 2017. "建设数字丝绸之路的条件与实现途径." 『全国流通经济』. 2017年17期.

伍佳荣·吴建功. 2017. "数字丝绸之路推进中国梦实现的愿景." 『当代经济』. 2017年24期.

魏强. 2017. "深入推进数字丝绸之路建设." 『互联网经济』. 2017年11期.

王腾·吴建功. 2017. "数字丝绸之路建设在实现中国梦过程中的地位." 『现代商业』. 2017年29期.

曹丹. 2019. "中国"数字丝绸之路"面临的困境与解决对策." 『商场现代化』. 2019年02期.

方方. 2019. ""数字丝绸之路"建设:国际环境与路径选择." 『国际论坛』. 2019年02期.

中国经济导报. ""一带一路"数字化经济战略联盟在鲁成立." 2018.11.11. http://www.ceh.com.cn/llpd/2017/11/1042687.shtml

中非合作论坛. "中非合作论坛—北京行动计划(2019-2021年)." 2018.09.05. http://www.mofcom.gov.cn/article/i/dxfw/gzzd/201809/20180902783477.shtml

人民邮电报. "中国联通成立柬埔寨公司 打造"一带一路"信息光通道新格局." 2019.12.3. http://baijiahao.baidu.com/s?id=1651804251717316142&wfr=spider&for=pc

每日经济新闻. "工信部,到2020年我国与"一带一路"沿线国家共制国际标准将达80项以上." 2018.11.12. https://baijiahao.baidu.com/s?id=1616922732452367655&wfr=spider&for=pc

环球网. "2020年:中国—东盟数字经济合作年 共建数字丝绸之路." 2019.10.23. https://baijiahao.baidu.com/s?id=1648148613651817505&wfr=spider&for=pc

光明网. "数字丝绸之路:打造中国文化对外交流的时代名片." 2017.05.16. https://www.yidaiyilu.gov.cn/zgsg/slsb/89443.htm

제4장

디지털 시대 무역질서 변화와 디지털 무역 레짐 복합성
중국, EU, 미국을 중심으로

홍건식

I. 서론

미국의 트럼프 대통령은 취임 직후 미국의 주권을 통상정책보다 우선시 하겠다고 밝혔다(연합뉴스 2017). 이어 미국의 무역대표부(the United States Trade Representative, USTR)는 미국의 주권 보호와 미국 통상법 발동, 교역국의 시장 개방 촉진 등을 담은 문서를 의회에 제출했다(USTR 2017c). 미국은 불공정 무역 관행에 대한 제재, 지적재산권과 디지털 무역과 같은 새로운 이슈에 대한 논의, 그리고 WTO 체제 개혁을 강하게 주장했다. 특히 미국은 디지털 무역의 증가에 따라 구글, 아마존, 애플, 마이크로소프트 등 미국 IT 기업의 이익 극대화를 위해 소다자 그리고 양자 형태를 통해 디지털 무역 체제를 구축하는 중이다(설송이·이미연 2019). 한편 WTO의 75개 회원국들 또한 디지털 트레이드 활성화를 목표로 디지털 무역의 글로벌 규범 제정을 추진할 예정이다. 그러한 가운데 미국을 중심으로 하는 국제무역 체제의 구축 움직임은 중국과 유럽의 대응을 만들어내고 있다.

그렇다면 기존의 WTO 체제는 디지털 산업사회에 나타나고 있는 디지털 무역화에 어떻게 대응하고 있는가? 디지털화로 새롭게 나타나고 있는 디지털 무역의 특징과 쟁점은 무엇인가? 국제 무역질서의 변화가 기존의 무역체제, 강대국 그리고 국가 간에 어떠한 영향을 미치고 있는가? 그리고 이 같은 변화에 따라 국제 디지털 무역질서는 어떠한 모습을 보일 것인가에 대해 묻지 않을 수 없다.

본 연구는 위의 질문을 바탕으로 디지털 시대에 따른 무역질서의 변화를 살펴보고 무역환경 변화에 대한 대응을 중국, EU 그리고 미국을 중심으로 고찰한다. 특히 디지털 무역을 둘러싼 중국, EU, 미국의 이해와 이익의 차이는 디지털 무역에 대한 서로 다른 레짐 접근법으로 나타나고 있으며, 이는 국제 무역질서에서 디지털 무역 레짐의 복합성으로 발현되고 있음을 보인다.

디지털 기술의 발달은 디지털 세계화를 견인하고 있으며 그에 따라 디지털 무역은 급격히 성장하고 있다. 2014년 국경 간 데이터 이동은 2005년과 비교했을 때 45배 증가하였으며, 2조 8천억 달러의 경제적 가치를 생산했다. 또한 2030년까지 디지털 기술의 발전으로 34% 증가할 것으로 예상되고 있다(박노형·정명현 2018, 198-199). 이처럼 디지털 산업의 발전에 따라 디지털 무역이 급속하게 발전하고 있지만 국제 무역질서를 담당하고 있는 WTO 체제는 새로운 변화에 적절한 대응을 하지 못하고 무역 레짐으로서의 영향력이 약화되고 있다. 그러한 가운데 새로운 질서를 구축하고자 하는 미국과 그에 대응하는 EU와 중국이 새로운 환경에 맞는 국제 디지털 무역질서 구축의 움직임을 보이며 디지털 무역을 규제하는 무역 레짐이 복합적 성격으로 나타나고 있다.

본 연구는 레짐 복합성 이론을 바탕으로 디지털 무역 시대 중국, EU 그리고 미국이 구축하고자 하는 디지털 무역 레짐의 특성을 분석하고자 한다. 이를 위해 2절에서는 레짐 이론을 통해 레짐 복합성의 개념을 도출하고, 3절에서는 디지털 시대 WTO 체제의 한계와 이슈를 살펴보며, 4절을 통해 중국, 유럽 그리고 미국이 구축하고자 하는 디지털 무역 레짐을 비교 분석한다.

II. 디지털 무역과 레짐 복합성

1. 레짐 복합성

레짐(regime)의 정의는 레짐 연구자들에 따라 다양하다. 그중에서도 헤거드와 사이먼은(Haggard & Simmons 1987)은 레짐을 크게 세 가지 차원으로 정리한다. 첫째, 포괄적 개념으로 '국제관계의 전 영역에서 레짐이 존재하며…행동에 규칙성이 있다면 이를 설명하기 위해 어떠한 종류의 원칙(principles), 규범(norms) 그리고 규칙(rules)'이 존재해야 한다(Puchala and Hopkins 1982). 둘째, '질서(order)'와 위임(commitment) 사이의 중간에서 국제정치에서의 규범적 차원을 강조한 크라스너(Stephen D. Krasner)의 정의이다. 크라스너는 레짐을 '국제관계에서 국가들의 기대가 수렴되는 일련의 명시적 또는 묵시적 원칙(principles), 규범(norms), 규칙(rules) 그리고 정책결정과정(decision-making procedures)'으로 정의한다(Krasner 1982, 1-12). 셋째, 제한적 정의로서 레짐을 해당 영역에 대해 국가 행위를 규제하려는 목적을 가진 국가들 사이의 다자적 합의로 고려한다(Young 1982).[1] 이처럼 레짐에 대한 정의는 레짐을 연구하는 학자들에 따라 서로 다른 정의를 내리고 있지만 레짐이 국가의 행동을 변화시키는 변수로서 중요한 역할을 한다는 점에서는 이견이 없다(Krasner 1982).

　레짐은 크게 네 가지의 형태를 통해 형성된다(Krasner 1982, 195-

---

[1]　이 외에도 코헤인(Keaohane 1989b, 4)은 '국제관계상의 특정 쟁점 영역과 관련하여 정부들이 합의하에 명시한 규칙들'로, 또한 포터와 브라운(Porter and Brown 1991, 20)은 '특정 쟁점에 대한 국가의 제반 행위를 규제하기 위해 국가들 간의 다자간 법적 조치로 특화한 규범과 규칙의 체계'로 정의한다.

204). 첫째로 이익(interest)의 관점에서 국가는 자신의 이익을 극대화하려 한다. 특히 타국의 행동은 자신의 효용에 영향을 미치기 때문에 다른 국가의 행동을 고려하게 되고 이는 상호 영향을 미치게 된다. 때문에 국가는 자신의 이익을 최우선으로 적과 힘의 차이를 극대화하고 이 같은 상호 관계가 레짐을 형성하는 요인으로 작동한다(Stein 1984). 둘째로 정치권력 역시 국제체제에서 패권국이 레짐을 만들어내는 데 핵심적 역할을 한다. 패권국가에게 레짐은 국가의 권력을 극대화하고 이를 보전하는 데 사용된다. 특히 패권국가는 그 국가가 구축한 질서를 유지하기 위해 그 질서에 속한 국가들에게 공공재를 제공해야 한다. 이처럼 패권국가가 구축하는 질서 국제레짐을 창출하는 환경적 조건으로 작동한다. 이는 반패권국가의 정치권력이 약화되면 레짐이 상대적으로 약화됨을 의미한다. 셋째로 국가들이 국가 주권과 같은 규범과 원칙에 대한 공유와 함께 이념과 가치를 추구한다면 국가 간 협력으로 레짐을 이끌어낸다. 끝으로 국가들의 관례와 관습 그리고 지식이 레짐 형성에 영향을 미칠 수 있다.

　레짐은 국가의 힘의 변화에 따라 단순하게 변화하는 형태 그 이상이다. 레짐은 원칙(principles)과 규범(norms)의 변화를 통해 변화될 수 있다. 원칙과 규범은 레짐의 기본적인 정의를 제공하고 있으며 규칙과 정책결정과정은 레짐 내에서 변화할 수 있지만 원칙과 규범이 변화하는 것은 레짐 그 자체의 변화로 이어진다. 한편 레짐의 원칙, 규범, 규칙 그리고 정책결정과정이 일치하지 않거나 실질적 관습이 레짐과 일치되지 않는다면 레짐은 약화된다(Krasner 1982, 189). 더 나아가 국가들이 기존 레짐 규범과 원칙을 포기하게 된다면 새로운 레짐으로 변화되거나 기존의 레짐은 사라지게 된다. 이 같은 기존 레짐의 약화는 통합성을 보이지 못하면서 국제 레짐에 있어서 레짐의 복합성을 만들어낼 수도 있다(Raustiala and Victor 2004).

결국 레짐 복합성(regime complexity)이란 레짐이 명확한 이슈를 가지지만 다양한 변인으로 이루어진 하나 이상의 레짐 형태가 중첩되는 현상이다. 레짐은 국가들로 이루어진 집합체를 만들어내고 국가들은 이 집단 내에서 상호작용한다. 레짐 복합성의 원인은 레짐이 가지는 제도화(nested insitution)와 복합상호의존(complex interdepence)에 있다. 복합상호의존에 따라 하나의 이슈는 다른 이슈와 연결되며 이는 연쇄반응(spillover)을 보이기도 한다. 국가들의 하위 그룹들은 전체적 수준에서 보다 특별하거나 더욱 깊은 협력을 바라면서 추가적인 합의를 만들어낸다. 합의의 연결은 다양한 참여자를 이끄는 집합체를 만들고 제2, 제3자 등의 참여로 복잡 다단한 레짐을 구축하게 된다. 이 같은 아이디어가 레짐의 복합성이라 할 수 있다. 레짐 복합성은 다양한 변인으로 된 체제로서, 블록과 행위자를 만들어 이 같은 환경에서 상호작용을 하는 것이다(Alter and Meunier 2009, 14). 특히 레짐을 형성할 수 있는 능력을 가진 국가가 기존 레짐에 만족하지 못한다면 새로운 블록을 형성하여 레짐을 구축하고 이들 국가와의 상호작용을 통해 새로운 레짐을 구축할 수도 있다. 때문에 레짐 복합성은 이슈에 대한 다양한 레짐의 형태를 이해하는 데 도움을 줄 수 있을 뿐만 아니라 국가의 행동을 이해하는 변인으로 고려할 수도 있다.

2. 디지털 무역과 핵심 이슈

디지털화(digitalization)는 이분법을 통해 오디오, 문자, 정지 또는 움직이는 이미지와 같은 모든 정보를 표현하는 능력이다. 이는 실체가 있는 미디어를 통해 정보가 자유롭게 이동하고 네트워크화와 조작하는 것을 의미한다. 네트워크를 기반으로 하는 인터넷의 등장은 컴퓨터라는 공통의 프로토콜을 통해서 데이터를 공유하고 보다 쉽게 소통할 수 있게 되었다(Grimmelmann 2016). 디지털 기술은 ① 무어의 법칙(Moore' Law)을 통한 하드웨어의 성장, ② 저장 하드웨어의 저장공간 확대와 속도의 증가에 맞춘 프로세싱 속도의 빠른 증가, ③ 브로드밴드(broadband)를 통한 가정과 모바일 도구로의 전달 속도의 증가, ④ 실시간 최종 형태인 비디오와 같은 압축 소프트웨어, ⑤ 소프트웨어 플랫폼과 프로토콜의 표준화로 기술발전에 맞추어 빠른 확산과 대량 소비에 따른 비용 절감을 가능하게 한다(van Orange-Nassu et al. 2008, 6-7).

디지털화는 지난 몇 년 동안 끊임없는 혁신을 통해 IT 산업의 상품과 서비스의 폭발적인 증가를 가져왔다. 세계적 디지털 플랫폼과 이를 통해 수집되고 축적된 데이터는 기업 그리고 국가의 이익이 되고 있다. 소비자는 상품을 구매할 때 인터넷을 통해 세계적 범위의 다양한 상품과 공급자를 선택할 수 있게 되었다. 이 같은 인터넷이라는 환경의 변화는 세계시장에 대한 진입장벽을 낮추면서 중소기업(small and medium-sized enterprises, SMEs)과 개발도상국들에게도 기회가 되고 있다(Manyika et al 2016; Meltzer 2016)

디지털화는 무역의 영역에도 다양한 영향을 미친다. 디지털은 국제무역의 영역에서 지금까지 경험하지 못한 새로운 형태의 상품과 서비스 교역과 경쟁을 만들어내면서 전 지구적 차원의 네트워킹을 심화시키고 있다(Manyika et al. 2016). 특히 디지털화는 국가의 성장에 긍정적인 영향을 끼치고 있으며, 무역거래에서 디지털 거래의 점유율이 높아지고 있다. 또한 디지털화를 통한 디지털 통신 및 플랫폼은 거래 비용을 0에 가깝게 만들어 국경을 뛰어넘는 대규모 사업을 진행할 수 있는 가능성을 만들어낸다. 디지털화를 통한 국제환경의 변화는 국제적 생산과 무역 그리고 투자의 세계가치사슬(Global Value Chains, GVS)을 변화시키고 있다(Burri 2018). 기존의 세계가치사슬은 서로 다른 국가에서 서로 다른 생산단계를 통해 이루어졌다. 그러나 디지털 기술과 인터넷 확산은 소비자와 공급자 사이의 지리적 경계를 낮추고 세계적 차원에서 복합적인 산업 과정과 방대한 데이터 이동이 가능해지면서 글로벌 가치사슬이 최적화하는 데 기여하고 있다(Kommerskollegium 2015). 또한 기존에 비무역적 차원의 것으로 고려했던 서비스 영역이 국경을 넘나드는 거래를 보다 활성화하고, 상품 가치에 영향을 주면서 디지털 시대의 상품과 서비스 무역에 대한 개념을 재정의해야 하는 상황에 이르렀다. 이와 함께 세계 디지털 무역은 디지털 콘텐츠와 어플리케이션 그리고 데이터의 자유로운 이동으로 개인과 사회에 영향을 미치면서 국가 정책결정자는 이들 규제를 위한 새로운 균형점을 찾아야 하는 과제를 가지게 되었다.

디지털 무역에 대한 정의는 새로운 국제무역 환경에 대응하는 국가별 그리고 기구별로 다양하다. WTO는 1998년 9월 25일 채택한 '전자상거래 작업프로그램(Work Programme on Electronic Commerce)'에서 전자상거래를 '전자적 수단에 의한 상품과 서비스의 생산, 유통, 마케팅, 판매 또는 전달'이라 정의한다(WTO 1998). OECD는 "디지털로 또는 물리적으로 제공될 수 있고 소비자, 기업 및 정부가 수반되는 재화와 서비스의 거래에 대한 디지털 방식으로 가능한 거래를 포괄한다"고 정의한다. 종합해보면 디지털 무역이란 일반적인 물리적 재화나 서비스와 함께 디지털 기반의 플랫폼 서비스와 디지털 형태로 전환된 모든 상품과 서비스 거래를 포함한다(Monteiro and Teh 2017; González and Ferencz 2018).

그러나 디지털 무역의 증가는 과거 국가들이 협의를 통해 수립했던 무역 규범에 도전하고 있다(Azmeh et al. 2019, 5). 세계무역체제는 상품과 서비스에 대한 명확한 정의를 바탕으로 진화해 왔다. 그러나 디지털 무역의 증가는 상품과 서비스의 경계를 무너뜨리고 있으며 기존 WTO 체제가 새로운 디지털 무역의 범주를 명확히 규정하기 어려워짐에 따라 규제의 대상으로 삼지 못한다는 한계를 보이고 있다. 특히 데이터의 상품화, 디지털 운송, 디지털 무역에 대한 관세, 인터넷 필터링, 데이터 지역화, 소스 코드에 대한 전환과 접근을 둘러싼 국가들의 무역분쟁들은 과거에는 볼 수 없었던 현상이다.

디지털 기술의 확대로 방대한 데이터의 전송과 축적은 새로운 개인, 기업 그리고 국가의 경쟁력으로 인식되고 있다. 국가의 데이터 통제의 문제는 디지털 무역의 영역에서 무역장벽으로 나타날 수 있기 때문에 이 같은 데이터 통제에 대한 서로 다른 이해는 다시 각 국가가 구축하고자 하는 디지털 무역 레짐에도 서로 다르게 반영되고 있다. 기존 물리적 상품과 서비스에 중심을 두고 있던 WTO 무역질서의 약화와 새로운 환경에 맞는 새로운 무역질서를 구축하려는 국가들의 이해관계는 디지털화로 변화되는 국제무역환경에서 자신의 이익을 반영한 새로운 국제 레짐을 창출하려는 움직임을 보이고 있다.

III. 디지털 시대 WTO 체제

1. WTO와 디지털 무역

WTO 회원국들은 디지털 무역의 혜택을 인식하고 디지털 무역 발전을 촉진하기 위해 노력해왔다. 그럼에도 불구하고 디지털화에 의해 촉발된 다양한 변화에 대한 WTO의 적응은 제한적이었으며 디지털 무역을 촉진하려는 WTO의 노력은 예상보다 저조한 결과를 보이고 있다. 디지털화로 촉발된 무역 변화에 대하여 디지털 기술력을 가진 핵심 국가들은 정부기술 협약을 통해 대응하면서 새로운 디지털 무역질서 구축을 위한 노력을 시도 중이다.

WTO 협정은 우루과이라운드(Uruguay Round, 1986-1994)를 통해 채택되었다. WTO는 동종의 서비스나 상품에 대해 최혜국대우(the most-favoured nation, MFN)와 내국민대우(the national treatment, NT)의 핵심 원칙을 통해 차별을 금지하고 있으며 이 같은 제도적 구속력으로 각 회원국들은 자국의 법률 체계에 제약을 가지게 되었다. WTO 체제는 비차별적 원칙을 바탕으로 디지털경제에서 중요한 상품 거래, 서비스 거래, 지적재산권 보호, 보조금, 표준, 정부 조달 또는 무역 촉진을 규정하는 규칙을 만들면서 디지털 환경에 대응해왔다.

디지털 무역에 대한 WTO의 규제는 「글로벌 전자상거래에 관한 선언(Declaration on Global Electronic Commerce)」을 채택하면서 이루어졌다. 제네바에서 개최된 1998년 5월 제 2차 WTO 각료회의(Ministrial Conference, MC2)의 일반이사회에서 전자상거래에 관한 작업반을 출범시키고 국경 간 전자상거래의 이슈들을 검토하도록 지시했다. 이 선언에서 회원국들은 전자적 전송물에 대한 관세를 부과하지 않고 기존의 관행을 계속한다는 데 동의했으며 이는 2017년 부에노스아이레스(Buenos Aires)에서 개최된 11차 장관회의까지 지속되었다.

WTO 체제에서 디지털 무역과 관련한 레짐은 디지털 서비스 분야에서 GATS(the General Agreement on Trade in Service)와 IT 상

품 무역과 관련된 ITA(Information Technology Agreement)가 있다. 첫째로 GATS는 정보기술제품에 대한 세계 무역의 광범위한 자유화를 추구했으며, 이를 위해 컴퓨터, 반도체, 반도체 생산 장비, 통신 장비, 데이터 저장 매체 및 소프트웨어 등 선별된 IT 제품에 대해 관세를 부과하지 않기로 약속했다(WTO 2012). 회원국들은 '진보적 자유화(progressive liberalizaion)'와 '자유화의 보다 높은 수준(higher levels of liberalization)'을 통해서 서비스 무역을 확장하고자 했다. 자유화는 서비스 시장에서 보다 높은 수준의 경쟁을 지속하게 한다. GATS는 상품의 무역 자유화를 추구하는 GATT와 유사하게 서비스의 무역 자유화에 그 목적을 둔다. 그러나 GATS에서 각 참여자가 취해야 하는 의무는, 해외 서비스 공급자에 대해 최혜국대우 원칙 제공, 투명성 확보 그리고 낮은 비관세 장벽과 같은 서비스를 적용하는 것이다.

GATS는 서비스뿐만 아니라 디지털 거래에서 중요한 위치를 가진다(Malkawi 2019, 152). 정보통신 서비스가 발달함에 따라 GATS에서도 비전통적 운송 영역인 디지털 거래를 다루기 시작했고, 이를 계기로 GATS는 전통적·비전통적 영역을 모두 다루는 기술적 중립성을 가지게 되었다. 자격 요건 및 절차, 기술표준 및 면허 요건과 관련된 조치들이 서비스 무역에 불필요한 장벽을 만들지 않도록 GATS 제6조를 통해 필요한 분야를 개발할 서비스무역위원회(Council of Services)에 권한을 부여했으며, 이는 디지털 무역에도 적용되었다.

둘째로 WTO 체제에서 디지털과 관련된 또 다른 중요한 합의는 ITA이다. WTO 회원국들은 상품 무역에 관한 GATT의 제도적 틀을 바탕으로 하여 IT 제품의 교역을 위한 제도를 확립하고 통신장비에 대한 교역은 면세로 하기로 합의했다. 이는 1996년 싱가포르 각료회의에서 채택되었으며 최혜국대우 원칙과 함께 IT 상품에 대한 수입 관세를 줄이기로 약속했다(WTO 1996). ITA의 목표는 '정보기술제품에 대한 세계 무역의 자유화를 극대화하는 것'으로 ITA 서명국은 컴퓨터, 반도체, 반도체 제조 장비, 통신 장비, 데이터 저장 매체 및 소프트웨어 등 선별된 IT 제품에 대해 제로 관세를 제공하기로 약속했다. 2015년 7월에는 추가 201개의 제품 목록에 대한 관세를 철회하고 정보기술협약(Inforamtion Technology Agreement)이 적용되는 제품을 확장하기로 동의했다. 이는 연간 1.3조 달러 이상이며 전 세계 무역의 7%를 차지한다. ITA는 IT와 관련된 하드웨어 무역을 위한 자유주의 레짐을 제공하고 시장의 경쟁을 자극하고 소비자에게는 이익을 만들어냈다 (Copenhagen Economic 2010). 이와 함께 ITA는 세계적 차원의 IT 산업과 세계적 차원의 기술적 가치사슬을 만들면서 무역을 활성화하는 데에 기여했다(Malkawi 2019, 153).

이렇듯 디지털 환경 변화에 따른 국제무역의 변화에 대응하기 위해 WTO는 다양한 노력을 펼쳐왔으나 그 실질적인 효과는 제한적이었다. 대표적으로 첫째, 디지털 상품과 서비스에 대해 이를 어떻게 분류할 것인가에 대한 문제, 둘째, 디지털 재화의 이동을 어떻게 이해할 것인가, 셋째, 비차별적 원칙을 기반으로 하고 있지만 국가별로 다양한 기술적 차이를 어떻게 해결할 것인가 그리고 끝으로 지적재산권과 개인의 정보를 어떻게 보호할 것인가에 등에 대한 문제들을 만들어냈다(Gao 2018, 299; 설영기·박현희 2000; 송경석·김주완 2002; 이한영 2008).

2. WTO 체제의 약화

WTO 체제 내에서 디지털 무역 자유화 논의는 1998년 제2차 WTO

각료회의(MC2)에서 국가 간 전자적 전송방식에 대한 무관세를 선언한 이후 20년 동안 지속되고 있지만 주목할 만한 실질적인 성과를 내지 못했다. 2017년 부에노스아이레스에서의 제11차(MC11) 각료회의에서 선진국은 전자상거래에 대한 다자주의 차원의 규범 수립을 주장하면서 디지털 시설 기반 구축을 주장하는 아프리카와 최빈개도국과의 대립이 지속되었다. 제11차 회의 이후에는 공동선언에 참여한 국가들을 중심으로 '전자상거래 공동선언 회의'와 관련 이슈에 대한 탐색적 작업을 진행하고 있으며 주제별 쟁점을 중심으로 논의를 진행 중이다(박지현 2018). 그럼에도 불구하고 디지털 무역에 대한 WTO 차원의 규범을 정립하고 못하고 있다는 점은 디지털 무역 자유화가 WTO 회원국들의 경제적 이해관계가 첨예하게 대립하면서 WTO의 원칙으로 인정받지 못하고 있음을 보여준다(곽동철·안덕근 2016; 이종석 2019). 2017년 제11차 WTO 각료회의(MC11)에서도 전자상거래 논의를 진전시키는 데 별다른 성과를 보이지 못하고 1998년의 「전자상거래 작업계획(Work Program on Electronic Commerce)」을 지속하는 것과 전자적 전송방식에 대한 무관세 관행을 유지하는 것만 의결했다. 제11차 MC11에서는 전자상거래에 관심이 있는 71개의 WTO 회원국들은 별도로 「전자상거래 공동선언(Joint Statement on Electronic Commerce)」을 채택했고, WTO 체제 안에서 전자상거래 증진 목표를 공유하고 있음을 밝혔다. 특히 전자상거래 촉진을 위해 개방성, 투명성 비차별성 그리고 규제환경 차원에서 WTO의 규범을 바탕으로 하고 있음을 강조했다. 그러나 중국, 인도, 인도네시아 등은 공동선언에 참여하지 않았다. 이 선언에 따라 2018년 3월부터 총 9차례에 걸쳐 회의가 개최되었다(이종석 2019, 67).

 MC11 이후 무역 관련 전자상거래 이슈에 대한 주제별 탐색적 작업에서 논의된 주요 쟁점들은 ① 전자적 전송물에 대한 무관세, ② 국경 간 정보 이전, ③ 사전 승인, ④ 소스코드, 강제된 기술이전 등, ⑤ 소비자 보호, ⑥ 디지털 격차, ⑦ 지식재산권, ⑧ 투명성이다(박지현 2018, 9-11). 이 같은 이슈와 관련해 자유화를 주장하는 미국, 일본, 싱가포르, 호주 등의 그룹과 이를 반대하는 중국을 비롯한 개도국 그룹 간의 견해 차이가 드러났다. 2018년 12월 마지막 9차 회의에서 의장국 호주는 전자상거래와 관련한 다양한 이슈에 대하여 참여국들 사이에 이해를 제고하고 복수국 간 협상을 시작하는 공감대를 형성했다고 평가했다. 2019년 1월 25일 스위스 다보스 포럼에서는 76개국이 WTO 체제 내에서 디지털 통상규범 마련을 위한 협상을 지지하는 성명을 발표했다(이종석 2019, 67).

그러한 가운데 디지털 무역을 위한 규제 환경은 미국이 주도하는 자유무역협정에 의해 크게 영향을 받았다(Burri 2018, 18). 특히 지난 20년간 WTO 차원에서 디지털 무역 규범에 대한 합의가 지연되면서 디지털 기술력과 디지털 플랫폼 기업을 대부분 가지고 있는 미국이 FTA를 통해 관련 규범을 도입하기에 이르렀다(권현호 2018). 2007년 타결된 「한미 FTA」, 2018년 3월 공식 서명된 「포괄적·점진적 환태평양 경제동반자 협정(Comprehensive and Progressive Trans-Pacific Partnership, CPTPP)」 그리고 2018년 11월 서명된 「미국–멕시코–캐나다 간 무역협정(United States-Mexico-Canada Agreement, USMCA)」이 대표적이다. 디지털 무역 레짐에 대한 입장은 디지털 강국이라 할 수 있는 중국, EU 그리고 미국을 중심으로 견해 차이가 나타나고 있다. 중국은 회원국들 사이에 디지털 격차를 감안해야 하며 전자상거래 이슈가 복잡하기 때문에 쉬운 문제에 우선순위를 두어야 한다는 입장이다. EU는 전자서명, 암호화 및 투명성 등과 같은 '쉽게 도출이 가능한 성과(low-hanging fruit)'에 초점을 맞추어야 한다고 주장한다. 한편 미국 등 일부 회원국은 국경 간 정보 이전, 데이터 현지화 등을 포함한 광범위한 주제에 대한 논의를 주장하고 있다(박지현 2018).

IV. 디지털 시대 무역 레짐의 복합성

1. 중국: 보호무역 차원

중국의 디지털 통상 규제는 전자상거래 그리고 사이버 안전 차원에서 고려한다. WTO에서 중국은 디지털 무역의 복잡성과 회원국들 사이의 디지털 격차를 고려해 쉬운 문제부터 해결해야 한다는 입장이다. 특히 국가 간 상품무역 거래가 인터넷을 통해 원활하게 이뤄질 수 있도록 관련 서비스에 논의에 초점을 두어야 한다고 주장하면서도 디지털 기술이 취약한 개도국, 소규모 취약국가(Small and Vurnerable Economies, SVE) 및 최빈개도국(LDCs)의 중소기업도 국제무역 및 글로벌가치사슬(GVC)에서 이익을 얻을 수 있는 규범이 확립되어야 한다고 밝히고 있다. 따라서 새로운 디지털 무역 규범을 바탕으로 하는 국제무역 레짐의 구축보다는 전자적 전송에 대한 무관세 모라토리엄을 지속하면서 기존의 다자간 규범의 적용을 통해 이를 개선해야 한다고 주장한다(박지현 2018, 16-17).

중국이 국내적 차원에서 중국 재정부, 관세청, 국가세무총국이 공동 제정하여 2016년 4월 8일 발효한「국경 간 전자상거래 소매 수입에 관한 조세정책 통지(Circular on Tax Policy for Cross-Boarder E-commerce Retail Import, 关于跨境电子商务零售进口税收政策的通知)」는 중국의 국경 간 전자상거래에 적용되던 특혜조세정책에 변경을 가져왔다. 이를 통해 기존에 개인 간 거래로 우편세만 제한적으로 부과하던 규정이 국경 간 전자상거래에 대해서도 조세 규정 준수 의무가 적용되었다. 또한 2016년 4월 7일과 15일에는 중국 11개 정부 기관이 공동으로 「국경 간 전자상거래의 소매용 수입상품목록(List of Imported Commodities for Retail in Cross-Boarder E-commerce)」을 발간했다. 중국 소비자들이 전자상거래를 통해 많이 구매하는 1,142개 품목과 육류, 과일, 곡물, 건강식품, 의료장비 등 151개 품목을 포함하였다. 이는 중국 정부가 특정 분야 상품의 전자상거래를 금지할 수 있는 합법적 근거가 되고 있다(박노형·정명현 2018, 197-216). 사이버 안전 차원에서 중국은 2017년 6월 1일 '네트워크 안전법(中华人民共和国网络安全法, 2017년 6월 1일 제정)'을 시행하면서 사이버 공간에 대해 중국 정부의 사이버 공간 구축, 운영, 유지, 사용 및 감독 관리가 적용되었다.[2] 동법 제37조에는 '중요 정보 인프라의 운영자는 중화인민공화국 내 운영에서 수집하고 발생시킨 개인정보와 중요 데이터를 국내에 저장'[3]해야 함을 밝히고 있어 데이터의 국경 간 이동이 핵심이 되는 디지털 무역에 제약으로 작동될 수 있다. 이와 함께 중국은 2017년 3월 '사이버 공간무역규범(International Strategy of Cooperation on Cyberspace)' 공표를 통해 사이버 공간에서의 다자간 협력과 민주적이고 투명한 인터넷 거버넌스 시스템 구축을 목표로 하고 있음을 밝히고 있다. 그러나 '사이버공간무역규범'의 제2장 2조의 주권의 원리에 따르면 '국가

---

2   「中华人民共和国网络安全法」. 〔施行2017年6月1日〕〔颁布2016年11月07日〕. 第一条, 第二
     条.
3   第三十七条 关键信息基础设施的运营者在中华人民共和国境内运营中收集和产生的个人信息和
     重要数据应当在境内存储. 因业务需要, 确需向境外提供的, 应当按照国家网信部门会同国务
     院有关部门制定的办法进行安全评估；法律、行政法规另有规定的, 依照其规定。

의 내부 문제를 방해하거나 다른 국가의 국가 안보를 훼손하는 사이버 활동에 참여, 묵상 또는 지원해서는 안 된다'라고 밝히고 있어 디지털 공간에서 국가 주권을 최우선시하고 있음을 알 수 있다. 또한 중국은 행동계획으로서 SCO, BRICS, ARF, CICA(International Interaction and Confidence Building Measures on Asia), 중국-아프리카 협력 포럼(FOCAC), 중국-아랍 국가 협력 포럼, 중국 포럼 및 라틴아메리카 및 카리브해 지역 사회와 아시아-아프리카 법률 자문기구, APEC 및 G20 내에서 인터넷 및 디지털경제 분야의 협력 관계를 구축할 것임을 밝히고 있다. 이와 함께 일대일로(Belt and Road Initiative)를 통해 중국의 제조, 금융 및 ICT 분야의 중국 인터넷 회사들이 글로벌화를 장려하고 지원할 것임을 밝히고 있다.

종합해보면 중국은 디지털 공간에 대한 강화된 통제 형태의 규범을 추진 중이다. 특히 디지털 공간에 대한 안보적 차원의 접근은 현재 이슈가 되고 있는 디지털 데이터에 대한 이동을 중국은 위협으로 인식하고 있음을 나타낸다. 디지털 데이터의 자유로운 이동을 기반으로 하는 새로운 형태의 디지털 무역 체제에서 중국의 디지털 공간의 통제는 보호무역적 형태를 보인다고 할 수 있으며 SCO, CICA 그리고 일대일로를 통한 디지털 실크로드 구축은 결국 디지털 보호무역주의를 기반으로 한 레짐 체제 구축으로 이해할 수 있다. 결국 디지털 공간에 대한 중국 정부의 안보적 차원의 인식과 통제는 디지털 무역에 잠재적으로 부정적인 영향을 미칠 가능성이 있다.

2. EU: 절충적 차원

EU는 융커(Jean-Claude Juncker) 위원장의 주도로 디지털 혁신을 통한 유럽경제 회생을 위해 2015년 디지털 단일시장(Digital Single Market, DSM)을 전략으로 택했다. 디지털 단일시장이란 사람, 서비스, 자본의 자유로운 이동, 개인과 기업이 국적과 거주에 관계없이 공정한 경쟁을 통해 온라인 활동을 영위하하는 동시에 높은 수준의 개인 데이터 보호를 의미한다. 이를 위해 디지털 상품과 서비스에 대한 접근성, 혁신적 디지털 네트워크 환경 활성화 그리고 디지털경제의 잠재력을 극대화하는 것을 전략으로 삼고 있다.

현재 EU에서 디지털 거래 정책과 관련하여 가장 많이 논의가 되고 있는 정책은 데이터 보호와 관련된 정책이다(Azmeh et al. 2019, 10). 이와 관련해 EU 의회는 유럽연합 일반보호데이터규칙(General Data Protection Regulation, GDPR)을 승인하였으며 2018년 5월에 발효되면서 EU 회원국은 GDPR의 직접적 영향을 받게 되었다. EU는 개인 및 기업의 정보 체계를 구축하고 전자상거래 활성화와 기업의 규제 비용 경감을 위해 GDPR을 제정했다. 이는 정보 주체의 권리와 기업의 책임성 강화, 개인정보의 EU 역외 이전 요건 명확화 등을 주요 내용으로 하며(한국인터넷진흥원 2020), 기존의 EU 정보보호지침보다 강화된 보호체계를 두고 있다(홍선기 · 고영미 2019, 316)

EU 차원의 개인정보 문제와 디지털 거래는 향후 국제규범의 형성 과정에서 큰 영향을 미칠 것으로 보인다(Azmeh et al. 2019, 10). 2018년 발효된 GDPR은 유럽 데이터의 EU 외부 이동을 금지하지는 않지만, 기업들이 데이터를 다른 나라로 이동시키기 위해서는 특정한 프로토콜을 따라야 하며 그렇지 않으면 EU가 벌금을 부과할 수 있다. 또한 GDPR에는 디지털 사업자의 시장 지배력을 약화시키고 사용자가 새로운 플랫폼으로 전환해야 하는 조항도 가지고 있다. 이와 함께 EU에 디지털 제품을 수출하는 사람 또는 기업은 유럽 내에 유럽 데이터를 보관하거나, '적절한' 것으로 간주되는 국가로 데이터를 이동시키거나, 혹은 GDPR이 요청하는 프로토콜을 갖추어야 한다. 이는 결국 EU가 GDPR을 통해 유럽의 데이터 흐름을 통제할 수 있으며, 이를 통한 제한은 디지털 무역을 위해 요구되는 데이터의 이동을 어렵게 함으로써 유럽의 디지털 무역의 장벽으로 작동될 수 있다. 유럽의 GDPR은 디지털 기술 또는 무역에 있어서 경쟁력이 상대적으로 낮은 중남미, 중동 및 북아프리카 국가들의 입법모델로 고려될 수도 있다.

3. 미국: 자유주의 차원

미국 국제무역위원회 보고서에 따르면(United States International Trade Commission, USITC), 디지털무역(Digital Trade)의 정의는 '모든 산업 분야에서 기업에 의하여 인터넷을 통한 상품과 서비스의 전송 및 스마트폰과 인터넷 연결기기 등 관련 상품의 전송'을 말한다. 디지털 통상은 전자상거래 플랫폼과 관련 서비스의 제공을 포함하는 반면에, 온라인에서 주문된 물리적 상품과 디지털 부분(CD 또는 DVD 형태로 판매되는 책, 영화, 음악 소프트웨어 등)의 판매가치를 제외한다(USITC 2017). 미국은 디지털 무역 촉진과 보호에 있어서 가장 높은 수준의 개방을 제시하고 있다. 미국은 자유로운 정보 이동, 디지털 제품에 대한 면세 대우, 정보보호, 디지털 보안, 인터넷 서비스 촉진, 경제적 통신시장과 무역 원활화를 주장한다(박지현 2018).

　　미국 그리고 미국의 기업들은 디지털 무역의 핵심 요소들을 국제무역 체제로 끌어들이는 정책을 추진해 왔다. 이는 주요 디지털 기업의 대다수가 미국 기업이며 국제무역 분야에서 미국의 강력한 위치가 반영되었다고 할 수 있다(Azmeh et al. 2019, 11). 미국 정부와 의회는 디지털 무역이 미국의 법제도와 조화될 수 있는 국제규범의 형성에 높은 관심을 두고 있다. 미국은 디지털 무역의 장애 요소를 11가지로 범주화하여 고려한다(USTR 2019, 1-4). 그중에서도 디지털 통상의 장애 요소를 현지화, 국경 간 데이터 이동 제한, 지식적재산권, 독자적인 표준 테스트, 필터링, 사이버 안전 위험성, 영업비밀 절취 등을 지적하고 있으며 시장주도적 접근 방식을 취하고 있다(박노현·정명현 2018, 200-201).

미국의 디지털 무역에 대한 초기의 접근 방식은 국내적 차원의 관세와 세금 정도로만 이해되었다(Azmeh et al. 2019, 11). 그러나 인터넷 기술 산업의 발전에 따라 인터넷 기업들이 국가의 무역에 있어 점차 비중을 차지해 가면서 디지털 무역 문제를 다루기 시작했다. 특히 구글(Google)과 비즈니스 소프트웨어 연합(BSA)의 보고서들은 인터넷 검열과 같은 행위는 불공적 무역장벽이며(Google 2010, 16), 이를 없애기 위한 무역 협상의 의제가 되어야 한다고 주장하기 시작했다(BSA 2012). 특히 USTR은 2017년 '디지털 십여 가지 원칙(Digital Dozen)'을 채택했으며, 2017년부터 디지털 무역장벽에 대한 국가무역추정보고서(2017 National Trade Estimate Report)(USTR 2017)를 발간함으로써 디지털 무역의 의제를 설정하고 있다. 특히 트럼프 행정부 이후 태평양 지역 파트너십을 위한 포괄적이고 점진적 협정(CPTPP)과 NAFTA의 재협상으로 등장하게 된 USMCA와는 디지털 무역을 위한 미국의 영향력 확장을 알리는 새로운 기능들을 포함하고 있다.

미국의 디지털 무역 어젠다들은 서비스 산업에서 점점 더 많은 디지털 제공 서비스들에 대한 자유시장 접근을 보장하고 WTO의 제한된 서비스 자유화에 변화를 주기 위한 시도로 보인다. 미국은 무역 체제 내에서 이러한 이슈들 WTO를 이용하되 지역 및 양자 협상에서 디지털 규칙을 촉진하는 두 트랙 전략을 사용하고 있다는 점도 특징이다 (Azmeh et al. 2019).

V. 결론

디지털 산업의 심화에 따라 디지털 무역은 세계 무역에서 중요한 부분을 차지할 것으로 보인다. 특히 디지털화로 발생되는 변화는 기존 상품과 서비스의 구별을 통해 구축되었던 무역질서 체제를 위협하고 있으며 변화된 환경에 맞는 새로운 무역 규칙에 대한 요구를 만들어냈다. 최혜국대우와 내국민대우 원칙을 바탕으로 하는 WTO 체제가 디지털 무역에 대한 선제적 움직임을 보여왔지만 디지털 산업의 빠른 변화에는 적응하지 못하는 한계를 보인다.

그러한 가운데 디지털 기술력을 가진 기술 선진국들은 새로운 무역 레짐을 구축해 자신의 이익을 실현하려는 움직임을 보이고 있다. 중국은 디지털 무역을 국가의 안보로 고려하며 이에 대한 강한 통제를 하고 있으며, EU는 디지털 단일시장 전략과 GDPR을 통해 자국의 디지털 시장을 간접적으로 통제하려는 절충적 형태의 모습을 띠고 있다. 한편 미국은 구글, 아마존, 페이스북과 같은 디지털 거대 기업을 바탕으로 디지털 무역장벽 철폐와 지적재산권이 보장되는 자유주의적 형태의 디지털 무역 레짐을 구축하고자 한다.

레짐은 국가의 이익, 패권국가의 패권력 유지를 위해, 원칙에 대한 공유와 관습과 지식에 의해 형성된다. 이를 고려했을 때 디지털 무역 시대에 WTO 체제가 보이는 한계는 기존의 패권국가가 구축했던 무역 레짐의 한계를 의미한다고 할 수 있다. 더 나아가 이는 디지털 시대에 WTO 체제가 더 이상 미국의 패권력을 보존하고 이 질서에 있는 관련 국가들에 공공재를 제공하는 데 한계점에 이르렀다고 할 수 있다.

미국은 디지털 무역을 핵심 어젠다로 채택하고 디지털 무역 규칙을 촉진하며 새로운 무역 레짐을 구축하기 위해 노력 중이며 이미 CPTPP와 USMCA로 실현되었다. 이는 미국 디지털 무역을 통제하는 그리고 미래의 다자간 규칙을 위한 지침서가 될 것으로 보인다. 그럼에도 불구하고 디지털 시대의 무역질서의 패권경쟁의 승리가 미국으로 돌아갈 것이라 낙관적으로 보기에는 아직 이르다. 무엇보다도 새로운 디지털 무역질서에 저항하는 신흥국과 개발도상국의 역할이 커지고 있으며, 이를 뒤에서 뒷받침하고 있는 중국의 역할 역시 변수가 될 수 있기 때문이다.

참고문헌

곽동철·안덕근. 2016. "아날로그 체제 하의 디지털 무역-디지털무역 자유화와 무역협정의 역할."『통상법류』131: 51-90.

권현호. 2018. "전자상거래 통상규범 형성을 위한 다자적 접근의 한계."『동아법학』78: 377-404.

기획재정부. [보도참고] 최근 디지털통상 동향 및 전망' https://www.moef.go.kr/nw/nes/detailNesDtaView.do;jsessionid=ejqwCJ2Px81W-Fiuhis-bBpu.node40?searchBbsId=MOSFBBS_000000000028&searchNttId=MOSF_000000000027676&menuNo=4010100 (검색일: 2020.01.05.)

박노형·정명현. 2018. "디지털통상과 국제법의 발전."『국제법학회논총』63(4): 197-216.

박지현. 2018. "WTO 전자상거래 논의 동향 및 시사점."『KIEP 기초자료』. 18-20.

설송이·이미연. 2019. "미국의 2019년 통상정책 방향 및 시사점,"『KITA 통상 리포트』1.

설영기·박현희. 2000. "WTO 뉴라운드 전자상거래 논의 동향과 전망."『무역학회지』25(4): 85-115.

송경석·김주완. 2002. "전자상거래관련 통상문제의 대두와 WTO의 대응."『국제무역연구』8(1): 459-497.

이종석. 2019. "디지털 통상규범 정립 지연 이유와 우리나라 디지털 통상정책에 시사점."『물류학회지』29(1): 63-80.

이한영. 2008. "전자적 서비스무역에 관한 통상규범."『통상법률』81: 119-146.

"트럼프의 USTR, WTO 무시전략..."美 주권·통상법 중시하겠다"." 2017.『연합뉴스』(03.02.) https://www.yna.co.kr/view/AKR20170302069500009 (검색일: 2020.01.14.)

한국인터넷진흥원. 2020. "GDPR 주요내용." https://www.kisa.or.kr/business/gdpr/gdpr_tab2.jsp (검색일: 2020.01.20.)

홍선기·고영미. 2019. "개인정보보호법의 GDPR 및 4차 산업혁명에 대한 대응방안 연구."『法學論叢』43(1): 313-337.

Aggarwal, Vinod. 1985. *Liberal Protectionism: The International Politics of Organized Textile Trade.* Berkeley: University of California Press.

Alter, Karen J. and Meunier, Sophie. 2009. "The Politics of International Regime Complexity." *Perspectives on Politics* 7(1): 13-14.

Burri, Mira. 2018. "Understanding and Shaping Trade Rules for the Digital Era." in T*he Shifting Landscape of Global Trade Governance*, edited by Manfred Elsig, Michael Hahn and Gabriele Spilker.2019. Cambridge University Press: 73-106.

EU. 2020. "Shaping the Digital Single Market." https://ec.europa.eu/digital-single-market/en/policies/shaping-digital-single-market

Francesca et al. 2019. "Approaches to market openness in the digital age." OECD Trade
　　Policy Papers 219, OECD Publishing.

Gao, Henry. 2018. "Digital or Trade? The Contrasting Approaches of China and US to
　　Digital Trade." *Journal of International Economic Law*, 297-321.

GATS. Annex on Telecommunications, supra note 3.

Grimmelmann, J. 2016. *Internet Law*. Oregon City, OR: Semaphore Press.

Haggard, Stephan, and Beth A. Simmons. 1987. "Theories of International Regimes."
　　International Organization 41(3): 491-517.

Keohane, Robert O. and David G. Victor. 2011. "The Regime Complex for Climate
　　Change." *Perspectives on Politics* 9(1).

Kommerskollegium. 2015. *No Transfer, No Production: Report on Cross-border Data
　　Transfers, Global Value Chains, and the Production of Goods*. Stockholm: Swedish
　　Board of Trade https://unctad.org/meetings/en/Contribution/dtl_ict4d2016c02_Ko
　　mmerskollegium_en.pdf (검색일: 2020.01.20.)

Keohane, Robert O. and Joseph S. Nye. 1977. *Power and interdependence*. Boston:
　　Little, Brown.

Krasner, Stephen D.1982, "Structural Causes and Regime Consequences: Regimes as
　　Interveing Variables." *International Organization* 36(2): 185-205.

López González, Javier, and Janos Ferencz. 2018. "Digital Trade and Market Openness."
　　OECD Trade Policy Papers 217, OECD Publishing: Paris.

Malkawi, Bashar H. 2019. "Digitalization of Trade in Free Trade Agreements with
　　Reference to the WTO and the USMCA: A Closer Look." *China & WTO Rev*: 149-166.

Manyika J. et al. 2016. *Digital Globalization: The New Era of Global Flow*. Washington
　　D.C.: McKinsey Global Institute.

Mark Schaub and Chen Beng. 2016. "Keep Calm and Carry On.": Keeping up with China's
　　changing rules for cross-border e-commerce, King & Wood Mallesons, (2016.5.9.),
　　https://www.kwm.com/en/au/knowledge/insights/china-changing-rules-cross-
　　border-ecommerce-trade-20160510. (검색일: 2020.01.15.)

Meltzer, J.P. 2016. "Maximizing the Opportunities of the Internet for International Trade."
　　E15 Expert Group on the Digital Economy-Policy Options Paper.

Monteiro, José-Antonio, and Robert Teh. 2017. "Provisions on Electronic Commerce in
　　Regional Trade Agreements." Staff Working Paper ERSD-2017-11. Geneva: World
　　Trade Organisation.

OECD. 2016. MINISTERIAL DECLARATION ON THE DIGITAL ECONOMY:
　　INNOVATION, GROWTH AND SOCIAL PROSPERITY https://www.oecd.org/
　　internet/Digital-Economy-Ministerial-Declaration-2016.pdf (검색일: 2020.01.15.)
　　_____. 2020. 'Digital Trade.' https://www.oecd.org/trade/topics/digital-trade/ (검색일:
　　2020.01.10.)

Puchala, D. & Hopkins, R. 1982. "International Regimes: Lessons from Inductive

Analysis". *International Organization* 36(2): 245–275.

Regulation (EU) 2016/679 of the European Parliament and of the Council on the protection of natural persons with regard to the processing of personal data and on the free movement of such data, and repealing Directive 95/46/EC (General Data Protection Regulation), OJ2016/L 119/1, 27 April 2016. https://eur-lex.europa.eu/legal-content/EN/TXT/PDF/?uri=CELEX:32016R0679 (검색일: 2020.01.18.)

Sacha Wunsch-Vincent. 2006. *The WTO, the Internet and Trade in Digital Products: EC-US Perspectives.* Oxford: Hart Publishing.

Sacha Wunsch-Vincent and Arno Hold, 2012. "Towards Coherent Rules for Digital Trade: Building on Efforts in Multilateral versus Preferential Trade Negotiations." in Mira Burri and Thomas Cottier (eds), *Trade Governance in the Digital Age: World Trade Forum.* New York: Cambridge University Press. at 182.

Stein, Arthur. 1984. "The Hegemon's Dilemma: Great Britain, the United States, and the International Economic Order." *International Organization* 38: 355–386.

USITC. 2017. News Relase, 17–065, Inv. No. 332–562 and 332–563, 'SECOND AND THIRDb USITC DIGITAL TRADE REPORTS LAUNCHED' (2 May) https://www.usitc.gov/press_room/news_release/2017/er0502ll764.htm (검색일: 2020.01.10.)

_____. 2017a. *Global Digital Trade 1: Market Opportunities and Key Foreign Trade Restrictions,* August 2017, p.33, https://www.usitc.gov/publications/332/pub4716.pdf (검색일: 2020.01.16.)

_____. 2017b, *2017 National Trade Estimate Report on Foreign Trade Barriers.* Office of the United States Trade Representative. https://ustr.gov/about-us/policy-offices/press-office/reports-and-publications/2017/2017-national-trade-estimate (검색일: 2020.01.20.)

_____. 2017c. *Trade Policy Agenda and 2016 Annual Report of the President of the United States on the Trade Agreements Program.* Office of the United States Trade Representative.

_____. 2019, *2019 National Trade Estimate Report on Foreign Trade Barriers.* Office of the United States Trade Representative.

van Oranje-Nassau, Constantijn, Jonathan Cave, Martin van der Mandele, Helen Rebecca Schindler, Seo Yeon Hong, Ilian Iliev, and Ingo Vogelsang, *Responding to Convergence: Different approaches for Telecommunication regulators.* Santa Monica, CA: RAND Corporation, 2011. https://www.rand.org/pubs/technical_reports/TR700.html (검색일: 2020.01.15.)

WT/L/1056, JOINT STATEMENT ON ELECTRONIC COMMERCE, 25, Jan, 2019.

WT/MIN(17)/60, Ministerial Conference Eleventh Session Buenos Aires, 10–13 Dec. 2017.

WT/MIN(17)/65, WORK PROGRAMME ON ELECTRONIC COMMERCE, 18. Dec. 2017.

WTO. 1998. *Work Programme on Electronic Commerce Adopted by the General Council on 25 September 1998, WT/L/274, para. 1.3* (September 30, 1998). https://www. wto.org/english/tratop_e/ecom_e/wkprog_e.htm (검색일: 2020.01.19.)

_____. 2016. JOB/GC/110/Rev.1. 16 November.

_____. 2017. *Work Programme on Electronic Commerce: Ministerial Decision of 13 December 2017, adopted on 13 December 2017 at the Eleventh WTO Ministerial Conference in Buenos Aires, WT/MIN(17)/65, WT/L/1032,* 18 December.

_____. 2018. JOB/GC/178. 12 April.

_____. 2020. "Information Technology Agreement — an explanation" https://www.wto. org/english/tratop_e/inftec_e/itaintro_e.htm (검색일: 2020.01.15.)

『xinhuanet』. 2017. "International Strategy of Cooperation on Cyberspace." 0309 http:// www.xinhuanet.com//english/china/2017-03/01/c_136094371_3.htm (검색일: 2020.01.15.)

Young, Oran. 1978. "Anarchy and Social Choice: Reflections on the International Polity." *World Politics* 30: 241-63.

_____. 1978. *Compliance and Public Authority.* Washington, D.C.: Resources for the Future.

_____. 1980. "International Regimes: Problems of Concept Formation." *World Politics* 32: 331-35.

_____. 1982. *Resource Regimes: Natural Resources and Social Institutions.* Berkeley: University of California Press.

"关于跨境电子商务零售进口税收政策的通知" 财关税〔2016〕18号 中华人民共和国 财政部 2016年3月24日 http://gss.mof.gov.cn/zhengwuxinxi/zhengcefabu/201603/ t20160324_1922968.html (검색일: 2020.01.13.)

제5장

글로벌 빅데이터 거버넌스의 정치경제

강하연

I. 머리말

글로벌 경제는 방대한 양의 기계판독이 가능한 정보 또는 디지털화한 데이터의 활용에 의해 발전하고 있다. 지난 몇 년간 스마트 기기의 보급, 소셜네트워크, 사물인터넷, 클라우드, 인공지능 등 첨단 디지털 기술의 부상으로 방대한 양의 데이터가 생성되고 있다. Cisco(2019)의 네트워크백서에 의하면 2017년 글로벌 IP 트래픽이 1.5ZB(제타바이트) 또는 월 122EB(엑사바이트)에 이르렀으며, 2022년에는 글로벌 IP 트래픽은 연간 4.8ZB 또는 월 396EB가 될 것으로 전망한다. 방대한 양의 데이터를 산업적 가치로 변환시키는 기술이 잇따라 개발되면서 데이터는 '21세기의 원유'라는 명칭을 얻으며 국가경제의 핵심 자원이 되었다. 여기에다 데이터를 기반으로 하는 세계무역의 질적 변화 또한 진행 중이다. 디지털 기술로 인해 생산 및 유통 과정의 비용감소가 가능하게 되면서 글로벌 생산네트워크의 질적 변화가 진행 중이다 (Baldwin 2016; Cowhey 2009). 빅데이터 세상에서 개인, 기업 및 정부는 이전보다 고도화된 능력을 갖게 되었는데, 개인은 전문가의 지식에 의존하지 않아도 다양한 정보를 통해 보다 주체적인 의사결정을 할 수 있게 되었으며, 기업은 데이터에 기반한 다양한 혁신을 통해 새로운 시장기회에 도전할 수 있게 되었으며, 정부는 데이터 분석을 통한 정책의 합리적 예측과 수행이 가능해졌다. 빅데이터가 유발하는 사회적, 경제적 변화는 가히 혁명적이라고 할 수 있으며, 각국은 데이터 기반 지능정보기술을 통해 당면한 사회경제적 이슈들을 해결하려고 노력 중이다.[1]

---

1 독일의 Industry 4.0, 우리나라의 "지능정보사회 중장기 정책", 일본의 개혁2020의 로봇 정책, 중국의 제조 2025 및 인터넷플러스 정책 등을 예로 들 수 있겠다.

디지털 세상의 장밋빛 미래를 그리는 문헌들은 인터넷과 디지털 기술로 인해 경제의 연결성이 강조되고 궁극적으로 국가 간 제도가 수렴되는 단일경제질서 개념을 내포하고 있다.[2] 빅데이터의 초국가적 성격상 데이터의 자유로운 사용에 제약을 두는 정책은 국가경제이익에 손해이기 때문에 국가별 상이한 정책 및 제도의 수렴을 목표로 하는 글로벌 거버넌스가 필요하다는 논리는 WTO, OECD, World Bank 등 국제기구, 미국의 USTR, 국무부 등 정부기구, 심지어 브루킹스연구소, EAI 등 연구기관의 논문에서 쉽게 찾을 수 있다. 구글, 아마존, 애플, 페이스북, 넷플릭스 등 거대 IT기업들이 전 세계 인터넷 시장을 지배하고 있는 배경에서 미국은 신자유주의적 경제 비전을 담은 글로벌 경제질서를 추구하고 있다. 그 일례로 미국 국무부의 민주주의, 인권, 노동국(Bureau of Democracy, Human Rights and Labor)의 주요 업무 중 하나가 '인터넷 자유, 기업 및 인권의 보호'(Internet Freedom and Business & Human Rights)이며, 자유로운 인터넷 사용과 기업의 이익을 동일시하는 정책을 추구하고 있다.[3]

그런데 글로벌 빅데이터 거버넌스는 다양한 이해관계에 얽혀 자리 잡는 데 시간이 걸릴 것으로 보인다. 미국은 데이터의 자유로운 이동을 주장하지만 EU는 회원국 영역 내 데이터의 국외 이전을 규제하는 법을 만들었으며 러시아, 인도 및 브라질 등 다수의 개도국들은 강력한 개인정보보호법을 통해 데이터를 규제하고 있다. 우리나라에서 페이스북과 구글 등 외국 사업자들이 국내 이용자의 정보를 해외 서버로 옮기면서 국내 실정법 위반 문제가 대두되었다. 중국은 '만리방화

---

2   디지털 기술로 인한 새로운 융합과 혁신이 일어나 시장을 선도할 것을 기대한다. 이종호(2018); 맥킨지(2017) 등을 참고할 것.
3   미국의 글로벌 디지털경제 정책을 살펴볼 수 있는 좋은 자료로 CRS(2019) 등이 있다.

벽' 정책을 통해 자국 IT기업을 지원하고 있다. 디지털 세상의 물적, 지적 조건을 지배하거나 통제하려는 권력 경쟁이 치열한 가운데 디지털경제 주도권 확보를 위한 국가 간 경쟁이 진행 중인 것이다(김상배 2010; 2014).

다만 작금의 데이터 경제 주도권 경쟁을 국가 간 경쟁의 맥락으로만 이해하는 데는 일부 한계가 있을 수 있다. 21세기 글로벌 경제 주도권 경쟁의 본질을 이해하기 위해서 빅데이터의 물리적, 구조적 조건 분석을 강조하는 지정학적·정치경제(geopolitical economy) 시각을 통해 빅데이터 생태계에서 부상하는 권력을 이해하는 작업도 필요하다(Winseck 2017). 아울러 빅데이터의 수집과 활용을 둘러싼 기술과 시장의 동학을 단순한 국가-시장 대결 구도로 파악하는 것을 경계해야 한다(Strange 1994). 이 글은 21세기 디지털경제의 모습을 국가 간 시장제도의 차이점이 수렴되는 단일경제질서의 과정으로 해석하는 것을 지양하며 글로벌 빅데이터 거버넌스의 형성을 보다 다양한 계위에서 분석하고자 한다. 먼저 데이터의 수집, 분석, 활용 이면의 지정학적·정치경제적 요건, 즉 빅데이터 생태계의 물리적 구조 및 데이터 축적의 양상을 분석한다. 또한 빅데이터 플랫폼의 부상과 관련된 기술의 동학을 분석하여 디지털 권력의 성격을 이해하고자 한다. 이후 데이터의 관리 및 통제에 관한 규범과 규칙 설정 과정을 분석하여 21세기 세계 경제질서의 재편 방향성을 가늠해보고자 한다. 빅데이터를 둘러싼 권력경쟁은 각각의 계위별로 다른 양상으로 진행될 수 있음을 보여주고자 한다.

II. 글로벌 빅데이터 거버넌스-전송네트워크

글로벌 빅데이터 거버넌스를 이해하기 위해서는 일단 많은 양의 데이터의 이동이 가능한 물적 토대, 즉 데이터 전송 네트워크의 확산을 주목할 필요가 있다. 약 150년 전인 1873년, 세계 최초로 영국과 미국을 잇는 국제해저케이블이 대서양 바닥에 깔리면서 대륙 간 실시간 국제전신 또는 전화의 송수신이 가능해졌다. 당시 구축된 해저케이블은 구리(copper)선으로 이루어졌으며, 19세기 말 강대국 간 무역경쟁 등 제국주의의 확산과 함께 미국-유럽, 유럽-아프리카 등 서방국가 중심으로 구축되었다. 참고로 이 시기에 국가 간 통신 연동의 문제를 해결하기 위한 국제기구인 국제전기통신연합(ITU)이 설립되었다.[4]

19세기 말부터 구축된 글로벌 해저케이블 네트워크는 1990년대에 이르면서 커다란 전환기를 맞이한다. 과거의 해저케이블은 주로 통신 호의 송수신을 목적으로 구축되었으나, 1990년대 이후 새로 구축된 해저케이블은 급증하는 전 세계 인터넷 수요에 부응하기 위해 구축되었다. 1999년 이전에는 연간 10-20억 달러 정도의 투자가 이루어졌으나 2000년에는 연간 140억 달러까지 늘어났다. 2016년 기준, 글로벌 인터넷 백본망은 356개의 국제해저케이블로 이루어져 있으며 약 1.3백만 킬로미터의 광케이블(fiber optics cable)로 구성되어 있다(Winseck 2017, 233-234). 20세기 초중반까지 구리선이 사용되었으나 이제 광섬유해저케이블(fiber optic submarine cable)로 구성되어 있으

---

[4] 1865년에 설립된 국제전기통신연합(ITU)은 국제연합 14개 전문기구 중의 하나로 전기통신 관련 세계 최고 국제기구이다. 국가 간 통신정책의 조화, 특히 주파수 스펙트럼 배분 및 주파수 할당 등록, 회원국 간 협력을 통한 적정요금의 통신서비스 제공 촉진, 개발도상국에 대한 기술 협력, 전기통신에 관한 연구, 제반 규칙 제정을 담당한다.

며 전 세계 데이터 트래픽의 99% 이상을 담당한다.[5] 참고로 미국과 유럽을 연결하는 대서양 구간 광섬유망은 1990년대~2000년대 초반에 구축되었지만 십년이 넘도록 10% 정도만 사용되었으며 나머지 90%는 미사용 형태의 dark fiber로 존재하다가 최근 미디어 환경변화로 인한 데이터 사용량 증가로 인해 이용대역이 늘어나고 있는 중이다.

광섬유해저케이블에 대한 투자는 2008년을 기점으로 더욱 활발하게 이루어지고 있다. 신규 망사업자들의 활약이 두드러지는데, Global Cloud Xchange, Level 3, Global Transit와 같이 해저케이블 용량을 전문적으로 판매(인터넷 전용 전송망)하는 사업자들이 이 시장에 새로 진입하여 기존 통신사업자들과 경쟁하고 있다. 전 세계 콘텐츠 유통의 93%를 차지하는 아마존, Akamai, China Cache, Level 3, Limelight 등 콘텐츠 사업자(Contents Delivery Network, CDN) 또한 망구축에 참여하고 있다. 상당한 투자가 소요되는 해저케이블은 대부분 통신사업자, 투자펀드, IT기업 등이 참여하는 컨소시엄 방식으로 추진되며, 컨소시엄 투자자는 투자지분에 비례하는 전송용량을 갖는다. 흥미로운 점은 2000년도 초반까지 CDN사업자 및 IBM, 마이크로소프트와 같은 데이터 수요가 큰 기업들은 기존 통신사업자가 판매하는 전송용량을 임대 또는 구매하여 사용하였지만 최근에는 망을 직접 구축하거나 망구축 컨소시엄에 적극적으로 참여하고 있다는 점이다.

5   Bischof et al.(2018), UNCTAD(2019)서 재인용. 보통 한 개의 해저케이블 선(line)은 여러 개의 광섬유 다발로 이루어져 있는데, 각 다발은 보통 짝(pair)으로 구성된 수십 개의 광섬유가 들어 있다. 이 중 한 개의 광섬유 또는 짝으로 구성된 광섬유는 지구를 돌고 있는 모든 위성들이 내보내는 데이터의 총합보다 더 많은 양의 데이터를 유통시킬 수 있는 전송용량을 갖고 있다. 과거 구리선으로 구성된 해저케이블의 전송용량은 전신 또는 전화의 호를 감당할 정도였지만 현재의 해저케이블은 매일 약 1엑사바이트의 데이터를 전송할 수 있는 용량을 자랑하고 있으며 이는 약 2억 개의 DVD에 해당하는 데이터 양이라고 한다.

대서양 구간보다 상대적으로 망구축이 늦게 추진된 데다 데이터 수요가 높아지는 미국-아시아 구간의 경우 중국, 한국, 일본, 말레이시아, 필리핀, 싱가포르 등 태평양 연안국의 주요 통신사업자들과 미국계 해저케이블사업자(Global Transit 등), 마이크로소프트, 아마존 등 IT기업 그리고 구글, 페이스북으로 대표되는 CDN사업자들이 참여하고 있다. 미국과 아시아 지역을 연결하는 해저케이블망 UNITY(2010), SJC(2013), APG(2016), FASTER(2016) 등에 구글이 제1투자자이거나 상당한 지분을 보유한 것으로 알려져 있으며, 페이스북도 APG 및 PLCN에 상당한 지분을 갖고 있다고 한다. 이울러 주목할 점은 중국 거대 통신기업들이 해저케이블 구축사업에 깊이 관여하고 있는 점이다. 중국의 제1 및 제2 통신사업자인 China Telecom과 China Mobile이 아태지역 해저케이블사업 6개 프로젝트 중 5개(SJC, FASTER, UNITY, APG, NCP)에 투자하였으며 제3 사업자인 China Unicom은 2개 프로젝트에 투자한 것으로 알려져 있다. 중국의 거대 국영통신기업들은 최근에 아시아 지역을 넘어 유럽과 남아메리카의 네트워크 구축에도 참여하고 있다고 한다. 참고로 일본의 NTT, KDDI 및 소프트뱅크도 APG, SJC, FASTER, UNITY에 투자하였고, 대만의 Chungwha Telecom은 SJC, APG, NCP에 투자하였다. 우리나라는 KT가 동아시아-미국 구간 해저케이블 컨소시엄에 투자한 것으로 알려져 있다.

종합하자면, 글로벌 데이터 네트워크는 과거에는 주로 서구권 국가들의 국영 또는 대표 통신사업자 중심으로 통신의 목적으로 구축되었으나 지난 20년 동안 인터넷의 비약적 발전과 글로벌 콘텐츠사업자 및 데이터전송 전문사업자의 시장 진입으로 복잡한 양상으로 변화하고 있는 중이다. 거버넌스의 측면에서 볼 때 민간자본에 의해 구축된

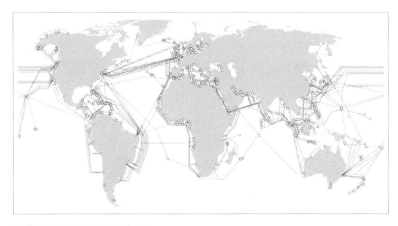

그림 1 전 세계 해저케이블 망구조
출처: www.submarinecablemap.com

망에 국가권력이 개입하기 쉽지 않은 구조로 변하고 있다. 통신의 시대가 저물고 인터넷의 시대가 왔지만 국제통신연합(ITU)의 역할은 제한적이다. ITU는 통신 호의 연동(상호접속), 표준 및 전파자원의 활용 관련 국가 간 협의체이며 인터넷 규제에 대한 관할권은 없기 때문이다. 글로벌 인터넷 트래픽의 90%는 ITU의 규제관할권 밖에서 사업자 간 무정산 원칙에 의해 이루어진다.

　그런데 인터넷 데이터 트래픽 폭발을 유발하는 사업자들은 넷플릭스, 아마존, 구글과 같은 콘텐츠사업자들이다. 비판자들은 이들이 상당한 글로벌 트래픽을 유발하면서 막상 트래픽 대비 망사용 비용을 적정하게 부담하지 않는다고 지적하고 있다. 글로벌 네트워크의 연결성을 규율하는 문제, 예컨대 특정 국가나 지역으로 데이터가 몰리면서 발생하는 망 과부하의 문제, 망사용 정산의 문제 등은 개별 국가 차원에서 해결하기 쉽지 않은 문제가 되고 있다. 과거의 글로벌 네트워크는 주로 국영 통신기업 의해 구축되어 국가에 의한 감독·관리가 가능

하였고 국가 간 갈등 또한 ITU체제하에서 조율이 가능하였으나 1990
년대 이후 세계 광섬유 해저케이블의 절반은 IT기업들에 의해 구축되
었으며 특히 구글, 페이스북, 아마존과 같은 CDN사업자들이 전송용
량의 반 이상을 임대하거나 소유하고 있는 상황이다(뉴욕타임즈, 2019
년 3월 10일 기사). 이러한 변화는 후술하겠으나 국가 간 데이터 흐름
으로 인해 발생하는 규제관할권의 문제 해결을 어렵게 할 수 있다.

III. 글로벌 빅데이터 거버넌스-데이터의 저장·축적

2000년도 후반부터 글로벌 데이터 트래픽 및 데이터 사용 지역의 집
중 현상이 두드러지고 있다. 광섬유케이블의 구축으로 전 세계가 연결
되었음에도 불구, 데이터가 특정 지역 중심으로 유통되어 데이터 활용
을 통해 얻을 수 있는 경제사회적 혜택 또한 편중되고 있는 것이다. 전
세계에 약 2000개가 넘는 IXP가 존재하지만 대부분의 데이터가 주로
뉴욕, 시카고, 런던, 프랑크푸르트, 모스크바, 도쿄, 홍콩 등 몇 개의
거대 IXP를 통해서만 유통되고 있다. 그 이유는 CDN사업자들이 주로
구글, 페이스북, 아마존, 넷플릭스 등이며 미국과 유럽계 통신사업자
들이 구축한 광케이블이 주로 미국-유럽 및 미국-아시아 지역에 집중
되어 있기 때문이다.[6] 1990년대 말 이미 다수의 해저케이블 네트워크
가 구축된 미국-유럽 구간의 경우, 기업들은 네트워크 양 끝단에 데이
터센터만 설립해도 증가하는 데이터 수요에 부응할 수 있었다. 구글,

---

6   글로벌 데이터 트래픽 상당 부분은 금융 결제 및 정산 시스템으로 알려진 SWIFT 및 국
     가 간 외환정산 체제 때문에 발생하고 있으며 정부 및 군사정보 관련 데이터 트래픽도
     상당할 것으로 추정되나 본 논문에서는 다루지 않는다.

애플, 페이스북, 마이크로소프트, 아마존 등은 미국, 유럽의 아일랜드 및 북유럽 지역에 여러 개의 데이터센터를 설립하였는데, 전 세계에 약 4,000개가 넘는 데이터센터 중 미국이 세운 데이터센터가 40%를 차지하며 유럽에서 세워진 데이터센터까지 포함하면 60% 정도가 된다고 한다.

데이터센터가 미국과 유럽 지역에 몰려 있는 주된 이유는 기업들이 대서양 간 전송네트워크의 구조적 조건과 시장수요에 부응한 점에서 찾을 수 있다. 데이터센터에서 발생하는 열을 냉각시키기 위한 전력공급이 가능해야 하고 데이터 전송비용과 지연대기시간(latency)을 최소화하기 위해서는 코어망에서 멀리 있지 않은 지역에 데이터센터를 구축하는 것이 필요하다. 그런데 미국과 유럽 소비자와 가까운 거리에 데이터센터를 구축하게 되면 데이터가 주로 해당 지역 안에서만 저장되고 활용되어 궁극적으로 해당 지역의 기업과 개인에 효용이 증가되는 폐쇄적 선순환 효과가 발생한다. 즉, 데이터가 특정 지역에 모여져서 활용될수록, 디지털경제 발전의 혜택 또한 특정 지역에만 머무를 가능성이 크다. 그렇다면 지정학적 조건 때문에 데이터센터를 유치하기 어렵거나 IXP가 없거나 용량이 모자라서 인터넷 트래픽에서 소외되는 개발도상국들은 디지털경제 발전흐름에 뒤처질 수밖에 없다(UNCTAD 2019, 15). 데이터센터 구축에 들어가는 천문학적 비용 또한 감안한다면, 디지털경제의 글로벌 확산은 우리가 생각하는 것보다 제한적으로 진행될 수 있다. 가난한 개도국들은 데이터센터 유치를 위한 다양한 유인책을 제공하거나 외국기업에게 현지화 요건을 부과하는 규제에 의존할 수 있겠으나, 왜소한 시장 및 낮은 소비력을 바탕으로 빅데이터 자본을 상대로 제대로 협상력을 발휘하기 쉽지 않을 것이다.

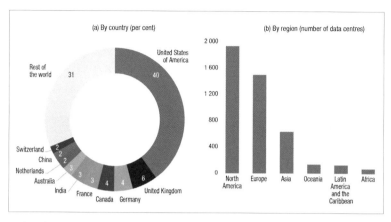

그림 2 전 세계 데이터센터 국가별 비중 및 위치
출처: UNCTAD(2019, 12).

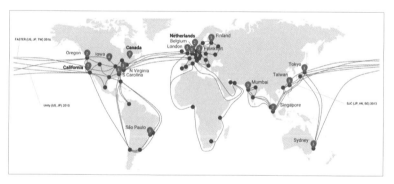

그림 3 구글의 클라우드 네트워크
출처: cloud.google.com

디지털경제의 미래가 서방국가들의 전유물이 될지 아직은 알 수 없다. 그 이유는 최근 중국에 대규모 데이터센터들이 신설되면서 데이터의 저장·처리와 관련된 권력의 변화가 예상되기 때문이다. 중국은 거대 내수시장에 비례하는 방대한 양의 데이터를 생산하고 있으며, 중국 정부는 자국 내에서 생성된 정보의 국외 이전을 막는 "만리방화벽(great fire wall)" 정책을 추진하고 있다. 중국서 생성되는 데이터를 중

국 본토 내에 저장 처리하기 위해 최근 3년 동안 거대 규모의 데이터
센터들이 신설되었다. 2018년 기준 세계에서 가장 규모가 큰 데이터
센터는 중국 내륙 몽골지역에 위치한 것으로 알려진 10.7백만 평방제
곱피트(10.7million square feet) 규모의 China Telecom 데이터센터이
다.[7] 새로 건립된 데이터센터들은 규모나 용량 면에서 이전에 구축된
데이터센터에 비해 엄청난 수준을 자랑하고 있는데, 2018년 1위부터
5위를 차지한 데이터센터 중 3위를 차지한 미국의 Citadel을 제외하고
나머지 4개는 새로 건립된 데이터센터인 점이 놀랍다. 2017년에 세계
10대 데이터센터 중 1개만 중국에 소재하였으나 불과 1년 뒤인 2018

표 1 세계 10대 데이터센터 규모 및 소재 (단위: square feet)

	2017		2018	
1	Citadel 7.2 Million	미국	China Telecom Data Center 10.7 M	중국
2	Range International Information Group, 6.3 Million	중국	China Mobile Hohot 7.7 M	중국
3	Switch SUPERSNAP 3.5 Million	미국	Citadel	미국
4	Dupont Fabros Technology 1.6 Million	미국	Harbin Data Center 7.1M	중국
5	Utah Data Center 1.5 Million	미국	Kolos Data CEnter 6.5 M	노르웨이
6	Microsoft Data Center 1.2 Million	미국	Range International	중국
7	Lakeside Technology Center 1.1 Million	미국	Switch Supersnap	미국
8	Tulip Data Center 1 Million	인도	Dupont Fabros Technology	미국
9	QTS Metro Data Center 990,000	미국	Lakeside Technology Center	미국
10	Next Generation Data Europe 750,000	영국	Tulip Data Center	인도

출처: www.computerworld.com

7   이는 미식 축구장을 40개 정도 붙여놓은 면적이다.

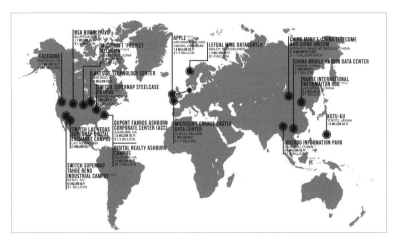

그림 4 주요 데이터센터 위치
출처: www.computerworld.com

년에는 1위, 2위 및 4위 데이터센터가 중국의 거대 국영통신기업에 의
해 구축된 것을 보면 중국에서 생성되는 데이터의 양을 짐작하게 한
다. 중국 내에서 추진 중인 5G 및 인공지능 기반 서비스 활성화로 인
해 폭발적인 데이터 생산량을 가능하면 중국 영토 내에 축적하고 아울
러 중국이 전 세계에 수출한 수많은 디바이스 및 장비로부터 수집되는
데이터를 중국 안으로 거두려는 전략으로 해석될 수 있다. 화웨이, 샤
오미 등 중국 통신장비 및 IoT 제품이 전 세계로 팔려나가고 있는데,
셀 수 없이 많은 중국 장비로부터 수집되는 전 세계 데이터가 중국으로
로 수집되는 상황을 우려하는 목소리가 나오고 있다(CRS 2018).

IV. 글로벌 빅데이터 거버넌스 – 디지털 플랫폼

디지털경제에서의 권력구조의 변화를 가늠할 수 있는 가장 흥미로운 현상은 데이터에 경제적 가치를 부여하는, 즉 데이터의 화폐화(monetization) 또는 상업화를 가능하게 하는 플랫폼의 부상이다. 사실 개인이 생성하는 개별 데이터는 별다른 가치가 없다. 데이터가 모아져 방대한 양으로 축적되고, 이렇게 수집된 데이터가 활용되어 개인, 기업, 정부의 의사결정에 영향을 미칠 때 비로소 경제적, 사회적 가치를 갖게 된다. 기술발전으로 인해 지금까지 유형·무형 및 정형·비정형(structured, non-structured) 형태의 다양한 데이터가 경제자원으로 활용이 가능해졌다. 데이터는 다른 경제자원과 달리 비경합적 성격을 지녔으며 고갈되지도 않고 심지어 무한반복 사용이 가능하다. 이러한 데이터가 사용되어지는 플랫폼은 그 자체가 인프라이면서 동시에 다양한 경제행위자를 연동하는 중개자 역할을 하기 때문에 플랫폼을 사용하면 할수록 경제적 가치가 더 커지는 효과가 있어 규모의 경제 실현이 가능하다. 그렇다면 글로벌 디지털경제에서는 플랫폼이 어디에 존재하며, 어떻게 데이터를 모으고 사용하여 부가가치를 생성하느냐에 따라 국가경제의 향방이 달라질 수 있는 것이다.

현재 세계경제는 마이크로소프트, 애플, 아마존, 구글, 페이스북, 텐센트, 알리바바 7개 기업이 운영하는 거대 디지털 플랫폼에 의해 돌아가고 있다고 봐도 과언이 아니며, 이들 7개 플랫폼은 전 세계 데이터 시장의 2/3를 차지하고 있다(UNCTAD 2019, 18-20). 구글의 경우 전 세계 검색엔진 시장의 90%를 차지하고 있으며 페이스북은 전 세계 소셜미디어 시장의 2/3를 차지하고 있으며 85개 국가에서 제1위 소셜미디어 사업자의 위치를 자랑하고 있다. 아마존은 전 세계 온라인 소매상거래의 40%를 담당하고 있으며 아마존의 웹서비스도 세계 클라우드 서비스 시장에서 비슷한 점유율을 차지하는 것으로 알려져 있다. 중국의 텐센트가 보유한 위챗(Wechat)은 중국 소셜미디어 시장에서 1

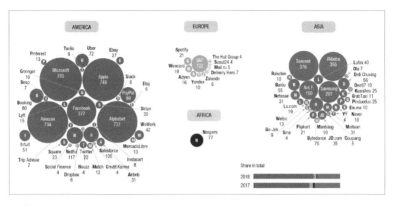

그림 5 시가총액 기준 글로벌 디지털 플랫폼 (단위: 10억 달러)
출처: UNCTAD(2019). Holger Schmidt(http://www.netzoekonom.de) 재인용.

위(10억 사용자), 알리바바와 텐센트 2개 사업자가 중국 모바일 금융시
장을 독점하고 있는 상황이다. 알리바바는 중국 온라인 상거래 시장의
60%를 차지하고 있다. 언급한 7개 플랫폼 중 텐센트와 알리바바는 중
국 기업이고 나머지는 미국 기업이다. 유럽은 SAP의 플랫폼이 있으나
미국 및 중국과 비교 시 그 규모는 매우 작으며 아프리카와 남미지역
은 언급할 수준의 플랫폼이 존재하지 않는다. 우리나라의 가장 큰 플
랫폼인 네이버가 중국 텐센트의 1/20 수준인 점을 생각해보면 언급한
7개 거대 플랫폼의 영향력을 상상해 볼 수 있다.

디지털경제에서 플랫폼을 보유한 기업들의 시장영향력은 더욱 공
고화될 것으로 전망되는데 그 이유는 플랫폼의 네트워크 효과는 상당
히 오래갈 것이기 때문이다. 네트워크 효과는 잘 알려져 있듯이 기업
이 제공하는 플랫폼을 사용할수록, 플랫폼을 이용하는 이용자의 효용
또한 더욱 증대되고, 플랫폼의 가치는 더욱 커지며 궁극적으로 기업
의 시장영향력이 증가하는 현상을 일컫는다. 플랫폼에서 추출되는 데
이터를 독점적으로 사용할 수 있게 된 기업은 더 많은 가치창출을 할

수 있다. 이용자가 플랫폼을 사용하면 사용할수록 더 많은 데이터가 창출되고, 데이터가 많아질수록 그 데이터에 가장 먼저 접근 가능한 기업은 경쟁기업보다 더 빨리, 더 다양하게 혁신적 서비스를 시장에 내놓을 수 있기 때문이다. 플랫폼이 시장에 안착하게 되면서 기업은 다양한 통합서비스를 제공할 수 있게 되고, 대부분의 소비자들은 다른 플랫폼으로의 이전 비용이 커지면서 충성된 고객으로 남는다. 그렇다면 플랫폼의 시장선점 효과를 독점한 일부 기업들은 후발주자들의 경쟁을 쉽게 물리치고 자신들의 시장지배력을 공고히 할 수 있다. 실제로 언급한 7개 플랫폼 기업들은 이미 경쟁사를 인수하거나 선도기술에 투자 또는 구매를 하는 등 이미 구축한 시장권력을 공고화하는 전략을 추구하고 있다. 마이크로소프트의 Linkedlin 인수, 페이스북의 Whatsapp 인수, 구글의 노키아와 모토롤라의 인수가 유명한 사례이다.

정리하자면, 디지털 플랫폼의 규모와 성장세 등을 볼 때에 미국 및 중국 플랫폼의 영향력이 압도적인 상황이다. 미국과 중국은 전 세계 블록체인 기술특허의 75%, IOT 투자의 50%, 공공 클라우드 컴퓨팅 시장점유율 75%를 차지하고 있다고 한다(UNCTAD 2019, 15). 이 두 국가가 전 세계 70여 개의 플랫폼의 시장가치의 90%를 차지하고 있다는 점은 많은 시사점을 준다. 데이터의 네트워크 효과 때문에 디지털경제의 주도권은 궁극적으로 얼마나 많은 데이터를 모으고 활용하여 새로운 부가가치를 창출할 수 있느냐의 문제에 달려 있을 것이다. 이 경쟁에서 아직까지 미국 플랫폼들이 앞서 있으나 중국 플랫폼의 성장세가 대단하다. 앞서 언급한 데이터센터 구축 양상을 감안한다면, 미국과 중국을 양축으로 하는 데이터의 블록화가 발생할 가능성을 배제할 수 없을 것 같다.

V. 글로벌 빅데이터 거버넌스-빅데이터 기술

플랫폼에 모이는 방대한 양의 데이터, 즉 빅데이터 처리기술에서도 글로벌 디지털경제 거버넌스의 향방을 읽을 수 있다. 지난 20여 년 동안 데이터의 생성 양이 기하급수적으로 늘어났는데, 특히 2000년도부터 야후, 아마존, 이베이 등과 같은 웹기반 검색엔진 및 전자상거래 플랫폼의 출현으로 IP 위치기반 정보, 서치 로그기록, 클릭횟수 등 다양한 형태로 존재하는 방대한 양의 데이터를 빠르게 분석하는 기술이 요구되었다. 이러한 배경에서 구글은 독보적 역할을 하는데, 구글은 늘어나는 데이터 처리 비용을 감당하기 위해서 값비싼 컴퓨팅장비에 의존하기보다는 상대적으로 저렴한 소프트웨어를 사용하여 대용량 데이터를 처리하는 방식을 추구하였다. 이 과정에서 구글은 빅데이터 처리 소프트웨어 생태계 형성에 주도적 역할을 하였다. 빅데이터 기술을 간략히 설명하자면, 방대한 양의 데이터를 효율적으로 처리하기 위해 데이터를 작은 단위의 형태로 나누고 이를 병렬적으로 처리하는 기술을 일컫는다. 대용량의 데이터를 처리하는 기술의 핵심은 데이터를 분류·처리하는 분산파일 시스템(Distributed File System)과 맵리듀스(Map-Reduce)라는 기술이다. 이 2개의 빅데이터 핵심 기술이 구글의 독자 기술에 의해 만들어졌다.[8]

---

8   구글은 대규모 데이터를 안전하게 저장하고 효율적으로 처리하기 위해서는 다수의 하드디스크를 조합해 데이터를 저장하는 새로운 기술개발을 주도하였다. 구글의 검색엔진 기술은 대량의 정보를 효과적으로 저장하기 위한 분산파일 시스템(Google File System, GFS), 대용량 데이터의 읽기와 쓰기를 위한 분산 스토리지 시스템인 빅테이블(Bigtable), 분산 데이터 처리를 위한 맵리듀스(MapReduce)로 구성되어 있으며, 분산 산파일 시스템(GFS)은 여러 대의 컴퓨터를 조합해 대규모 기억장치(storage)를 만드는 기술이다.

빅데이터 처리기술은 구글에서 출발하여 미국 실리콘밸리의 기술 커뮤니티에 의해 진화하였다. 구글의 분산파일 시스템 및 맵리듀스 기술을 소개한 논문을 접한 실리콘 개발자 더그 커팅은 이후 하둡(Hadoop)이라는 대용량 데이터 처리기술을 개발하였으며 하둡은 다양한 빅데이터 처리기술의 모태가 된다. 하둡은 이후 야후(Yahoo!)의 재정적 지원을 받아 개발되다가 2011년 오픈소스 소프트웨어 개발을 지원하는 아파치 재단(Apache Foundation)의 후원을 받아 Hortonworks라는 회사에서 개발, 현재에도 계속 업데이트되는 중이다. 하둡은 공개용 소프트웨어이기 때문에 무료로 이용할 수 있다.[9] 하둡은 상용 서비스로도 이용할 수 있는데 신생업체인 클라우데라(Cloudera)와 야후에서 분사한 호튼웍스, 맵알(MapR) 등이 하둡의 상용 배포판을 제공하고 있다. 하둡은 대규모 데이터 처리가 필수적인 구글, 야후, 페이스북, 트위터 등 인터넷 서비스 기업에서 먼저 활용하기 시작했으며, 최근에는 금융 서비스업, 정부기관, 의료와 생명과학, 소매업, 통신업, 디지털 미디어 서비스업 등으로 확장되고 있다(정용찬 2012).[10]

구글의 맵리듀스 기술에서 출발하여 하둡 등 빅데이터 기술이 개발되는 과정은 미국 주도의 오픈소스 개발 커뮤니티의 특성인 개방과 협업 및 공유의 성격, 그리고 미국 실리콘밸리에 다수 집중되어 있

9 현재 오픈 소스로 제공되는 개발 도구로 LAMP(Linux, Apache, MySQL, PHP/Python)가 있는데, 운영체제인 리눅스(Linux), 웹 서버인 아파치(Apache), 데이터베이스는 마이에스큐엘(MySQL), 개발언어인 피에이치피/파이썬(PHP/Python)을 사용하면 저렴한 비용으로 시스템을 개발할 수 있다.

10 하둡을 대규모 데이터 처리에 활용한 대표적인 사례로는 『뉴욕타임스』가 있다. 『뉴욕타임스』는 1851년부터 1980년까지의 기사 1,100만 건을 PDF로 변환하는 대규모 프로젝트를 수행하면서 하드웨어와 소프트웨어를 신규로 구매하는 대신 아마존 EC2와 S3, 그리고 하둡(Hadoop) 플랫폼을 활용했는데, 이를 단 하루 만에 작업을 완료하고 지불한 비용은 1,450달러에 불과했다고 한다.

는 아파치 재단과 같은 미국 공공자본의 역할을 잘 보여주는 사례이다. 다만, 빅데이터 기술 개발이 오픈소스 방식이라고 하나 개발 초기부터 미국 기업(Google)의 영향을 받았으며 미국 자본의 지원을 받고 있다. 빅데이터 핵심 기술이 미국 진영에 속하는 한 파생하는 다양한 공공분야 및 상업적 분야 적용의 최대 수혜자는 결국 미국 기업들이다. 다수 국가들은 디지털경제로의 전환 작업에 미국보다 뒤늦게 시작하였기에 산업 및 기업에서의 빅데이터 처리기술 적용 또한 늦다보니 미국 기술에의 의존성이 클 수밖에 없다. 우리나라를 예로 들자면, 높은 투자비용 및 기술·인력 부족으로 기존의 데이터 처리 시스템에서 대용량 데이터 처리 시스템으로 기술전환이 전환이 늦었으며, 그마저 미국 빅데이터 기술에 의존해야 했다. 그 결과 국내 클라우드 시장은 이미 미국계 사업자들(아마존, 마이크로소프트)이 지배하고 있는 상황이다.

VI. 글로벌 빅데이터 거버넌스-글로벌 규범[11]

앞 절의 논의에서 알 수 있듯이 디지털 무역이 활성화되려면 빅데이터의 초국적 활용이 전제되어야 한다. 그러나 기업들이 수집하는 데이터 중 상당부분은 개인정보이며, 개인정보를 상업적으로 사용하는 기업과 개인정보를 내준 소비자의 국적이 반드시 동일하지 않다 보니 데이터의 수집, 축적, 활용 등과 관련된 국가 간 갈등이 발생하게 된

11　글로벌 데이터 거버넌스 관련 담론과 규범이 논의는 무역규범을 다루는 WTO, FTA 외에도 OECD 및 APEC 등에서도 찾을 수 있으나 OECD 및 APEC서 채택된 원칙들은 국가 간 디지털 무역에 법적 구속력은 없는 관계로 본 글에서 다루지 않았다.

다(Meltzer 2019; Wunsch-Vincent 2006). 예를 들어 구글이나 페이스북이 한국 소비자로부터 수집한 개인정보가 페이스북의 미국 서버로 옮겨지면서 개인정보의 국외 이전을 둘러싼 우리나라와 미국 간 규제 관할권의 문제가 발생한다. 데이터가 21세기의 새로운 권력자원으로 부상하고 있는 배경에서 데이터의 국가 간 이동의 보장과 관련한 국제규범 형성을 분석하여 글로벌 데이터 거버넌스의 향방을 파악할 수 있다.

데이터의 국경 간 이동의 보장 문제를 국가 간 네트워크 연결성 측면에서 보면 통신네트워크의 국가 간 연동을 관리한 ITU의 역할을 먼저 들여다볼 필요가 있다. 자연독점산업인 통신은 대부분의 국가에서 한두 개의 통신사업자들이 지배하고 있는데, 글로벌 무역이 활성화되면서 국가 간 통신망의 연동 또는 네트워크 연결이 요구되었고, 이를 위하여 국제통신연합(ITU)이 1886년에 출범한다. ITU는 개별 국가의 통신산업 독점을 인정하는 국제요금정산체제를 관리하였다. 다시 말하면 국제전화(통신호의 국경 간 이동)와 관련하여 국가의 개입권을 보장하는 방식의 글로벌 협력 카르텔을 관리한 것이다. ITU체제는 개별 국가의 독점적 통신 통제권을 보장하되 국가 간 네트워크 연결은 다자주의 원칙하에 관리되는 글로벌 거버넌스 모델로 상당기간 운영되었다.

그러나 기술발달로 인해 통신의 독과점적 특성이 해소되고 통신 시장에도 경쟁이 도입되고 인터넷의 부상과 함께 새로운 서비스들이 글로벌 무역의 중심에 등장하면서 ITU 체제는 내리막길을 걷는다. 2012년 두바이서 개최된 ITU 전권회의에서 개도국들을 중심으로 국제전기통신규칙(International Telecommunications Regulations)을 개정하여 인터넷 주소자원에 대한 국가 개입권, 개인정보 보호, 스팸규

제 등 인터넷에 대한 국가 개입의 근거를 마련하려는 시도가 이루어
졌으나 미국 및 서방국가들이 주장하는 '다자주의에 기반한 자유로운
인터넷 원칙' 논리에 밀려 실질적으로 무산된다(박민정 2013). 인터넷
데이터 트래픽이 ITU 정산체제 밖에서 이루어지는 배경에서 2012년
ITU 전권회의는 개도국들이 글로벌 데이터 트래픽에서 발생하는 부
가가치로부터 소외되고 있으며 이를 역전하기 쉽지 않음을 여실히 보
여준 사례이다.

국가 간 데이터 네트워크의 연결성 측면에서 WTO의 역할도 들
여다보자. 1995년 출범한 WTO 체제는 상품 무역 원칙에 더하여 서비
스 무역에 대한 원칙 제정에 성공하는데, 서비스일반무역협정(GATS)
의 여러 부속서 중 통신부속서(Annex on Telecommunications)에서
회원국에게 자유로운 서비스 무역에 필요한 통신네트워크의 연결성을
보장할 의무를 부여하고 있다. 통신부속서는 회원국에게 원활한 무역
활동을 위한 통신망의 연동을 보장할 것을 의무화하면서 네트워크 간
연동에서 발생하는 표준, 상호운영(interoperability), 보안, 개인정보
보호의 문제 등에 개입할 수 있는 권한 또한 부여한다. 통신참조문서
를 채택한 WTO 회원국은 이후 추가 협상을 통해 통신시장의 경쟁활
성화를 목적으로 1998년 참조문서(Reference Paper)에 합의하였는데,
참조문서의 내용 중 독립된 통신규제 기관의 신설 또는 강화를 의무화
하는 내용이 담겨 있다(이한영 2007, 119-143).

통신네트워크의 거버넌스에 나름의 성과를 낸 WTO 체제는 막
상 인터넷 기반 거버넌스와 관련하여 별다른 성과를 내지 못하였다.
1990년대 후반 WTO 일반이사회 내 전자상거래 작업반(WTO Work-
ing Program on Ecommerce)[12]이 설치되면서 미국은 인터넷 기반 무
역활성화를 목표로 전자적 전송물에 대한 개념 수립 및 무역규범의 적

용방식 등의 논의를 적극 추진하였으나 인터넷 경제 주도권을 뺏길 것을 우려하는 개도국의 저항에 부딪혔다(강하연 2018, 60-62). 미국 주도의 디지털 무역규범 논의에 가장 비판적인 국가들은 중국, 인도, 브라질, 러시아 등 자국의 IT산업 진흥을 위해 거대 다국적 기업의 영향력을 최소화하고자 하는 국가들이다. 한편 선진국 간 공조 또한 쉽지 않았는데, EU, 캐나다 등은 역사적·문화적 이유 등으로 전자상거래 분야에 대한 자유무역 원칙의 적용에 소극적이었다(Wunsch-Vincent 2006, 165-170).

WTO 차원에서 디지털 무역질서의 수립이 어려워지면서 미국은 다자주의를 포기하고 양자적 접근방식을 도모하는데, 2000년도 후반부터 자유무역협정(Free Trade Agreement)을 활용하는 전략을 추진하였다. 특히 2007년 체결된 한미 FTA는 글로벌 빅데이터 거버넌스의 규범적 초석을 다진 사건이었다. 한미 FTA 전자상거래 협정문에서 양국은 데이터의 자유로운 이동의 보장을 위하여 불필요한 무역장벽을 부과하지 않기로 노력할 것을 합의한다(한미 FTA 제15.8조).[13] 한미 FTA 제15.8조(국경간정보이동)는 법적 구속력이 없는 협력 조항이었지만 이후 미국이 체결한 다른 양자무역협정(TPP 및 USMCA)에서 발견되는 강행 의무의 원형으로 평가받는다(강하연 2015, 138-150).

한미 FTA 타결 이후 미국은 디지털 무역 촉진을 목적으로 하는 규범을 다양한 방식으로 실험하는데, 일본, 모리셔스, EU 등과 체결한 ICT 서비스 교역원칙(Trade Principles for Information and Com-

---

12   WTO에서는 디지털 무역 개념보다 전자상거래(electronic commerce)라는 개념하에 논의가 진행되었다.

13   "무역을 원활히 함에 있어 정보의 자유로운 흐름의 중요성을 인정하고 개인정보 보호의 중요성을 인정하면서, 양 당사국은 국경 간 전자 정보 흐름에 불필요한 장벽을 부과하거나 유지하는 것을 자제하도록 노력한다"(한미 FTA 제15.8조 국경간정보이동).

munication Technology Services, 이하 ICT서비스 교역원칙)[14]에서 한미 FTA에서 채택된 정보의 국경 간 이동 보장 의무에 더하여 외국 사업자의 컴퓨팅설비를 자국 내에 두도록 요구하는 것을 금지하는 '컴퓨팅설비 현지화 금지' 의무를 추가한다. 이후 미국은 서비스무역협정 협상(Trade in Services Agreement, TISA),[15] 환태평양무역협정(Trans-Pacific Partnership, TPP)[16] 그리고 최근 타결된 USMCA(US-Mexico-Canada Agreement)에서 언급한 2개 의무 내용을 모두 법적 구속력이 있는 강행의무 버전으로 만드는 데 성공하였다. 데이터의 국경 간 이동이 보장되고 컴퓨팅설비에 대한 제약을 받지 않는 환경이 보장된다는 것은 달리 말하면 클라우드 기반 빅데이터 기술을 무장한 미국 기업 및 플랫폼 사업자들이 미국의 자유무역 협정체결 상대국에서 상당한 경쟁력을 갖고 활동할 수 있는 환경이 마련된 것을 의미한다.

미국은 협상력 발휘가 상대적으로 쉬운 국가들을 공략하여 자국 기업의 이해가 반영된 최고 수준의 규범을 만드는 데 나름 성공한 것으로 보인다. 이 과정에서 미국과 이해를 일부 같이하는 몇몇 선진국들의 조력이 더해졌다. 아래 그림과 표에서 알 수 있듯이 2000년도 초반의 전자상거래 관련 논의는 상대적으로 합의가 쉬운 디지털 제품에 대한 무관세, 비차별대우 원칙 위주로 이루어졌으며, 미국과 일찍

---

14   미국은 한미 FTA 체결 이후 2011년 4월 EU-미국 ICT 서비스 교역 원칙을 체결하고 바로 2012년 1월 일본-미국 ICT 서비스 교역 원칙을 체결하였으며, 2012년 6월 모리셔스-미국 ICT 서비스 교역 원칙을 체결한다.

15   2013-2016년 사이 일부 WTO 회원국 중심으로 디지털 무역 환경을 반영한 서비스 무역 다자규범 협상으로 미국과 EU에 의해 주도되었다. 그러나 중국, 러시아, 인도, 브라질 등 거대개도국들이 참여하지 않았으며, 미국에서 트럼프가 대통령에 당선되면서 다자주의 노선을 폐기하면서 협상이 중단되었다.

16   미국이 불참하면서 TPP는 Comprehensive and Progressive Trans-Pacific Partnership Agreement CPTPP로 명칭이 변경되었다.

이 FTA를 체결한 싱가포르를 중심으로 추진되었다. 우리나라도 한미 FTA 이전에 싱가포르와의 FTA를 체결하였으며 한–싱 FTA에 기본적인 전자상거래 규범을 채택하였다. 2000년도 중반부터 EU, 캐나다, 서방 선진국을 중심으로 전자서명과 인증, 개인정보 보호 및 소비자 보호와 관련된 규정들이 만들어지면서 전자상거래 규범의 기본골격이 만들어진다. 2000년도 후반부터 미국은 빅데이터 관련 무역규범을 다양한 장에서 확산시키는데, TPP 및 USMCA 전자상거래 협정문 내에 '국경 간 정보의 자유로운 이동'과 '컴퓨팅설비의 현지화 요건 부과 금지' 조항을 확립하는 데 성공한다. 한미 FTA가 2007년에 타결되었을 당시 불과 3개 정도의 의무규정만 있었으나 약 10년 후 타결된 TPP와 USMCA는 신규 의무규정이 9개나 생겼을 정도로 글로벌 규범의 형성에서 미국의 역할 및 주요 선진국 간의 이해가 조율된 점은 주목할 만하다.[17]

단계	전통적 전자상거래		디지털무역	
	기본 원칙 (무관세, 좋이없는 무역, 디지털제품 비차별대우)	**전자거래 활성화** (전자서명·인증, 개인정보 보호, 소비자보호 등)	**데이터 비즈니스** (컴퓨팅설비 현지화 금지, 자유로운 정보이동 등)	**기타** 新규범
한국	한-싱 FTA('06)	한-EU FTA('11)	없음*	없음
일본	일-싱 FTA('02)	일-스위스 FTA('09)	CPTPP('15)	일-EU('17)
싱가포르	싱-뉴 FTA('01)	싱-호 FTA('03)	CPTPP('15)	
미국	미-요르단 FTA('01)	미-호 FTA('04)	USMCA('18)	USMCA('18)

그림 6 주요국 전자상거래 규범 도입 시기
* 괄호 안 숫자는 협상 타결 연도.

---

17   전자상거래 규범의 세부 내용은 미국과 협정체결 상대국 간의 협상의 결과가 반영되기 때문에 조항의 의무수준이나 구속력의 강도가 무역협정별로 약간씩 다르다. 그러나 글로벌 빅데이터 거버넌스의 구축 측면에서 볼 때엔 의미 있는 차이점은 없다고 봐야 한다.

표 2 한미 FTA, TPP, USMCA 전자상거래협정문의 세부 조항

구분	USMCA 제19장	TPP 제14장	한미 FTA
디지털 제품 무관세	제19.3조(의무규정)	제14.3조(의무규정)	제15.3조 1항 (의무규정)
디지털 제품 비차별대우	제19.4조(의무규정)	제14.4조(의무규정)	제15.3조 2-3항 (의무규정)
전자 인증 및 전자 서명	제19.6조(의무규정)	제14.6조(의무규정)	제15.4조(의무규정)
소비자 보호	제19.7조(의무규정)	제14.7조(의무규정)	제15.5조(노력규정)
국경 간 데이터 이동 보장	제19.11조(의무규정)	제14.11조(의무규정)	제15.8조(노력규정)
개인정보 보호	제19.8조(의무규정)	제14.8조(의무규정)	–
컴퓨팅 설비의 지역화 (localization) 요구 금지	제19.12조(의무규정)	제14.13조(의무규정)	–
소스코드 공개 요구 금지	제19.16조(의무규정)	제14.17조(의무규정)	–
인터랙티브 컴퓨터 서비스	제19.17조(의무규정)	–	–
공공데이터 접근 추진	제19.18조(노력규정)	–	–

주: USMCA 제19장 디지털 무역(digital trade), TPP 제14장 전자상거래(electronic commerce), 한미 FTA 제
15장 전자상거래(electronic commerce) 챕터의 내용을 비교.

　　미국 주도의 글로벌 규범형성 논의 과정에서 또 다른 디지털 강국
인 중국 및 신흥 강국으로 부상하는 인도, 러시아, 브라질과 같은 거대
시장 국가들은 배제되어 있다. 잘 알려져 있듯이 중국은 미국 주도 디
지털경제 질서를 배척하고 독자적 기술 개발을 통한 중국식 디지털 생
태계를 추구하고 있는바, '국경 간 데이터 이동의 보장'과 같은 빅데이
터 글로벌 규범을 수용하는 것을 거부하고 있다. 중국은 디지털 무역
규범 논의에 매우 소극적인데, 실제로 RCEP 등 중국이 참여한 무역협
정에서 채택된 전자상거래 규범은 법적 구속력이 없는 협력조항 위주
로 되어 있거나 정부의 개입 권한을 일정 조건하에 인정하는 내용으로
구성되어 있다.

VII. 맺음말

디지털경제의 장밋빛 전망에도 불구하고 그 혜택이 모두에게 골고루 돌아가고 있지 않다. 거대 플랫폼의 영향력이 증가하고 데이터에서 부가가치를 이끌어내는 역량이 일부 기업 또는 국가에게 머무는 한 디지털경제의 혜택은 소수 국가나 특정 집단에게 편중될 것이기 때문이다. 전 세계의 개인(이용자)들은 데이터를 활용하여 새로운 부가가치를 만드는 가치사슬 각 단계에 소용되는 원천 자원을 제공하고 있지만 제공한 데이터에 대한 정당한 통제권을 행사할 수 있는 글로벌 규범과 규칙은 아직도 만들어져가는 중이다.

이 글은 글로벌 빅데이터 거버넌스 형성을 데이터의 수집과 활용 이면의 물적 조건과 기술, 그리고 글로벌 규범과 제도형성 측면에서 조망하였다. 생성된 데이터의 원활한 이동을 보장하는 물적 또는 인프라적 조건 측면에서 볼 때 데이터 전송전문 사업자와 콘텐츠 사업자들이 직접 구축하는 네트워크 용량이 증가하면서 국가의 통제하에 있던 글로벌 네트워크의 비중이 줄어들고 있다. 아시아 지역 데이터 네트워크는 아직도 국영 기업들이 깊게 참여하고 있지만 궁극적으로 글로벌 데이터 네트워크는 사적 이해관계에 따라 운영될 것으로 전망되며 일각의 우려와 달리 특정 국가가 지배하는 상황이 발생하기 힘들 것으로 생각된다.

빅데이터의 생성, 축적 측면에서 볼 경우, 데이터가 미국과 중국으로 양분되어 편중되는 현상이 두드러지고 있다. 광섬유케이블의 구축으로 전 세계가 연결되었음에도 불구하고 데이터 활용을 통해 얻을 수 있는 경제사회적 혜택이 특정 국가/지역으로 집중되고 있음을 방증하는 현상이다. 미국은 우리가 알고 있는 대부분의 거대 플랫폼 사업자를 보유한 나라이며, 미국 플랫폼들의 영향력은 한동안 지속될 것으로 보인다. 다만 중국은 최근 대규모 데이터센터를 구축하는 등 미국의 글로벌 데이터 지배력에 반기를 들었다. 여기에다 중국 또한 거대한 플랫폼 사업자를 보유하고 있으며 중국 플랫폼의 성장세가 엄청나다. 향후 글로벌 디지털경제의 향방은 미국 플랫폼뿐만 아니라 중국 플랫폼의 행보에 영향을 받게 될 것이며 미국과 중국 간 갈등이 지속되면서 양 진영으로 데이터가 모이는 블록화 현상이 발생할 가능성이 있다.

빅데이터 분야 글로벌 규범 측면에서 보면 미국은 인터넷 초창기 시절부터 '자유로운 인터넷' 개념에 기초한 신자유주의적 규범의 확산을 위해 노력하였으나 아직까지 일부 국가들만 빅데이터 글로벌 규범에 합의하였다. 빅데이터 관련 규범과 제도가 확립되지 않은 상태에서 기존에 구축된 물적 및 기술적 기반과 상업적 관행이 굳어지면서 결국 미국 IT기업과 자본의 이해가 투영된 실질적(*de facto*) 체제로 굳어질 가능성은 높다. 그런데 중국은 독자적 빅데이터 생태계를 추구하고 있으며, 인도, 러시아 등 일부 거대 시장은 데이터에 대한 통제권한을 유지하고자 한다. 이러한 상황에서 빅데이터 분야 규범의 글로벌 확산은 쉽지 않으며 중국 등 세계 주요 국가들이 참여하지 않은 글로벌 규범의 효용은 제한적일 확률이 높다.

이 글은 빅데이터라는 권력자원을 둘러싼 글로벌 정치경제를 다양한 계위 및 이해관계자 동학의 틀에서 이해하고자 하였다. 그리고 글로벌 빅데이터 거버넌스의 형성 과정에서 미국이 주도적 역할을 하고 있으나 미국의 영향력은 생각보다 제한적일 수 있음을 시사한다. 거대 플랫폼의 영향력에 의한 빅데이터의 블록화 가능성도 제기하였다. 데이터에서 발생하는 경제사회적 혜택들이 보다 균형적이고 공정

하게 배분되는 글로벌 빅데이터 거버넌스를 위한 창의적 노력이 필요
한 상황이다.

참고문헌

강하연. 2013. "ICT교역의 글로벌 거버넌스." 김상배(편) 『커뮤니케이션 세계정치 18』.
　　　서울대학교 국제문제연구소.
_____. 2014. "사이버공간의 개인정보 글로벌 거버넌스." 김상배·황주성(편). 『소셜미디어
　　　시대를 읽다』. 한울
_____. 2015. 『ICT 무역 글로벌 패러다임 변화에 따른 대응방안』. 정보통신정책연구원
　　　기본연구 15-04.
_____. 2018. "디지털 경제와 무역규범_새로운 통상거버넌스의 부상." 이승주(편)
　　　『사이버공간의 국제정치경제』. 사회평론아카데미.
김상배. 2010. 『정보혁명과 권력변환』. 한울.
_____. 2014. 『아라크네의 국제정치학: 네트워크 세계정치이론의 도전』. 한울.
_____. 2015. "사이버안보의 복합지정학: 비대칭 전쟁의 국가전략과 과잉 안보담론의 경계."
　　　『국제지역연구』 24(3), pp.1-40.
김성훈 역. 2009. 『구글을 지탱하는 기술』. 멘토르.
이종호. 2018. 『4차산업혁명과 미래 신성장동력』. 진한엠앤비.
이한영. 2007. 『디지털@통상협상 UR에서 한미 FTA까지』. 삼성경제연구소.
정용찬. 2012. 『빅데이터 혁명과 미디어 정책 이슈』KISDI Premium Report 12-02.
　　　정보통신정책연구원.
맥킨지. 2017. 『디지털 전환과 경제 리포트』. 서울.
박민정. 2013. "ITU와 글로벌 인터넷 논의의 추이와 현황." 『초점』 제25권 10호.
　　　정보통신정책연구원.
박선우. 2018. "빅데이터 시대와 데이터 융합." 『초점』. 정보통신정책연구원.
한국정보화진흥원. OECD 프라이버시 프레임워크(2013) 해설서.

Baldwin, Richard. 2016. *The Great Convergence*. Harvard University Press.
Cisco. 2019. Mobile Traffic Forecast 2017-2022 White Paper.
Cowhey, Peter et al. 2009. *Transforming Global Information and Communications
　　　Markets*. MIT Press.
CRS(Congressional Research Service). 2018. China-U.S. Trade Issues.
_____. 2019. Digital Trade and the US Economy.
KORUS FTA
Kuner, Christopher. 2013. *Transborder Data Flows and Data Privacy Laws*. Oxford
　　　University Press.
Meltzer, Joshua. 2019. "A WTO Reform Agenda: Data Flows and International Regulatory
　　　Cooperation." Global Economy and Development Working Paper 130. Brookings
　　　Institute.

New York Times. March 10, 2019. "Amazon tax breaks and incentives……"

Sacks, Sam and Justin Sherman. 2019. "The Global Data War Heats Up." June 26. The Atlantic.

Strange, Susan. 1994. *States and Markets*. London Pinter.

UNCTAD. 2019. *Digital Economy Report. Value Creation and Capture: Implications for Developing Countries*. Geneva.

Winseck, Dwayne. 2017. "The Geopolitical Economy of the Global Internet Infrastructure." *Journal of Information Policy* vol.7. pp.228–267.

Wunsch-Vincent, Sacha. 2006. *The WTO, the Internet and Trade in Digital Products: US-EU Perspectives*. Oxford University Press.

제6장

글로벌 인터넷 기업에 대한 국가주권 확장의 국제정치경제[*]
조세 규제의 역외 적용 사례에서

유인태

[*] 이 글은 "해외의 인터넷 역외규제 사례에 기반한 국내 역차별 문제 해소 방안"(2019)의 일부 내용을 수정 및 발전시킨 것임.

I. 서론: 연구 목적과 연구의 필요성

본 연구는 정보통신기술(Information Communication Technology, ICT)의 발전에 따라 새로운 비즈니스 모델을 도입한 초국가 ICT 기업들의 상행위와 국가 간의 관계를 고찰한다. 특히, 기존의 주권 개념을 넘는 국가의 규제 행위를 고찰한다. 새로운 비즈니스 모델은 기존 주권국가의 개념을 종종 뛰어넘기 때문에, 국가로 하여금 새로운 규제의 필요성을 느끼게 하였다. 그러나 새로운 규제의 도입은 여러 문제를 수반한다. 규제의 대상이 되는 초국적 ICT 대기업과의 마찰은 당연하며, 그뿐 아니라 여러 국내 이해당사자들과의 이해갈등도 중재되어야 한다. 그리고 현지국가(host country)와 ICT 대기업과의 마찰은 종종 ICT 대기업의 모국가(home country)와의 갈등으로 비화되기도 한다. 나아가, 초국적 ICT 대기업의 특성상, 여러 나라가 규제의 국제적 조율을 위해 국제적 거버넌스를 수립해야 하는데, 이를 위한 과정은 정치적 협상과 거래를 수반한다.

이러한 규제 생성의 어려움 속에서 초국적 기업 행위에 대한 규제 시도는 다양하게 있어 왔지만 성공적인 사례는 많지 않다. 본 연구는 조세제도의 역외 적용(extraterritorial application) 시도에 초점을 맞추지만, 이러한 시도 또한 번번이 실패하였다. 그런데 최근 초국가 ICT 대기업의 대명사라 할 수 있는 '알파벳 구글'(이하 구글)이 프랑스 및 영국과 새로운 과세 합의를 각각 함으로써, ICT 기업들의 국제적 상행위에 대한 기존 글로벌 거버넌스에 새로운 변화의 조짐이 보이기 시작했다. 따라서 본 연구는 이러한 초국적 ICT 대기업들에 대한 기존 거버넌스에 변화의 시작을 일으킨 프랑스와 영국의 사례를 국제정치경제의 관점에서 분석하고자 한다. 규제의 역외 적용은 주로 법학 분아에서 여러 차례 논의된 바 있으나, 국제정치경제의 관점에서 분석된 논문은 거의 전무하다. 더욱이 최근 성공 사례들은 법리적 근거가 아닌 정치적 요인이 중요하게 작용하였음을 볼 때, 국제정치경제의 관점에서의 분석이 필요하다.

그러면 우선 왜 국가는 ICT 대기업들의 초국적 상행위에 대한 규제를 해야 하는가를 묻지 않을 수 없다. 첫째, 국내 ICT 기업들에 대한 역차별 문제를 들 수 있다. 예를 들어, 해외 ICT 기업들이, 서버를 조세회피 지역에 두고 온라인 서비스를 국내에 제공하는 경우, 국내에서 과세의 부담이 없거나 적어지게 되고, 이는 규제 적용 대상인 국내 ICT 기업들의 경쟁력 감소를 가져온다. 연관되어, 둘째, 국내 기업에 대한 역차별 문제가 해소되지 않을 경우, 국내 기업들도 해외 도피 등의 방법을 꾀할 수 있다. 이는 국가의 법 집행에 대한 신뢰 하락, 규제 준수율의 저하로 이어질 수 있다. 셋째, 해외 ICT 기업들의 조세 회피와 이를 모방할 국내 기업들의 비즈니스 모델은 국가재정 및 국민경제에 부정적 영향을 미친다. 넷째, 국내에서 활동하는 해외 ICT 기업들에 대한 효과적 규제가 부재할 경우, 국가의 법 집행력 및 주권에 대한 의구심뿐 아니라, 법 집행의 형평성 문제를 야기하여, 국가의 정당성을 헤칠 수 있다. 마지막으로, 규제를 받지 않는 해외 ICT 기업들의 국내 활동은 심각한 정치·사회적 불안을 조성할 수 있다. ICT 기술들은 발전된 국가의 사회·경제·문화·정치·군사의 모든 영역에 들어가 있으며, 그 기술들과 그에 기반한 서비스를 제공하는 해외 ICT 기업들의 영향력은 2016년 미국 대통령 선거나 '아랍의 봄' 정권 교체에서도 드러났듯이 막대하다. 따라서 국가의 전통적인 주권 영역 외에 있으며, 국가에 심각한 정치·경제·사회적 영향을 미치며, 몇몇 국가들의 영향력을 뛰어넘는 초국적 ICT 기업들을, 국가는 주권 행사 영역 내로 편성할 필요가 있는 것이다.

그러나 해외 ICT 대기업의 주권 행사 영역 내로의 편입은 쉽지 않고, 국가의 규제 생성 및 집행에는 정치적 역학이 수반되는데, 이를 어떻게 이해할 것인가. 이를 위해 본고는 '협상의 노후화(obsolescing bargain)' 개념(Kobrin 1987; Vernon 1977)을 활용한 '정치적 협상 권력 균형 모델(model of balance of political bargain power)'을 제시한다.[1] 이 권력 균형 모델은 현지국과 현지국에 투자하는 초국적 기업 간 협상력의 차이로 규제의 양상과 정도가 정해짐을 설명한다. 이러한 분석틀을 가지고 최근 논의되고 있는 역외 규제의 예인 '디지털세(digital tax)'[2]를 분석한다. 국가들이 디지털세를 부과하려는 시도는, 국내 규제의 역외 적용의 대표적 사례이며, 초국적 ICT 기업들에 대한 국내 주권의 회복 시도를 잘 나타내고 있다. 아울러, 전통적 주권 영역 외의 행위자를 규제하려는 면에서, 전통적 주권의 개념의 확장 및 변화의 필요성도 요청받고 있다.

이하는 다음과 같은 구성을 갖는다. 우선 선행연구 절에서는, ICT 기업이라 하면 폭넓은 기업을 포함하게 되므로, 우선 연구대상을 특정함으로 연구범위를 한정짓는다. 그리고 그에 해당하는 연구들의 관점을 중심으로 기존의 접근을 정리한다. 본 연구는 기존 법학 위주의 선

---

1   본 연구는 실증주의의 '설명(explanation)'보다는 후기실증주의의 '이해(understanding)' 혹은 '기술적 설명(descriptive explanation)'을 목적으로 한다(King et al. 1994; Wendt 1998). 같은 맥락에서, 사례 분석 절에서 다루어지는 사례들은 목적을 가지고 이루어진 사례 선택이며 무작위 선정과는 거리가 멀다. 다양한 사례 선정의 방법과 사례 분석 연구의 유형에 대해서는 다음을 참조하라(Bennett and Elman 2007; Gerring 2004; Levy 2008; Lijphart 1971).

2   '디지털세'의 대표적 대상이 구글 알파벳 기업이므로, '구글세'라고 불리기도 한다. 그러나 '구글세'는 과거 '링크세'를 대신하는 용어로 사용되기도 했었기 때문에 '디지털세'라는 용어를 쓴다.

행연구와는 차별되는, 국제정치경제적 관점을 차용한다. 다음 절에서는 본 연구의 분석틀을 상론한다. 해당 절은 특히, 관련 이해당사자들이 서로 간의 이해를 타협해 나가는 데 있어 영향을 미치는 주요한 요인들을 중심으로 전개된다. 사례 분석 절에서는 최근의 디지털세 논의를 중심으로 현실사회에서는 실제 어떻게 전개되어 갔으며, 본 연구가 차용한 분석틀로 어떻게 이해될 수 있는지를 보인다. 결론에서는 본 연구의 주요 내용을 요약하고, 이론적 함의와 한국에의 함의를 간략히 논하며 마무리한다.

II. 선행연구: 연구 범위와 본 연구의 차별성

인터넷을 활용한 ICT 대기업들에 대한 규제 영역을 크게 조세, 인터넷 콘텐츠, 그리고 불공정 시장행위라는 세 가지 영역으로 나눌 수 있다면, 본 연구는 조세 영역에 초점을 맞춘다. 초국적 I(C)T 기업이란 최근에 자주 쓰이는 대명사에도 나타나듯이 미국의 GAFAM(Google, Apple, Facebook, Apple, Microsoft)나 중국의 BATX(Baidu, Alibaba, Tencent and Xiaomi)와 같은 기업들을 대표적으로 포함한다. 그러나 본 연구의 사례는 연구 범위 한계상, 특정 기업과 국가만을 다룬다.

역외 규제란 국내 규제의 역외 적용을 의미하는데, 이와 관련한 국제정치경제적 접근을 취한 연구는 거의 없다. 게다가 많은 연구들이 학문적 분석보다는 정책 보고서, 정세 분석, 연구기관의 이슈 분석, 심층 분석 기사 등의 형태를 많이 가진다(이승우 2017; Goodley 2017; Murphy 2017; Thomsen 2017; Paul 2014; Moss 2016). 이러한 자료들은 대부분 사안별 현황과 분석에 치중하였으며, 유형화나 경향성과 같은 큰 그림을 그리기에는 미흡하다. 더욱이, 대부분의 연구나 분석이 국내의 역외 규제가 아직 미비하거나 효과적이지 않음을 주장한다.

위와 같은 문헌들보다는 상대적으로 체계적 분석이 실행된 문헌들은 정책 보고서나 연구 논문들이다. 이러한 문헌들의 대부분은 법학 분야에서의 접근법으로 분석된다. 국내의 연구들은 많은 연구가 법리적 타당성 혹은 선례를 검토한다(김일환·이민혁 2015; 이창근·김성혁 2016; 이향선 외 2015; 장준영 외 2017). 그리고 대부분이 입법 관할권의 한계로 국내법이 해외 기업에 적용되기 어렵다는 점을 강조한다. 특히, 국내에 물리적 기반이 없는 해외 인터넷 서비스 제공자에게는 법적 효력을 강제하기 어렵기 때문에 입법의 실효성에 의문을 던진다.

소수의 문헌이 인터넷 콘텐츠, 플랫폼, 불공정 시장행위, 조세에 걸친 포괄적 연구를 수행하는데, 역외 규제와 관련하여 국내의 제도적 미비를 지적한다(최진응 2017). 그러나 국제적인 측면의 분석이 상대적으로 소홀히 취급되며, 국제와 국내의 요인들이 공진하며 규제의 변화로 이어지는 과정을 담지 못했다. 다른 한편, 인터넷 규제의 역외 적용에 관한 국제적 규범 발전에 관한 연구가 있다(이희정 2013). 이러한 연구는 국내적 입법을 넘어 국제적 규범을 살펴본다는 점에서 의의가 있으나, 국제법적 관점에만 치중해 국내 이슈의 동학은 결여하고 있다. 그리고 빠르게 개발되는 기술로 최근에 새롭게 발전된 역외 규제 관련 정치적 동학을 담아내고 있지 못하다. 마지막으로, 인터넷 기업에 대한 규제정책을 국제통상의 관점에서 논의한 연구도 존재한다(이한영·차성민 2018). 그러나 이 연구도 통상법적 합치성을 검토하는 데에 집중하고 있다.

상기의 연구들 대다수가 법학 분야에서 역외 규제의 가능성 여부를 법리적 타당성의 관점에서, 실현 가능성이 낮은 현실을 논하고 있다. 그러나 그러한 접근법은 법리적인 측면에 집중한 나머지, 국제 구조와의 상호작용 그리고 국내 이해당사자들 간의 권력의 역학 관계를 놓쳐, 역외 규제의 변화를 설명하지 못했다. 법리적으로 논쟁적이라 할지라도 현실 정치의 필요와 역동성 속에서 역외 규제가 이루어질 수 있기 때문이다. 이를 다음의 분석틀에서 파악하고자 한다.

III. 분석틀: 인터넷 역외 규제 생성의 국제정치경제

전통적으로 초국적 대기업들과 관련한 국제 및 국내 규제 형성과 관련해서 국제정치경제학에서는 두 관점이 존재한다(Babic et al. 2017). 첫 번째 관점은 국가 중심의 관점으로, 국제정치경제학에서는 전통적으로 지배적인 연구 관점이다. 이러한 관점은 국가에 규제 및 제도 형성의 주도권이 있으며, 초국적 기업들의 역할을 어느 정도 인정하나, 그 영향력은 국가 권력에 예속되어 있음을 강조한다(Gilpin 1987; Vernon 1971). 다른 관점은 초국적 자본을 중심으로 하는 관점이다. 이 관점에 따르면 초국적 자본의 영향력은 국가와 대등하거나 또는 종종 국가의 영향력을 넘어서며, 규제 형성에 초국적 기업의 영향력을 강조한다(May 2015; Robinson 2004; Sklair 2001).

그러나 위와 같은 어느 한쪽에 절대적인 우위를 가정하기보다, 조건에 따라 양자의 상대적 중요도가 변한다는 모델이 있다. '권력 균형(Balance of Power)' 모델은 그 한 예인데, 이 모델에 따르면 현지국(host country)과 투자하는 초국적 기업 간 협상력의 차이가 규제의 양상을 결정한다. 본 연구와 연관시키자면, 규제의 역외 적용 여부와 그 정도에 영향을 미치는 것은 두 행위자 간의 협상력의 차이에 따른 것이라고 할 수 있다.

'권력 균형' 모델에서 규제의 양상에 영향을 미치는 중요한 요인은 협상력인데, 그 협상력은 희소 자원의 소유 정도에 따라 결정된다. 그리고 그 희소 자원은 반드시 천연자원만을 의미하지 않으며 특정 산업에서 재화나 서비스의 생산을 위한 핵심적 자원을 의미한다. 예를 들어, 천연자원 산업에서는 희소가치가 높은 천연자원을 보유한 국가가 초국적 자본보다 더 큰 협상력을 가지기 쉬우며, 그 국가가 규제 형성에 더 큰 영향력을 행사할 수 있다. 그런데 희소가치가 큰 천연자원은 거의 없으며, 그에 반해 자원의 채굴 기술을 가진 다국적 기업들이 더 희소하다. 이 때문에 고도의 기술력을 가진 기업들이 국가보다 더 큰 협상력을 갖게 되는 경우가 종종 있다.

그런데 이러한 양자 간의 협상력의 우열은 고정적이지 않고 가변적이다. 즉, 협상력의 상대적 크고 작음은 변할 수 있는데, 특히 시간이 지남에 따라 협상국에 유리하게 바뀌는 과정을 '노후화하는 협상(obsolescing bargain)'이라 부른다(Moran 1974). 이러한 현상은, 현지 투자 자본의 유동성에 한계가 많고, 현지국으로 기술이 점차 이전되는 경우 특히 많이 발생한다. 이러한 과정을 겪게 되면, 최초 투자 개시 이후 일정 시간이 지난 다음에 재협상이 이루어졌을 때, 현지국에 유리한 조건으로 규제 협상이 종종 이루어진다.

그러나 '노후화하는 협상'이 항상 발생하는 것은 아니다. 특히, 노동집약적인 제조업의 경우는, 천연자원 산업과는 달리, 기존 협상이 쉽게 퇴화되지 않는다. 왜냐하면, 노동집약적인 산업에 필요한 고정자본은 적으며, 따라서 유동적으로 움직일 수 있기 때문이다. 또한 임금은 낮고, 노동이 풍부한 나라는 많기 때문이다. 이런 산업 유형에서는 다국적 기업이 높은 협상력을 유지하기가 쉽다(Kobrin 1987). 이러한 결과, 협상력을 높일 생산 자원이 많지 않은 국가들은 초국적 자본을 유치하기 위해 정책 지원을 마련하거나, 세금우대, 보조금, 대출 등과 같은 재정적 지원을 동원하여 기업들을 유치하고자 한다.

초국적 IT 대기업들에 대한 규제를 역외 적용하기 위한 정치적 동학을 설명하는 경우에도, 위와 같은 '권력 균형' 모델을 적용할 수 있다. 즉, 차용된 모델로부터, 현지국이 더 큰 협상력을 가지는 경우 규제의 역외 적용 가능성이 더 크다는 주장이 가능하다. 따라서 역외 규제를 생성하고자 하는 유인도 크다. 반대로 기업이 더 큰 협상력을 가지는 경우, 현지국 규제로부터 초국적 기업은 상대적으로 자유로울 있다는 주장을 할 수 있다. 즉, 모델에 기초하여 일반적인 명제가 동일하게 적용될 수 있다. 그러나 초국적 IT 대기업들의 특수성을 감안한, 국가 간의 협상력의 우열에 영향을 미치는 요인들의 구체화가 필요하며, 이에 따른 규제의 역외 적용 여부와 양상에 관한 가설 도출이 추가적으로 필요하다.

대부분의 초국적 IT 대기업들의 경우, 현지국에 새로운 디지털 서비스를 제공하는 맥락에서 초창기 협상의 우위를 점할 수 있다. 새로운 디지털 서비스를 제공할 수 있다는 것은 현지국에 그와 같은 서비스를 제공하는 기업이 아직 존재하지 않거나, 미미하거나, 제공하고 있더라도 질이 낮아 널리 보급되지 못하고 있는 상황이다. 이런 맥락에서 초국적 IT 대기업들의 협상력을 높이며 규제의 역외 적용을 어렵게 하는 요인은 다음과 같다. 첫째, IT 신산업을 위한 고도의 기술력과 아이디어가 희소하다. 그리고 정부는 희소한 자본을 유치하기 위해, 정책적 그리고 재정적 지원을 시행하고자 하지만, 규제하려고 하지 않는다. 둘째, 새로운 콘텐츠 혹은 플랫폼 서비스에 익숙해진 사용자들의 경로의존성은 다른 국내 새로운 서비스의 진출과 확장을 어렵게 할 수 있다. 이에 따라 초창기 협상에 있어 초국적 IT 대기업들은 협상력의 우위를 점할 가능성이 높다.

그런데 현지국의 협상력은 시간이 지남에 따라 증대할 수 있다. 첫째, 기술력과 아이디어가 따라잡힐 경우, 특히 기술 이전의 의무 또는 기업 합작이 제도화 되어 있는 경우 혹은 서비스의 현지화가 필요한 경우는 협상력의 전이가 더욱 가속화될 수 있다. 둘째, 동일 산업 내에서 국내 기업이 대체 서비스를 제공할 수준이 되면, 사용자들이 국내 IT 기업 서비스로 이동하며 해외 기업 서비스의 희소성을 줄일 수 있게 된다. 이에 따라 애초에 갖고 있었던 해외 IT 기업들의 기술 (서비스) 희소성은 줄어들고 협상력은 줄어들 수 있다. 셋째, 사용자들의 증가이다. 인터넷 보급률이 늘어나고 시장이 커지게 되면, 시장의 규모는 현지국의 협상력을 높인다. 규모의 경제가 주는 수익률은 초국적 IT 대기업들이 어느 정도의 규제 제한에도 불구하고 사업을 지속하고 싶게 하기 때문이다.

이러한 자원 희소성의 가변성에 따라 협상력의 변화가 일어나, 역외 규제의 가능성이 높아질 수도 있지만, 국내의 다른 상황 조건에 의해 역외 규제의 가능성이 높아질 수 있다. 우선, 국가 기관과 기관 관료들의 인터넷 관련 정책들에 대한 이해가 깊어지게 될 경우, 규제의 역외 적용을 위한 합리적, 법적 마련이 가능케 된다. 둘째, 해외에서 초국적 IT 대기업들에 대한 규제의 움직임이 있을 경우, 현지국 또한 유사한 정책을 취할 동기를 부여받을 수 있다. 그러나, 셋째 그러나 이러한 해외의 움직임은 결정적으로 국내에서의 여론 그리고 정치적 탄력을 받아야 규제의 역외 적용 시도로 이어질 수 있다. 특히, 과거 사례를 보았을 때, 정부, 공공단체, 초국가기구(예: 유럽연합), 혹은 비정부 기구의 예산이 결핍될 때, 다국적기업의 정당한 세금 지불 여부가 종종 이슈화되었었다. 그리고 기업들의 수익 규모와 법적 책임 간에 불균형이 인식되어 공론화될 때 역외 적용 이슈가 제기되어 왔는데, 특히 소비자 사업의 경우 더욱 민감한 쟁점이 되었었다. 이하에서는 상기의 규제의 역외 적용 가능성에 영향을 미치는 조건들이 이하 사례 절에서 어떻게 전개되는지를 보이고자 한다.

IV. 사례 분석: '디지털세'를 중심으로

본 절은 '디지털세' 규제의 성공적인 역외 적용 시도에 나타난 사례와, '링크세' 규제의 역외 적용 시도의 실패 사례를 다룬다. 비록 다수 사례의 통계적 분석을 통한 가설의 검증까지는 본 연구에서는 행해지지 않으나, 다수 사례 분석을 통해 가설 검증 시 필요한 사례에 대한 이해를 본 연구의 소수 사례 분석이 도울 수 있다. 이하에서 제시되는 사례들은, 하나는 '구글세' 또 다른 하나는 '링크세'로 엄밀한 의미에서 과세 사안이 다르기는 하지만, 조세 규제의 역외 적용을 다룬다는 유사함이 있기 때문에, 적정한 추상화를 통한 성공과 실패 요인의 비교가 가능하다.[3] 이에 따라, 본 절은 다음과 같은 순서를 가진다. 우선 국제적 구조의 층위에서의 논의를 살펴본다. 그리고 국제적 층위에서의 국가 간 논의보다 앞서 시행된 국내 층위에서의 규제 역외 적용 성공 사례를 살펴본다. 그리고 마지막에는 실패 사례를 분석한다.

3 　실효성의 문제로 '디지털세' 도입을 주저하고 있는 국가는 다수 있으나, 시도하여 실패한 나라가 아직 없기 때문에, '링크세' 시도와 그에 따른 실패를 비교 사례로 삼는다.

1. 국제 거버넌스를 위한 논의

2015년부터 OECD는 BEPS(Base Erosion and Profit Shifting) 프로젝트를 추진해 왔는데, 이 프로젝트는 다국적기업의 조세회피에 대한 국제적인 공동대응을 보여준다. BEPS란 세원잠식 및 소득이전을 의미하며, 다국적기업이 여러 거래 방식을 통해 저세율국으로 소득을 이전하여 세금부과를 회피하는 행위를 지칭하기도 한다. 이러한 조세회피 행위를 줄이기 위해 국가 간에 세법 차이를 조율하고, 현행 조약의 미비점을 보완하기 위해 BEPS 프로젝트가 추진되고 있다.

국제적으로 합의된 현행 조세조약상으로는, 외국 법인의 국내 원천 사업소득에 대해 법인세 과세를 하기 위해서는 국내에 고정사업장이 있어야 한다. 2003년 조세조약 개정을 통하여 고정사업장의 의미가 좀 더 유연하게 되어, IT 서비스의 경우 서버 소재지를 고정사업장으로 볼 수 있으며, 이를 근거로 원천지국에서 과세할 수 있도록 국제적으로 합의되었다.

현재 진행 중인 OECD BEPS 프로젝트에는 현재 전 세계 120여 개국이 이행체계에 참여 중이다. 이 프로젝트는 2013년 9월 G20 정상회의에서 공식 출범하였고, 1986년 합의된 '국제 사업에 대한 과세' 이후로, 글로벌 조세 및 초국적 기업 행태에 가장 큰 변화를 가져올 것으로 예상된다. 또한 이 프로젝트는 기술의 발달에 따른 상행위의 변화에 발맞추어 국제 제도가 역동적으로 변화해 갈 필요가 있음을 국제 사회가 인식하고 있음을 보인다.

2015년 11월에는 BEPS 대응을 위한 15개 '세부 과제(Action Plan)'가 확정되었다(표 1 참조). 이어 2016년 2월에는 BEPS 프로젝트의 전 세계적 이행을 위해 '포괄적 이행 체계(Inclusive Framework)'

표 1 BEPS 15개 과제 및 국내 추진현황

과제명		BEPS 이슈	국내 추진현황
Action 1	디지털경제	인터넷 사업 등 디지털경제에서 신규 과세 문제 발생	(2014년) 해외에서 공급하는 앱·게임 등에 부가가치세 과세 (2018년) 과세 대상 확대(클라우드컴퓨팅, 광고, 중개용역 등)
Action 2	혼성불일치 해소	국가 간 세법 차이에 따라 양국에서 이중 비과세되는 혼성상품 등장	(2017년) 혼성불일치 방지제도 도입
Action 3	특정 외국법인 유보소득 과세 강화	해외 자회사 소득을 본국에 배당하지 않고 장기 유보 → 유보소득 배당 간주	관련 제도 이미 운영 중
Action 4	이자비용 공제제도	과도한 차입(이자비용)을 통해 원천지국 과세회피 → 비용공제되는 이자범위 제한	(2017년) 소득 대비 과다이자비용 공제제한 제도 도입
Action 5	유해조세 제도 폐지	국가 간 이동성이 높은 활동(IP)에 대한 경쟁적 조세감면 → 각종 조세지원의 유해성 판단 및 정보교환 등 투명성 제고	(2017년) 이전가격 사전 승인 자료 국가 간 정보교환 허용 (2018년) 외국인 투자기업 법인세 감면 폐지
Action 6	조약남용 방지	명목회사 설립 등을 통해 조세조약 수혜 자격을 부당하게 취득 → 조세조약 혜택을 적용받을 수 있는 법적 지위 제한	(계속) 조세조약 제·개정 시 반영 중
Action 7	고정사업장 회피 방지	단기계약체결 등 고정사업장 회피	(2018년) 국내사업장 범위 확대
Action 8~10	이전가격 세제 강화	무형자산 및 경영상 위험에 관한 거래를 통해 저세율국으로 과세소득 이전 → 실질적 기여도에 따라 소득 분배	(2018년) 합리성이 결여된 거래의 재구성·부인 근거 명확화
Action 11	통계분석	기업의 조세회피 전략에 대한 과세 당국의 정보 부족 → 조세회피 전략을 수립·권고한 로펌·회계법인 등에 강제적 보고의무 부여	〈입법 검토〉
Action 12	강제적 보고		
Action 13	이전가격 문서화	과세 관청이 입수하는 이전가격 정보 불충분 → 다국적기업에 대해 이전가격 자료 제출 의무 부여	(2015년) 개별·통합 기업보고서 (2016년) 국가별 보고서 도입
Action 14	분쟁해결	조약 당사국 간 분쟁해결 능력 미약 → 상호 합의 절차 개선	(2016년) 원천지국에서도 상호 합의 신청 허용
Action 15	다자간 협약	BEPS 권고사항을 각국 양자 조세조약에 반영하는 데 오랜 시간 소요 → 다자간 협약 개발	(2017년) 다자간 협약 가입

주: 이행 강제력 수준에 따라 최소기준(Minimum Standard, Action 5/6/13/14, 강한 이행 의무 부여), 공통접근(Common Approach, Action 2/4, 강한 이행 권고, 향후 최소기준으로 발전 가능), 모범관행·권고(Best Practice, Action 3/12, 선택적 도입)로 나누어짐.
출처: 기획재정부, 보도참고자료-최근 EU 등의 다국적 IT기업에 대한 법인세 과세 관련 설명자료, 2019. 2. 14.

표 2 OECD-EU 과세안 주요 내용

	OECD Interim Report (3.16)	EU 집행위 과세안 (3.21)
단기 대책	디지털 서비스 매출액에 일정 세율 (EU안: 3%)로 과세	
도입 여부	미합의사항 → 도입 미권고	회원국 전원합의 시 도입의무 발생
장기 대책	'중요한 디지털 실재' 등 새로운 고정사업장 개념 도입	
향후 계획	~2020년까지 최종보고서 완성	지속 논의

출처: 기획재정부, 보도참고자료-최근 EU 등의 다국적 IT기업에 대한 법인세 과세 관련 설명자료, 2019. 2. 14.

가 구축되었으며, 이에는 OECD 회원국뿐 아니라 참여를 원하는 비회원국들도 포함되었다. 비회원국들이 참여하는 이유는 OECD BEPS에서 수립되는 규범이 전 지구적 규범의 준거틀이 될 수 있기 때문이다.

최근 2018년 3월에 발표된 디지털경제 장단기 과세방안을 담은 OECD-EU에서의 잠정(중간)보고서가 주목받았다(표 2 참조). 비록 아직 보고서의 형태이고 합의 사안이라 볼 수 없지만, 어떠한 사안들에 대해 논의가 진행되고 있고, 합의가 추진되는지 알 수 있다. 주요 논의 사항은 고정사업장 및 과세권 배분원칙 등의 디지털세이다. 주로 논의를 주도하고 있는 국가들은 OECD 그리고 EU 내 선진국들이며, OECD는 장기대책을 중점적으로, EU는 회원국 간 단기대책을 중심으로 합의를 추진 중임을 볼 수 있다. 만일 EU 회원국 간 합의가 이루어진다면, EU 시장 규모로 보아 유럽 지역 내에만 국한되지 않고, 전 세계적 규범설정에 파급력이 클 것으로 예상된다. 2018년 3월 21일 EU 집행위원회가 제시한 디지털세 부과 방안에 따르면, 2020년부터 연 매출 7억 5,000만 유로 이상이거나 유럽 내 매출액 5,000만 유로 이상인 IT 기업에 연 매출의 3%를 세금으로 부과하는 제도를 설립하고자 한다. 초국적 기업들의 경우, 여러 나라에서 사업을 하고 있기 때문

표 3 BEPS Action 13 이전가격 문서 도입 현황 (2019.9)

국가	법제화 현황	통합기업파일 제출대상	개별기업파일 제출대상	국가보고서 제출대상	최초 적용	미신고가산세	MCAA
한국	입법 완료	매출액 1000억 초과 / 국제거래 500억 초과			2016	3000만 원 이상	서명
호주	입법 완료	전세계매출 10억 호주달러 이상			2016	500호주달러 이상	서명
중국	입법 완료	재화거래 2억 위안, 기타거래 4000만 위안 이상		연결매출액 50억 위안 이상	2016	2000-50000 위안	서명
덴마크	입법 완료			전년도 연결매출액 56억 덴마크 크로네(약 7억 5천만 유로) 초과	2016	가산세 있음	서명
프랑스[4]	국가별 보고서 입법 완료			연결매출액 7.5억 유로 초과	2016	1만 유로	서명
독일	법안 통과	전년도 그룹 총매출액 1억 유로 이상 다국적 그룹 내 내국 기업		연결매출액 7.5억 유로 초과	2016		서명
인도	개정안 발표 예정			연결매출액 7.5억 유로 초과	2016		서명
아일랜드	법안 통과			연결매출액 7.5억 유로 초과	2016	1.9만 유로 이상	
이탈리아	법안 통과			연결매출액 7.5억 유로 초과	2016	1만-5만 유로	
일본	입법 완료	전년도 매출액 1000억 엔(약 8.2억 달러) 초과	무형자산거래 3억 엔 이상, 기타 거래 50억 엔 이상	전년도 매출액 1000억 엔(약 8.2억 달러) 초과	2016	가산세 있음	서명
멕시코	법안 통과	전년도 매출액 6.45억 멕시코페소(0.37억 달러) 이상		전년도 연결매출액 120억 멕시코페소 이상	2016		
노르웨이				연결매출액 65억 크로네(약 7.3억 달러) 이상	2018		서명
네덜란드[5]	입법 완료	네덜란드에서 납세의무 있는 경우		연결매출액 7.5억 유로 초과	2016	2만 250유로 이상+형사 처벌 가능	서명
폴란드[6]	법안 통과	전년도 매출액/비용이 0.2억 유로 초과	거래별 중요성 기준 초과	연결매출액 7.5억 유로 초과	2016		서명
남아프리카공화국				연결매출액 100억 란드(약 6.7억 달러) 초과	2016		서명
스페인[7]	법안 통과			연결매출액 7.5억 유로 초과	2016		서명
스위스	개정안 발표 예정			연결매출액 9억 스위스프랑(7.5억 유로) 초과	2018		서명
영국[8]	국가별 보고서 입법 완료			전년도 연결매출액 5.86억 파운드(약 7.5억 유로) 이상	2016		서명
미국[9]	국가별 보고서 입법 완료			전년도 연결매출액 8.5억 달러 초과	관련 법안 공표 이후		불참
핀란드[10]	개정안 발표	종업원 수 250명 이상, 매출액 0.5억 유로 이상, 총자산 0.43유로 이상		연결매출액 7.5억 유로 초과	2016	최대 2.5만 유로	서명
벨기에	개정안 발표 예정			연결매출액 7.5억 유로 초과			

주: MCAA(Multilateral Competent Authority Agreement on the Exchange of Country-by-Country Reports; 국가별보고서 교환을 위한 다자간협정) 협정 체결 국가는 가입국들과 국가별보고서를 매년 교환하게 됨.
출처: 이상은, "연매출 1000억 넘는 기업, 내년 3월까지 'BEPS 보고서' 제출해야." 『한국경제』, 2016년 1월 26일 및 한국조세재정연구원 BEPS 대응센터 자료를 기반으로 저자 작성.

에, 수익 구조와 납세 상황에 대한 통합적인 정보를 취득하기 어렵다. 이에 따라 정보를 교환하기 위한 국제적인 공조가 형성되고 있다(표 3 참조).

2018년 3월 발표된 보고서에 따르면 2020년 1월부터 EU 디지털 세(소위 '구글세')가 시행 예정으로 논의되었다. 이러한 EU의 단기대책과 관련하여, WTO 비차별 원칙에 따라 디지털 서비스 공급에 대한 과세는 내·외국 법인에 모두 적용되는데, 만일 단기대책이 시행될 경우, 내국 법인은 자국에서 내는 법인세와 해외에서 내야 하는 세금의 중복과세가 우려되었다. 그뿐 아니라, 만일 자국이 매출세를 도입하여 국내에서 활동하는 해외 IT 기업으로부터 징세를 할 경우, 타 국가도 매출세 도입으로 대응할 수도 있다. 이는 해외에 진출한 자국 기업 및 관련 산업의 가격 경쟁력이 하락하는 부정적 효과가 생길 수 있음을 의미한다. 이러한 우려는 특히 발달된 IT 산업을 가지고 많은 해외 IT 기업의 본국에 많다. 각국의 IT 산업 발전 정도가 EU뿐 아니라 OECD 내에서 이견을 낳고 있다. 이러한 대립되는 이해관계로 인해 논의의 진행이 더뎌지고, 합의가 어려울 것이라는 전망도 나온다.

4   홍콩과 국가별보고서 교환협정 체결.
5   미국과 국가별보고서 교환협정 체결. 다국적기업의 최종 모회사의 소재국이 국가별보고서 제도를 도입하지 않았거나 국가별보고서 자동교환체계 부재 시, 네덜란드 소재 법인이 모회사를 대신해 네덜란드 과세당국에 직접 신고할 수 있도록 함.
6   통합기업파일 및 개별기업파일은 2017년부터 적용.
7   이전가격문서화 관련 EU 규정의 내용에 부합하도록 관련 법인세법령을 수정함.
8   과세 당국이 납세자에게 이전가격 관련 정보를 요구할 수 있는 충분한 권한을 가지고 있어서 통합기업파일 및 개별기업파일 제출 의무화를 도입할 것으로 기대되지 않음. 영국 재무부에 국가별보고서 공개권한을 부여할 것을 확정함(2016.9.5.).
9   2018년 4월 19일 기준. 32개국과 국가별보고서 교환을 위한 양국협약 체결. 특정 국가 보안업체에 대한 국가별보고서 별도 작성지침 발표.
10   국외특수관계자와 거래규모 50만 유로 이상의 경우, 통합기업파일 및 개별기업파일에 해당사항 제출의무 면제.

2. '디지털세' 이행의 동학: 프랑스, 영국 그리고 스페인

1) 프랑스의 디지털세 시행

해외 IT 대기업에 대한 조세 제도의 역외 적용의 논의는 2000년대 중반부터 이미 논의되어 왔었다. 1990년대 인터넷의 상업화가 급속히 진행되면서, 기업들의 인터넷을 사용한 새로운 상행위는 막대한 부를 창출해냈고, 이에 대한 적절한 세금의 징수가 거론된 것은 당연하다. 그러나 실질적이고 효과적인 움직임은 최근에 들어서야 나타나기 시작했다고 볼 수 있다.

'구글세'도 EU 중심으로 2000년대 중반부터 논의되어 왔으나 10여 년 만에 현실화되고 있다. 프랑스는 이러한 움직임에 선두에 서 있는데, 비록 EU가 2020년 1월 1일부터 디지털세를 도입할 예정이라 밝혔으나, 프랑스는 EU에 앞서 최초로 독자적 과세의 행보를 보였다.[11] 프랑스는 거대 IT 기업들을 대상으로 연간 총매출액 3% 기준뿐 아니라, 광고수익, (아마존과 같은)플랫폼 매매 수입, 개인정보 매매 수익 기준으로도 세금을 부과하기로 하였다. 이에 따라 실제 2019년 2월 애플은 프랑스에 지난 10년간 체납한 세금 5억 유로(약 6400억 원)를 납부하기로 정부와 합의하였다.

프랑스는 어떻게 거대한 IT 기업으로 하여금 이런 합의를 할 수 있게 하였는가. 이는 국가와 다국적 기업과의 관계를 탐구하는 연구에 있어 중요한 질문이며, 동시에 여러 나라가 시도하여 실패한 전례를 보아도, 어리둥절하게 만드는 질문이기도 하다. 합의 과정 혹은 합의 내용에 대한 정확한 자료가 없는 제한상, 상황 조건과 이론적 추론

11　2018년 12월 17일 프랑스 재경부 장관 브뤼노 르 메르의 발표.

을 통해 이 질문에 답해 나가고자 한다.

프랑스가 디지털세 역외 적용을 독자적으로라도 추진하려고 했던 배경에는 EU 내 합의 전망이 불투명했기 때문이다. EU집행위원회가 제안한 디지털세 도입안이 확정되려면 EU회원국의 만장일치와 유럽의회의 동의가 필요하다. 그런데 EU 내 디지털세에 해당하는 기업이 대략 150여 개로 추산되는 가운데, 그 절반 이상이 미국 기업인 상황이다. 각 국가들마다 글로벌 IT 기업들의 위상이 다르다. 미국 기업이 시장 지배력이 큰 나라들은 당연히 디지털세에 반대하고자 한다. 그 기업들로부터 얻는 이익이 크기 때문이다. 이에 따라 회원국 간 이해관계가 갈리고 있다. 프랑스, 이탈리아, 스페인, 포르투갈, 영국은 프랑스에 찬성하는 입장이다. 반면, 자국에 글로벌 IT 기업의 본사를 두고 있는 아일랜드(페이스북, 구글, 마이크로소프트, 애플), 룩셈부르크(아마존), 스웨덴(스포티파이), 덴마크 등의 국가는 크게 반대하고 있다.[12] 한편, 미국의 관세보복을 우려하는 독일, 스웨덴, 핀란드는 유보적인 입장을 표명하였다(2019년 1월 기준).

이러한 배경에 프랑스의 디지털세에 동력을 실어준 국제적 그리고 국내적 조건이 형성된다. 2018년 3월에 OECD BEPS 프로젝트의 합의문이 발표되고, 2019년 7월에는 프랑스 샹티에서 폐막한 G7 재무장관 회의에서 디지털세 부과에 대한 원칙적 합의 성명이 발표된다. 다자주의적 정치적 합의가 이루어지는 한편, 영국에서는 2019년 1월 애플이 조세회피 혐의로 현지 국세청으로부터 1억 3600만 파운드(약 2000억 원)의 세금이 부과되어 이를 추과 납부하기로 된 사건이 일어

---

12 *Financial Times*. "EU states fail to agree plans for digital tax on tech giants." November 6, 2018. (최종검색일: 2019.9.30.) https://www.ft.com/content/75eb840a-e1bc-11e8-a6e5-792428919cee

났다. 이러한 국제적인 동향은 프랑스의 디지털세 추진에 순풍으로 작용했다.

국내적 요인들로는 우선 프랑스 정부의 강력한 의지를 들 수 있다. 과세 시도에 대한 애플의 반발이 존재했던 것은 당연하다. 그러나 그 반발에 위축되지 않고, 법률을 만들어서라도 바로잡겠다고 강공으로 나오자 애플은 합의로 선회하였다. 이러한 강력한 의지를 뒷받침했던 이유로 세수 확보라는 정치적 필요가 존재했다. 에마뉘엘 마크롱 대통령은 애초 공약에 세수 공백, 약 100억 유로를 채울 것을 내걸었으며, 이를 위해 유류세 등 세금 인상안을 제안했으나, 반정부 시위대인 '노란조끼'의 반발로 잇따라 불발되었었다. 그런데 디지털 세수익으로 2019년 한 해 만 5억 유로가 가능할 것으로 보이자, 일부의 세수 확보를 위해 구글세 도입에 적극적으로 나선 것이다.[13] 참고로, 초국적 IT 기업들에 대한 과세가 기존에 없었던 것은 아니다. 2019년 1월 기준으로 구글은 1,400만 유로, 애플은 1,900만 유로, 아마존 800만 유로, 페이스북 190만 유로, 우버 140만 유로가 부과되고 있었으며, 단, 넷플릭스에는 부과되는 세금이 없었다. 이와 같이 기업들은 이미 어느 정도 납부하고 있는 상황에서 추가적으로 징수가 시행되는 것이다.

이러한 정부의 의지와 함께, 국내에서는 글로벌 IT 기업 과세에 대한 국민적 합의가 존재했다. 이러한 합의는 넓게 공유된 공통된 인식에 기반하는데, 예를 들어, 구글, 애플, 페이스북과 같은 글로벌 IT 기업들은 수익이 충분해 디지털세가 큰 부담이 크지 않을 것이라는 인식이 국민들 사이에 존재했었다. 또한 과제로 인해 미국으로부터 무역보복과 같은 국제적 갈등이 불거진다고 하더라도 강행해야 한다는

13 　김익현. "프랑스, 왜 구글세 먼저 치고 나왔나." 『ZDNet Korea』, 2018년 12월 18일. (최종검색일: 2019.9.30.) https://www.zdnet.co.kr/view/?no=20181218142445

여론이 강하게 존재했다.[14] 국민들 사이에서뿐 아니라, 학자들 간에도 '디지털 주권' 회복을 위해 미국 기술에의 과도한 의존에서 탈피할 필요가 있음이 주장되었다. 그리고 '디지털 주권'이라는 개념을 통해, 세금, 개인정보, 지적재산권에 대한 규제뿐 아니라, 유럽만의 기술개발 및 산업진흥 노력의 필요를 주창하고 있었다.[15]

물론, 이러한 과세 움직임에 대한 우려도 프랑스 내에 존재했다. 무역보복의 우려가 대표적인데, 실제 독일은 미국의 자동차세 관세보복에 대한 우려로 디지털세 도입을 주저하고 있다. 동유럽 국가들도 디지털세 도입으로 인해 거대 IT 기업들의 자국 내 투자가 줄어들 것에 대한 우려를 가지고 있었다. 프랑스 정부도 '스타트업 네이션'을 목표로 내걸었는데, 디지털세의 도입으로 '스타트업' 기업들이 이중과세를 부담해야 하거나 상대국으로부터 보복 관세를 받았을 수 있는 가능성도 있었다. 이에 프랑스 정부의 '스타트업 네이션' 정책과 일관성이 없어 보인다는 비판도 있었다.

2) 영국의 디지털세 시행

영국도 다국적 IT 기업에 디지털세 과세를 추진 중에 있다. 사실 디지털세는 프랑스보다 앞서 영국이 2017년 11월에 제기한 바 있다. 디지털세가 EU 국가들에서 다른 어느 지역의 국가들보다도 먼저 제기되는 배경에는 거대한 이용자 시장의 존재뿐 아니라, 역내 국가들 사이에서의 법인세율 격차가 큰 것에도 기인한다. 즉, EU 지역에 진출한 기업

---

14   KOTRA. "해외시장뉴스" (최종검색일: 2019.9.30.) http://news.kotra.or.kr/user/globalBbs/kotranews/5/globalBbsDataView.do?setIdx=244&dataIdx=176704

15   이가영. "구글·애플·페북에 점령당한 프랑스… 국가의 가치와 원칙을 지켜라." 『중앙일보』, 2018년 6월 14일. (최종검색일: 2019.9.30.) https://news.joins.com/article/22713937

들은 회원국 한 곳에만 본부 법인을 두고 거기서 세금을 내면 되기 때문에, 세금 격차는 과세회피 수단으로 종종 사용된다. 예를 들어, 글로벌 IT 기업들은 주로 법인세율이 낮은 아일랜드, 네덜란드, 룩셈부르크 등에 본부를 둔다.

2019년 7월 11일에는 영국 재무부가 프랑스와 같은 내용의 세금 도입을 천명한다. 이에 따르면 글로벌 연수익이 5억 파운드(약 7,390억 원) 이상이고, 영국 내 수익이 2,500만 파운드(약 369억 원)가 넘는 대형 IT 기업에 '디지털 매출'의 2%를 세금으로 부과하고자 한다. 이 발표가 도널드 트럼프 미국 대통령이 프랑스 디지털세에 대한 불공정성 조사와 관세보복을 시사했음에도 불구하고 나온 것에 주목할 필요가 있다. 즉, 미국의 무역보복 가능성에도 그리고 미국과의 정치적, 경제적 그리고 외교적 갈등의 가능성에도 불구하고 나온 것은 추진하고자 하는 영국의 강력한 의지를 보인 것이다.

이러한 영국의 디지털세 추진 배경과 과세 합의의 성공을 이끌었던 요인은 다음과 같다. 첫째, EU 내 합의 전망의 불투명성은 위의 프랑스 사례에서와 같이 유사하게 작용하였다. 다자 합의의 불가능성 혹은 지난함은 영국으로 하여금 독자적으로 우선하여 추진케 하는 이유를 제공하였다. 둘째, 상기한 2019년 7월의 주요 7개국 정상회담(G7)에서 최소세율 디지털세 도입 합의가 발표되었고, 이에 국제적인 분위기가 무르익는 듯하였다. 더욱이 영국 재무부가 7월 12일에 발표하기 전에, 프랑스 디지털세 3% 부과 법안이 상원에서 7월 11일에 통과되었다. 이에 디지털세 추진 부담이 더욱 줄어든 것으로 볼 수 있다. 그뿐 아니라 스페인, 이탈리아, 오스트리아도 도입을 준비 중이며, 유럽 외에는 뉴질랜드도 도입을 준비 중이라 알려졌다.[16]

국제적 흐름뿐 아니라 국내적으로 과세를 위한 정치적 대의와 필요가 존재했다. 영국 재무부는 "디지털세 국제 표준이 장기적으로 정착되기 전까지 디지털 서비스 분야의 세금 체계를 공정하면서도 경쟁력 있게 유지하기 위한 것"이라고 이유를 밝혔는데, 이에 따라 거대 IT 기업에는 과세를 하면서, 스타트업 보호 차원에서 영국 내 중소기업이나 적자를 보는 기업에는 적용하지 않을 것임을 밝혀, 정치적 부담을 최소화했다. 더욱이 거대 IT 기업들이 돈을 많이 벌어가면서 세금을 적게 내는 관행들에 대해서 국민들의 인식이 악화되면서, 이에 대한 시정이 필요하다는 여론이 비등하였다. 무엇보다 국가에 총체적 불안정성을 가져올 수 있는 초유의 브렉시트 사건을 앞두고, 무엇보다 영국에게 추가적인 세수의 필요가 클 것으로 생각하게 하였다. 이에 영국은 디지털세를 적용할 경우 4억 파운드(약 5,855억 원)의 추가 수입을 올릴 수 있을 것으로 내다보고 있다.[17]

국내에서의 과세에 동력을 더한 것은 새로운 세수에 대한 필요뿐 아니라, 영국 시장이 내포하고 있는 시장으로서의 매력도 있다. 영국은 영어 사용 국가이며 고급인력이 풍부하다는 강점이 있다. 이 때문에 구글, 페이스북과 같은 글로벌 IT 기업들이 선호하는 곳으로 꼽히는데, 구글, 스탭, 애플 등은 2018년도에도 영국 사무소를 확장 중이었다. 이러한 영국 시장의 특성은 영국 정부가 더욱 협상력을 가질 수 있게 할 수 있었고, 글로벌 IT 기업들의 철수 위협에 굴하지 않고 과세의 가능성도 높였다.

물론, 영국 내에서도 '디지털세' 시행에 대한 우려가 존재한다. 추

---

16   전채은. "프랑스·영국 이어 뉴질랜드도 구글세 도입." 『동아일보』, 2019년 2월 19일. (최종검색일: 2019.9.30.) http://www.donga.com/news/article/all/20190219/94198928/1

17   김익현. "영국의 구글 '디지털세' 공세, 성공할까." 『ZDNet Korea』, 2018년 10월 30일. (최종검색일: 2019.9.30.) https://www.zdnet.co.kr/view/?no=20181030143814

가적 세금의 징수는 글로벌 플랫폼 사업자들이 다른 곳으로 이전할 가
능성을 높이며, 미국 기업이 추가적 투자를 거부할 수 있다. 나아가 국
가 대 기업의 관계가 국가 대 국가로 비화되어, 유럽국가 대 미국 기업
이 아니라 유럽국가 대 미국 간 갈등으로 확산될 수 있다. 실제로 미국
은 프랑스 디지털세에 대한 불공정성 조사와 관세보복을 위해 '무역법
301조'라는 강수를 내비쳤다. 유럽 내에서도, 미국 IT 기업을 겨냥한
다고 하지만 다른 유럽 기업에게도 피해를 주는 등 불공정한 세법이라
는 지적이 있다. 일례로 스포티파이와 부킹 닷컴 등 유럽의 16개 IT 기
업 최고경영자들은 공동명의로 EU 28개국 재무장관들에게 서한을 보
내며 호소하였다.

3) 스페인의 '링크세' 시행

위의 프랑스와 영국의 사례에서 글로벌 IT 기업으로 대표되는 구글이
디지털세의 과세에 합의한 것과는 달리, 스페인은 과거 2014년에 링
크세 시행에 실패한 바 있다. 2014년 10월에 스페인 의회는 링크세 법
안을 통과시켰었다. 링크세 법안은 기사를 웹페이지에 링크할 경우 원
저작자에 비용을 내도록 하는 법안이다. 즉, 구글과 야후를 비롯한 글
로벌 포털이 스페인 언론의 뉴스를 링크하거나 비중 있게 언급한 경우
해당 언론에 일정 비용을 내야 하는 것이다. 법안 지지자에 의하면 법
안이 시행될 경우 신문업계가 8,000만 유로(약 1,080억 원)의 추가 수
익이 발생될 것으로 예상되었다.[18] 그리고 이 법을 어길 경우, 60만 유
로(약 8억 2,000만 원)까지 벌금을 부과할 수 있었다.

　이 법안이 도입된 배경에는 수익 악화로 고전 중인 스페인 신문

18　https://news.chosun.com/site/data/html_dir/2014/08/21/2014082101077.html

산업의 보호라는 목적이 있었다. 그리고 법안의 통과에는 스페인 신문 발행인협회(AEDE)의 로비 영향력이 적지 않았다.[19] 이들이 적극적으로 로비를 한 배경에는 광고 수익이 급격히 하락한 맥락이 있었다. 스페인 독자가 신문이나 잡지를 구독하는 대신에 구글에서 기사를 검색하여 온라인 기사에 접속하기 때문에, 2007년 20억 유로에 달했던 광고수익이 2013년에는 절반 이하인 7억 유로가 되었다.

링크세 도입으로 스페인 신문업계는 상기의 추가 수익을 벌어들일 것으로 예상했으나, 동일한 조치가 다른 나라로 확산할 것을 우려한 구글은 오히려 강수로 응수하였다. 구글은 2014년 12월 16일부터 구글 뉴스에서 모든 스페인 언론사를 제외하였다. 이에 스페인 언론사로 흘러가던 외부 트래픽이 평균 10~15% 하락하게 된다.[20] 이러한 변화에 AEDE는 오히려 손해가 더 큼을 알아차리고 기존 법안에 대한 지지 의견을 철회하게 된다.

구글이 구글 뉴스에서 모든 스페인 언론사를 제외하는 강수로 응수하여, 스페인의 링크세 시도가 좌절된 것에는 스페인 정부의 무리한 정책도 하나의 이유로 작용하였다. 스페인 정부는 스페인에서 제공되는 검색 엔진에 언론사 기사가 링크될 때마다 해당 언론사에게 저작권료를 지급하도록 했었다. 이와 달리 다른 나라의 경우 좀 더 유연한 규제를 마련하였었다. 독일의 경우 뉴스링크와 짧은 발췌문에는 사용료 면제 예외조항을 설치했었고, 프랑스도 구글이 단편적인 뉴스에 사용료를 내지 않는 대신 언론지원 기금으로 6천만 유로를 내놓게 하였을

19   안상욱. "'구글세' 걷으려던 스페인 언론, 백기투항." 『BLOTER』, 2014년 12월 17일. (최종검색일: 2019.9.30.) http://www.bloter.net/archives/215621

20   Mathew Ingram. "External traffic to Spanish news sites plummets after Google move." *GIGAOM*, December 16, 2014. (최종검색일: 2019.9.30.) https://gigaom.com/2014/12/16/traffic-to-spanish-news-publishers-plummets-after-google-move

뿐 아니라 구글 플랫폼에 언론사 광고를 실어주기로 하였다.

과거 스페인의 링크세 도입 과정의 실패에도 불구하고, 최근 EU 의 '저작권법'이 2019년 4월에 최종 승인된 배경을 보게 되면, 규제의 성공적 도입과 시행에는 규제 자체의 내용뿐 아니라 정치·경제·기술 적 조건들이 중요했음을 볼 수 있다. 첫째, EU 시민의 사용자 수 증가 와 시장의 확대에 따른 협상력 우위에서 비롯된 자신감을 볼 수 있다. 단일 국가인 스페인에 비해 EU 전체는 5억 인구에 달하며, 구글도 유 럽 지역 구글 뉴스 트래픽을 스페인 사례 때와 같이 포기하기 어렵다. 둘째, EU 저작권법은 유럽연합의 '디지털 주권' 향상을 위한 전반적인 움직임 가운데 하나이다. 저작권법의 발의 및 채택은 사실상 유럽 내 개인정보 보호를 위한 '유럽개인정보보법(GDPR)' 이후의 후속 조치 이다. 이러한 일련의 정책들 중에 하나로 도입되었기 때문에, 이러한 구조적 방향성에 기업이 저항하는 것은 쉽지 않다.

셋째, 비슷한 맥락에서, 저작권법 도입은 단순한 저작권 보호를 위한 법률 이상으로, 국가 대 기업 및 국가 대 국가 차원의 공세적인 인터넷 권력 게임의 시작이라 볼 수도 있다. 국내 디지털 정보를 어떻 게 관리할 것인가에 관한 규제를 넘어, 국가 간 정보 이동에 관한 글로 벌 거버넌스에 영향을 미치는 사안이기 때문이다. 그뿐 아니라 관련 산업들의 성쇠는 국가 경제에 큰 함의를 가지고 있기 때문에, 단순히 기업 경영 방침에 관한 사안이 아니라 국가가 주도적으로 개입해나갈 필요가 있는 사안이기 때문이다.

추가적으로, IT 기업들의 수익 모델이 변하는 데 따른 법리적 패 러다임의 변화도 EU 저작권법 도입의 배경이기도 하다. 즉, 법리적 패 러다임이 기존과는 다르게 저작권 침해자뿐 아니라 침해의 작품을 올 리는 사업자들에게도 저작권 침해의 책임을 묻는 방향으로 패러다임이 변화하고 있다. 이는 사업자들이 그러한 작품들로부터 큰 수익을 얻고 있는 것과도 무관하지 않다. 큰 수익에 대한 책임성도 커지고 있음을 볼 수 있다. 마지막으로, 기술의 발달을 들 수 있다. 저작권 침해를 감지하고 통제할 기술적 수단들이 발전함에 따라 사업자들은 책임을 회피하기 어렵게 되었다.

V. 결론: 요약과 함의

본 연구는 기술 발달에 따른 초국적 ICT 기업들의 상행위의 변화와 그에 따른 주권 국가의 규제 생성의 정치적 역학을 분석했다. OECD BEPS라는 국제적 흐름과 역차별 시정에 대한 요구 및 과세의 정치적 필요성이 국내적으로 공진하며, 법리적으로는 해결되기 어려웠던 규제의 역외 적용이 현실화되었다. 물론, 프랑스와 영국이 가지는 국력의 특수성을 감안할 때, 다른 나라에서 쉽게 모방될 수 있는 사례는 아니지만, 이들의 선례가 가지는 전 지구적 글로벌 거버넌스에 대한 함의는 인식될 필요가 있다.

현재, 한국에서도 구글과 애플은 매년 수조 원대 매출에 대한 세금을 회피하고 있으나, 영국과 프랑스가 추진하는 디지털세가 한국에서 조만간 추진될 가능성은 크지 않아 보인다. 여러 요인이 있을 수 있으나, 본고의 분석된 사례와 비교해 보았을 때, 과세 근거 부재 및 정부의 약한 과세 의지 부재가 핵심적이라 할 수 있다. 정부의 기본입장은 2020년 OECD 최종보고서가 나오면 국제사회의 움직임에 따라 대응하겠다는 것으로, 다소 소극적이다. 또한 정부는 조세회피에 대해서도 과세권 확보에 노력하겠다는 공식 입장을 내놓았을 뿐, 유럽과 같은 자국 주도의 적극적 행동을 취하려는 태도는 아직까지 없었다. 비록 2019년 7월부터 글로벌 IT 기업의 부가가치세 과세 범위를 확대하는 법안이 시행되고 있기는 하지만, 조세회피의 핵심인 법인세 및 디지털세와는 거리가 멀다.

　이러한 정부의 조심스러운 입장은 다음 사안들을 고려하지 않을 수 없기 때문이라 생각된다. 첫째, 국내에서는 네이버의 영향력이 커서 글로벌 IT 기업 과세에 의한 세수 확보 효과가 크지 않을 것이라는 예측이 있다. 둘째, 국가와 기업 간의 사안이 국가 대 국가 간 갈등 사안으로 비화될 수 있다. 즉, 많은 초국적 IT 기업들의 모국이 미국인데, 이들 기업들에 과세할 경우, 미국과의 외교적 마찰뿐 아니라 통상 압박도 받을 수 있다. 실제로 미국은 프랑스의 디지털세에 대한 불공정성 조사와 관세보복을 위해 '무역법 301조'라는 강수를 내비쳤다. 셋째, 국내 IT 기업이 해외 진출 시 역풍을 맞을 우려가 있다. 즉, 투자 국가에서 보복성 과세 대상이 될 수 있다. 넷째, 국내에서 이미 법인세를 내고 있는 상황에서, IT 기업에 대한 중복과세가 발생할 수 있다. 이러한 문제들에 대한 국내 및 국제통상 법제도 정비, 그리고 보복성 조치를 방지하기 위한 외교적 노력과 국제적 합의가 마련되지 않고는, 글로벌 IT 기업에 대한 역외 적용은 쉽지 않다.

　기술의 발전과 그에 따른 사적 영역에서의 기업들의 상행위의 변화는 국가의 제도적 적응을 불가피하게 만들었다. 서론에서 밝힌 바와 같은 국가의 이러한 초국적 행위자에 대한 '재주권화'의 필요성은 유례없던 현상들을 제시하며, 새로운 분석의 시도를 도전하고 있다. 본고가 다루었던 사례도 이례적이다. 국가 간 관세가 아닌 특정 국가의 국내 세제를 놓고 국가 간 갈등이 벌어지고 있기 때문이다. 그리고 그 갈등이 무역 갈등, 기술 경쟁, 패권 다툼과 연결되어, 궁극적으로는 큰 구조적 지각 변동으로 이어질 수 있는데, 이는 걸린 이해대립이 매우 첨예하기 때문이다. 이런 맥락에서 '재주권화'는 새로운 사안 영역의 주권 영역으로의 재편성뿐 아니라, 전통적인 주권 영역의 확장을 통해, 기존 주권 영역 외부에 있던 행위자에게도 국내 규제를 통해 영향을 미치려는 것으로 파악될 수 있다. 그리고 이는 필연적으로 초국적 행위자가 본래 속한 모국의 주권과 충돌하기 쉽다. 기술 발달과 그에 수반하는 국제사회 주요 행위자들의 행동 변화를 발 빠르게 파악하고, 이러한 변화에 대한 근본적 원인에 대한 이해를 도울, 새로운 학문적 개념화와 이론화의 시도가 요구된다.

참고문헌

김일환·이민영. 2015. "주요국가의 해외 불법·유해정보 및 인터넷 사업자
　　규제동향과 시사점."『해외 인터넷 서비스 사업자 실효적 규제방안 연구』. 서울:
　　방송통신심의위원회.
유인태 외. 2019. "해외의 인터넷 역외규제 사례에 기반한 국내 역차별 문제 해소 방안."
　　『정책연구용역보고서』. 서울: 국회입법조사처.
이승우. 2017. "'세금 논란'에 한발 물러선 페북, "광고매출 해당 국가별로 신고"."
　　『한국경제신문』(12월 14일), 19.
이찬근·김성혁. 2016. "Double Irish Dutch Sandwich(DIDS)를 통한 BEPS 프로젝트 고찰."
　　『조세학술논집』 32집 3호, 233-265.
이향선·이민영·김일환·이해영·김이진. 2015. "해외 불법·유해정보 및 해외
　　인터넷서비스사업자 규제 개선 방안 – 법·제도적 측면."『해외 인터넷 서비스 사업자
　　실효적 규제방안 연구』. 서울: 방송통신심의위원회.
이희정. 2013. "인터넷규제의 역외 적용 및 사이버공간에 대한 국제적 규범의 발전."『글로벌
　　법제와 정책연구』. 세종: 한국법제연구원.
장준영·박규홍·이민영·박창준·최유리. 2017. "행정규제 위반 해외사업자에 대한 집행력
　　확보 방안 연구."『방통융합정책연구』. 서울: 방송통신위원회.
최진응. 2017. "국내 인터넷 규제의 역외 적용 한계와 개선 과제."『현안보고서』. 서울:
　　국회입법조사처.

Babic, Milan, Jan Fichtner, and Eelke M. Heemskerk. 2017. "States Versus Corporations:
　　Rethinking the Power of Business in International Politics." *The International
　　Spectator* 52(4): 20-43.
Bennett, Andrew and Collin Elman. 2007. "Case Study Methods in the International
　　Relations Subfield." *Comparative Political Studies* 40(2): 170-195.
Gerring, John. 2004. "What Is a Case Study and What Is It Good For?" *American Political
　　Science Review* 98(2): 341-354.
Gilpin, Robert. 1987. *The Political Economy of International Relations*. Princeton:
　　Princeton University Press.
Goodley, Simon. 2017. "'Google tax' to Crack Down on Avoidance by Internet Firms in
　　UK." *The Guardian*. (11. 23.)
King, Gary, Robert O. Keohane and Sidney Verba. 1994. *Designing Social Inquiry:
　　Scientific Inference in Qualitative Research*. Princeton, NJ: Princeton University
　　Press.
Kobrin, Stephen. 1987. "Testing the Bargaining Hypothesis in the Manufacturing Sector
　　in Developing Countries." *International Organization* 41(4): 609-38.

Levy, Jack S. 2008. "Case Studies: Types, Designs, and Logics of Inference." *Conflict Management and Peace Science* 25(1): 1-18.

Lijphart, Arend. 1971. "Comparative Politics and the Comparative Method." *American Political Science Review* 65(3): 682-693.

May, Christopher. 2015. "Who's in Charge? Corporations as Institutions of Global Governance." *Palgrave Communications* 1: 1-10.

Moran, Theodore H. 1974. *Multinational Corporations and the Politics of Dependence: Copper in Chile.* Princeton, NJ: Princeton University Press.

Moss, Sebastian. 2016. "Koreans Want Google Data Center in Maps. Tax Dispute." *DCD News.* (8. 3.) 106.

Murphy, Margi. 2017. "Amazon to Pay € 100m to Settle Italy Tax Dispute." *Telgraph.* (12. 15.)

Paul. Fredric. 2014. "우버와 구글. "웬만해선 그들을 막을 수 없다."" *IT World* (11. 21.)

Robinson, William I. 2004. *A Theory of Transnational Capitalism. Production, Class, and State in a Transnational World.* Baltimore: John Hopkins University Press.

Sklair, Leslie. 2012. "Transnational Capitalist Class." *The Wiley-Blackwell Encyclopedia of Globalization.* UK: Wiley-Blackwell.

Thomsen, Simon. 2017. "Australia's 'Google Tax' Has Been Approved." *Lifehacker* (3. 28.)

Vernon, Raymond. 1971. *Sovereignty at Bay. The Multinational Spread of US Enterprises.* London: Penguin.

Wendt, Alexander. 1998. "On Constitution and Causation in International Relations." *British International Studies Association* 24(5): 101-118.

제2부

디지털경제와 미중 경쟁

제7장

사이버 안보와 선도부문의 미중 패권경쟁[*]
복합지정학으로 본 화웨이 사태의 세계정치경제

김상배

[*] 이 논문은 원래 사이버 국제정치경제 공부모임 프로젝트의 일부로 기획되어 2019년에 걸쳐서 연구를 수행한 결과이며, 그 과정에서 "화웨이 사태와 미중 기술패권 경쟁: 선도부문과 사이버 안보의 복합지정학,『국제·지역연구』 28(3), (2019), pp.125-156로 출판되었음을 밝힙니다.

I. 머리말

최근 복잡다단해지고 있는 미중 경쟁의 단면을 가장 극명하게 보여주는 사례 중의 하나가 '화웨이 사태'이다. 미국 내에서 중국의 통신장비 업체인 화웨이와 관련된 사이버 안보 논란은 오래 전부터 제기되었지만, 미중 양국의 외교적 현안으로까지 불거진 것은 2018년 들어서의 일이다. 2018년 2월 CIA, FBI, NSA 등 미국의 정보기관들이 일제히 화웨이 제품을 사용하지 말라고 경고하고, 8월에는 미 국방수권법이 화웨이를 정부 조달에서 배제하기로 하더니, 12월에 이르러서는 화웨이 창업자의 맏딸인 멍완저우 부회장 겸 최고재무책임자(CFO)가 체포되는 사건이 발생했다. 2019년 초에는 미국이 우방국들에게 화웨이 제품을 도입하지 말라고 압박을 가하는 외교전이 벌어지더니, 5월에는 트럼프 대통령의 행정명령으로 국가비상사태를 선포하고 민간기업들에게도 화웨이와의 거래 중지를 요구하는 데까지 나아갔다.

이러한 일련의 과정에서 미국 정부는 화웨이 문제를 산업의 문제가 아닌 안보의 관점에서 봐야 한다고 강조했다. 화웨이 제품에 심어진 백도어를 통해서 미국의 사이버 안보에 큰 영향을 미칠 데이터가 빠져나간다는 것이었다. 이런 점에서 화웨이 문제는 '실재하는 위협'으로 부각되었으며, 이러한 담론에 근거해서 대내외적으로 화웨이 제재의 수위를 높여갔다. 이에 대해 화웨이와 중국 정부는 화웨이 제품에 대한 미국 정부의 의심과 경계는 객관적인 근거가 없으며, 오히려 주관적으로 위협을 과장함으로써 이를 통해 달리 얻고자 하는 속내가 있다는 논리로 맞섰다. 화웨이 제품의 사이버 안보 문제를 놓고 벌이는 미중 간의 '말싸움'은 앞으로 '창발'(創發, emergence)할 가능성이 있는 미래의 안보위협을 놓고 벌이는 담론정치의 전형적인 양상을 보여주고 있다.

그러나 이러한 안보담론 경쟁의 이면에 현실 국제정치의 이권 다툼이 자리 잡고 있음을 놓쳐서는 안 된다. 사실 화웨이를 둘러싼 미중 갈등의 기저에는 미래 선도부문(leading sector) 중의 하나인 5G 이동통신 부문을 중심으로 벌어지는 양국의 기술패권 경쟁이 있다. 실제로 최근 화웨이 견제에서 나타나는 미국의 행보는 중국의 '기술굴기'에 대한 견제의식을 노골적으로 담고 있다. 또한 이러한 기술굴기를 부당하게 지원하는 중국의 정책과 법·제도에 대한 강한 반감도 숨기지 않고 있다. 이러한 인식은 국가안보를 명분으로 내세운 전략적 수출입 규제와 이에 수반된 양국 간의 통상마찰로 나타났으며, 이례적으로 우방국들을 동원해서라도 화웨이 제품의 확산을 견제하려는 '세(勢) 싸움'의 양상으로 드러났다. 이런 점에서 화웨이 사태는 미래 글로벌 패권을 놓고 벌이는 미중 양국의 '지정학적 경쟁'을 방불케 한다.

이 글은 이렇게 복잡하게 전개되고 있는 화웨이 사태의 구조와 동학을 국제정치(경제)학 분야의 이론적 시각을 원용하여 체계적으로 이해하는 것을 목적으로 한다. 특히 기존 연구에서 기술패권 경쟁을 분석하는 데 활용되었던 네 가지의 이론적 논의를 이 글에서 제안하는 분석틀 개발의 디딤돌로 삼았다. 첫 번째는 국제정치이론 분야의 선도부문과 세계정치 리더십의 '장주기'(Long-cycle) 이론이고, 두 번째는 국제안보론 분야의 '코펜하겐 학파'에서 제시하는 '안보화'(Securitization) 이론이고, 세 번째는 1980–1990년대에 (정치)경제학 분야에서 출현한 '전략무역'(Strategic Trade) 이론이며, 마지막은 '행위자–네트워크 이론'(Actor-Network Theory, ANT)을 바탕으로 개발된 네트워크 외교전략에 대한 이론적 논의이다. 이 글이 궁극적으로 의도하는 바는 이들 논의를 유기적으로 엮어내는 이론적 분석틀을 마련하는 데 있다.

이를 위해 이 글은 '복합지정학'(Complex Geopolitics)의 시각을 제시한다(김상배 2015). 복합지정학은 지정학의 유용성을 인정하면서도, 오늘날 세계정치를 제대로 이해하기 위해서는, 전통 지정학을 넘어서 다양한 시각을 엮어내야 한다고 주장한다. 아무리 영토국가들의 자원권력 경쟁에 주목하는 현실주의적 '(고전)지정학'이 득세하더라도, 초국적 자본이 추동하는 지구화의 추세에 주목하는 자유주의적 '비(非)지정학'의 시각은 여전히 유용하다. 오늘날의 국가안보 문제에서 전통적 군사안보의 위협은 여전히 실재하지만, 비전통 영역의 안보위협이 지정학적 위기로 창발되는 담론정치의 과정을 보여주는 구성주의적 '비판지정학'의 시각도 필요하다. 게다가 탈(脫)지리적 공간으로서 사이버 공간을 매개로 전개되는 4차 산업혁명과 5G 이동통신 부문의 경쟁과 협력을 이해하기 위해서 이른바 '탈(脫)지정학'의 시각도 있어야 한다.

이러한 복합지정학의 시각에서 본 화웨이 사태는, 지정학적 경쟁의 양상에 비지정학과 비판지정학 및 탈지정학의 성격을 지닌 다양한 요소들이 연계되는 과정이다. 화웨이 사태에서 가장 눈에 띄는 것은 탈지정학적 성격을 지닌 5G 이동통신 부문에서 기술패권 경쟁이라는 명목으로 두 강대국 간의 지정학적 갈등이 발생하고 있다는 점이다. 이러한 지정학적 양상은 지구화의 상호의존 과정에서 구축된 글로벌 생산 네트워크의 변화라는 비지정학적 차원의 구조변동과도 연계되는데, 구체적으로 보호주의적 수출입 규제가 전략적으로 활용되고 기술·산업 정책 및 제도가 국제적으로 통상마찰의 원인이 된다. 이렇게 복합적인 양상을 보이는 화웨이 사태는 기술문제를 국가안보 차원으로 안보화하는 비판지정학적 담론정치에 의해 추동된다. 더 나아가 이러한 안보담론은 미국이 주도하는 '해양세력'과 중국이 앞장 서는 '대류세력'의 지정학적 대립구도를 탈지리적 공간인 사이버 공간으로 확대·강화시키고 있다.

　이 글은 크게 네 부분으로 구성되었다. 제2절은 선도부문의 기술패권 경쟁을 보는 기존 이론들을 소개하고 이들을 엮어서 보는 이론적 분석틀로서 복합지정학을 제시하였다. 제3절은 화웨이 통신장비의 사이버 안보 위협을 강조하는 미국의 안보화 담론정치와 미국의 기술패권에 대항하여 독자표준을 모색하려는 중국의 주권담론을 살펴보았다. 제4절은 화웨이 사태의 이면에 깔린 미중 기술패권 경쟁의 양상을 중국의 기술추격을 견제하는 미국의 행보와 이에 대항하는 중국의 정책 및 법·제도로 살펴보았다. 제5절은 화웨이 사태의 전개 과정에서 나타난 미중 양국의 외교전 양상을 미국의 우방활용 전략과 중국의 국제연대 전략을 대비하여 살펴보았다. 맺음말에서는 이 글의 주장을 종합·요약하고, 화웨이 사태가 미중 패권경쟁 전반에 주는 의미를 살펴보았으며, 아울러 한국이 취할 전략의 방향도 간략히 짚어 보았다.

II. 기술패권 경쟁의 복합지정학적 이해

1. 기술패권 경쟁의 이론적 이해

이 글이 기술패권 경쟁과 세계정치 변화를 분석하는 데 디딤돌로 활용한 국제정치(경제)학 분야의 논의들을, 기존 연구에 대한 검토를 겸해서, 살펴보면 다음과 같은 네 가지 이론을 들 수 있다. 이들 이론은 로버트 콕스(Robert Cox)가 제기한 권력의 세 가지 범주인 '물질적 능력', '관념', '제도' 변수의 상호작용과 그 와중에 형성 및 변화하는 역사적 구조로서의 '세계질서'라는 프레임워크에서 각기 하나의 개념적 층위를 다루는 것으로 이해할 수 있다(Cox 1981). 콕스의 프레임워크가 주는 유용성은 '물질적 능력'의 변화가 새로운 '사회세력'을 형성하고, '국가형태'의 변화를 초래하며, '세계질서'의 구도를 바꾸는 역사적 구조의 변화 메커니즘을 담아낸다는 데 있다. 이 글은 이러한 네 차원의 프레임워크에 근거해서 기술패권 경쟁과 세계정치 변환의 역사적 사례를 이해하고, 이를 오늘날 미중 경쟁의 사례에도 적용하였다.

　첫째, 국제정치이론 분야에서 진행된 선도부문과 세계정치 리더십의 장주기를 탐구한 조지 모델스키(George Modelski)와 윌리엄 톰슨(William Thompson)의 이론적 논의이다(Modelski and Thompson 1996). 역사적으로 선도부문에서 진행된 기술경쟁은 패권국과 도전국의 운명을 갈랐고, 이는 궁극적으로 국제정치의 구조변동을 야기했다. 20세기 전반 영미 경쟁이 그랬고, 20세기 후반 미일 경쟁이 그랬으며, 오늘날 미중 경쟁도 그러할 것이다. 이러한 점에서 볼 때, 오늘날의 선도부문은 4차 산업혁명 분야로 대변되는 정보통신기술 부문인데, 그중에서도 인공지능, 빅데이터, 클라우드 컴퓨팅, 사물인터넷, 그리고 이 글의 주제와 관련된 5G 이동통신이 해당된다. 장차 이 분야의 '물질적 능력' 확보 경쟁은 강대국들의 '상대적 지위변화'를 유발함으로써 글로벌 패권의 향배에 지대한 영향을 미칠 것으로 예견된다.

　둘째, 국제안보론 분야에서 베리 부잔(Barry Buzan)으로 대변되는 '코펜하겐 학파'에서 제시한 '안보화' 이론이다(Buzan and Hensen 2009). 탈냉전과 탈근대 시대의 국제안보는 객관적으로 실재하는 위협인 동시에 주관적으로 구성되는 위험이라는 시각에서 연구되어 왔다. 기술안보 분야에서도 선도부문 경쟁의 결과로 나타나는 강대국들의 '상대적 지위변화,' 특히 패권국의 기술경쟁력 하락은 안보화의 담론정치를 유발했다. 가장 비근하게는 1990년대 초반 미일 패권경쟁이 화두였던 당시에도 일본의 미사일용 반도체나 잠수함용 무음기술 등과 같은 이른바 민군겸용기술(dual-use technology)의 우위는 군사안보적 관점에서 심각한 위협으로 안보화되었으며, 당시 미국이 선도부문의 육성을 위한 산업정책을 채택하는 이례적 행보를 낳았다. 오늘날 미중 경쟁에서도 이러한 기술 안보화의 '관념'이 작동하고 있음은 물론이다.

셋째, 국제(정치)경제학자인 폴 크루그먼(Paul Krugman)이나 로라 타이슨(Laura D. Tyson) 등의 논의에서 발견되는 '전략무역정책'에 대한 논의이다(Krugman ed. 1986; Tyson 1992). 선도부문 경쟁의 결과로 나타나는 '상대적 지위 변화'는 도전국뿐만 아니라 패권국도 무역정책의 기조를 전략적으로 활용케 하는 변화를 야기하는데, 이는 국가별로 상이하게 채택되는 정책과 법·제도의 마찰로 귀결된다는 것이다. 1980-1990년대 미일 경쟁에서도 이러한 전략무역정책이 등장했는데, 일본의 기술추격을 경계하여 미국 정부는 일본 산업정책의 불공정성을 문제 삼았다. 대외적으로는 일본 시장의 개방에 대한 요구를 표출하였고, 대내적으로는 미국의 산업 육성을 위한 정책을 구사하였다. 이러한 '국가형태'와 '제도' 변환의 양상은 오늘날 미중 경쟁에서도 드러나는데, 미국이 중국의 기술굴기를 견제하는 차원에서 '중국제조 2025'나 〈인터넷안전법(網絡安全法)〉을 비판하는 과정에서 나타나고 있다.

끝으로, '행위자-네트워크 이론'(Actor-Network Theory, ANT)의 대표적 논자 중의 하나인 미셸 칼롱(Michel Callon)이 제시한 '내 편 모으기'와 '표준 세우기'에 대한 이론적 논의이다(Callon 1986; 김상배 2014, 제1장). 기술패권 경쟁이 야기하는 국가 간의 '상대적 지위변화'

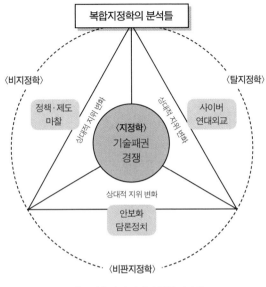

그림 1 기술패권 경쟁의 복합지정학

는, 국제정치의 관계적 구도(즉 구조)를 비집고 들어가서 주변국들의 국제적 지지를 획득하고 이를 반영한 보편적 표준을 세우는 '네트워크 전략'의 필요성을 낳는다. 1990년대 미일 경쟁의 사례에서도 보면, 미국은 자국의 이익을 반영한 국제제도와 규범을 관철시킴으로써 미국 주도의 세계질서를 유지하고자 시도하였다. 이러한 양상은 오늘날에도 나타나는데, 정치군사적으로는 동맹국이었던 미일 기술패권 경쟁에 비해서, 미국과 중국이 사이버 공간을 매개로 벌이는 '내 편 모으기'와 '표준 세우기'의 과정은 좀 더 넓은 범위에 걸쳐서 좀 더 본격적으로 경쟁하는 '사이버 동맹·연대 외교'의 양상을 보이고 있다(蔡翠紅 2012).

　　요컨대, 이상에서 제시한 이론적 논의를 콕스의 프레임워크에 입각해서 설정된 범주와 그 귀결에 대한 논의를 적용해서 보면, 선도부

문에서 미중이 벌이는 기술패권 경쟁은 안보화의 담론정치와 양국의
정책 및 법·제도의 마찰을 유발하고, 좀 더 넓은 의미에서 오프라인
및 사이버 공간의 동맹·연대 외교를 통해서 세계질서를 주도하려는
복합적인 양상으로 그려진다(그림 1 참조). 이러한 과정에서 특히 주목
할 변수는 패권국과 도전국의 '상대적 지위변화'가 경쟁에 임하는 양
국의 대응전략 변화에 미치는 영향이라고 할 수 있다. 그런데 이렇게
다소 복잡하고 난삽하게 느껴질 수도 있는 이들 변수의 관계에 대한
논의를 좀 더 유기적으로 엮어내는 이론적 분석틀을 마련해 볼 수는
없을까?

2. 복합지정학 시각의 도입

첫째, 새로운 이론적 분석틀은 5G 이동통신 부문의 미중 경쟁을 전통
지정학의 시각에서 해석하여 '기술패권 경쟁'의 성격을 부각시키는 데
서 출발한다(Eurasia Group 2018; Gu et al. 2019). 전통 지정학은, 권
력의 원천을 자원의 분포와 접근성이라는 물질적 또는 지리적 요소로
이해하고 이러한 자원을 확보하기 위한 경쟁이라는 차원에서 국제정
치를 이해하는 현실주의 국제정치이론의 시각과 통한다(Mead 2014).
최근 세계경제 분야에서도 기술발달과 상호의존을 바탕으로 한 지구
화의 추세에도 오히려 자국 중심의 이익을 내세워 보호무역을 강화하
고 민족주의를 부추기는 현상이 나타나고 있다. 그러나 지정학적 시각
이 부활하더라도 과거 국제정치 현실에서 잉태된 시각을 미래 세계정
치에 그대로 적용할 수는 없다.

　둘째, 기술패권 경쟁의 지정학은 지구화의 추세 속에 지리적 공간
을 넘어서 구축되는 상호의존 질서에 주목하는 비(非)지정학과의 관계

속에서 이해되어야 한다. 비지정학의 시각은 영토국가의 경계를 넘어서 이루어지는 자본과 정보 및 데이터의 흐름을 통해서 발생하는 '상호의존'과 글로벌 거버넌스를 강조하는 자유주의자들의 담론과 일맥상통한다. 최근 들어 지구화를 지탱하던 물질적 기반과 사회적 합의가 흔들리면서 '지정학의 부활'이 거론되기도 하지만, 자유주의 국제정치 이론가들은 여전히 '지정학의 환상'(the illusion of geopolitics)을 경계하는 논지를 옹호한다(Ikenberry 2014). 지정학으로의 완전 회귀라기보다는 지구화 시대의 문제들을 좀 더 정의롭게 풀어갈 새로운 글로벌 거버넌스를 설계해야 한다는 것이다.

셋째, 기술패권 경쟁의 지정학은 주관적 공간구성에 주목하는 비판지정학 시각을 곁들여서 보완돼야 한다. 1980년대에 등장한 비판지정학의 시각은 구성주의와 포스트모더니즘의 영향을 받아 기존의 지정학이 원용하는 담론을 해체하는 데서 시작한다. 비판지정학의 시각에서 지정학적 현실은 단순히 존재하는 것이 아니라 재현되고 해석되는 대상으로 이해된다(ÓTuathail 1996). 이러한 시각에서 보면 지정학적 현상은 담론적 실천을 통해서 현실을 재편하려는 권력투사의 과정이다. 이러한 비판지정학의 시각은 기술문제를 국가안보 차원으로 안보화하는 담론정치와 통하는 바가 크다. 사실 화웨이 사태는 객관적으로 '실재하는 위험'만큼이나 '구성되는 위험'의 성격을 지니고 있다(Hansen and Nissenbaum 2009).

끝으로, 기술패권 경쟁의 지정학은 탈지리적 공간으로서 사이버 공간에 주목하는 탈지정학적 시각으로 보완될 필요가 있다. 5G 이동통신 부문의 경쟁에서 탈영토적 '흐름의 공간'(space as flows)으로서 사이버 공간은 매우 중요한 의미를 갖는다(Steinberg and McDowell 2003). 사실 사이버 공간은 새로운 기술공간의 의미를 넘어서 주요 행위자들이 서로 관계를 맺는 세계정치 공간의 부상을 의미한다. 최근의 양상은 지정학 시각에서 본 전통 공간의 동맹과 연대가 사이버 공간으로 확장되면서 새로운 질서를 모색하려는 모습을 보이고 있다. 이러한 과정에서 미국 중심의 서방 진영과 중국 주도의 비서방 진영의 지정학적 대립구도가 사이버 공간의 거버넌스에서 나타나고 있음에 주목해야 한다(魯传颖 2013).

　　요컨대, 오늘날 선도부문의 기술패권 경쟁은 전통 지정학 시각만으로는 제대로 파악할 수 없는 복합지정학적인 양상을 드러내며 전개되고 있다. 선도부문인 4차 산업혁명 분야 또는 5G 이동통신 부문의 승패는 미래 글로벌 패권의 향배를 가늠하는 잣대이다. 이러한 이유 때문에 선도부문 경쟁의 결과로 발생하는 상대적 지위변화는 국가안보의 논리를 내세워 대응할 정도로 위중한 사안으로 인식된다. 게다가 이러한 기술패권 경쟁은 전통적인 국가 간 경쟁의 양태를 넘어서 글로벌 차원으로 활동 범위를 넓히고 있는 민간 행위자들의 경쟁과 협력이라는 치원에서 이해되어야 한다. 이러한 과정에서 미중이 벌이는 기술패권 경쟁의 결과는 패권국과 도전국 간의 단순한 '세력전이'가 좀 더 복잡한 세력재편의 양상을 예견케 된다.

III. 사이버 안보 논란과 미중 안보화 담론정치

1. 화웨이 사태와 미국의 수출입 규제 담론

중국의 사이버 안보 위협에 대한 미국의 안보화 담론은 2010년대 초반의 '중국 해커 위협론'에서 2010년대 후반의 '중국 IT보안제품 위협론'으로 이행했다. 이러한 담론이행의 핵심에 중국의 통신장비 업체인 화웨이가 있다. 미국과 화웨이(또는 ZTE) 간의 갈등의 역사는 꽤 길다. 2003년 미국 기업 시스코는 자사의 네트워크 장비 관련 기술을 부당하게 유출했다는 의혹을 제기하면서 화웨이를 고소했다. 2012년 미 하원 정보위원회는 화웨이 통신장비들이 백도어를 통해서 정보를 유출하고 랜섬웨어 공격을 가한다며 안보위협의 주범으로 지적했다. 2013년 미국 정부도 나서서 중국산 네트워크 장비 도입이 보안에 위협이 될 수 있음을 인정했는데, 2014년에는 화웨이와 ZTE 설비의 구매를 금지한다고 발표가 있었다. 2016년에는 미국 내 화웨이 스마트폰에서 백도어가 발견되는 사건이 발생하기도 했다.

이러한 분위기는 2018년 들어 급속히 악화되었다. 2018년 1월 미국 업체인 AT&T가 화웨이의 스마트폰을 판매하려던 계획을 전격 취소했다. 2월에는 CIA, FBI, NSA 등 미국의 정보기관들이 일제히 화웨이와 ZTE의 제품을 사용하지 말라고 경고했다. 3월에 FCC는 화웨이 등 중국 업체들에 대해 '적극적 조치'를 취하겠다고 발표했다. 4월에는 ZTE가 대(對)이란 제재 조치를 위반했다는 혐의로 미국 기업들과 향후 7년간 거래 금지라는 초강력 제재를 받았다가 6월에 구사일생했다. 7월에는 차이나모바일의 미국 시장 진입이 불허됐다. 8월에는 미국 정부는 '2019년 국방수권법'을 통과시키며 화웨이와 ZTE 등 5개 중국 기업의 제품을 정부 조달품목에서 원천 배제하기로 했다. 12월에는 화웨이 부회장 겸 최고재무책임자(CFO)인 멍완저우가 대이란 제재 위반 혐의로 체포됐다. 2019년 2월 마이크 펜스 미국 부통령은 뮌헨안보회의에서 미국의 동맹국들이 화웨이 제품을 사용하지 말 것을 촉구했다.

이렇게 전 세계적 이목을 끈 화웨이 사태는 2019년 5월 14일 트럼프 대통령의 행정명령으로 새로운 국면에 접어들었다. 미국 당국은 국가안보를 위협한다는 이유로, 화웨이를 거래제한 기업목록에 올렸고, 주요 IT기업들에게 거래 중지를 요구했다. 따라서 구글, MS, 인텔, 퀄컴, 브로드컴, 마이크론, ARM 등이 화웨이와 제품 공급계약을 중지하고 기술계약을 해지했다(Economist May 20, 2019). 이러한 조치는 화웨이 제품의 수입중단 조치와는 질적으로 다른 파장을 낳을 것으로 예상되었다. 그도 그럴 것이 화웨이가 글로벌 공급망에 크게 의존하고 있는 상황에서 부품 공급 차질에 따라 장비와 소프트웨어의 업데이트 등이 막힌다면, 화웨이는 미국의 의도대로 5G 이동통신 시장에서 완전히 축출될 가능성도 배제할 수 없기 때문이다(송경재 2019). 게다가 2019년 6월에는 중국에서 설계·제작되는 5G 장비를 미국 내에서 사용 금지하는 방안의 검토가 보도되었는데, 이러한 방안이 현실화된다면 미국의 통신장비 공급망이 완전히 새롭게 짜이는 것을 의미한다는 점에서 파장이 컸다(김치연 2019).

전문가들은 이러한 수출입 규제조치의 여파가 예상했던 범위를 넘어설 것으로 우려했다. 일각에선 트럼프 행정부의 압박이 오히려 중국의 보호주의적 대응을 초래하고 자체 기술개발을 촉진시킬 것이란 전망도 나왔다(조진형 2018). 중국이 반도체, 항공기술, 로보틱스의 자급화를 모색함으로써 글로벌 공급망의 분절화(fragmentation)가 초래될지도 모른다고 우려되었다(Luce 2018). 이러한 경향이 지속되면 기업들은 각기 상이한 시장을 놓고 상이한 제품들을 생산하는, 이른바 '기술의 발칸화'(balkanization)가 발생할지도 모른다고 경계되었다(Knight 2019). 이러한 지적들은 미국의 제조업과 긴밀히 연결된 수천 개 중국 기업들 중의 하나인 화웨이만을 염두에 둔 근시안적 조치가 낳을 부작용을 우려했다(Rollet 2019). 특히 이러한 행보가 미국과 중국이 지난 수십 년 동안 긴밀히 구축해 온 글로벌 공급망을 와해시키고 경제와 기술의 '신냉전'을 초래할지도 모른다는 경고가 제기되었다 (Lim 2019).

그럼에도 최근의 사태전개는 화웨이 장비의 보안 문제를 넘어서 정치군사적 함의를 갖는 여타 기술 분야로 확산될 조짐마저 보이고 있다. 2019년 하반기에 접어들면서 미국은 화웨이에 이어 드론 업체인 DJI와 CCTV 업체인 하이크비전에 대한 제재카드를 다시 꺼내 들었다. 2019년 5월 20일 미 국토안보부는 중국의 드론이 민감한 항공 정보를 중국 본국으로 보내고 있다고 폭로했다. 이는 2018년 9월 특허 침해 논란이 있었던 중국의 드론 업체인 DJI를 염두에 둔 발표로 해석되었다. 한편 2017년 11월 미국 시장 진출에 대한 우려를 제기한 바 있었던 CCTV 업체 하이크비전에 대해서도 제재를 검토한다는 보도가 나왔다. 2019년 5월 22일 하이크비전을 상무부 기술수출 제한목록에 올리는 것을 검토 중이라고 했다. CCTV가 중국 정부의 소수민족과 반체제 세력에 대한 감시도구로 활용되는 상황에서 하이크비전에 대한 압박은 천안문 사태 30주년을 맞이하여 미국이 중국의 인권 문제를 겨냥했다는 해석을 낳았다.

이상에서 살펴본 화웨이 사태의 이면에는 일종의 '화웨이 포비아 (phobia)'가 미국형 안보화 담론정치의 일환으로 작동하였다(홍성현 2019; Economist Jan 31, 2019). 화웨이의 장비를 쓰는 것이 위험하다는 공포감의 근거는, 백도어라는 것이 지금은 아니더라도 언제든지 심어 넣을 수 있는 미래의 위협이기 때문이다(유성민 2019). 특히 5G 시스템은 공급업체가 제공하는 소프트웨어 갱신에 크게 의존하기 때문에 언제든지 악성코드를 심는 것이 가능하다는 것이었다. 게다가 화웨이라는 기업의 성장배경이나 성격을 보면, 이러한 미국 정부의 주장은 나름대로의 '합리적 의심'이었다. 특히 미국은 화웨이라는 기업의 뒤에 중국 정부가 있다는 사실을 의심했다. 2017년 7월 시행된 중국의 〈인터넷안전법〉에 따르면, 중국 정부가 정보제공을 요청하면 민간기업은 이를 거부할 수 없기 때문에 더욱 그러했다. 이러한 상황에서 화웨이가 5G 이동통신망을 장악할 경우 이는 미국의 핵심적인 국가정보를 모두 중국 정부에게 내주는 꼴이 될 것이라는 우려가 제기되었다.

2. 중국표준의 모색과 데이터 주권의 담론

역사적으로 중국은 미국 기업들의 기술패권에 대항하여 자국표준을 확보하려는 대항적 행보를 보여왔다(王正平·徐铁光 2011). 예를 들어, 1990년대 말부터 MS 컴퓨터 운영체계의 지배표준에 대항하여 독자표준을 모색하였는데, 이는 오픈소스 소프트웨어인 리눅스에 대한 정책적 지원으로 나타났다. 중국 정부가 리눅스를 지원한 배경에는 경제적 동기 이외에도 MS의 플랫폼 패권에 대한 민족주의적 경계가 큰 몫을 차지했다. 그러나 중국의 리눅스 실험은 MS와의 관계에서 기대했던 것만큼의 성과를 거두지는 못했다. 결국 MS는 중국 시장에서 살아남아 자사의 컴퓨터 운영체계 표준의 지배력을 유지하는 성과를 거뒀다. 그러나 MS는 이에 대한 반대급부로 중국 정부가 요구하는 인터넷 검열정책이나 여타 '비(非)기술표준'을 수용해야만 했다(김상배 2014, 426-428).

중국표준의 필요성에 대한 인식은 5G 이동통신 부문에도 반영되었다. 사실 중국이 5G에 각별한 관심을 가진 이유는, 과거 3G 시장에 뒤늦게 진출해 표준설정 과정에서 배제되고 통신장비 및 단말기 산업에서 뒤진 경험 때문이었다. 또한 4G LTE 시장에서도 중국이 부진한 사이 미국 등 주요 선진국들이 선두 사업자로서 큰 수혜를 누리는 것을 감수해야만 했다. 이러한 맥락에서 중국 업체들의 선제적 투자와 중국 정부의 정책적 지원이 5G 분야에서 이루어졌으며, 이를 바탕으로 화웨이와 같은 중국 업체가 글로벌 기술경쟁력을 갖추게 되었다. 스마트시티, 원격의료, 자율주행차 등과 같이 중국이 주력하고 있는 4차 산업혁명 시대의 인프라 구축 과정에서 5G 이동통신 기술이 지니는 전략적 가치에 대한 인식도 중국이 이 분야에서 먼저 치고 나가는 동기부여가 되었다(정명섭 2018).

이러한 맥락에서 볼 때, 안보화의 담론정치에서 나타나는 중국의 관심은 미국 기업들의 기술패권으로부터 독자적인 표준을 지키고 자국시장을 수호하는 데 있었다. 중국형 안보화의 내용적 특징은, 하드웨어 인프라의 사이버 안보를 강조한 미국의 경우와는 달리, 소프트웨어와 정보 콘텐츠 및 데이터에 대한 주권적 통제를 확보하는 것으로 나타났다. 이러한 중국의 인식은 중국 시장에 진출하여 사업을 하는 미국의 다국적 기업들에 대한 규제정책에 반영되었다. 표면적으로는 인터넷 상의 유해한 정보에 대한 검열 필요성을 내세웠지만, 대내적으로는 중국 정부에 정치적으로 반대하는 콘텐츠를 걸러내고, 대외적으로는 핵심 정보와 데이터가 국외로 유출되는 것을 막으려는 주권적 통제의 의도가 깔려 있었다.

이러한 중국의 인터넷 정책이 미국 기업들과 갈등을 유발한 초기의 대표적 사례로는 2010년 1월의 '구글 사태'를 들 수 있다. 당시 구글은 중국 해커들이 지메일 계정을 해킹하고 구글의 지적재산권을 침해한다는 이유로 중국 시장에서 철수한다고 발표했다. 이러한 발표의 이면에 중국 정부의 정보검열에 대한 반대 입장과 인터넷 자유에 대한 이념의 차이가 존재했다. 이러한 과정에서 중국 정부는 인터넷에서 유통되는 정보를 차단하고 검열하는 것은 각국 정부가 취할 수 있는 당연한 법적 권리라고 주장하였다. 따라서 국내외 기업을 막론하고 중국 국내법을 따르는 것은 불가피하며, 미국이 인터넷 자유의 논리를 내세워 이러한 중국의 행보를 비판하는 것은 주권을 가진 국가의 내정에 간섭하는 행위라는 것이었다(王世伟 2012).

실제로 중국 정부는 이러한 논리를 내세워 중국 내에서 비즈니스를 하는 미국의 인터넷 서비스 제공자들에게 자체적으로 정보 검열을 수행하도록 요구했다. 예를 들어, MS, 시스코, 야후 등과 같은 미국의 다국적 IT기업들이 중국 시장에 진출하기 위해서는 중국 정부가 시장 접근을 위한 조건으로서 제시한 자체 검열의 정책을 수용해야만 했다. 구글도 중국 시장에 처음으로 진입하던 2006년에는 다른 기업들처럼 정치사회적으로 민감한 용어들을 자체 검열해야만 한다는 중국 정부의 요구를 수용하지 않을 수 없었다. 그만큼 미국 IT기업들에게 거대한 규모의 중국 시장은 더할 나위 없이 매력적인 카드였는데, 중국 시장에 진출하려는 어느 기업도 예외가 아니었다(김상배 2014, 429).

최근 중국의 인터넷 정책은 데이터의 국외 이전에 대한 규제에 집중되고 있는데, 이러한 과정에서 적극 원용되는 것이 2017년 7월 1일 시행된 〈인터넷안전법〉이다. 〈인터넷안전법〉은 외국 기업들의 반발로 2019년 1월 1일로 그 시행이 유예되기도 했다. 이 법은 핵심 기반시설의 보안 심사 및 안전 평가, 온라인 실명제 도입, 핵심 기반시설 관련 개인정보의 중국 현지 서버 저장 의무화, 인터넷 검열 및 정부당국 개입 명문화, 사업자의 불법정보 차단 전달 의무화, 인터넷 관련 제품 또는 서비스에 대한 규제 등을 내용으로 한다. 〈인터넷안전법〉은 미국 기업들에 맞서서 정보주권 또는 데이터 주권을 지키려는 중국의 안보화 담론을 그 바탕에 강하게 깔고 있었다. 표면적으로는 개인정보 보호 강화 및 국가와 국민의 안전을 목표로 내세웠지만, 사실상 사이버 보안시장의 국산화, 자국 산업 보호, 인터넷 뉴스 정보활동의 통제, 기업체 검열 강화 등이 진짜 의도라는 의혹이 제기되었다(손승우 2019).

그럼에도 미국의 IT기업들은 중국의 〈인터넷안전법〉 시행을 수용하지 않을 수 없는 처지였다. 특히 애플의 행보가 주목을 끌었는데, 〈인터넷안전법〉 시행 이후 애플은 중국 내에 데이터센터를 건설하였으며, 2018년 3월부터는 아이클라우드 계정의 암호 해제에 필요한 암호화 키도 중국 당국에 넘겼다(강동균 2019). 이는 중국 내 1억 3천만 명이 넘는 애플 이용자의 개인정보가 담긴 아이클라우드 계정이 데이터 주권의 행사라는 명목 하에 중국 국영 서버로 넘어가는 것으로 의미했는데, 이에 따라 중국 정부는 직권으로 아이폰 사용자들을 모니터링하고 통화내역·메시지·이메일 등을 검열할 수 있게 되었다. 이는 중국 내에서 수집된 자국민의 데이터를 반드시 국내에서만 사용해야 한다는 규정을 따른 조치였지만, 중국 이용자들이 인터넷 검열에 노출되는 것은 불을 보듯 뻔한 일이었기에 많은 우려가 제기된 것은 당연했다. 미국 당국의 테러 수사에도 협력을 거부했던 애플이었지만, 매출의 20%를 차지하는 중국 시장에서 퇴출당하지 않기 위해서 '불가피한 결정'을 내렸다(안호균 2018).

IV. 5G 기술경쟁과 미중 정책·제도 마찰

1. 중국의 '기술굴기'에 대한 미국의 견제

중국 기업인 화웨이의 통신장비가 미국의 국가 사이버 안보에 실제 위협인지에 대해서는 논란의 여지가 있을지 몰라도, 화웨이로 대변되는 중국 기업들의 기술추격이 5G시대 미국의 기술패권에 대한 위협임은 분명하다. 5G는 기존의 4G LTE에 비해 속도가 최대 100배가 빠르고, 10배 이상의 기기를 한번에 사용할 수 있으며, 응답속도가 현저히 빨라진다. 5G 환경의 구축을 바탕으로 하여 다양한 4차 산업혁명 시대의 기술들이 구현될 수 있고, 사물인터넷으로 연결되고 클라우드 환경을 배경으로 하여 빅데이터와 인공지능을 활용하는 수많은 기기들이 제대로 작동할 수 있다. 그야말로 5G는 생활환경을 바꾸고 새로운 서비스를 가능하게 만드는 패러다임 전환의 기술이 아닐 수 없다. 이러한 5G 기술의 표준을 장악하기 위한 기업 간, 그리고 국가 간 경쟁은 이미 시작됐다. 그런데 문제는 미국이 제대로 준비가 되기 전에 화웨이가 치고 나왔다는 점이다(Johnson and Groll 2019).

화웨이는 4G LTE 시절부터 저가경쟁을 통해 몸집을 키운 뒤 늘어난 물량을 바탕으로 기술력을 키우는 전략을 통해 이제는 가격도 경쟁사보다 20~30% 저렴한 것은 물론 기술력도 세계 최고의 수준을 자랑하게 되었다. 2018년 현재 화웨이의 글로벌 이동통신 장비 시장점유율은 28%로 세계 1위이다(그림 2 참조). 화웨이는 이동통신 장비 시장에서 2012년 에릭슨을 누르고 최대 매출을 올리는 회사로 성장했고 2016년에는 에릭슨 매출의 2배 규모에 이르렀다. 에릭슨과 시스코의 연합이 원천기술을 보유하고 있으면서도 시장이 형성되지 않아 머뭇거리고 있던 사이, 화웨이는 중국 정부의 지원에 힘입어 초기 투자를 집중하여 '선발자의 이익'을 누리게 되었다(원병철 2018). 2018년 4월 미국 이동통신산업협회(CTIA)의 '글로벌 5G 경쟁' 보고서에 따르면, 주요국의 5G 이동통신 주파수 분배와 정부 정책, 상용화 수준 등에서 미국이 중국에 뒤져 있다고 한다(조진형 2018).

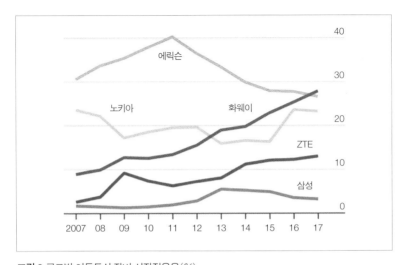

그림 2 글로벌 이동통신 장비 시장점유율(%)
출처: IHS Markit; Economist(Dec 15, 2018)에서 재인용.

이러한 점에서 화웨이 사태의 이면에 중국의 5G 기술굴기에 대한 미국의 견제의식이 강하게 깔려 있음을 쉽게 추측할 수 있다(Harrell 2019). 미국의 불만은, 중국이 기술기밀을 훔치거나 기술이전을 강요하는 행태를 보이면서 성장했다는 데 있다. 특히 중국이 5G 상용화 경쟁에서 가장 앞선 이유로 '중국제조 2025'와 같이 강력한 정부 주도 정책에 주목한다. 2018년 12월 마이크 폼페이오 국무장관, 윌버 로스 상무장관, 존 디머스 법무부 차관보, 빌 프리스탭 FBI 방첩본부장, 크리스포퍼 크렙스 국토안보부 사이버·기반시설보안국장 등이 '중국제조 2025'에 대해 일제히 퍼부은 비난은 이러한 인식을 잘 반영한다. 이들이 내세운 일관된 메시지는 '중국제조 2025는 제조업 업그레이드를 추구하는 기술굴기가 아니라 국가 차원의 기술 도둑질인 범죄'라는 것이다. 이는 미국 외교·산업·사법·방첩 당국이 망라돼 '중국제조 2025'의 성격을 규정한 것이라고 할 수 있다(이길성 2018).

또한 미국은 자국 기업에 악영향을 미치는 중국의 〈인터넷안전법〉을 미중 무역협상의 주요 의제로 정할 정도로 민감하게 반응했다. 이와 관련하여 2019년 2월 로버트 라이트하이저 미 무역대표부(USTR) 대표와 스티븐 므누신 재무장관이 중국 베이징에서 류허 중국 부총리와 만나 담판했다. 중국에서 개인정보를 취급하는 기업에 대해 데이터 서버를 반드시 중국 내에 두도록 하는 〈인터넷안전법〉의 조항이 문제시되었다. 그 이전 2019년 1월 워싱턴 D.C.에서 열린 미중 고위급 협상에서 중국은 그동안 '국가안보 문제여서 논의 불가'라고 했던 일부 사안을 논의할 수 있다고 입장을 바꾸었는데, 〈인터넷안전법〉은 새로이 논의대상에 포함된 의제 중 하나였다. 미중 무역협상이 계속되면서 논의 불가 항목이 상당 부분 줄어들었지만 〈인터넷안전법〉은 여전히 미중 간 이견이 큰 항목으로 꼽혔었다(강동균 2019).

이러한 과정에서 흥미로운 점은, 미국에서는 5G 네트워크 구축에 정부 개입과 통신망 국유화의 가능성이 거론될 정도로 5G에 대한 민감한 반응이 나왔다는 사실이다. 2018년 1월 백악관 국가안보회의(NSC) 관계자는 미 정부 고위관료와 관련 정보기관에 중국의 사이버안보와 경제 위협에 대응하기 위한 장치로서 트럼프 대통령 첫 임기 말까지 5G 통신망을 국영화하는 방안을 보고했다고 한다. 시장경제의 본국을 자처하는 미국의 컨트롤타워에서 '산업 국유화'가 거론됐다는 것은 그 자체가 매우 이례적인 일이었다. 이러한 뉴스가 유출된 2018년 초만 해도 미 상·하원 의원들은 정부가 민간 부문에 개입해서는 안 된다는 원론적인 입장만을 내놨지만, 2018년 중후반을 거치면서 5G 네트워크 구축 문제는 미국 '산업정책'의 중요 이슈로 자리 잡아 갔다(심재훈·김연숙 2018).

2. 〈인터넷안전법〉과 다국적 기업의 규제

미국 정부의 규제와 견제에 맞서 중국 정부도 미국의 다국적 IT기업들을 향한 압박을 가하기는 마찬가지였다. 특히 〈인터넷안전법〉에 의거하여, 중국 내에서 확보한 데이터를 중국 내에만 보관하고 국외로 반출하려면 당국의 허가를 받도록 의무화함으로써 미국 기업의 중국 내 서비스를 검열하고 통제하려 했다. 그런데 이른바 인터넷 안전검사와 데이터 현지화의 기준과 적용 범위가 매우 모호해 오남용의 우려가 제기되었다. 이에 미국 정부와 기업들은 법 개정을 요구하고 있지만 중국 정부는 꿈쩍도 하지 않고 있다. 예를 들어 '인터넷 안전 등급제도'에 따라 등급별로 보호 의무를 부과하는데, 문제는 그 기준이 매우 모호하다는 점이었다. 특히 중국 내 데이터 현지화와 인터넷 안전검사의 의무를 지는 최상위 등급의 '핵심 정보 인프라 운영자'의 선별기준 등이 논란거리였다(손승우 2019).

　그럼에도 미국 IT기업들은 이 법을 수용할 수밖에 없었다. 2017년 7월 31일 애플은 중국 앱스토어에서 인터넷 검열시스템을 우회하는 가상사설망(VPN) 관련 애플리케이션 60여 개를 삭제했으며, 아마존웹서비스(AWS)는 2017년 11월 중국사업부 자산을 매각했다. 2018년 초 MS와 아마존도 자사 데이터를 각각 베이징과 닝샤의 데이터센터로 옮겼다(오주환 2018). 또한 〈인터넷안전법〉 시행 직후 애플은 중국 내 사용자들의 개인정보와 관리권을 모두 중국 구이저우 지방정부에 넘겼으며, 2018년 2월에는 제2데이터센터를 중국 네이밍 자치구에 건설할 계획을 발표했다. 2018년 12월에는 멍완저우 부회장 체포에 대한 보복으로 중국 내 애플의 아이폰 7개 기종에 대해 판매금지 처분을 내려지기도 했다. 중국 법원은 미국 기업인 퀄컴이 애플을 상대로

한 특허 소송에서 퀄컴이 요청한 판매금지 요청을 받아들이는 형식을 취했다.

한편 2019년 5월 24일 미국의 화웨이 제재가 정점으로 치닫던 시기, 중국의 인터넷 감독 기구인 국가인터넷정보판공실은 미국의 수출입 규제 조치에 맞불을 놓는 성격의 새로운 규제 방안을 발표했다. 그 내용은, 중국 정부가 자국 내 정보통신 인프라 사업자가 인터넷 관련 부품과 소프트웨어를 조달할 때 국가안보에 위해를 초래할 위험 여부를 점검하여 문제가 있다고 판단되면 거래를 금지할 수 있다는 것이었다. 이는 미국 첨단기술 제품의 중국 수출을 막을 수 있다는 신호를 보낸 것이었다(차대운 2019). 이어서 유사한 조치를 내놓았는데, 2019년 5월 29일 중국 국가인터넷정보판공실은 국가안보를 이유로 국내 인터넷 이용자에 대한 데이터를 국외로 보내는 것을 금지하는 내용의 규정 초안을 공개하기도 했다. 새 규정은 위반 시 사업 허가를 취소하거나 심지어 형사책임을 물리는 등 무거운 처벌 조항을 담았다. 이는 미국의 화웨이 제재에 대한 대응조치로서 향후 구글, MS, 아마존 등과 같은 많은 미국 기업에 영향을 미칠 것으로 해석되었다(김윤구 2019).

이렇듯 주권담론에 입각한 중국의 정책적 행보는 향후 미중관계의 미래 쟁점과 관련하여 본격적인 데이터 통상마찰의 가능성을 예견케 한다. 현재 데이터의 초국적 유통을 위한 국제규범 형성과 관련해서는 미국과 중국이 각기 다른 입장을 취하고 있다. 미국의 인터넷 기업들이 초국적 데이터의 자유로운 유통을 보장하는 디지털경제규범의 수립을 옹호한다면, 중국은 경제적 재화로서 가치가 증대된 데이터의 국외 유출에 대해 이른바 데이터 주권에 입각해서 경계론을 펴고 있다. 이러한 입장 차이를 염두에 두고 보면, 오프라인 무역에서와 마찬가지로 온라인 무역에서도 자유무역과 보호무역 간의 논쟁이 재현될 가능성이 있다. 실제로 최근의 양상을 보면, 양자협력뿐만 아니라 지역규범과 다자규범의 모색 차원에서 초국적 데이터 유통을 규제하는 디지털경제규범의 내용에 대한 논란이 진행되고 있다.

V. '내 편 모으기'와 미중 사이버 연대외교

1. 미국의 사이버 동맹외교와 그 균열

2018년 초부터 미국은 오프라인 첩보동맹을 맺고 있는 영국, 캐나다, 호주, 뉴질랜드 등, 이른바 '파이브 아이즈'(Five Eyes) 국가들에 화웨이 통신장비를 도입하지 말라고 요청했다. 이에 따라 영국 정부는 2018년 초 중국산 통신장비의 보안취약성 문제를 제기하였으며, 캐나다의 경우도 2018년 초 의회가 나서서 캐나다 업체들이 화웨이와 교류하는 것을 자제하도록 요청했으며, 캐나다 정부도 사이버 보안에 필요한 조치를 약속하였다. 호주는 미국에 대해 화웨이에 대한 행동을 촉구했다고 알려질 정도로 적극적인 입장을 취했는데, 2018년에는 5G 장비 입찰에 화웨이 도입을 반대했을 뿐만 아니라 남태평양 국가들이 장거리 해저 케이블망 부설 사업의 계약자로 화웨이를 선택하지 말라고 압력을 행사했다. 이 밖에 독일과 프랑스도 미국의 화웨이 견제 전선에 동참하였다(김대호 2018).

2018년 들어 트럼프 행정부는 동맹국들에 대한 화웨이 제재의 요구를 강화하였다. 영국은 대형 통신업체인 BT그룹이 화웨이와 ZTE 제품을 5G 사업에서 배제하려는 움직임을 보였다. 캐나다는 중국과의 무역마찰을 무릅쓰고 미국의 요청에 따라 화웨이의 부회장인 멍완저우를 체포했다. 호주와 뉴질랜드는 5G 이동통신 사업에 중국 업체가 참가하지 못하도록 하는 방침을 내렸다. 여기에 일본까지 가세해서, 정부 차원의 통신장비 입찰에서 중국 화웨이와 ZTE를 배제하기로 결정했으며, 일본의 3대 이동통신사도 기지국 등의 통신설비에서 화웨이와 ZTE 제품을 배제하기로 했다(고성혁 2018). 이러한 행보를 보고 기존의 '파이브 아이즈'에 일본, 독일, 프랑스 등 3개국이 합류한 '파이브 아이즈+3'의 출현이 거론되기도 했다(박세진 2019).

그런데 2019년 2월 말을 넘어서면서 미국의 압박에 동참했던 영국과 뉴질랜드 등 '파이브 아이즈' 국가들이 '사이버 동맹전선'에서 이탈하는 조짐을 보였다. 영국 국가사이버보안센터(NCSC)는 화웨이 장비의 위험을 관리할 수 있어 그 사용을 전면 금지할 필요는 없다는 잠정 결론을 내렸다. 미국의 요청에 따라 화웨이를 배제했던 뉴질랜드도 저신다 아던 총리가 직접 나서 화웨이를 완전히 배제하지 않았다는 점을 분명히 했다. 이 밖에도 독일 역시 특정 업체를 직접 배제하는 것은 법적으로 가능하지 않다는 점을 밝혔고, 프랑스도 특정 기업에 대한 보이콧은 하지 않겠다는 입장을 내놓았으며, 이탈리아도 화웨이를 5G 네트워크 구축 사업에서 배제하지 않겠다는 보도를 부인했다. 또한 일찍이 화웨이 장비의 배제 입장을 내놓았던 일본 역시 그러한 제한은 정부기관과 공공부문 조달에만 해당되며, 5G 네트워크 구축에는 포함되지 않는다고 한발 빼기도 했다(Economist Apr 27, 2019).

이들 국가들이 입장을 바꾼 이유는, 화웨이를 배제한 채 자체 기술로 5G 네트워크를 구축하는 것이 현실적으로 어려운 상황이 작용한 때문으로 해석되었다. 만약에 이들 국가들이 화웨이 장비를 도입하지 않는다면 5G 출범이 2년가량 지체되는 차질을 빚을 것이라는 전망도 나왔다. 역설적으로 미국이 제기한 '미국 우선주의'의 영향을 받아

이들 국가들이 자국 우선주의로 돌아섰다는 분석이다(이성민 2019). 여기에 더해서 2019년 초 파리평화회담과 뮌헨안보회의 등을 거치면서 미국이 이들 동맹국들을 무리하게 밀어붙인 것도 반발을 초래했다. 2019년 2월 마이크 폼페이오 미 국무부 장관은 "만약 어떤 나라가 화웨이 장비를 채택하고 중대한 정보를 넣는다면 우리는 그들과 정보를 공유할 수 없다. 우리는 그들과 함께 일할 수 없을 것"이라고 경고했다. 또한 리처드 그리넬 독일 주재 미국대사도 올라프 숄츠 독일 재무장관에게 "독일이 5G 네트워크를 구축하면서 화웨이 또는 다른 중국 기업의 설비를 사용할 경우 미국의 정보를 얻지 못할 것"이라는 서한을 보냈다(Economist Mar 21, 2019).

　화웨이의 5G 장비 도입을 금지하는 '사이버 동맹전선'이 흔들리면서 트럼프 행정부는 몇 가지 추가조치를 취했다. 표면적으로는 초강경 자세를 다소 완화하는 제스처를 보였는데, 2019년 2월 21일 트럼프 대통령은 자신의 트위터에 "미국이 가능한 한 빨리 5G, 심지어 6G 기술을 원한다"며 "미국 기업들이 노력하지 않으면 뒤처질 수밖에" 없으니, "더 선진화된 기술을 막기보다는 경쟁을 통해 미국이 승리하길 바란다"고 적었다(조슬기나 2019). 이는 트럼프 대통령이 화웨이에 대한 입장을 바꿀 조짐으로 해석되기도 했으나, 2019년 5월에 이르러서는 오히려 더 강경한 대응전략을 채택하는 양면전술을 드러냈다. 게다가 화웨이 제재의 '사이버 동맹전선'이 흔들리는 조짐을 보이자, 트럼프 대통령은 화웨이 통신장비의 국내 도입 금지뿐만 아니라 5G 네트워크 구축에 필요한 핵심 부품을 제공해온 미 기업들의 화웨이에 대한 수출을 금지하는 행정명령을 내리기에까지 이르렀다(우은식 2019).

　사이버 안보를 내세운 미국의 동맹결속 전략은 미국의 인도·태평양 전략에서도 나타났다. 2019년 4월에는 미국을 위협하는 북한과 중국의 사이버 공격에 대응하기 위한 국제협력체 신설을 골자로 하는 '인도·태평양 국가 사이버 리그(CLIPS)' 법안이 상원에서 발의됐다. 이 법안에 따르면, 클립스(CLIPS)에는 인도·태평양 지역의 미국 동맹국과 파트너 국가들이 참여한다(이조은 2019). 한편 미 국방부는 2019년 6월 1일 공개한 '인도·태평양 전략보고서'에서 중국의 일대일로(一帶一路) 전략에 맞서 인도·태평양 전략을 강화하였으며, 화웨이 사태를 '하이브리드 전쟁'의 개념을 빌려 이해하는 모습을 보였다. 하이브리드 전쟁은 핵무기를 사용하기 힘든 상황에서 재래전뿐만 아니라 정치, 경제 등 비군사적 요소와 사이버전, 심리전 등을 포함하여 전방위로 전개하는 새로운 개념의 전쟁을 의미한다(정충신 2019).

2. 화웨이의 항변과 중국의 일대일로 연대

화웨이 사태가 불거지기 전부터 '파이브 아이즈'로 대변되는 미국의 우방국들은 화웨이 통신장비를 사용하고 있다. 영국은 2005년 유럽에서 처음으로 화웨이 통신장비를 도입했으며, 현재 영국의 양대 통신사인 BT그룹과 보다폰은 화웨이 장비를 사용한다. 영국 이외에도 캐나다, 호주, 뉴질랜드 등도 화웨이 장비를 사용한다(황준호 2018). 이들 국가들이 화웨이 장비를 도입한 이유는 경쟁사 대비 저렴한 가격과 앞선 기술력 때문이다. 런정페이 화웨이 창업자 겸 회장은 2019년 1월 CCTV와의 인터뷰에서 "5G와 마이크로파 통신 장비를 동시에 가장 잘 만드는 회사는 세계에서 화웨이가 유일합니다. 기술은 경쟁입니다. 다른 국가들이 화웨이 제품을 사지 않고 배길 수 있을까요?"라고 말한 바 있다(『인민망 한국어판』, 2019년 1월 28일).

이러한 상황에서 화웨이는 "사이버 보안 강화를 위해 최선을 다하고 있으며, 보안과 관련해 의혹을 제기받은 사안은 단 한 번도 없다"는 입장을 취했다. 또한 화웨이는 "현재 전 세계 주요 이동통신사, 포춘 (Fortune) 500대 기업, 170여 개 이상 국가의 소비자들이 화웨이의 제품과 솔루션을 사용하고 있다. 화웨이는 '글로벌 가치사슬' 전반에 걸쳐 전 세계 기업들의 신뢰를 얻은 파트너로 자리매김한 지 오래"라며 자신감을 보였다. 아울러 화웨이는 "전 세계 선도적인 글로벌 ICT 솔루션 제공업체로서 비즈니스를 운영하는 해당 지역의 관련 법과 규정을 준수"하고 있으며, "미국뿐만 아니라 유엔과 유럽연합을 비롯한 국제사회에서 공포된 수출 규제 조치를 따르는 데 최선을 다하고 있다"는 입장을 보였다(원병철 2018).

미국이 우방국들을 동원하여 화웨이 제품을 도입하지 말라는 압력을 높여가는 와중에, 화웨이는 보안 강화를 위한 20억 달러 투자 계획을 발표했고, 보안을 최우선 강령으로 내세우겠다며 맞대응하기도 했다(홍성현 2019). 이와 더불어 화웨이는 자사가 스페인의 정보보안 평가기관인 E&E(Epoche and Espri)에서 'CC(Common Criteria)인증' 을 받는다는 사실을 강조하는 등 자사 통신장비가 보안에 문제가 없다는 점을 적극적으로 소명하고 있다. E&E는 통신장비 설계·개발을 포함해 실제 고객사에 납품되는 최종 장비에 이르기까지 모든 범위에 대해 보안 평가를 수행하는데, 그 중 대표적인 것이 CC인증이다. CC인증은 IT 장비의 보안을 검증하고 인증을 발급하는 과정을 말한다(안별 2019).

또한 화웨이는 사이버 보안의 국제표준에 부합하는 조치를 위하는 일환으로, 2019년 3월 5일 벨기에 브뤼셀에 사이버안보연구소를 개설했다. 화웨이가 다른 곳이 아닌 유럽연합 본부가 있는 브뤼셀에 관련 연구소를 연 것은 자사 통신장비가 중국 정부에 기밀을 빼돌리는 스파이 행위에 이용될 수 있다는 미국의 주장에 적극적으로 대응하기 위한 조치로 풀이된다. 화웨이는 유럽연합의 정책 담당자들을 상대로 미국이 제기하는 보안논란을 불식시키는 데 초점을 맞춰 왔다. 화웨이는 이미 2018년 11월 독일 본에 브뤼셀과 비슷한 연구소를 개설했으며, 영국 정부가 구성한 화웨이 사이버보안평가센터(HCSEC · Huawei Cyber Security Evaluation Centre)를 지원하기도 했다(권성근 2019).

화웨이는 미국에 국방수권법에 대해서도 적극적으로 문제제기했다. 화웨이는 2019년 3월 4일 자사 제품 사용을 금지한 미국 정부에 소송을 제기할 예정이라고 밝혔다. 소송 내용은 2018년 미국 연방정부가 '심각한 안보 위협'을 이유로 자사 제품 사용을 금지한 방침이 부당하다는 것이다. 미 국방수권법 제889조는 미국 정부가 화웨이, ZTE 등 중국 통신장비 업체들의 기술을 이용하거나, 이들 기업의 기술을 이용하는 다른 사업체와 거래하는 것을 금지하는 규정을 담고 있다. 화웨이는 이 법안이 헌법 위반이라고 주장할 것이며, 재판 없이 개인이나 단체를 처벌하는 법안을 의회가 통과시켜서는 안 된다는 주장을 펼친다는 것이다(김영정 2019).

미국의 화웨이 견제에도 불구하고 중국 정부는 일대일로 추진 차원에서 해외 통신 인프라 확충을 가속화하고 있다. 2018년 4월 시진핑 중국 국가주석은 일대일로 건설을 계기로 관련 국가들, 특히 개도국에 인터넷 기반시설을 건설하고 디지털경제와 사이버 보안 등 다방면에서 협력을 강화하여 '21세기 디지털 실크로드'를 건설해야 한다고 강조한 바 있다(오광진 2018). 이러한 맥락에서 보면 동남아 국가들이 화웨이를 선호하는 조치를 취한 최근의 행보를 이해할 수 있다. 태국은 2019년 2월 8일 5G 실증 테스트를 시작하면서 화웨이의 참여를 허용했으며, 말레이시아, 싱가포르, 인도 등도 화웨이 장비로 5G 테스트를 진행할 계획을 밝혔다.

이 밖에도 화웨이와 중국 정부는 서방국가들에 대한 우호적 공세도 진행했다. 2018년 2월초 테레사 메이 영국 총리는 쑨 야팡 화웨이 회장과 면담을 가졌고, 3월 화웨이는 영국에 향후 5년간 30억 유로(42억 달러)를 투자하겠다고 선언했다. 화웨이는 2019년 2월 캐나다에서 연구개발 투자를 확대하고 일부 지적재산권을 넘기겠다고 밝히는 등 주요국들을 설득하기 위한 여론전에도 나섰다. 2019년 3월 25일에는 시진핑 주석이 이탈리아와 일대일로 양해각서를 체결했다. 한편, 유럽연합의 집행기관인 EC는 화웨이가 사이버 보안을 위협한다는 미국의 주장이 근거가 없다고 발표했다. 특히 EC는 이러한 발표를 시진핑 주석이 파리에서 에마뉘엘 마크롱 프랑스 대통령, 앙겔라 메르켈 독일 총리, 장 클로드 융커 EU 집행위원장과 회동하는 행사에 맞춰서 진행했다(최예지 2019; 박형기 2019).

이러한 행보에 힘입은 덕분인지 유럽의 이동통신사들은 여전히 화웨이 장비를 선택하는 추세이다. 화웨이는 2019년 6월 말 기준으로 전 세계에서 50건의 5G 장비 공급 계약을 맺은 것으로 알려졌다. 이 가운데 28건은 유럽에서 맺은 계약으로 전체 56%에 달한다. 같은 기간 화웨이의 경쟁사인 노키아와 에릭슨은 각각 43건, 22건의 계약을 맺었다. 화웨이의 중국 경쟁자인 ZTE는 25건의 계약을 체결했다. 화웨이는 2018년 최대 시장인 유럽·중동·아프리카에서 모두 2,045억 위안(약 34조 9,347억 원)의 매출을 올렸으며 이는 전체 매출 가운데 28.4%를 차지하는 금액이다. 해당 금액은 미국과 아시아·태평양(중국 제외) 시장의 매출을 모두 합한 것보다 많다(『미주 한국일보』, 2019년 7월 22일).

VI. 맺음말

최근 화웨이 통신장비의 사이버 안보 문제를 놓고 벌어지고 있는 미중 갈등, 즉 이른바 '화웨이 사태'는 복잡다단하게 전개되고 있는 양국의 관계를 단적으로 보여주는 사례이다. 이 글은 지정학적 시각을 원용하여 선도부문에서 벌어지는 미중 기술패권 경쟁이라는 맥락에서 화웨이 사태의 구조와 동학을 체계적으로 분석하기 위한 시도를 펼쳤다. 특히 이 글은 기존의 전통 지정학의 시각 이외에도 비판지정학, 비지정학, 탈지정학 등과 같은 다양한 이론적 논의들을 원용하여 '복합지정학'의 분석틀을 제안하였다. 이러한 복합지정학의 시각에서 본 화웨이 사태는 선도부문에서의 기술력 변화와 연동하여 발생하는 관념과 제도 및 세계질서의 복합적인 변동으로 이해된다.

첫째, 안보화의 비판지정학 시각에서 보는 화웨이 사태는 선도부문 기술의 국가안보적 중요성을 강조하는 미국과 중국의 담론 경쟁이다. 특히 화웨이 사태를 촉발하고 확장시킨 핵심 논란거리는 화웨이 장비가 야기할 것이라고 주장되는 사이버 안보위협이었다. 여기서 주목할 것은 잠재적 안보위협을 파악하는 미국과 중국의 안보화 담론의 내용적 차이이다. 미국이 인프라 장비의 보안문제를 내세워 '화웨이 포비아'를 들먹인다면, 중국은 소프트웨어와 데이터 분야의 '주권 침해'에 대해서 민감하게 반응한다. 미국이 사이버 안보위협을 내세워 화웨이 제품에 대한 수출입 규제를 벌인다면, 중국은 기술 및 데이터 주권의 시각에서 중국 시장에 진출한 미국의 다국적 기업들을 규제하고 압박한다.

둘째, 지구화의 비지정학 시각에서 보는 화웨이 사태는 미국의 기술경쟁력 하락이라는 상대적 위치변화가 촉발시킨 미중 간의 통상마찰 문제이고, 더 나아가 양국(특히 중국)이 채택하고 있는 정책과 법을 놓고 벌이는 제도마찰이다. 이러한 양상은 양국 모두에서 전략무역 정책이 가미된 보호주의적 대응으로 나타났는데, 그 양상의 차이에 주목할 필요가 있다. 미국이 사이버 안보를 내세운 수출입 규제를 통해서 화웨이의 5G 기술굴기를 견제하고 '중국제조 2025'나 〈인터넷안전법〉과 같은 중국의 제도적 편향성을 문제시한다면, 중국은 인터넷 안전검사와 데이터 현지화의 논리를 내세워 자국 시장에서 활동하는 다국적 기업들을 기술·경제적으로 뿐만 아니라 정치·사회적으로도 통제하려고 시도한다.

끝으로, 사이버 공간의 탈지정학 시각에서 보는 화웨이 사태는 '내 편 모으기'의 네트워크 전략 차원에서 오프라인의 동맹과 연대를 사이버 공간의 안보 문제로 확대하려는 미중 간 외교전의 양상으로 나타나고 있다. 미국이 사이버 안보를 내세워 오프라인의 첩보동맹인 '파이브 아이즈' 국가들의 지지를 동원하고 있다면, 중국은 화웨이의 기술력과 자금력을 앞세워 동남아와 유럽 국가들의 국제연대를 모색한다. 이러한 사이버 동맹·연대의 과정은, 최근 미국이 추구하는 인도·태평양 전략으로 연계되고 있을 뿐만 아니라, 중국이 추진해온 일대일로 구축의 맥락에서 '디지털 실크로드'를 지향하는 양상으로 나타나고 있다. 이는 마치 해양세력과 대륙세력의 지정학적 경쟁이 사이버 공간으로 옮겨가는 양상을 방불케 한다.

이렇게 복합적 양상으로 진행되는 화웨이 사태의 세계정치는 미래 패권경쟁의 일 단면을 보여준다는 점에서 이론적 의미가 있다. 무엇보다도 국가 간의 '대칭적 경쟁'을 통해서 패권경쟁의 결과를 가늠했던 근대 국제정치의 지평을 넘어서 미래 패권경쟁의 '비대칭성'을 예견케 한다. 사실 최근 벌어지고 있는 미중 기술패권 경쟁은 MS나 구글 등과 같은 미국의 다국적 기업과 중국 정부가 대결하는 양상이며, 또한 역으로 화웨이라는 중국 기업과 미국 정부가 맞서는 비대칭 경쟁의 모습을 보이고 있다. 게다가 이들이 벌이는 권력경쟁의 성격도 전통 지정학에서 상정하는 '자원권력 게임'만이 아니라 복합지정학의 시각으로 보는 '네트워크 권력 게임'의 양상을 띠고 있다. 이러한 점에서 보면, 미중이 벌이는 패권경쟁의 결과도 과거와 같은 '제로섬 게임적인 세력전이'의 질서변환이 아닐 수도 있다.

이렇게 복합지정학의 시각에서 이해된 미중 기술패권 경쟁이 한국의 미래전략에 미치는 영향을 무엇일까? 한국과 같은 중견국의 입장에서 특히 고민스러운 것은, 화웨이 사태로 대변되는 미중 기술패권 경쟁의 결과가 두 개의 호환되지 않는 표준의 진영을 출현시킬 가능성이다. 예를 들어, 현재 진행되는 5G 기술패권 경쟁의 지정학적 양상은 상호 분리된 두 개의 글로벌 생산 네트워크를 창출할 가능성이 없지 않다. 실제로 화웨이 사태에서 엿보는 최근의 양상은 미국의 다국적 기업들이 주도하는 '초국적 질서'의 비전과 중국 기업과 정부가 모색하는 '주권적 질서'의 비전이 사이버 공간을 매개로 하여 충돌하는 모습이다. 그런데 만약에 이러한 두 네트워크가 '디지털 신(新)냉전'의 세계질서를 거론케 할 정도로 상호작동성과 호환성이 결여된 모습으로 향후 구축되어 간다면, 두 네트워크의 가장자리에 위치한 중견국인 한국으로서는 난감한 상황이 아닐 수 없다.

게다가 이러한 구도가 한국에게 기술·경제적 선택뿐만 아니라 지정학적 차원의 전략적 선택까지도 요구한다면 어떻게 해야 할까? 미중이 벌이는 5G 시대 안보화 담론정치의 와중에 한국이 추구할 기술담론의 내용은 무엇일까? 저렴하고 경쟁력 있는 기술과 장비의 도입인가, 아니면 한반도의 안보환경을 염두에 둔 국가 사이버 안보 또는 데이터 안보일까? 또한 5G 부문에서 보호무역주의를 내세우고 있는 미중 사이에서 한국이 지향할 정책과 법제도 모델은 무엇일까? 미국식으로 초국적 데이터 유통을 보장하는 개방과 자유의 모델인가, 아니면 중국식의 국가주도형 기술지원과 인터넷 통제의 국가주권형 모델인가? 끝으로, 미중이 벌이는 사이버 동맹·연대 외교 사이에서 한국이 취할 전략적 선택은 무엇일까? 미국의 사이버 동맹진영에 동참할 것인가, 아니면 중국과의 기술경제적 협력을 강화할 것인가? 이러한 고민들은 단순히 관련 사업을 하는 기업의 몫으로만 남겨놓을 수는 없는 국가전략의 난제들임이 분명하다.

참고문헌

강동균. 2019. "기업 검열하는 中 '사이버 보안법' 손본다."『한국경제』, 2월 7일.

고성혁. 2018. "美 중국 화웨이 제품 퇴출은 안보전쟁."『미래한국』, 12월 26일.

권성근. 2019. "화웨이, 벨기에 브뤼셀에 사이버안보 연구소 개설."『뉴시스』, 3월 6일.

김대호. 2018. "'중국 화웨이는 위험한 기업' 교류·협력 중단 전세계 확산… 미국+캐나다,
　　호주, 영국 등 '화웨이 주의보'."『글로벌이코노믹』, 3월 23일.

김상배. 2014.『아라크네의 국제정치학: 네트워크 세계정치이론의 도전』. 한울.

＿＿＿. 2015. "사이버 안보의 복합지정학: 비대칭 전쟁의 국가전략과 과잉 안보담론의 경계."
　　『국제·지역연구』24(3): 1~40.

김영정. 2019. "화웨이의 반격…'美, 화웨이 보이콧 부당' 제소 방침."『이투데이』, 3월 5일.

김윤구. 2019. "中, 인터넷 이용자 데이터 국외 반출 금지…미국 기업 겨냥."『연합뉴스』, 5월
　　29일.

김치연. 2019. "미국, 중국에서 만든 5G장비 미국 내 사용금지 검토."『연합뉴스』, 6월 24일.

『미주 한국일보』. 2019년 7월 22일. "화웨이, 미국 압박에도 5G 시장 석권."

박세진. 2019. "'中 견제' 美 중심 새 정보동맹 '파이브 아이즈+3' 출범."『연합뉴스』, 2월
　　4일.

박형기. 2019. "시진핑 유럽에 돈 뿌리자 유럽도 선물 하나 줬다."『뉴스1』, 3월 27일.

손승우. 2019. "중국의 사이버보안 규제와 新보호주의 확산."『아시아경제』, 2월 27일.

송경재. 2019. "화웨이 규제 보복땐 中이 더 타격… 부품 막히면 퇴출될 수도."
　　『파이낸셜뉴스』, 5월 17일.

심재훈·김연숙. 2018. "美정부, 중국발 보안위협 우려에 5G망 국영화 검토."『연합뉴스』, 1월
　　29일.

안별. 2019. "[MWC 2019] 스페인 보안연구소 '화웨이, 5G 보안 인증 올 가을 결론'."
　　『조선닷컴』, 2월 28일.

안호균. 2018. "다르게 생각하라 던 애플, 중국에선 다를 수 없는 이유?"『뉴시스』, 2월 27일.

오광진. 2018. "美 ZTE 제재에 시진핑, '중국 IT 핵심기술 돌파 가속'."『조선닷컴』, 4월 22일.

오주환. 2018. "'국민 개인정보 지켜라' 미·중 치열한 '안보전쟁'… 한국은?"『국민일보』,
　　3월 12일.

우은식. 2019. "美, '反화웨이 동맹' 흔들리자 통신부품 수출금지 추진."『뉴시스』, 3월 8일.

원병철. 2018. "세계 최초 5G 상용화와 화웨이 장비 보안성 논란."『보안뉴스』, 7월 26일.

유성민. 2019. "미국은 왜 화웨이만 콕 집어 두들겨 팰까."『신동아』, 3월호.

이길성. 2018. "美 '중국제조 2025는 기술 굴기 아닌 범죄'."『조선닷컴』, 12월 14일.

이성민. 2019. "미국 고립주의와 유럽 열국의 반응."『이코노믹리뷰』, 2월 20일.

이조은. 2019. "미 상원, 인도태평양 사이버 연합체 '클립스' 설립 법안 발의…'북한 범죄 지속
　　가능성'." Voice of America, 4월 9일.

『인민망 한국어판』. 2019년 1월 28일. "런정페이 화웨이 회장, 中 CCTV 인터뷰 동영상 전격

공개!"
정명섭. 2018. "中 5G 굴기…보안 문제로 꺾이나."『아주경제』, 7월 23일.
정충신. 2019. "기술·자원·무역 '모든 것을 무기로'… 美·中, 이미 '3차대전'."『문화일보』, 6월 7일.
조슬기나. 2019. "[주말에 읽는 글로벌 뉴스] 화웨이 사태."『아시아경제』, 2월 23일.
조진형. 2018. "미국이 중국에 뒤진 미래 먹거리… 5G 통상전쟁 2라운드."『중앙일보』, 4월 23일.
차대운, 2019. "中, IT인프라 부품 도입때 '국가안보위해' 심사 예고…美에 맞불."『연합뉴스』, 5월 25일.
최예지. 2019. "中언론 '일대일로, 유럽에 긍정적'…'트로이목마' 우려 불식에 나서." 『아주경제』, 3월 25일.
홍성현. 2019. "서방 떨게하는 '화웨이 포비아'의 실체는?"『중앙일보』, 1월 13일.
황준호. 2018. "'다섯개의눈'과 손잡은 화웨이…커지는 미국의 우려."『아시아경제』, 2월 25일.

Buzan, Barry and Lene Hensen. 2009. *The Evolution of International Security Studies.* Cambridge: Cambridge University Press.
Callon, Michel. 1986. "Some Elements of a Sociology of Translation: Domestication of the Scallops and the Fishermen of St. Brieuc Bay." in John Law ed. *Power, Action and Belief: A New Sociology of Knowledge.* London: Routledge and Kegan Paul, pp.196-233.
Cox, Robert W. 1981. "Social Forces, and World Orders: Beyond International Relations Theory." *Millennium*, 10(2), pp.126-155.
Economist. Dec 15, 2018. "Can Huawei Survive an Onslaught of Bans and Restrictions Abroad?"
Economist. Jan 31, 2019. "How to Handle Huawei."
_____. Apr 27, 2019. "Britain Strikes an Artful Compromise on Huawei and 5G."
_____. May 20, 2019. "Holding out on Huawei."
_____. Mar 21, 2019. "Are Security Concerns over Huawei a Boon for its European Rivals?"
Eurasia Group. 2018. "The Geopolitics of 5G." *Eurasia Group White Paper*, Nov 15.
Gu, Xuewu, et al. 2019. "Geopolitics and Global Race for 5G." *CGS Global Focus*, Center of Global Studies, Bonn University.
Hansen, Lene and Helen Nissenbaum. 2009. "Digital Disaster, Cyber Security, and the Copenhagen School." *International Studies Quarterly*, 53(4), pp.1155-1175.
Harrell, Peter. 2019. "5G: National Security Concerns, Intellectual Property Issues, and the Impact on Competition and Innovation." *Testimony before the United States Senate Committee on the Judiciary*, Center for a New American Security.
Ikenberry, G John. 2014. "The Illusion of Geopolitics: The Enduring Power of the Liberal Order." *Foreign Affairs*, 93(3), pp.80-90.

Johnson, Keith and Elias Groll. 2019. "The Improbable Rise of Huawei. How did a Private Chinese Firm Come to Dominate the World's Most Important Emerging Technology?" *Foreign Policy*, Apr 3.

Knight, Will. 2019. "Trump's Feud with Huawei and China could Lead to the Balkanization of Tech." *MIT Technology Review*. May 24.

Krugman, Paul R. ed. 1986. *Strategic Trade Policy and the New International Economics*. Cambridge: MIT Press.

Lim, Darren. 2019. "Huawei and the U.S.-China Supply Chain Wars: The Contradictions of a Decoupling Strategy." *War on the Rocks*. May 30.

Luce, Edward. 2018. "The New Era of US-China Decoupling." *Financial Times*. Dec 20.

Mead, Walter Russell. 2014. "The Return of Geopolitics: The Revenge of the Revisionist Powers." *Foreign Affairs*, 93(3), pp.69-79.

Modelski, George and William R. Thompson. 1996. *Leading Sectors and World Powers: The Coevolution of Global Politics and Economics*. Columbia: University of South Carolina Press.

ÓTuathail, Gearóid. 1996. *Critical Geopolitics*. Minneapolis, MN: University of Minnesota Press.

Rollet, Charles. 2019. "Huawei Ban Means the End of Global Tech." *Foreign Policy*. July 7.

Steinberg, Philip E., and Stephen D. McDowell. 2003. "Global Communication and the Post-Statism of Cyberspace: A Spatial Constructivist View." *Review of International Political Economy*, 10(2), pp.196-221.

Tyson, Laura D'andrea. 1992. *Who's Bashing Whom? Trade Conflict in High-Technology Industries*. Washington D.C.: Institute for International Economics.

鲁传颖(루촨잉). 2013. "试析当前网络空间全球治理困境(사이버 공간의 글로벌 거버넌스가 당면한 딜레마에 대한 분석)." 『现代国际关系(현대국제관계)』 2013年 第11期. pp.48-54.

王世伟(왕쓰웨이). 2012. "中国国家信息安全的新特点与文化发展战略(중국 국가정보안전의 신특점과 문화발전전략." 『图书情报工作』 第6期, pp.8-13.

王正平(왕정핑) 徐铁光(쉬테광). 2011. "西方网络霸权主义与发展中国家的网络权利(서방의 사이버 패권주의와 개발도상국의 사이버 권리)." 『思想战线(사상전선)』, 第2期 第37卷. pp.105-111.

蔡翠红(차이추이홍). 2012. "网络空间的中美关系竞争, 冲突与合作(사이버 공간에서의 미중관계: 경쟁, 충돌과 협력)." 『美国研究(미국연구)』 第3期. pp.107-121.

제8장

디지털 전환과 규범경쟁
미중 경쟁과 유럽의 전략

김주희

* 이 장은 김주희. 2020. "미 · 중 경쟁과 유럽의 전략: 디지털 규범 형성을 중심으로." 『대한정치학회보』 제28집 2호를 바탕으로 작성되었습니다.

I. 들어가기

전 세계적으로 4차 산업혁명으로 대변되는 기술을 선도하는 국가들은 데이터 기반 디지털 전환의 과정을 주도하고 있다. 이러한 새로운 기술의 변화뿐만 아니라 세계정치를 더욱 격변 속으로 이끌고 있는 미중 패권경쟁으로 인해 유럽 국가들은 새로운 환경의 변화에 적응하고 변화하는 세계질서에 대응해야 할 필요에 직면해 있다. 현재 미중 무역 분쟁으로 나타나고 있는 미중 패권경쟁을 세계정치구조를 변화시킬 주요한 하나의 요인으로 들 수 있다. 기술의 발전이 새롭게 열어준 중요한 기회 혹은 위기 구조는 안보를 지정학적 영토적 관심에서 사이버공간으로 새로운 지리학의 출발을 알리며 그 범위를 넓혀가고 있다(김상배 2015; 2019). 따라서 디지털 전환의 과정에서 새로운 규범 형성과 제도화에 대한 국가 및 산업 행위자들의 요구는 이들 간의 규범경쟁의 고조를 예상하게 한다.

디지털 전환과 관련하여 가장 관심을 끌고 있는 사례는 중국 기업 화웨이를 놓고 벌이는 미중 경쟁이다. 미국의 중국 기업 화웨이에 대한 조치는 5G 네트워크 채택을 앞두고 있는 미국의 전통적인 우방 국가들에게 여러 방식을 통한 미중의 편가르기 경쟁을 유발한다. 미중 갈등은 경제적 관점에서 단순하게 전 세계적으로 시장을 확장하고 있는 화웨이라는 인터넷 장비 업체에 대한 경계를 넘어 이 영역에서 중국에 주도권을 넘기고 싶지 않은 미국의 시도로 이해할 수 있다. 또한 5G 기술경쟁에서 뒤처져 있는 유럽 국가들에게 따라잡기 전략은 필수적이다. 그러나 이러한 일련의 사례들 속에서 발견되는 미중 경쟁은 경제를 넘어서 안보 요소를 포함하고 있다. 미국은 중국 기업 화웨이가 국가의 안보위협이 될 수 있다는 담론을 형성하며 구체적인 조치를 취하고 있다.

미중 패권경쟁의 측면에서 화웨이 사례를 살펴보면 양국은 패권 연합을 형성하기 위해 경쟁적으로 뛰어들고 있다. 이때 전통적인 우방의 입장이 안보의 측면을 고려해 미국에 우호적인 입장을 취할 것인지로 혹은 경제적인 고려로 인해 모호한 입장 혹은 중국에 우호적인 입장을 취할 것인지는 앞으로 전개될 미중 경쟁에서 주요한 변수로 작용할 것이다. 이러한 관점에서 전통적인 유럽 우방국들의 입장은 다양하게 전개되고 있으며 또한 그러한 입장은 일관적이지 않다. 예를 들어 독일이나 프랑스의 경우 논의가 진행되기 시작한 시점부터 승인의 가능성과 금지의 가능성을 오가며 유보적인 입장을 취하고 있으며 파이브 아이즈의 회원국으로 기밀정보 분야에서 미국과 긴밀한 관계를 유지하고 있는 영국의 경우도 미국과 꾸준히 공조하는 입장을 보여주었으나 2019년 12월 NATO 회담에서 계속된 트럼프 대통령의 압력에도 보리스 존슨(Boris Johnson) 총리 또한 결정을 유보하고 있다(Stevis-Gridneff 2019). 이 과정 속에서 미국은 독일에게는 기밀정보 공유 지속 여부를 조건으로 화웨이 장비 도입을 거부할 것을 요구하며 지속적인 압력을 행사하고 있다. 이에 맞서 중국은 2019년 3월 유럽을 방문하여 당시 장 클로드 융커(Jean-Claude Juncker) 유럽연합집행위원장, 독일의 앙겔라 메르켈(Angela Merkel) 총리, 그리고 프랑스의 마크롱(Emmanuel Macron) 대통령과의 정상회담, 프랑스, 이탈리아, 스위스에 대규모 투자 계획을 제시하면서 다양한 방식으로 유럽의 환심을 사려 하였고 그 결과 이탈리아와 스위스는 중국의 일대일로 이니셔티브에 참여를 결정했다.

유럽 국가들의 입장이 미국과 가장 대척점에 서 있는 개인정보 보호 영역에서 유럽 국가들은 유럽연합의 틀에서 움직이고 있다. 2018

년 5월 25일 유럽연합은 일반정보보호규정(General Data Protection Regulation, GDPR)을 발효하였으며 이는 각 회원국 정부가 별도로 이행 입법 없이 각 회원국에 직접적인 강제력 및 규범력을 가진 단일 법규정으로 적용된다. 역내 디지털경제 활성화와 개인정보 보호 사이에 균형을 맞추고 글로벌 디지털 시장에서의 지위를 강화할 목적으로 유럽 내 법안이나 EU 시민의 개인정보를 취급하는 모든 기업에 적용된다. 특히 GDPR의 적용 범위가 전 세계로 확대되었다. 이를 준수하지 않을 시 최대 2,000만 유로, 또는 전 세계 매출액의 4% 중 높은 금액을 과징금으로 부과한다는 점에서 기업 입장에서는 부담이 되는 사안이라고 할 수 있다. 미국의 경우 각 주가 개인정보 보호 영역을 관할하고 있다는 점에서 마이크로 소프트 등의 기업은 미국 연방 차원의 EU 스타일 정보보호법 마련을 요구하고 있으나 아직까지 마련되지 못하고 있다. 4차 산업혁명이라는 기술변화로 대변되는 미래정보사회는 개인이 생산하는 다양한 정보의 처리에 기반을 둘 것이다. 특히 사물인터넷에 활용되는 빅데이터의 일상화는 개인정보에 대한 처리에 새로운 의미를 부여할 것이다. 따라서 새롭게 제정되거나 개정된 관련 법제도적 규범의 영향 하에 놓일 것이라는 점에서 규범경쟁이 치열해질 것이다.

    디지털 전환의 과정에서 개인정보 보호 이슈와 마찬가지로 뜨겁게 논의되는 주제는 디지털 조세에 관한 것이다. 글로벌 시장에서 국경의 투과성을 넘어 글로벌 디지털경제는 온라인을 통한 새로운 사이버 공간을 창출했고 이것은 물리적 공간인 고정사업장 개념에 따라 과세되는 기존 과세체계에 대한 개정을 요구하고 있다. 디지털 조세에 대한 미국과 유럽의 의견 차이는 무역 분쟁으로 확대되고 있다(황정일 2020, 4). 또한 디지털 조세에 관해서는 EU 회원국 내에서도 이견이 존재한다. 따라서 디지털 상거래 소득을 과세하는 데 적극적인 유럽연합(EU)과 일부 회원국은 OECD의 기준이 효과적이지 못함을 지적하고 디지털상거래 기업의 소득을 과세하기 위해 적극적으로 대응하고 있다. 이와 관련하여 2017년 9월 프랑스, 독일, 이탈리아와 스페인을 중심으로 디지털세를 도입하려는 공동성명을 발표하고, 한시적 과세제도의 도입을 논의하기 시작했다. 현재 영국, 프랑스, 이탈리아, 스페인, 체코, 벨기에, 오스트리아 등이 적극적으로 디지털세를 도입하고 EU 차원의 입법에 적극적이며, 아일랜드나 룩셈부르크의 경우 ICT 기업의 철수에 대한 두려움으로 반대하고 있으며, 찬성 측이던 독일과 스웨덴은 미국과의 관계에서 대표적인 자동차 산업에 대한 타격을 두려워하며 유보적인 입장을 취하고 있다(황정일 2020, 4). 미국은 유럽의 디지털 조세법 강화 움직임에 적극적으로 반대하며 EU의 주요 농산품에 대한 관세 부과를 통한 무역전쟁을 선포하고 있다.

전통적인 미국의 우방 유럽국가들이 안보와 관련된 사안이라고 해서 단순하게 미국 편에 설 것이라고 예상하기 어렵다. 안보와 경제 이슈가 복합적으로 연결되어 있는 영역에서 또한 국가별로 산업구조가 다르고 디지털경제의 발전 정도가 다른, 즉 경제 및 체제적으로 다양한 전통을 가진 국가들로 구성되어 있는 유럽연합의 회원국들은 다양한 입장 차이를 드러내며 합의에 이르기 어렵다는 점에서 국가 및 이슈별 다양한 차이의 구별이 필요하다.

현재 이슈가 되고 있는 글로벌 규범 형성이 필요하다는 데 관련 행위자들의 동의를 얻고 있으며 또한 국가 간의 입장 차이와 미중 경쟁을 바탕으로 형성될 규범경쟁의 관점에서 유럽의 입장은 때로는 미국과 연합을 형성하고 때로는 명확한 입장을 표명하지 않는 전략을 구사하고 있다. 유럽의 입장은 또한 미국과 중국 사이에서 독자적이다.

따라서 본 연구는 미중 경쟁과 다차원적인 복합지정학적 세계정치 속
에서 게임의 룰을 정하는 규범경쟁에서 유럽 국가들은 어떠한 입장에
서 어떠한 전략을 수립하는지 앞서 언급한 세 가지 사례를 통해 살펴
보고 이에 대해 접근하는 유럽 국가들이 양자적/지역/다자 접근을 결
정하는 요인을 탐색하고자 한다.

II. 디지털 전환과 규범경쟁: 유럽의 전략을 설명하기 위한 분석틀

1. 지정학적 이해관계가 투사된 패권경쟁: 전통안보적 관점에서 이해되는 미중 패권경쟁에서 유럽의 입장

지정학적 이해관계가 투사된 패권경쟁은 4차 산업혁명으로 대변되는
기술의 발전과 그러한 기술을 장악하고자 하는 패권국과 신흥 패권국
의 대결로 디지털 전환 과정에서의 규범경쟁을 이해할 수 있다. 이 주
제를 다룰 때 가장 주요하게 논의되는 관점이라고 할 수 있다. 이러한
시각에 따르면 미중 경쟁의 과정에서 양국은 결국 패권의 유지와 획득
을 위해 편 모으기 전략과 같은 다양한 외교 전략을 구사하게 될 것이
다(김상배 2019). 결국 유럽 국가들은 미중의 다양한 전략에 대응하며
순응하거나 혹은 독립적으로 입장과 전략을 설정하게 될 것이다. 학술
적으로 이 주제에 접근하고 있는 연구들은 미국과 중국의 관점에서 이
과정에 접근하고 있다(김상배 2019; 배영자 2016). 따라서 이러한 관점
은 유럽 국가들이 취하게 될 입장을 직접적으로 설명하기는 어렵다는
점에서 본 연구의 의의가 있다. 유럽은 미중 경쟁에서 지역적으로 EU

의 틀 안에서 대응할 때 그 규범경쟁에서 영향력을 행사할 수 있는 목소리를 낼 수 있다는 점에서 유럽 국가들이 공동으로 대응할 때 그리고 그러한 방식으로 규범 형성에 적극적으로 임할 수 있으며 효율적일 수 있다.

　전통적으로 안보 동맹의 역할을 하고 있는 미국과 경제적으로 관계를 끊을 수 없는 매력적인 파트너인 중국은 경제와 안보가 복합적으로 연계된 디지털 전환 과정에서의 규범경쟁에서 공동의 입장을 취하기 어렵게 만든다. 결국 안보 이슈의 경우처럼 NATO의 틀에서 입장을 공유하는 전통적인 방식이 아니라, 이러한 복합적인 사안의 결정은 각국에게 일임되고 따라서 각국의 결정에 따라 입장이 달라진다. 이것은 다른 단계의 변수, 즉 국내적 요인 혹은 매개 변수를 고려할 필요가 있다는 것을 의미한다.

2. 디지털 전환 과정에서의 경쟁: 디지털 기술과 산업 경쟁에서 뒤처진 유럽 국가들의 따라잡기 전략

따라서 두 번째로 유럽 국가들의 입장과 전략은 디지털 전환 과정에서 나타나는 기술과 산업경쟁의 측면에서 이해할 수 있다. 유럽 국가들은 4차 산업혁명 관련 기술 산업에서 미국과 중국에 뒤처져 있다. 이러한 차이를 효과적으로 따라잡기 위해서 지역적·다자적 접근을 활용할 가능성이 크다. 디지털 전환의 과정을 겪고 있는 국가들의 산업구조가 여전히 제조업이 우세한지 혹은 디지털 IT산업으로 전환되었는지에 따라 또한 경제적인 발전 수준이 상이한 국가별로 다양한 차이를 보이게 될 것이다.

3. 규범의 형성과 입법화의 제도적 측면: 유럽통합, 즉 유럽 차원의 다양한 거버넌스 믹스가 만들어내는 입법화와 정책결정 방식의 다양성

마지막으로 유럽연합의 틀에서 다양한 입법의 형태로 정책결정이 이루어지는 방식을 통해 유럽 국가들의 입장과 전략이 형성될 수 있다. 유럽연합의 이러한 특징을 거버넌스 믹스로 이해하는 입장으로부터 다음의 특징을 유추할 수 있다(Börzel 2010). 초국적 조직으로서 유럽연합은 정당한 무력을 사용할 권한은 가지고 있지 않으나 유럽연합이 권한을 가지고 있는 분야, 주로 경제 분야에서는 위계적인 방식에 의존한다. 즉 유럽연합의 초국적 조직들은 각 회원국의 동의가 없이도 법적 구속력을 가지는 결정을 채택하고 강제할 수 있는 권한을 가지고 있다. 따라서 이 영역에서 EU 차원의 공동 입장과 전략을 형성할 가능성이 높다. 본 연구의 사례에서는 두 번째 개인정보 보호 분야가 이 영역에 속한다. 둘째, 체계적으로 정책결정 과정에 사적 행위자를 참여하게 하는 네트워크 거버넌스는 찾아보기 힘들다. 유럽연합의 정책은 광범위하게 정부 행위자들이 형성하고 실행하고 있다. 특히 외교안보 분야는 대부분의 경우 모든 회원국의 동의를 통해 결정되기 때문에 공동의 입장과 전략을 내기 어려운 분야이다. 중국 화웨이 장비의 도입 여부에 대해 EU는 공동의 입장을 제안할 수 있으나 이러한 제안은 법적 구속력을 갖지 못한다. 화웨이의 5G 네트워크 장비 도입이 이 영역에 속한다. 마지막으로, 회원국들 간의 정치적 경쟁과 각 회원국의 하부 단위는 유럽의 거버넌스 속에서 중요성을 더해가고 있다. 회원국은 상호 인정의 분위기를 조성하고 서로 간의 차이로 인해 조화를 이루기 어려운 정책영역에서 개방조정방식을 차용하고 있다. 사적 행위

자들은 경쟁 체제 속에서 공공재와 공공 서비스의 제공을 위해 경쟁한
다. 뿐만 아니라 국립대학과 같은 공적 행위자들도 종종 정치적 경쟁
에 참여한다. 규제 혹은 조세 경쟁체제는 대조적으로 국가, 지방, 도시
등 규정과 조세 권한을 가지고 있는 공적 행위자들만이 배타적으로 참
여한다. 이 연구의 마지막 사례인 디지털 조세가 이 영역에 속한다.

III. 디지털 전환과 규범경쟁: 미중 경쟁과 유럽의 전략

1. 5G 네트워크 구축과 화웨이 금지

대규모로 5G 장비를 공급할 수 있는 주요 글로벌 업체는 사실상 화웨
이, 노키아, 그리고 에릭슨이라고 평가한다. 미국의 트럼프 정부가 다
방면으로 로비를 벌이고 있지만 그다지 성공적이지 못한 이유로 화웨
이 장비는 현재 대부분 국가의 기존 모바일 인프라로 깔려 있으며 화
웨이 제품의 가격대비 질적 효율성이 높다는 점이 언급되고 있다. 〈그
림 1〉을 보면 2013년 통신장비 시장 점유 지분을 보면 노키아가 21%,
뒤를 이어 화웨이가 20% 그리고 에릭슨이 19%를 차지하고 있다. 당
시만 해도 3사의 시장 점유 지분이 비슷한 수준을 보이고 있다. 그러
나 2014년을 기점으로 현재는 화웨이가 29%, 노키아가 17% 그리고
에릭슨이 13%를 차지하며 화웨이가 크게 점유율을 높이고 있음을 알
수 있다(Reuters Graphics 2019).
　　미국이 중국 기업 화웨이에 대한 전방위적인 조치를 취하는 것은
미중 양국만의 문제로 그치는 것이 아니다. 미국의 전통적인 우방 국
가들 또한 5G 장비 채택을 앞두고 있는 상황에서 여러 방식을 통한 미

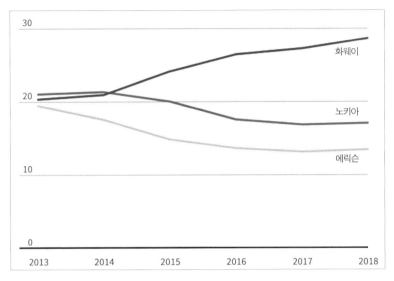

그림 1 텔레콤 장비 시장 점유 지분
출처: Reuters Graphics(2019).

중의 편 가르기 경쟁이 이루어지고 있다. 미중 갈등은 경제적 관점에서는 단순하게 전 세계적으로 시장을 확장하고 있는 화웨이라는 인터넷 장비 업체에 대한 경계, 즉 이 새로운 영역에서 중국에 주도권을 넘기고 싶지 않은 미국의 시도로 이해할 수 있다. 그러나 이러한 일련의 사례들 속에서 발견되는 양국의 경쟁은 경제를 넘어서 안보 요소를 포함하고 있다.

미국은 중국 기업 화웨이가 국가의 안보위협이 될 수 있다는 담론을 형성하고 구체적인 조치를 취하고 있다. 2012년 미국 의회가 중국 정부가 화웨이의 통신장비를 활용하여 스파이 활동을 벌였다는 보고서를 발간하면서 중국 기업 화웨이의 정보 유출, 안보 위협의 문제가 제기되기 시작했다. 그 후 2017년 6월 중국이 국가정보법을 발효하면서 이러한 위협에 대한 우려가 화웨이 포비아로 확대되기 시작했다. 중국의 국가정보법에 따르면 중국 정보기관은 자국뿐만 아니라 해외에서도 필요한 정보를 수집하기 위해 개인 및 단체를 감시할 수 있다. 차량, 통신장비, 건축물 등에 도청이나 감시설비를 설치하거나 영장 없이 압수 수색이 가능하다는 것으로 화웨이가 통신업체나 관공서 등에 납품하는 통신 장비에 백도어(back door)를 심어 이를 통해 중국 정보기관이 스파이 활동을 할 수도 있다는 것을 의미한다.

미중 패권경쟁의 측면에서 화웨이 사례를 이해하자면 양국은 패권연합을 형성하기 위해 경쟁적으로 뛰어들고 있다. 유럽연합의 주요 국의 입장을 살펴보면 독일과 프랑스의 경우 논의가 진행되기 시작한 시점부터 승인의 가능성과 금지의 가능성을 오가며 유보적인 입장을 취하고 있으며, 파이브 아이즈의 회원국으로 기밀정보 분야에서 미국과 긴밀한 관계를 유지하고 있는 영국의 경우도 미국과 꾸준히 공조하는 입장을 보여주었으나 이 분야에 있어서는 프랑스나 독일과 같은 입장을 견지하고 있다(그림 2 참조).

초기 유럽의 입장은 상당히 분열되어 있었다. 폴란드 정부의 경우 2019년 1월 스파이 활동 혐의로 화웨이 노동자가 구속된 이후 공개적으로 화웨이의 배제를 선언했었다.[1] 2019년 4월경에는 화웨이를 금지할 경우 발생할 비용문제로 모든 장비를 다 금지하지는 않겠다는 쪽으로 입장을 선회했지만 같은 해 9월 미국의 지속적인 압력에 미국과 5G 협정을 맺으며 화웨이를 금지했다(Catherine Lucey and Drew Hinshaw 2019). 동유럽 국가가 전부 같은 입장을 취하는 것은 아니다. 스스로를 트럼프의 동맹이라 칭하는 극우 성향의 헝가리 수상 빅토르

---

1   *The Guardian*. 2019. "Poland arrests Huawei worker on allegations of spying for China." (Jan. 11) https://www.theguardian.com/technology/2019/jan/11/huawei-employee-arrested‒in-poland-over-chinese-spy-allegations (검색일: 2019.6.30.)

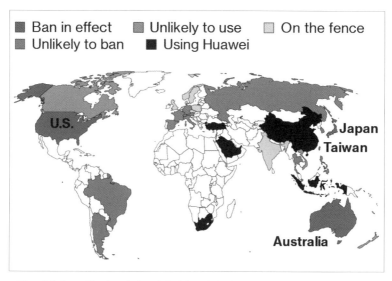

그림 2 화웨이 5G 네트워크 장비 도입에 대한 국가별 입장 (2019년 9월 1일)
출처: Sebenius and Drozdiak(2019).

오르반도 2019년 11월 화웨이가 헝가리의 5G 인프라 구축을 주도할
것이며 일대일로 고속철도 이니셔티브에도 참여하기로 했다.[2]

영국 정부는 같은 결정을 내릴 것처럼 보였다. 2019년 12월
NATO 회담에서 계속된 트럼프 대통령의 압력에도 보리스 존슨 총리
또한 결정을 유보하고 있다(Stevis-Gridneff 2019).

포르투갈의 경우 이미 포르투갈의 가장 주요 텔레콤 업체 메오
(Meo)가 화웨이와 5G 장비 협력을 체결한 후였으며 2019년 4월 영국
이 화웨이 장비 도입을 금지할 수도 있다는 뉴스에 대한 대응으로 포

---

2   *Reuters*. 2019. "Hungarian minister opens door to Huawei for 5G network rollout."
(November 5) https://www.reuters.com/article/us-hungary-telecoms-huawei/hun-
garian- minister-opens-door-to-huawei-for-5g-network-rollout-idUSKBN1XF12U
(검색일: 2019.12.30.)

르투갈의 관계 부처 장관은 포르투갈은 자유롭게 민간업자를 선택할 수 있으며 앞서 언급한 두 업체 간의 계약을 의식한 듯 사기업 간 체결한 계약에 대한 어떤 부담감도 존재하지 않으며 국가 보안 기준에 적합하다면 어떠한 기업도 배제하지 않을 것임을 명확하게 했다.[3]

동시에 독일, 프랑스와 이탈리아는 반대로 정책의 변화 없이 최대한 침묵을 지켰다. 화웨이 금지에 대한 논의가 끊임없이 배제와 승인을 넘나들며 유행처럼 이어졌지만 대부분의 유럽 국가들은 〈그림 2〉가 보여주듯 결정을 유보(on the fence)하거나 금지할 것 같지 않은 (unlikely ban) 상태로 중립을 지키고 있다. 유럽 국가들은 화웨이의 통신장비가 일반적인 보안 기준에 적합하다면 이를 배제하지 않을 것이라는 언급만을 반복하고 있다(Rühlig, Seaman, and Voelsen 2019).

독일의 경우 2018년에는 화웨이를 법적으로 제재할 방법이 없다며 화웨이를 배제하지 않겠다는 유보적인 태도를 보였으나, 2019년 이후 해외 통신업체에 대한 보안 요구 사항을 강화해야 한다는 쪽으로 방향을 선회했다. 이 과정 속에서 미국은 독일에게는 기밀정보 공유를 조건으로 화웨이 장비 도입을 거부할 것을 요구하며 지속적인 압력을 행사하고 있다. 따라서 2019년에 들어서 사이버 안보 분야의 주무 부처인 내무장관 호르스트 제호퍼(Horst Seehofer)는 앞으로 5G 네트워크 사업에 참여하는 모든 사업자는 강화된 규제의 적용을 받도록 법 개정을 추진할 방침을 발표했었다(Stevis-Gridneff 2019). 그러나 항상 뒤따라 메르켈 총리의 화웨이를 배제하지 않겠다는 언급이 있어왔다.

---

3   *The Portugal News.* 2019. "Portugal will not exclude Chinese companies from 5G network – minister." (April 27) https://www.theportugalnews.com/news/portugal-will-not-exclude-chinese-companies-from-5g-network-minister/49300 (검색일: 2019.5.9.)

배제하지 않겠다는 말의 의미는 화웨이 장비 도입에 대해 부정적이라기보다는 긍정적인 의미를 담고 있었다(Rühlig, Seaman, and Voelsen 2019). 2020년 1월 내무장관 제호퍼는 다른 측면의 논의를 전개했다. 화웨이를 두고 벌어지고 있는 위협 논란에 대해 "위협이 발생할 가능성" 때문에 시장에서 상품을 배제하는 것은 적절치 않으며, 또한 이러한 무역 제한에 기본적으로 반대한다는 의견을 피력하고 이러한 의견에 화웨이에게 다른 5G 사업자와 경쟁할 기회를 주어야 한다고 주장하고 있는 메르켈 총리도 동의하고 있음을 강조했다(Bubrowski, Lohse, und Armbruster 2020). 또한 화웨이 도입이 금지된다면 독일이 5G와 관련하여 기술을 보유하고 있지 못하고 독일 통신 사업자 대부분이 화웨이 장비를 사용하고 있기 때문에 5G 경쟁에서 상당히 뒤처질 수 있음을 염려하고 있다(Bubrowski, Lohse, und Armbruster 2020)는 점을 경제적인 경쟁력의 관점에서 주장하기 시작했다. 물론 대연정을 구성하고 있는 독일 정부 내의 의견이 현저하게 나뉜다. 사민당의 경우 보안의 이유로 화웨이를 금지해야 한다는 입장이며 메르켈 총리가 속한 기민/기사 연합의 경우도 당내 의견이 나뉜다. 당내 화웨이 금지론자들은 중국 정부로부터 독립적인 중국 기업은 없으며 따라서 화웨이를 5G 구축 대상으로 포함시키는 것은 국가안보에 위협이 될 수 있음을 주장하고 있다.

화웨이를 금지시킬 것인지 허용할 것인지에 대한 유럽연합의 규칙에 의거 유럽연합은 정치적인 이유를 근거로 사기업을 대상으로 한 조치를 취하기 어렵다. 또한 이 분야는 유럽연합의 입법을 통해 결정할 수 있는 영역이 아니다. 물론 국가들이 모여 서로의 입장을 조율할 수 있는 대화의 장의 역할을 하며 권고나 제안을 제시할 수는 있다. 화웨이 장비가 국가안보에 위협이 될 수 있다는 문제점이 제기되자 유럽연합은 각국이 이 문제에 대한 점검과 평가를 해줄 것을 요청했다. 물론 유럽연합 차원에서 권고나 제안 차원의 공동입장을 제안할 수 있으나 그 단계까지 합의에 이르기도 어려울 뿐만 아니라 그러한 제안이 법적 구속력을 갖고 있지 않다는 점에서 이 분야는 양자적 접근을 통해 주로 이루어지며 간헐적으로 필요에 의해 조정의 과정을 갖게 된다. 화웨이 논란은 2년여간 지속되고 있는데 이 과정에서 중국과 경제적 관계가 최소한의 수준에 머물러 있는 폴란드를 제외하고 대부분의 유럽연합 회원국들은 NATO 안에서의 미국과의 동맹과 안보 의존을 상당부분 고려하고는 있으나 경제적인 요인에 근거해 중국의 영향력을 배제할 수 없다는 점에서 유보의 입장을 취하며 관망하고 있다.

2. 개인정보보호법과 유럽연합의 일반정보보호규정

2018년 5월 25일 유럽연합 차원에서 일반정보보호규정(General Data Protection Regulation, GDPR)[4]이 시행되었다. 유럽연합 역내 디지털 경제 활성화와 개인정보 보호 사이에 균형을 맞추고 글로벌 디지털 시장에서의 지위도 강화하기 위해 기존의 개인정보 보호 관련 지침 95/46/EC를 대신하는 규정이다. 이 지침은 유럽연합 회원국의 국민의 기본권과 자유를 보호하고 개인정보를 처리하는 과정에서 침해될 수 있는 프라이버시권을 보호하고 유럽연합 회원국 간 개인정보의 자유로운 유통을 활성화하기 위해 제정되었다. GDPR이 주목받는 이유는 이 규정이 미국의 개인정보 보호 경향과 비교하여 다소 다르게 법제도의 방향이 설정되었다는 점과 유럽연합 회원국 전체에 직접적인

---

4   General Data Protection Regulation, GDPR. https://gdpr-info.eu/ (검색일: 2019. 12.12).

규범력을 가진다는 점에서 그러하다. 즉 기존의 지침은 유럽연합 회원 국에 직접적인 강제력을 행사하거나 직접적으로 적용 불가한 지침(di- rective)으로 제정되어 각국이 이 영역을 다루는 데 국내법에 따라 서로 다른 보호 수준을 갖추고 있어 서로 간 불균형이 발생했고 따라서 각 국가 간 단일한 체계의 필요성을 인지하여 규정의 형태로 제정되었다. 즉 유럽연합 회원국의 국내법에 우선하여 적용되기 때문에 회원국은 이 규정에 맞게 국내법을 개정할 필요가 있다. 이것은 유럽연합의 회원국들이 각국의 입장을 설정한다기보다 이미 설정된 개인정보보호규정, 즉 GDPR을 그대로 수용한다는 것을 의미하고 이러한 노력은 각국이 GDPR을 자국의 법안으로 이식하는 과정을 통해 알 수 있다. 또한 브렉시트 이후의 영국 또한 이 분야에 있어서는 동일한 입장에 있으며 꾸준히 협력하겠다는 태도를 보이고 있다(정일영 외 2018; 한 국인터넷진흥원 2018). 다시 말해 이 영역에서 유럽연합 회원국들은 전 세계적인 규범 설정에 있어 한목소리를 낼 수 있을 것이라는 점에서 양자적이 아닌 지역적 혹은 더 나아가 글로벌 단계에서의 다자적인 접근, 즉 전 세계적인 규범화를 시도할 수 있는 영역이라고 할 수 있다.

　4차 산업혁명이 열어 줄 미래정보사회는 개인정보의 처리에 기반을 두고 산업이 발전할 수밖에 없기 때문에 개인정보에 대한 법제도적인 측면은 미래사회에서 경쟁력을 갖추려는 국가와 기업에게 큰 영향을 줄 수밖에 없다는 점에서 중요하다. 유럽연합이 설정한 GDPR은 현재 인터넷 시장에서 막강한 영향력을 행사하고 있는 미국의 글로벌 기업들에게 엄청난 장벽으로 작용할 수 있는 반면 유럽연합 회원국의 개인에게는 개인정보와 관련된 기본적 권리를 보장받는 것으로, 기업들에게는 유럽연합의 역내시장을 보호할 수 있는 수단으로 간주될 수 있다. 그러나 개인정보 보호의 법규정은 개인의 기본권을 보호하고 정보주권의 보호 측면에서 중요하지만 과할 경우 정보유통의 자유가 제한되어 사회경제적인 자유로운 발전이 저해될 수도 있다는 점에서 이익의 대립이 발생하는 영역이다.

GDPR이 다른 국가의 사업자 특히 미국의 관련 기업들에게 부담으로 다가오는 특징은 다음과 같다. GDPR은 유럽연합 역내 국민의 개인정보를 처리하는 역외 기업에게도 적용되며 이러한 사항을 중대하게 위반 시 최대 2,000만 유로 또는 전년도 글로벌 매출액의 4% 중 높은 금액을 과징금으로 부과할 수 있다는 점에서 기업에게는 상당한 부담으로 작용한다(정일영 외 2018; 조성은·민대홍 2018; 코트라 2018). 더욱이 개인정보 처리 기준을 매우 높게 설정했으며 마지막으로 정보 주체인 개인의 권리를 확대하기 위해 데이터 삭제권과 이동권 등을 법제화한 것이 GDPR의 주요한 특징이라고 할 수 있다.

글로벌 규범이 될지는 미지수이나 유럽연합 회원국이 유럽연합의 틀 안에서 지역적으로 접근하고 있는 분야이다. 중국의 경우 정보기밀 보호법을 제정하여 핵심 인프라에서부터 데이터 거버넌스에 이르기까지 모든 요소를 포괄한 개인정보 보호 규칙을 마련해서 이미 2017년 6월 발효했으나 미국의 경우 연방 차원의 법안은 아직까지 마련되지 못하고 있다. 마이크로 소프트를 포함한 기업들이 미국 연방 차원의 EU 스타일의 정보보호법 마련을 요구하고 있으나 미국의 경우 정보보호법은 주로 주의 관할로 연방은 부분적인 권한만을 가지고 있다는 점에서 이 분야의 주도권은 유럽연합이 행사하고 있다고 볼 수 있다.

3. 디지털 조세

디지털 조세는 구글세 혹은 GAFA법으로 알려져 있다. 이 법의 주요

대상이 구글(Google), 애플(Apple), 페이스북(Facebook), 그리고 아마존(Amazon)이기 때문이다. 인터넷과 모바일 사용의 확대는 다양한 플랫폼 사업과 디지털 거래를 촉진시켜 제조업 중심의 산업을 ICT와 미디어 산업으로 이동하게 했다. 글로벌 상장기업 시가총액 조사결과 기업가치 순위 1위에서 5위를 글로벌 ICT 기업이 독차지하고 있다. 1위인 애플을 비롯해, 마이크로소프트, 구글 알파벳, 아마존 그리고 페이스북 순이다. 이처럼 대부분 미국계인 글로벌 ICT 미디어 기업들의 해외시장으로의 진출이 활발해지고 그 영향력이 확대되었음에도 이 기업들이 부담하는 조세의 규모는 전통적인 제조업 기업들과 비교하면 상당히 적다는 점에서 논란이 되고 있다. 글로벌 시장으로의 국경의 의미가 약화되는 것을 넘어 글로벌 디지털경제는 온라인을 통한 새로운 사이버 공간을 창출했음에도 물리적 공간인 고정사업장 개념에 따라 과세되는 기존 과세체계는 이러한 불균형을 해소할 수 있도록 변화가 필요한 시점이다. 유럽연합 안에서 비ICT 미디어 기업의 평균 법인세 실효세율이 23.2% 정도인 데 비해 다국적 ICT 미디어 기업의 경우 평균 법인세 실효세율은 9.5%에 그치고 있다(양정일 2019, 7)는 점이 디지털 세금에 대한 논란을 가중시키고 있다.

　　OECD가 가장 먼저 디지털 조세에 대한 대응책을 마련하였다. 2012년 G20 정상회의를 통해 OECD 회원국을 대상으로 공정한 과세를 위한 "BEPS(Base Erosion and Profit Shifting) 프로젝트", 즉 세원잠식 및 소득이전 프로젝트를 추진했다(김건우·문병순 2016). OECD가 제시한 소득세 과세원칙에 대해 국가 간 의견 차이가 존재할 수밖에 없어 합의에 이르지 못하고 있는 상황이다.

　　디지털 기업이 특정 국내 소비자를 대상으로 얻은 소득에 대해 과세하기 위해서는 독자적으로 국내 세법을 개정하더라도 조세조약 체결국과는 조세조약이 우선 적용되기 때문에 독자적인 세법 개정을 통해서는 디지털 상거래 기업의 국내소득에 대한 적절한 과세가 어렵다(김건우·문병순 2016). 즉 적절한 과세를 위해서는 관련 국가 사이에 합의를 도출하고 이를 국제규범에까지 적용해야 디지털상거래 소득에 대한 실질적 과세가 가능하나, 국가 간 이해관계와 의견이 달라 합의가 쉽지 않은 상황이다.[5] 따라서 유럽연합 집행위원회는 선제적으로 디지털 세금 제도를 마련하고자 시도했다. 이 법안은 고정사업장을 기준으로 과세하는 기존의 법인세에 디지털 비즈니스 모델이 적용될 수 있도록 주요 디지털 사업장(significance digital presence)이라는 개념을 추가하여 과세대상을 확대하고 있다(European Commission 2018; 표 1 참조).

또한 이 법안은 유럽연합 역내에 위치한 주요 디지털 사업장의 디지털 공급 수익, 사용자 수, 그리고 디지털 서비스 계약 건수 등을 기준으로 디지털세를 부과하고자 한다. 이렇게 유럽연합은 공동의 디지털 법인세 체계를 구축하여 앞으로 디지털경제의 활동무대가 될 디지털 단일시장의 활성화를 위한 토대를 만들기 위한 장기적인 관점을 가지고 있다. 또한 유럽연합의 법인세 개혁을 통한 디지털세의 입법이 가능할 때까지 불공정을 개선하기 위한 임시 디지털 서비스세를 일괄적으로 부과하는 지침도 함께 제시했다(European Commission 2018).

그리고 이 분야는 앞서 보여준 개인정보보호규정과 달리 회원국 간 경쟁의 영역인 조세 분야로 유럽연합 집행위원회가 법안을 발의할 수 있으나 이를 위해 국가 간 협상을 통한 법안의 통과가 필요하나 각국 간의 이익의 현저한 차이로 사실상 법안으로 마련되기 어려운 영역

---

5   "IF, 디지털서비스 소비자대상사업에 디지털세 부과합의." 한국세정신문, 2020.01.31. http://www.taxtimes.co.kr/news/article.html?no=243386 (검색일: 2020.02.02)

표 1 OECD와 EU의 디지털 과세 접근 방법 비교

	OECD BEPS 프로젝트	EU
주체	G20/OECD	유럽연합 집행위원회
적용 대상	전 세계	유럽
목적	국제적인 합의를 통한 구조적인 해결책 도출	즉각적인 과세
대안 적용	권고사항	강제사항
과세준거점	Significant Economic Presence -디지털 요소(Digital factors) -수입기반 요소(Revenue-based factors) -사용자기반 요소(User-based factors)	Significant Digital Presence -디지털 서비스 수익이 700만 유로를 초과하는 경우 -회원국 내 활성 사용자 수가 10만 명을 초과하는 경우 -신규 디지털 서비스 계약이 3,000건을 초과하는 경우
장기적 대안	가상의 고정사업장 디지털 거래에 대한 원천징수를 부과 형평부담금(Equalisation levy)	법인세 개혁을 통한 EU 공통 디지털경제 활동 과세체계 구축

출처: 오준석(2018); 양지훈(2019) 재인용.

이라고 할 수 있다. 따라서 이 영역에서는 일반적으로 각국이 경쟁적으로 국내법을 제정하고 그 법안 내용을 유럽연합 단계에서 규범화하기 위한 노력을 하게 된다. 따라서 이 영역에서는 각 국의 입장 차이가 현저하다. 그러나 이 영역과 안보 분야의 차이점은 이 영역은 적어도 유럽연합 집행위원회가 적극적으로 국가 간의 조정을 시도하여 유럽연합의 입법영역으로 확대하고자 한다는 점이다. 유럽연합의 기능조약(Treaty on the Functioning of the European Union) 제5조 3항, 즉 유럽연합 집행위원회는 회원국의 사회정책의 조정을 위해 입법 발의할 수 있다는 조항에 근거 제113조 이러한 결정은 특별입법절차에 따라 만장일치를 통해 결정되어야 한다는 점에서 실질적으로 유럽연합 공동의 입장으로 자리 잡는 데까지는 어려움이 있을 것으로 보인다.

　대표적인 디지털 기업들은 대부분 미국에 근간을 두고 있기 때

문에 현행 조세체계 하에서 이러한 다국적기업의 소득은 미국 등 일부 국가에서 이미 과세되고 있다. 결국 이러한 기업에 대해 개별 국가의 소비자를 대상으로 얻는 소득을 과세할 수 있는 새로운 원칙이 마련되면 미국은 디지털상거래 소득에 대한 과세기반을 상당부분 상실할 수 있기 때문에 이러한 움직임에 적극적으로 반대하고 있다(김은경 2019). 디지털 상거래 소득을 과세하는 데 적극적인 유럽연합과 일부 회원국은 OECD 기준이 효과적이지 못함을 지적하고 디지털상거래 기업의 소득을 과세하기 위해 적극적으로 대응하게 된 것이다.

2017년 9월 프랑스, 독일, 이탈리아와 스페인을 중심으로 유럽연합에 균등세(equalization tax)를 도입하려는 공동성명을 발표하고, 한시적 과세제도의 도입에 대해 논의하기 시작했다. 회의에 참석한 17개 국가 중 3개국 재무장관은 균등세 부과에 회의적이었으며, 나머지 국가의 재무장관은 뚜렷한 입장을 표명하지 않았고 OECD나 G20에서 보다 근본적인 과세방안을 마련할 경우 이에 따르겠다는 입장을 밝혔다(오태현·임유진 2018).

2018년 3월 21일 디지털세금에 대한 유럽연합 차원의 법인세 부과를 위한 근본적인 과세방안(법인세 개혁을 통한 유럽연합 디지털세)과 한시적인 과세방안(임시 디지털 서비스세)에 관한 두 개의 지침을 제안했다. 그중 디지털 서비스세의 부과 현황을 보면 아일랜드 등을 중심으로 EU가 OECD 논의와 별도로 디지털상거래 기업이 EU 회원국에서 얻는 소득이나 일부 디지털 거래에 과세하려는 움직임에 부정적인 국가가 존재하여 실질적 입법에 실패하였으나 개별 국가별로 입법화 중이다. 각 회원국의 입장을 살펴보면 다음과 같다(표 2 참조). 프랑스와 영국이 주도적으로 디지털세 논의를 이끌고 있으며 이탈리아, 스페인, 포르투갈, 헝가리와 함께 찬성 측이나 폴란드의 경우 찬성

표 2 유럽연합 주요 회원국별 디지털세에 대한 입장

구분		주요 내용
찬성	프랑스	디지털세 최대 수혜국
	이탈리아	프랑스, 스페인, 영국과 함께 디지털세 찬성
	스페인	프랑스, 이탈리아와 함께 디지털세 찬성
	포르투갈	특별한 입장 표명 부재
	영국	지지국들과 함께 디지털세 도입에 적극적
	헝가리	국제적인 협력을 선호하며 유럽연합 디지털세 도입에 찬성
	폴란드	디지털세 유럽연합 예산과 재정지원에 기여해줄 것 기대
미정	독일	초기 적극적 입장이었으나 자동차 산업에 부정적인 영향 우려
	체코	디지털세 조세혜택에 어떠한 영향을 줄 것인지 우려
	루마니아	특별한 입장 표명 부재
	슬로바키아	동유럽 국가보다 서유럽 국가에 더 유리할 것이라 판단
	슬로베니아	조세분야 협력 강조 그러나 집행위원회의 제안에 대한 추가 분석 필요 강조
	스웨덴	디지털세 부과에 대한 반발 우려와 자동차 산업에 부정적 영향 우려
	핀란드	특별한 입장 표명 부재
	에스토니아	현행 조세체제 혜택이 사라질 수 있음 우려
	라트비아	현행 조세체제 혜택이 사라질 수 있음 우려
	리투아니아	현행 조세체제 혜택이 사라질 수 있음 우려
	크로아티아	현행 조세체제 혜택이 사라질 수 있음 우려
중립	오스트리아	중립(하반기 유럽연합 의장국)
	불가리아	중립(하반기 유럽연합 의장국)
반대	아일랜드	디지털세 도입 가장 강하게 반대, OECD 및 G20을 통해 접근 지지
	네덜란드	아일랜드, 룩셈부르크와 함께 반대 입장
	벨기에	특별한 입장 표명 부재/ 2019년 시점에서 찬성으로 전환
	덴마크	특별한 입장 표명 부재
	그리스	다국적 기업들로부터 추가적인 투자 희망

출처: 오태현·임유진(2018, 9-10); 저자 수정 추가 작성.

에서 현재는 중지 상태로 유럽연합에서 공동의 입장을 정하면 디지털
세의 도입을 다시 시작하겠다는 입장이다. 대부분의 동유럽 국가와 함
께 독일과 스웨덴이 미정인 입장인데 이는 미국과의 분쟁 속에 두 국
가의 자동차 산업이 입게 될 불이익 때문이다. 가장 강하게 반대하고
있는 국가는 아일랜드로 회원국의 조세와 재정주권의 침해를 이유로

반대하고 있으나, 자국에 있는 디지털 기업의 조세부담이 가중되며 경제성장이 위축될 수 있다는 점에 대한 우려와 투자 유치를 위한 외국투자기업에 대한 조세감면 혜택은 불공정 정부보조나 조세왜곡이 아니라 회원국의 재량이라는 점을 강조하고 있다(오태현·임유진 2018, 10). 유럽연합 차원의 협상 과정에서 만장일치 결정에서 거부권을 행사하지는 않을 것임을 언급하면서도 여전히 유럽연합 차원보다는 글로벌 협력을 강조하고 있다(오태현·임유진 2018, 11). 벨기에의 경우 반대 입장에서 찬성으로 입장을 바꿨다(표 2와 표 3 참조).

프랑스의 경우 2019년 7월 24일 디지털 서비스에 대한 법인세 하락경로의 개선과 디지털 서비스에 관한 법(loi n° 2019-759 portant sur les services numériques et modification de la trajectoire de baisse de l'impôt sur les sociétés)을 제정했다. 프랑스 의회는 글로벌 소득 연간 7억 5,000만 유로, 프랑스 내 매출 최저 2,500만 유로인 디지털 대기업의 총 매출액의 3%의 디지털 서비스세를 부과하기로 결정했다(표 3 참조). 디지털 서비스세가 부과되는 사업은 타깃광고와 통신중개로 GAFA가 주 과세 대상이며 공동의 디지털세가 제정되면 디지털 서비스세 부과를 중지할 예정이다(김은정 2019; 이수연 2019). 디지털 서비스세의 경우 프랑스의 이해관계가 가장 잘 반영되어 있다고 판단하고 있다(오태현·임유진 2018). 영국의 경우 2020년 4월부터 2%의 세율로 디지털세를 도입할 예정으로 거대 디지털기업의 소셜미디어, 검색, 온라인 마켓 플레이스 등 3개 부문에 부과하여 연 4억 파운드 이상의 조세수입을 기대하고 있다(김은경 2019).

유럽연합 집행위원회가 제안한 디지털 서비스세의 실질적인 효력이 발동하기 위해서는 유럽연합 회원국 만장일치의 동의가 필요하다는 점에서 각국의 상황이 상이하고 따라서 입장이 다양하다는 점에서

표 3 유럽연합 회원국의 디지털 서비스세 부과 현황

국가	글로벌 임계매출액	자국 내 임계 매출액	세율	상황
오스트리아	750백만 유로	10백만 유로	5%	제안
벨기에	750백만 유로	EU에서 50백만 유로	3%	제안
체코	750백만 유로	2백만 유로	7%	제안
프랑스	750백만 유로	25백만 유로	3%	실행
헝가리	100백만 HUF 306,890유로	N/A	7,5%	실행
이탈리아	750백만 유로	5.5백만 유로	3%	제안
폴란드				공표/중지 (EU합의 시 시작)
슬로베니아				공표
스페인	750백만 유로	3백만 유로	3%	제안/의회거부
영국	500백만 파운드 554백만 유로	25백만 파운드 28백만 유로	2%	제안

출처: KPMG, "Taxation of the digitalized economy," July 11, 2019. https://tax.kpmg.us/content/dam/tax/en/pdfs/2019/digitalized-economy-taxation-developments-summary.pdf; Bloomberg Tax, "BEPS Tracker – Action 1: Digital Economy." https://www.bloomberglaw.com/product/tax/aqb_chart/2917a095db6af1d712cbf7034d7be88d; Finance Ministry of Slovenia, "NEWS – Adopted at the 36th regular government session." June 6, 2019. http://www.mf.gov.si/si/medijsko_sredisce/novica/3621/ TAX Foundation: https://taxfoundation.org/digital-taxes-europe-2019/ (검색일: 2020.1.10.)

이해관계가 어떻게 협상과정에서 빠르게 조율될 수 있을지에 달려 있다고 할 수 있다. 이에 따라 디지털 조세에 있어 유럽의 글로벌 규범 설정에서 양자적 혹은 지역적으로 접근할지가 결정될 것이다. 물론 현재로서는 각국의 입장을 유럽의 입장으로 만들기 위한 경쟁의 과정에 있다고 볼 수 있을 것이다.

IV. 나가기

4차 산업혁명으로 인한 디지털 전환의 과정과 미중이 경쟁하는 국제

체제의 변화의 과정에서 과연 유럽의 중견 국가들은 어떠한 입장과 전략을 취할 수 있을 것인가에 대한 질문은 이러한 비슷한 상황에 놓여 있는 한국에도 시사하는 바가 있다. 그동안의 연구들이 미중 경쟁의 변화하는 국제질서 속에서 미중의 패권경쟁, 미중의 기술경쟁에 주로 초점이 맞추어져 있었다면 본 연구는 이러한 변화와 전환의 과정 속에서 유럽 국가들의 입장과 전략을 한창 새로운 규범의 설정이 필요한 세 가지 사례를 통해 살펴보았다. 유럽 국가들의 각 분야에 대한 대응 전략이 다양하게 나타났고 또한 회원국별로 혹은 유럽연합 단위로 그리고 글로벌하게 접근하는 방식도 차이를 보여주었다.

화웨이 5G 장비 도입과 관련해서는 미중의 치열한 경쟁 속에서 미국의 강력하고 집요한 압력 속에서도 유럽 국가들은 지속적으로 명확한 입장을 표명하지 않으면서도 이 문제를 국가안보 위협의 문제로 받아들이기보다는 좀 더 경제적인 관점에 비중을 두고 있는 것으로 판단되며 이 영역은 유럽연합 차원의 지역적 접근이 어렵다는 점에서 각 회원국이 양자적으로 접근하고 있었다.

개인정보 보호 규정과 관련해서는 유럽연합이 가장 강력하게 규범 설정을 위한 역할을 지역적 접근을 통해 실행하고 있는 분야였다. 유럽 국가들의 경우 유럽연합 차원의 법적 구속력을 가지는 가장 강력한 형태의 규범력을 보여주는 입법 형태인 규정을 통해 법적 구속력을 가지고 공동의 입장을 설정했다. 이것으로 인해 상당한 부담을 가지게 될 미국 기업들은 꾸준히 미국 연방 차원의 개인정보보호법을 요구하고 있지만 이것은 각 주의 관할이기 때문에 어려움을 겪고 있다.

마지막으로 디지털 조세의 경우 미국과 유럽이 가장 첨예하게 대립하고 있는 분야이다. 현재 미국의 트럼프 대통령은 유럽연합의 각 회원국이 디지털 서비스세를 부과하게 된다면 와인세를, 즉 유럽으로

부터 오는 각종 농산물에 대한 관세를 부과하겠다며 무역전쟁을 준비하고 있다. 아직까지 디지털 조세의 경우 불평등 과세에 대한 공감대는 형성하고 있지만 그 방식에 대한 합의에 이르지 못했고 OECD 차원의 글로벌 규범 형성에 대한 불만족으로 유럽 국가들의 경우 유럽연합 차원의 규범 형성을 시도하고 있으나 유럽 국가들 간의 산업구조와 이익의 간극으로 인해 유럽집행위원회가 발의한 지침이 발효되지 못하고 있다. 빠른 시간 안에 합의에 이르기는 어렵겠지만 주요 국가들이 부정적인 입장이 아니라는 점에서 전망이 그렇게 부정적일 필요는 없을 것 같다. 유럽이 지역 차원의 접근이 가능하다면 이 영역에서도 강력한 규범의 설정자로서의 역할이 가능할 것이다.

마지막으로 미국의 강력한 압박과 대조적인 전략을 구사하는 중국을 눈여겨볼 필요가 있다. 중국은 2019년 3월 유럽을 방문하여 당시장 클로드 융커 유럽집행위원장, 독일의 메르켈 총리, 그리고 프랑스의 마크롱 대통령과의 정상회담, 프랑스, 이탈리아, 스위스에 대규모 투자 계획을 제시하면서 다양한 방식으로 유럽에 구애하고 있다. 이에 이탈리아와 스위스는 중국의 일대일로 이니셔티브에 참여를 결정했다(Rinke 2019).

최근 화웨이의 유럽 시장 점유 전략 또한 흥미롭게 전개되고 있다. 화웨이의 유럽대표인 아브라함 리우(Abraham Liu)는 유럽의회 위원회에 참석하여 화웨이는 완전히 중국으로부터 독립적이며 중국을 위해 첩보활동을 할 어떠한 의무도 없으며, 그렇게 하는 것은 자살행위나 다름없다고 강조했다. 또한 흥미롭게도 유럽과 원칙을 공유하고 있는 상대는 미국이 아니라 화웨이라고 덧붙였다. 유럽의 개방, 혁신 그리고 법치라는 가치를 화웨이가 공유하고 있다는 것이다. 화웨이는 다양한 방식으로 유럽과의 공유된 가치를 강조하고 유럽에서 일고 있는 반트럼프 정서를 잘 활용하고 있다. 트럼프 정부는 예측불가하며, 신뢰하기 어렵지만 화웨이는 프라이버시, 투명성과 세계화를 지지한다는 점을 수백만 달러를 들여 홍보와 로비활동을 전개하고 있다. 비슷한 방식으로 중국 정부와 학자들 또한 유사한 주장을 전개하고 있는데 중국이 미국보다 더 유럽과 가치를 공유하고 있다는 점이다. 중국은 기후변화에 관심을 기울이고 있으며 다자주의를 선호한다는 점을 강조한다. 이러한 메시지는 특히 독일과 같은 곳에서 더욱 강력하다. 이러한 주장을 하는 방식에서 또한 차별을 보였는데 단순한 로비 방식이 아닌 유럽의회 의원들과 공개 토론을 하는 방식으로 이루어졌다. 이 토론은 라이브 스트림을 통해 방송되었고 온라인상에 업로드되었다(Stevis-Gridneff 2019). 아직까지는 중국의 이러한 전략을 유럽 국가들의 입장과 전략을 형성하는 결정적인 요인으로 판단하기는 어렵다. 그러나 이러한 접근이 꾸준히 지속될 것이라는 점에서 관심 있게 관찰할 필요가 있어 보인다.

참고문헌

김건우·문병순. 2016. "디지털 경제에 맞는 디지털 제도 고민 깊어지고 있다." 『LG Business Insight』 1-19.

김상배. 2015. "사이버 안보의 미중관계: 안보화 이론의 시각." 『한국정치학회보』 제49집 1호. 71-97.

_____. 2019. "화웨이 사태와 미중 기술패권경쟁: 선도부문과 사이버 안보의 복합지정학." 28권 3호. 125-156.

김은경. 2019. "디지털세 (Digital Tax)의 현황 및 쟁점." 『이슈 & 진단』. 1-25.

배영자. 2016. "미중 패권경쟁과 과학기술혁신." 『국제지역연구』 25권 4호. 31-59.

양지훈. 2019. "미디어 산업에서의 디지털 조세: '구글세' 이슈와 주요국의 대응현황." 『트렌드 리포트』 1호. 1-17.

오태현. 2019. "프랑스 디지털세 도입의 의미와 전망." 『[KIEP] 세계경제 포커스』 19권 25호. 1-7.

오태현·임유진. 2018. "EU의 디지털세(Digital Tax) 주요 내용과 시사점." 『[KIEP] 오늘의 세계경제』 18권 13호. 1-13.

이수진. 2019. "프랑스. 정부, 디지털 세금 부과에 앞장서다." 『국토』 5호. 77-78.

정일영·이명화·김지연·김가은·김석관. 2018. "유럽 개인정보보호법(GDPR)과 국내 데이터 제도 개선방안." 『STEPI Insight』 vol 227. 1-38.

조성은·민대홍. 2018. "GDPR시대 개인정보정책의 주요 쟁점 및 대응방안." 『KISDI Premium Report』 18권 4호. 1-33.

코트라. 2018. "EU의 일반개인정보보호법(GDPR) 발효와 대응과제." 『Global Strategy Report』 18-002. 1-81.

한국인터넷진흥원. 2018. "해외 주요국(영국, 프랑스, 독일 등)의 GDPR 대응 동향." 『해외 개인정보보호 동향 보고서』. 2018년 5월. 1-9.

황정일. 2020. "세금 없이 돈 버는 GAFA…EU 디지털세 선공에 미국은 '와인세' 맞불." 『중앙 SUNDAY』 (1월 4일) 668호. 4.

Börzel, Tanja. 2010. "European governance: negotiation and competition in the shadow of hierarchy," *Journal of Common Market Studies*, 48(2), 191-219.

Bubrowski, Helene, Lohse, Eckart, und Armbruster, Alexander. 2020. "Aufbau von 5G-Netz Seehofer will Huawei nicht ausschließen," *Frankfurter Allgemeine Zeitung* (Januar 17). https://www.faz.net/~gpg-9vj0l (검색일: 2020.1.20.)

European Commission. 2018. "Proposal for a Council Directive on the common system of a digital services tax on revenues resulting from the provision of certain digital services," COM(2018) 148 final.

Lucey, Catherine and Hinshaw, Drew. 2019. "U.S. Signs 5G Agreement With Poland

Amid Huawei Concerns," WSJ (Sept. 2). https://www.wsj.com/articles/u-s-signs-5g-agreement-with-poland-despite-huawei-concerns-11567434905 (검색일: 2019.6.30.)

Reuters Graphics. 2019. "What is 5G and what are its security risks?" *Reuters* (July 17). https://graphics.reuters.com/USA-5G/0100B08J0JE/index.html (검색일: 2020.1.3.)

Rinke, Andreas. 2019. "Trump lässt EU und China zusammenrücken," *Reuters* (March 26). https://de.reuters.com/article/eu-china-idDEKCN1R71I8 (검색일: 2019.6.30.)

Rühlig. Tim, Seaman, John, and Voelsen, Daniel. 2019. "5G and the US‒China Tech Rivalry ‒ a Test for Europe's Future in the Digital Age How Can Europe Shift from Back Foot to Front Foot?" *SWP Comment* 29, 1-8.

Sebenius, Alyza and Drozdiak, Natalia. 2019. "Europe Edges Toward 5G Restrictions Blast of U.S, Lobbying," *Bloomberg* (Decemebr 8). https://www.bloomberg.com/news/articles/2019-12-09/europe-edges-toward-5g-restrictions-after-blast-of-u-s-lobbying (검색일: 2020.1.3.)

Stevis-Gridneff, Martina. 2019. "Blocked in U.S,, Huawei Touts 'Shared Values' to Compete in Europe," *The New York Times* (Decemebr 27). http://nyti.ms/399EnWK (검색일: 2020.1.3.)

제9장

미국과 중국의 디지털통화 전쟁
페이스북의 리브라 대 중국인민은행의 중앙은행디지털통화

이왕휘

I. 머리말

비트코인이 2008년 등장한 이후 약 2,000여 종 이상의 암호자산(cryp-to asset; 加密资产)이 발행되었다(Nakamoto 2008). 2019년 세계 최대의 소셜네트워크 서비스 기업인 페이스북이 공개한 리브라(libra; 天秤币) 프로젝트가 보여주듯이, 암호자산의 발전은 통화의 디지털화를 추동시키고 있다(Adrian and Mancini-Griffoli 2019). 이제는 IT 기업과 금융기관뿐만 아니라 중앙은행까지 디지털통화(digital currency; 数字货币)를 발행하려는 경쟁에 뛰어들고 있다. 실제로 중국인민은행을 포함한 일부 중앙은행들이 자국 내는 물론 국제적으로 통용될 수 있는 중앙은행디지털통화(central bank digital currency, CBDC)의 발행을 추진하고 있다(Shirai 2019; Kwon et al. 2019). 주요 중앙은행은 물론 국제경제기구는 국경을 넘어 디지털통화가 사용되는 디지털 통화지역(digital currency area)과 디지털 달러화(digital dollarization)에 대한 검토를 시작하였다(Brunnermeier et al. 2019a; 2019b).

현재 가장 큰 주목을 끌고 있는 디지털통화는 페이스북의 리브라와 중국인민은행의 CBDC라고 할 수 있다. 엄밀하게 보자면, 리브라와 중국인민은행의 CBDC를 경쟁자로 보는 데에는 여러 가지 문제가 존재한다. 리브라가 IT기업과 금융기관이 수익을 내기 위해 추진하는 민간 프로젝트인 반면, 중국인민은행의 CBDC는 국가기관이 공공 서비스를 제공하기 위해 추진하는 정책 프로젝트이다. 또한 전자의 가치는 미국 달러의 비중이 절반을 차지하는 통화바스켓에 의해 결정되는 반면, 후자는 위안에 전적으로 연동되어 있다. 리브라가 처음부터 전 세계의 페이스북 가입자들이 초국적 거래에 사용하는 것을 목표로 하는 데 반해서 후자는 중국 내에서 사용하는 것을 당면 목표—장기적으로는 위안화 국제화의 측면에서 암호자산을 대안적 기축통화로 검토하고 한 바 있었지만(People's Daily 2014) ― 로 삼고 있다.

이런 차이점들에도 불구하고 2018년 무역전쟁이 개시된 이후 미국과 중국 사이의 적대적 관계가 심화되면서 중국인민은행의 CBDC와 리브라는 경쟁자로 간주되고 있다(Wang 2019; Chorzempa 2019; Tang 2019a; Elegant 2019). 페이스북 창업자 마크 저커버그는 10월 23일 미국 하원 금융서비스 위원회 청문회에서 리브라가 미국 달러화의 패권을 확대하는 데 기여할 것이라고 증언하였다.

> "중국이 몇 달 안에 비슷한 아이디어를 착수하기 위해 재빠르게 움직이고 있는 중이다. 리브라는 주로 달러화에 기반을 둘 것이기 때문에 나는 리브라가 세계에서 미국의 금융 지도력은 물론 우리의 민주적 가치와 감독을 확대할 것이라고 믿는다. 미국이 혁신하지 않는다면, 우리의 금융 지도력은 보장되지 않는다." (Zuckerberg 2019, 1)

중국이 2013~2017년 비트코인의 최대 채굴국이자 최대 거래국이었다는 사실을 볼 때, 저커버커의 경고는 결코 과장이 아니다. 비록 2015년 중순 주식시장 폭락으로 외환보유고의 1/4인 1조 달러 규모의 자본도피가 발생한 후 암호자산을 강력히 규제해 왔지만, 중국 정부는 블록체인에 기반을 둔 핀테크 산업을 진흥시키기 위한 기술 및 정책 개발을 지속해왔다(Jiang 2018). 이런 점에서 중국인민은행이 추진하는 CBDC는 암호자산에 대한 풍부한 시장 경험과 산업기술력에 기반을 두고 있다고 평가되고 있다.

아직까지 공식적으로 발행되어 거래되고 있지는 않았지만, 미국과 중국에서 디지털통화의 발행은 세계통화금융 질서에 심대한 함의를 가지고 있다. 디지털통화를 선점할 경우 얻을 수 있는 정치경제적 이익이 막대하기 때문에, 미국과 중국에서 등장하게 될 디지털통화는 향후 세계통화금융 질서의 주도권을 둘러싼 경쟁에 막대한 영향을 미칠 것이다(Cohen 2019; Eichengreen 2018). 이런 배경에서 마크 카니 영국은행 총재가 2019년 8월 미국 달러화에 대한 지나친 의존을 막기 위해 합성패권통화(Synthetic Hegemonic Currency)를 발행해야 한다는 제안이 큰 주목을 받고 있다(Carney 2019). 실제로 리브라의 통화 바스켓을 국제통화기금(IMF)의 특별인출권(SDR)과 비교해보면, 리브라에서는 달러와 파운드는 과대평가, 유로와 엔은 과소평가, 위안은 완전히 배제되어 있다.

이런 배경에서 이 글은 디지털통화를 둘러싼 미국과 중국의 경쟁을 분석한다. 이하 구성은 다음과 같다. 다음 절에서는 암호자산과 디지털 화폐의 정의, 현황 및 문제를 살펴본다. 3절에서는 미국과 중국의 암호자산과 디지털통화에 대한 정책이 어떻게 변화되어 왔는가를 리브라와 CBDC를 중심으로 검토한다. 마지막 절에서는 이러한 정책 변화가 세계통화금융 질서에 미치는 함의를 정리한다.

II. 페이스북의 리브라

리브라는 세계 최대 소셜네트워크 서비스 기업인 페이스북이 중심이 된 리브라협회가 2020년 출범을 목표로 하는 암호자산의 일종이다. 2019년 6월 18일 공개된 백서에 따르면, 리브라는 "안전하고 안정적인 오픈 소스 블록체인을 기반으로 만들어진 실재하는 자산의 보유에 의해 뒷받침된 독립 단체에 의해 운영되는 안정된 통화"(Libra Association 2019, 12)로 정의된다. 리브라협회가 제시하고 있는 리브라의 근본 목표는 포용 금융(financial inclusion)이다. 세계 약 20억 명 이상이 가입한 페이스북을 통해 리브라는 전 세계적 차원에서 금융에 소외된 취약 계층에게 서비스를 저렴한 비용으로 제공하겠다는 것이다. 이런 관점에서 리브라는 전 세계에 탈집중화된 금융인프라를 제공하는 공공재와 같은 성격을 가졌다고 평가할 수 있다.

리브라 생태계는 블록체인, 협회(association), 적립금(reserve)으로 구성되어 있다. 먼저 리브라의 블록체인은 비트코인처럼 생태계가 형성되면 자격에 부합하는 모든 참가자가 노드를 운영할 수 있는 개방형이 아닌 검증 노드를 운영하는 데 허가가 필요한 폐쇄형이다. 수십억 명이 동시에 사용할 수 있는 블록체인 기술이 발전하여 생태계가 안정적으로 성장할 수 있게 되면, 폐쇄형에서 개방형으로 전환될 예정이다. 리브라협회에서는 약 5년 이후 이러한 전환이 가능할 것으로 예상하고 있다.

리브라협회는 폐쇄형 블록체인에 기반을 두는 동안에는 중앙집권화된 지배구조를 가진다. 리브라협회의 역할은 블록체인의 검증자 노드인 참여자들 사이의 협조와 합의 형성을 촉진하는 것이다. 독립적인 비영리단체인 이 협회의 의사결정은 각 노드의 대표자로 구성된 위원회(council)와 위원회가 선출한 이사회(board)—5~19명의 이사—에서 이뤄지는데, 중요한 사안에 대해서는 2/3이상의 찬성이 필요하다. 현재 위원회는 각각 1,000만 달러를 제공한 창립회원들로 구성되어 있다.

적립금은 리브라협회 회원과 사용자가 내는 돈으로 구성된다. 리브라협회는 가입자를 모집하기 위한 인센티브로 리브라 코인을 지급한다. 여기에서 발생하는 이자는 우선적으로 협회의 운영경비로 지원

표 1 리브라협회 창업 회원 (2019년 6월 기준)

분야	기업 및 단체
결제	페이유(PayU)
기술 및 마켓플레이스	페이스북(Facebook)/칼리브라(Calibra), 파페치(Farfetch), 리프트(Lyft), 스포티파이AB(Spotify AB), 우버 테크놀로지스(Uber Technologies Inc.)
통신	일리아스(Iliad), 보다폰(Vodafone)
블록체인	앵커리지(Anchorage), 바이슨트레일스(Bison Trails), 코인베이스 (Coinbase, Inc.), 자포홀딩스(Xapo Holdings Limited)
벤처캐피털	앤드리슨 호로위츠(Andreessen Horowitz), 브레이크쓰루 이니셔티브 (Breakthrough Initiatives), 리빗캐피탈(Ribbit Capital), 쓰라이브캐피탈 (Thrive Capital), 유니온스퀘어벤처스(Union Square Ventures)
비영리 단체 및 학계	크리에이티브 디스트럭션 랩(Creative Destruction Lab), 키바(Kiva), 머시 코어(Mercy Corps), 세계여성기금(Women's World Banking)

출처: Libra Association(2019), p.4.

되고, 생태계의 규모가 발전하게 되면 비영리 다자기구 등에 기부될 것이다. 장기적으로 안정적인 수익을 내기 위해 적립금은 위험을 관리할 수 있는 투자신용등급을 가진 기관들에 예치될 것이다(Catalini et al. 2019). 이렇게 가입자가 리브라를 구매하여 사용하게 되면 리브라의 규모는 커지게 된다.

　　리브라는 가치가 사실상 고정된 안정 코인(stable coin)이라는 점에서 가격 변동폭이 큰 비트코인과 같은 암호자산과 다르다. 리브라의 가치는 복수의 통화 바스켓에 의해 결정될 예정이다. 참고로 독일 국회의원 파비오 데 마시(Fabio De Masi)가 페이스북에 질의해 받은 답변서에 따르면, 통화 바스켓은 미국 달러(50%), 유로(18%), 일본 엔(14%), 영국 파운드(11%), 싱가포르 달러(7%)로 구성되어 있다. 이를 국제통화기금(IMF)의 특별인출권(SDR) — 미국 달러(41.73%), 유로(30.93%), 위안(10.92%), 엔(8.33%), 파운드(8.09%) — 과 비교해 보면, 달러와 파운드는 과대평가, 유로와 엔은 과소평가되었으며, 위안은 완전히 배제되어 있다(Reuters 2019).

리브라에 대한 규제 당국의 반응은 매우 부정적이다. 특히 페이스북의 본사가 있는 미국에서 정치권과 금융 당국은 리브라를 매우 비판적으로 평가하고 있다. 도널드 트럼프 대통령은 7월 11일 트위터에 비트코인과 같이 불법적이고 규제를 받지 않는 암호자산이라고 비판하면서 리브라가 미국 달러화를 대체할 수 있는 가능성을 일축하였다. 7월 15일 스티븐 무느신 재무장관은 자금세탁 및 테러자금 조달과 같은 범죄행위에 악용될 우려를 제기하면서 재무부 산하의 금융범죄단속네트워크(Financial Crimes Enforcement Network)는 물론 국제자금세탁방지기구(Financial Action Task Force)를 통해 철저하게 규제하겠다고 밝혔다(Mnuchin 2019). 7월 10일 하원 금융서비스 위원회에 출석한 제롬 파월 연방준비제도 이사회 의장은 리브라가 개인정보, 자금세탁, 소비자 보호 및 금융안정에 부정적 효과를 미칠 수 있다고 예상하였다. 라엘 브레이너드(Lael Brainard) 연방준비제도 이사는 리브라의 초국적 거래가 자금세탁방지를 어렵게 만들 수 있으며, 디지털경제에 익숙하지 않은 소비자 보호에 미비하며, 리브라협회가 미국의 법적 관할권 밖인 스위스에 등록했기 때문에 발생하는 역외 규제 문제를 제기하였다(Brainard 2019). 2019년 7월 16일 상원 은행위원회, 7월 17일 및 10월 23일 하원 금융서비스위원회 청문회에서 의원들은 페이스북의 개인 정보 보호/보안 및 정치적 중립성 문제를 적극적으로 제기하였다(Rudegeair and Tracy 2019; Murphy and Stacey 2019b).

페이스북과 리브라에 대한 규제당국과 정치권의 비판은 리브라협회에 가입한 창립 회원의 이탈로 이어지고 있다. 금융규제에 대한 우려가 강화되면서, 10월 14일 제네바에서 열린 제1차 위원회 직전에 페이팔(PayPal Holdings), 비자(Visa), 마스터카드(Mastercard), 스트라

이프(Stripe), 이베이(eBay), 메르카도 파고(Mercado Pago), 부킹 홀
딩스(Booking Holdings) 등 7개사가 탈퇴를 선언하였다(Murphy and
Stacey 2019a). 따라서 회원을 27개에서 100개까지 확대하려는 리브
라협회의 설립 계획에 중요한 차질이 생겼다. 또한 탈퇴한 회원이 모
두 지급결제를 전문으로 하는 회사들이라는 점에서 협회의 능력에 대
한 의구심이 점점 더 확대되고 있다.

또한 10월 23일 미국 하원 청문회에서 미국의 금융패권을 유지하
는 데 리브라가 기여할 것이라는 저커버그의 증언은 미국에 우호적이
지 않은 국가에서는 규제를 강화하는 명분으로 작용할 수도 있다. 즉
이 국가들에게 리브라는 포용금융을 실현하는 수단으로 환영받기보
다는 미국 자본의 침투 수단으로 간주될 가능성이 더 높다(Jones and
Kaminska 2019). 또한 모든 G7 회원국에서 민간기업이 페이스북이 법
적 통화를 발행할 수 있는 국가의 독점적 권리를 침해할 가능성을 우
려하고 있다(G7 Working Group on Stablecoins 2019). 특히 브뤼노 르
메르 프랑스 재경부장관은 "정치 및 통화 주권은 사적 이익과 공유될
수 없다"는 점에서 리브라를 허용하지 않겠다는 방침을 분명히 하였다
(Le Maire 2019). 따라서 리브라가 페이스북이 허용된 모든 국가에서
자유롭게 사용될 수 있는 암호자산이 되기는 당분간 어려울 것으로 예
상된다.

III. 중국인민은행의 중앙은행디지털통화

중국에서 디지털통화에 대한 관심은 비트코인으로 대표되는 암호자
산으로부터 비롯되었다고 할 수 있다. 2013년 11월 중국이 비트코인

표 2 중국 정부의 가상통화 관련 주요 정책조치

발표 시기	관련 문건 및 조치	주요 내용
2013. 12.	비트코인 관련 리스크 방지에 관한 통지	- 비트코인의 화폐로서의 기능 부정 - 금융회사의 비트코인 업무 종사 금지 - 비트코인 거래의 규범화
2014. 4.	강화된 비트코인 관련 리스크 방지에 관한 통지	- 비트코인 거래 계좌 정지
2017. 1~2.	중국 내 주요 비트코인 거래소 현장조사	- 외환관리법 및 자금세탁금지법 등 금융 관련 법률·법규, 국가세수(稅收) 등 유관 법률·법규의 준수 촉구
2017. 9. 4.	가상통화 발행 융자 리스크 방지에 관한 공고	- 가상통화공개(ICO) 및 가상통화 거래와 융자 금지(채굴만 가능) - 중국 내 가상통화 거래소 폐쇄
2018. 1. 4.	각 지방당국에 가상통화 채굴 금지 공문 하달	- 전기, 토지, 조세 및 환경보호 등 각종 조치를 통해 가상통화 채굴기업의 질서 있는 퇴출을 유도하도록 지시함
2018. 1. 17.	불법 가상통화 거래 제공에 대한 조사정리 업무 통지	- 지급결제 업체의 가상통화 관련 서비스 금지

출처: 안성배 외(2018, 18).

의 최대거래국으로 부상한 이후, 암호자산에 대한 투기 현상까지 등장하였다. 중국인민은행은 비트코인 거품이 금융 불안정을 심화시킬 수 있다고 판단하고 다양한 규제를 도입하였다. 2016년 중반 주식시장의 폭락 이후 가상통화시장이 자본도피의 통로로 활용되기 시작하면서, 규제의 강도와 범위는 더욱 강화되었다(Xinhua 2017; Yu and Zhang 2018).

2019년 중국 정부의 암호자산 정책은 채굴 산업과 거래소를 완전히 소통하기 위한 거래소 폐쇄, 채굴 금지, 외환거래 금지로 전환되었다. 세계 1~3위 채굴기업인 비트메인(Bitmain·比特大陆), 카나안(Canaan·嘉楠耘智), 이방궈지(亿邦国际)의 홍콩 증시 상장이 2019년 3월 최종적으로 불허되었다.

반면, 암호자산의 원천기술인 블록체인 기술에 대해서는 정책적 지원을 아끼지 않았다. 시진핑 정부는 블록체인을 '중국제조 2025'와 '인터넷＋'와 같은 산업정책의 핵심 과제로 선정하였다. 2016년 10월 공업정보화부는 중국 블록체인기술 및 응용발전백서(中國區塊鏈技術和應用發展白皮書)를 발간하였다. 또한, 12월 발표된 국무원의 정보화 기술 및 산업발전 관련 제13차 5개년 계획(國務院關於印發十三五國家信息化規劃的通知)에서 블록체인이 전략적 첨단기술로 인정을 받았다. 2017년 5월 공업정보화부는 블록체인참고 아키텍처(Blockchain-Reference Architecture; 區塊鏈參考架構)를 통해 산업정책 방향과 기술발전 지침을 제시하였다. 2019년 10월 24일 열린 제18차 공산당 중앙정치국 집체학습에서 시진핑 주석은 블록체인 기술의 응용을 강조하는 '블록체인 플러스'(区块链＋)를 제시하였다(新华社 2019).

이와 별도로 중국인민은행은 2014년 조직한 암호자산에 대한 특별 연구그룹을 통해 디지털통화에 대한 경제적 및 법률적 검토를 수행하였다. 2017년 7월 3일 중국인민은행은 산하에 디지털통화연구소(数字货币研究所)를 설립한 후 블록체인 기술에 기반을 둔 중앙은행 디지털통화의 발행을 위한 준비를 해왔다(PBoC 2016; 2018). 2018년 1월에는 판이페이(范一飞) 중국인민은행 부행장, 7월에는 초대 디지털통화연구소장인 야오첸(姚谦)이 디지털통화 개발 과정을 공개하였다(范一飞 2018; Yao 2018).

중국인민은행 지급결제국 부국장이자 제2대 디지털통화연구소장인 무창춘(穆长春)은 8월 10일 중국금융40인포럼(中国金融四十人论坛)에서 디지털통화전자지불(数字货币电子支付; Digital Currency Electronic Payment, DCEP)에 대한 연구를 996명의 연구원이 진행하고 있다는 사실을 공개하였다. 그는 모바일 지식플랫폼 '더다오(得到)'에 탑재한 '핀테크의 프론티어: 리브라와 디지털통화의 전망' 강좌에서 중국인민은행이 설계한 DCEP를 구체적으로 소개하였다(陈鹏·张姝欣·程维妙 2019).

DCEP는 '가치 있는 특징을 가진 디지털 지불 도구'(具有价值特征的数字支付工具)로 정의된다. 디지털지갑에 저장되어 있는 DCEP는 은행계좌와 연동될 필요가 없다는 점에서 알리페이나 위챗페이와 다르다. 또한 DCEP는 중앙은행이 공식적으로 인정하는 법정통화라는 점에서 리브라와 비트코인과 같은 암호자산과도 다르다. 따라서 모든 디지털 생태계/플랫폼에서 이뤄지는 거래에 DCEP가 사용될 수 있다. 또한 그 가치가 법적으로 보장되기 때문에 금융기관의 파산으로 인한 지급 불능 위험이 전혀 없다. 마지막으로 DCEP는 이중구조로 운영이 된다. 즉 사용자는 금융기관(상업은행 등)을 통해서만 DCEP를 거래할 수 있다. 따라서 DCEP는 M1(협의통화)과 M2(광의통화)가 아니라 M0(법정통화)의 대체를 목표로 한다. 이러한 이중 구조는 두 가지 장점을 가지고 있다. 하나는 디지털통화의 도입이 통화전달 경로에 주는 영향을 최소화하는 것이다. 다른 하나는 중앙은행이 사용자의 거래정보를 직접 수집할 때 발생하는 개인정보 노출 문제를 예방할 수 있다(穆长春 2019; Mu 2019).

초대 디지털통화연구소장인 야오첸에 따르면, 중국인민은행은 2017년 춘절 전에 베이징, 상하이, 항저우, 심천, 주하이에 있는 중국공상은행, 중국은행, 푸동개발은행, 항저우은행, 웨이중(微众)은행(WeBank)과 함께 DCEP를 가동하는 실험에 성공하였다. 2019년 10월 기준으로 DCEP에는 4대 정책은행인 공상은행, 건설은행, 중국은행, 농업은행과 알리바바, 텐센트 및 은련(银联) 등 7개 기관이 참여하고 있다(孙忠 2019). 알리바바와 텐센트는 모바일 지급결제 시장의

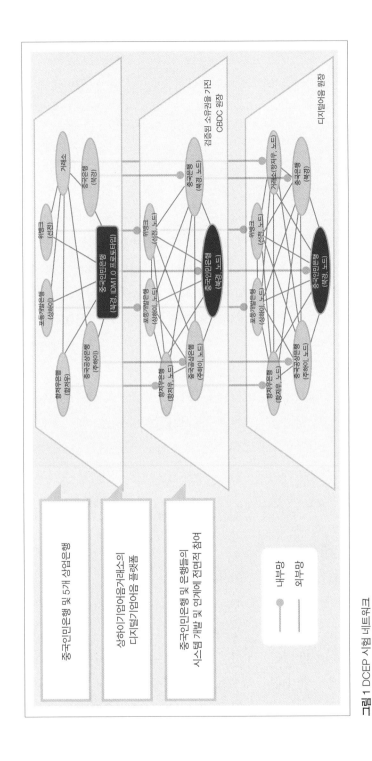

그림 1 DCEP 시험 네트워크

출처: Yao(2018), p.29.

약 90%를 차지하고 있으며, 은련은 시장점유율에서 세계 최대(56%)의 신용카드 회사이다. 위안화 국제화를 촉진하다는 측면에서 DCEP의 해외 진출 가능성은 완전히 닫힌 것은 아니지만 현재로서는 고려되고 있지 않다. 가장 근본적인 문제는 자본도피의 위험이다. 동일한 이유에서 국가외환관리국(国家外汇管理局)은 리브라에 대한 허가를 원천적으로 고려하지 않고 있다(del Castillo 2019; Tang 2019b; Lee 2019a; Zhou 2019).

리브라가 디지털통화의 표준이 되면 미국 중심의 세계통화금융체제에서 벗어나기 어려울 것이라는 위기의식 속에서 중국인민은행은 리브라의 출범을 계기로 중앙은행디지털통화의 상용화를 앞당기기 위한 노력을 배가할 것으로 예상된다. 이러한 정책 방향은 국가발전개혁위원회(国家发改委)가 2019년 4월 8일 발표한 2019년도 '산업구조조정지도목록 (의견수렴안)'(产业结构调整指导目录 (征求意见稿))과 10월 31일 확정된 최종안의 수정 사항에 반영되어 있다. 의견수렴안에는 가상화폐의 채굴 활동(비트코인과 같은 가상화폐 생산과정(虚拟货币"挖矿"活动比特币等虚拟货币的生产过程)이 도태류의 낙후생산공예장비에 포함되어 있었다(国家发改委 2019a, 59, 120). 그러나 최종안에는 이 항목이 도태류의 낙후생산공예장비에서 삭제되었다(国家发改委 2019b, 121). 이러한 변화는 중국 당국이 금융정책 차원에서 CBDC를 발전시키기 위해서 채굴 산업을 적극적으로 활용할 필요성을 인정한 것으로 해석되고 있다(Li 2019).

IV. 맺음말

최초의 암호자산인 비트코인이 등장한 이후 통화의 디지털화가 가속화되면서, 민간기업에서부터 중앙은행까지 디지털통화를 발행하려는 다양한 노력이 세계 각지에서 진행되고 있다. 현재 그 규모와 영향력에서 페이스북의 리브라와 중국인민은행의 CBDC가 가장 큰 관심을 받고 있다. 통화바스켓에서 달러의 비중을 50%나 부여한 리브라가 디지털통화의 세계표준으로 부상한다면, 기축통화로서 달러의 비중과 위상은 최소한 지금과 같은 수준을 유지할 가능성이 높다. 반대로 위안에 전적으로 연동된 중국인민은행의 CBDC가 세계표준이 인정된다면, 향후 세계통화금융 질서에서 중국의 역할과 비중은 지금보다 훨씬 더 커질 것이다.

리브라가 당면하고 있는 가장 큰 과제는 디지털통화가 탈중앙화와 익명성을 이용한 세금포탈, 테러자금 지원, 자본도피 등에 악용되는 규제 당국과 정치권의 비판을 극복하는 것이다. 이 문제를 민간에서 해결하는 것이 불가능하다는 의견이 우세할 경우, 연방준비제도가 중국인민은행처럼 직접 CBDC를 발행할 수도 있을 것이다. 이럴 경우에도 민간 금융기관의 역할과 비중이 축소되는 것은 물론 금융거래에서 개인정보 보호 침해에 대한 정치적 반발이 있기 때문에, 연방준비제도가 중국인민은행보다 디지털통화를 선점할 가능성은 거의 없다.

중국의 입장에서 가장 큰 과제는 CBDC를 위안화 국제화와 연계하는 것이다. 중국 정부의 적극적인 정책 지원에도 불구하고 위안화 국제화는 위안화가 IMF의 특별인출권(SDR)에 포함된 것을 제외한다면 특별한 성과를 거두고 있지 못하다. 자본통제를 철폐하고 자본계정 자유화를 실현하기 전까지 국제화에는 한계가 있을 수밖에 없다. 따라서 CCBDC가 위안화 국제화의 수단으로 활용될 수 있는 가능성은 당분간 극히 희박하다.

　미국과 중국이 CBDC를 발행하더라도 암호자산 산업과 시장이 완전히 사라질 것으로 예상되지는 않는다. 가격변동성이 크다는 점에서 투자(투기) 또는 위험회피 수단으로서 암호자산에 대한 수요가 존재하기 때문이다. 암호자산의 채굴과 거래가 완전히 금지된 이후에 중국에서는 블록체인을 통한 운동화 투기 ─속칭 차오시에(炒鞋) ─가 중국인민은행 상하이지부가 경고를 할 정도 확산되었다(Abacus 2019). 또한 금융거래에서 개인정보 보호를 침해하는 것은 물론 민간 금융시장을 위축시키는 CBDC의 부작용도 단시일 내에 해결하기 어렵다. 이 문제가 상대적으로 덜 부각되는 중국에서도 위챗페이와 알리페이에 미치는 부정적 영향에 대한 논의가 나오고 있다(Lee 2019b). 따라서 미국은 물론 중국에서도 디지털통화가 국제적으로는 물론 자국 내에서도 절대적인 독점적 지위를 누리지 못할 가능성도 여전히 남아 있다.

참고문헌

안성배·권혁주·이정은·정재완·조고운·조동희. 2018. "가상통화 관련 주요국의 정책
　　현황과 시사점." 『오늘의 세계경제』 18(3).
오대원. 2018. "중국의 블록체인 산업 발전현황과 정책적 시사점." 『CSF전문가 오피니언』.

国家发改委. 2019a. "产业结构调整指导目录（征求意见稿）."
国家发改委. 2019b. "产业结构调整指导目录（2019年本）."
陈鹏·张姝欣·程维妙. 2019. "穆长春出任央行数字货币研究所所长." 新京报讯（9月6日）
姚前. 2018. "中央银行数字货币原型系统实验研究." *Journal of Software* 29(9).
新华社. 2019. "习近平：把区块链作为核心技术自主创新重要突破口加快推动区块链技术和产业创新
　　发展."（10月 25日）.
孙忠. 2019. "穆长春履新央行数研所掌门人 中国数字货币亮相在即." 上海证券报 （9月6日）
范一飞. 2019. "于央行数字货币的几点考虑." https://www.yicai.com/news/5395409.html
　　（검색일: 2019.12.18.）
穆长春. 2019. "科技金融前沿：Libra与数字货币展望." https://www.chainhoo.com/
　　blockchain/101314/（검색일: 2019.12.18）

Abacus. 2019. "China's Crypto Speculators are Pushing Sneakers into Bubble Territory."
　　South China Morning Post（October 24）.
Adrian, Tobias and Tommaso Mancini-Griffoli. 2019. *The Rise of Digital Money*. IMF
　　Fintech Note No.19/1.
Andriotis, AnnaMaria, Peter Rudegeair, and Liz Hoffman. 2019. "Inside Facebook's
　　Botched Attempt to Start a New Cryptocurrency." *Wall Street Journal*（October 16）.
Brown, Ken. 2016. "Hundreds of Billions of Dollars Have Fled China. Now What?" *Wall
　　Street Journal*（January 28）.
Brainard, Lael. 2019. *Digital Currencies, Stablecoins, and the Evolving Payments
　　Landscape*. Board of Governors of the Federal Reserve System.
Brunnermeier, Markus K., Harold James, and Jean-Pierre Landau. 2019a. *The
　　Digitalization of Money*. National Bureau of Economic Research Working Paper
　　No.26300.
_____. 2019b. "Digital Currency Areas." https://voxeu.org/article/digital-currency-areas
　　（검색일: 2019.12.18.）
Carney, Mark. 2019, "The Growing Challenges for Monetary Policy in the Current
　　International Monetary and Financial System." Remarks at a symposium sponsored
　　by the Federal Reserve Bank of Kansas City, Jackson Hole: August 23.
Catalini, Christian, Oliver Gratry, J. Mark Hou, Sunita Parasuraman, and Nils

Wernerfelt. 2019. *The Libra Reserve*. https://libra.org/en-US/about-currency-reserve/#the_reserve (검색일: 2019.12.18)

Chorzempa, Martin. 2019. *Who Likes Facebook's Libra Currency? Not the Chinese*. Peterson Institute for International Economics.

Cohen, Benjamin J. 2019. *Currency Statecraft: Monetary Rivalry and Geopolitical Ambition*. Chicago: University of Chicago Press.

Committee on Payments and Market Infrastructures. 2018. "Central Bank Digital Currencies." Bank of International Settlements.

del Castillo, Michael. 2019, "Alibaba, Tencent, Five Others To Receive First Chinese Government Cryptocurrency." *Fobes* (August 27).

Eichengreen, Barry. 2019. *From Commodity to Fiat and Now to Crypto: What Does History Tell Us?* National Bureau of Economic Research Working Paper No.25426.

Elegant, Naomi Xu. 2019. "Why China's Digital Currency Is a 'Wake-Up Call' for the U.S." Fortune (November 1).

G7 Working Group on Stablecoins. 2019. *Investigating the Impact of Global Stablecoins*. Bank for International Settlements.

Ji, Peijuan. 2018. "Bitcoin 'Not Accepted' as Legitimate Payment Tool in China: Central Bank Governor." *People's Daily* (March 19).

Jiang, Jie. 2018. "China Says "No" to Bitcoin, "Yes" to Blockchain Technology." *People's Daily* (February 9).

Jones, Claire and Izabella Kaminska. 2019. "Libra is Imperialism by Stealth." *Financial Times* (September 13).

Ju, Lan, Timothy (Jun) Lu, Zhiyong Tu. 2016. "Capital Flight and Bitcoin Regulation." *International Review of Finance* 16(3).

Kwon, O., J. Park, and B.-K. Kim. 2019. *Fintech, Cryptoassets, and Central Bank Digital Currency in the Republic of Korea*. Asian Development Bank Institute Working Paper No.1018.

Le Maire, Bruno. 2019. "Facebook's Libra is a Threat to National Sovereignty," *Financial Times* (October 23).

Lee, Georgina. 2019a. "JPMorgan Estimates Bitcoin's Fair Value at US $2,400, to The Dismay and Disagreement of Digital Currency Miners Everywhere." *South China Morning Post* (February 21).

_____. 2019b. "China's Proposed Digital Currency will Help Banks Bridge Gap on Mobile Payment, Curb Dominance of Alipay, WeChat." *South China Morning Post* (August 19).

Li, Cao. 2019. "China Gives Digital Currencies a Reprieve as Beijing Warms to Blockchain," *New York Times* (November 6).

Libra Association. 2019. *An Introduction to Libra: White Paper*. https://libra.org/en-US/white-paper/ (검색일: 2019.12.18.)

Mnuchin, Steven. 2019. *White House Press Briefing by Treasury Secretary Steven Mnuchin on Regulatory Issues Associated with Cryptocurrency*. Department of Treasury. July 15.

Mu, Changchun. 2019. Facebook's Libra Needs Central Bank Supervision. *Caixin International* (July 9).

Murphy, Hannah and Kiran Stacey. 2019a. "Mastercard, Visa, eBay and Stripe quit Facebook's Libra," *Financial Times* (October 11).

_____. 2019b. "Five Things to Come out of Zuckerberg's Libra Testimony," *Financial Times* (October 23).

Nakamoto, Satoshi. 2008. "Bitcoin: A Peer to Peer Electronic Cash System." www.bitcoin.org (검색일: 2019.12.18.)

Nelson, Rebecca M. 2018. *International Approaches to Digital Currencies*. Congressional Research Service.

Osipovich, Alexander. 2019. "Could Bitcoin Hit $50,000? In Wild World of Crypto Options, Some Say Yes." *Wall Street Journal* (June 3).

PBoC. 2016. "Transcript of Governor Zhou Xiaochuan's Exclusive Interview with Caixin Weekly" (February 14).

_____. 2018. "Governor Zhou Xiaochuan and Two Deputy Governors Answered Press Questions on Financial Reform and Development." (March 9).

People's Daily. 2014. "Dollar May Not Always Be No.1." (February 25).

Reuters. 2019. "U.S. Dollar to be Main Currency Underpinning Facebook's Libra: Spiegel." (September 20).

Rich, Bryan. 2018. "Pro Perspectives: Bitcoin Was All About Chinese Money Flight." *Forbes* (December 20).

Rudegeair, Peter and Ryan Tracy. 2019. "Facebook, Zuckerberg Dig In for Long Haul on Cryptocurrency," *Wall Street Journal* (October 23).

SCMP Reporters. 2019. "Did the US-China Trade War and Donald Trump Just Make Bitcoin Investors a Small Fortune?" *South China Morning Post* (May 17).

Shirai, Sayuri. 2019. *Money and Central Bank Digital Currency*. Asian Development Bank Institute Working Paper No.922.

Tang, Frank. 2019a. "Facebook's Libra Forcing China to Step up Plans for its Own Cryptocurrency, Says Central Bank Official." *South China Morning Post* (July 8).

_____. 2019b. "China has 'No timetable' for Launch of its Digital Currency, Says Central Bank Governor'." *South China Morning Post* (September 24).

Wang, Jiamei. 2019. "China cannot be Absent from the Era of Global Digital Currency Competition." *Global Times* (June 24).

Xinhua. 2017. "Central Bank Warns Bitcoin Exchanges over Margin Trading, Money Laundering." (February 9).

Yao, Qian. 2018. *Technical Aspects of CBDC in a Two-tiered System. Presented at ITU*

Workshop on Standardizing Digital Fiat Currency(DFC) and its Applications. New York City: July 18－19.

Yu, Yang（Gloria）and Jinyuan Zhang. 2018. *A Revisit to Capital Controls Policies: When Bitcoin Is in Town.* INSEAD Working Paper.

Zhang, Longmei and Sally Chen. 2019. *China's Digital Economy: Opportunities and Risks.* IMF Working Paper No.19/16.

Zhou, Cissy. 2019. "China Rushes to Embrace Blockchain with Facebook's Libra just around the Corner." *South China Morning Post*（October 21）.

Zuckerberg, Mark. 2019. *Hearings before the United States House of Representatives Committee on Financial Services*（October 23）.

제10장

미중 AI 패권경쟁
기술추격론에서 본 중국의 추격과 미국의 견제

김준연

I. 머리말

미중 간 기술패권의 갈등이 첨예하게 전개되고 있다. 2018년 3월 미국이 중국산 수입품에 관세 폭탄을 부과하면서 본격화된 갈등이 중국 5G 통신장비 기업인 화웨이에 대한 제재로 연결되었으며, 가장 최근에는 중국산 드론과 인공지능(Artificial Intelligence, 이하 AI) 분야로까지 번지는 상황이다.

역사적으로 과학기술을 선도하는 국가가 세계경제의 패권을 장악했는데, 미국은 19세기 이후 전기, 석유, 철강, 자동차, 전자산업에서 영국을 제치며 부상했고, 지금도 실리콘벨리의 혁신을 기반으로 글로벌 주도권을 유지하고 있다. 따라서 4차 산업혁명의 핵심 기술로 부상한 인공지능 분야에서의 기술선점과 혁신의 주도는 '위대한 미국'을 지탱하는 필수 조건인 것이다.

우리가 이들 강대국 간의 AI를 둘러싼 기술경쟁의 동향을 예의주시해야 하는 이유는 이들의 경쟁 결과가 새로운 글로벌 산업 질서의 형성으로 귀결되고, 또한 우리 산업구조 변화에도 커다란 영향을 주기 때문이다. 우리 경제는 과거 국제분업체제에서 OEM(Original Equipment Manufacturing)이라는 하청모델로 편입해서 선진 기술을 습득하고 응용하며 성장했고, 지금도 OECD 최고 수준의 글로벌 밸류체인(Global Value Chain)의 참여도(약 60% 이상)를 유지하고 있는 상황이다(Paolini 2018). 그러나 핵심 기술의 해외 의존도를 나타내는 기술무역수지비(수출/도입)는 0.72%(2017년 기준)로 일본(5.8%), 미국(1.5%) 그리고 독일(1.2%)에 비하면 아직 낮은 수준이다.[1] 따라서 향

---

1   2017년 우리나라 기술무역통계 결과. 기술무역수지비는 기술수출액을 기술도입액으로 나눈 값으로, 1보다 크면 기술수출 주도형, 1 이하면 기술수입 주도형을 의미함.

후 AI라는 새로운 기술의 패러다임이 창출하는 글로벌 경제 질서가 우리 경제에 어떠한 영향을 미치는가라는 문제의식을 가지고, 첨단기술을 둘러싸고 벌어지는 미중 간의 패권경쟁의 흐름을 파악하는 것은 매우 필요한 과제가 아닐 수 없다. 일본에 의존적인 반도체 생태계가 결국 일본의 경제 보복의 대상이 되는 최근의 상황을 보면 우리는 AI 국제분업체제의 형성과 재편에 보다 더 적극적으로 관심을 가지고 대응해야 할 것이다.

국가 간 지위, 역량 그리고 가용자원이 모두 같지 않기에 경쟁이란 기본적으로 선도국과 추격국 간의 경쟁인데, 이렇게 보면, AI 분야에서 미중 간 기술경쟁 역시 후발자 중국이 선발자 미국에 대한 기술능력 및 시장점유율 등의 격차를 좁히는 일련의 과정이라고 할 수 있을 것이다. 이 글은 기술추격론의 관점에서 최근 AI를 둘러싸고 미중 간 복잡하게 전개되는 견제와 경쟁의 양상을 선도국 미국에 대한 후발국 중국의 도전과 추격이라고 보고, 미국의 전략과 중국의 대응전략, 그리고 중국이 달성한 추격의 성과를 설명하는 것을 목적으로 한다.

II. 기술추격론과 AI혁신체제

1. 후발국 기술추격론

국가혁신 시스템(national innovation system)은 특정 국가 내에서 혁신을 담당하는 기업, 공공, 각종 지원기관 등 혁신에 관련된 제도 및 기관의 네트워크를 포괄하는 시스템이다(Freeman 1987; Nelson 1993; Lundvall 1992). 그리고 이 국가혁신 시스템의 동적 발전은 하위 개념으로 존재하는 개별 산업 단위에서의 혁신 시스템과 국가 시스템이 상호 조화를 이룰 때 가능하다(Freeman 1987). 이와는 달리 산업혁신 시스템(Sectoral Innovation System)은 국가 내에 존재하는 모든 산업의 혁신 수준이 다르다는 점에 착안해서 산업별로 존재하는 기술체제의 특성(고유한 기술과 지식의 특성), 시장 체제적 특성(시장 크기와 수요특성 등)을 고려하고, 산업 내 다양한 참여자, 제도, 그리고 이들 간의 상호작용을 모두 포함하는 총체적인 접근을 시도한다(Malerba and Orsenigo 1996; Malerba 2004). 특히 산업별혁신 시스템에 대한 Marlerba(2004)의 연구에서는 산업의 혁신패턴을 결정하는 가장 중요한 요인으로 기술체제(technological regime)를 꼽는다. 혁신이란 국가라는 환경 하에서 기업, 대학, 공공기관 등 다양한 참여자 간의 네트워크이며, 제도라는 틀 속에서 상호작용하며 창출되는 결과물로 이해되는데, 이때 해당 산업의 고유한 기술지식과 시장수요의 특성이 해당 산업의 혁신을 창출하는 패턴을 결정한다고 본다(Nelson 1993). 한편 최근 산업혁신론이 디지털 기술이 보편화되면서 기존 산업의 개념과 경계가 모호해지는 융합형 혁신이 출현하는 현상에 대한 이론적 틀로서 기술체제론을 다시 주목하고 있는 것이다. 이 관점은 기술을 중심에 두고 기술혁신을 창출하며 확산시키고 활용하는 제도적 하부구조에서 특정한 기술 분야에서 상호작용하고 있는 혁신 참여자들 간의 네트워크를 개념화한 이론이다(Carlsson 1994). 기술체제는 기술적 기회조건(technological opportunity), 기술혁신의 전유성(technological appropriability)과 같은 기술 환경은 물론이고, 이외에 지식과 기술의 누적성(technological cumulativeness), 지식기반(knowledge base)의 특성 등까지도 포함하고 있다.

　이 기술체제론에서 정부의 역할은 기술 시스템 내에 존재하는 여러 주체와 요인들을 조율하고 재조합하면서 혁신을 창출하고 역량을 향상시키는 데에 있다. 다만 이러한 기술체제론은 선진국 산업을 대상으로 고안되어 상대적으로 기술역량이 낮고 자원동원이 열악한 추격국이 어떻게 선도국과의 경쟁을 넘어 성공적인 추격을 달성할 수 있는지에 대해서는 충분한 논리를 반영하지 못한 측면이 있다. 이에 제시된 후발국 기술추격을 설명하는 이론이 바로 Perez and Soete(1988)의 '기회의 창' 이론(window of opportunity)이다. '기회의 창' 이론은 신기술의 출현, 비즈니스 사이클의 교체나 급작스런 수요의 변화, 정부의 정책과 제도의 개입과 같은 다양한 기회가 열리는 시기에는 추격국이 선발자의 기존 기술경로를 건너뛰던가 아니면 새로운 산업혁신의 경로를 창출하기도 한다는 것이다.

이 글에서는 기술체제론을 바탕으로 AI 기술의 혁신 특성에 기반해서 선도국(미국)의 전략과 후발국(중국)의 추격 전략을 분석하고, 선도국 미국의 견제를 넘어 중국이 달성한 기술추격의 성과를 설명할 것이다. 다만 추격국이 달성한 기술능력을 측정하고 비교하는 절대적 기준을 찾기 어렵기 때문에, 추격국인 중국이 달성한 기술능력과 추격의 성과를 설명하는 부분은 특허, 슈퍼컴퓨팅의 연산처리 속도, 혁신기업의 숫자 등 양적인 지표들로 가늠하는 것과 함께 기술수준의 질적인 기준으로도 중국의 추격수준을 설명해볼 것이다. 질적 분별기준으로는 추격국의 기술학습을 복제적 모방, 창조적 모방, 혁신의 세 가지로 구별하여 살펴보는 방안(Kim 1997)이 있고, 기술능력의 단계를 단순조립, 핵심 요소기술개발, 설계, 새로운 컨셉트 창조로 구분하는 방안이 있을 것이다. 보통 선도국은 신제품과 서비스의 컨셉트 창조에서 출발하여 디자인을 거쳐 조립생산의 과정을 거치지만 추격국의 경우 역엔지니어링(reverse engineering)의 과정을 거쳐 신제품 창조의 단계에 다다른다. 이 글에서는 AI의 기술체제적 특성에 따른 역량단계를 구분하고, 이에 기반해서 과연 중국이 현재 어느 단계에까지 도달했는지에 대해 탐구할 것이다.

2. AI의 혁신체제

AI는 시각 인지, 음성 인식, 추론, 학습, 의사 결정,언어 번역 및 행위 등 지능이 필요한 분야를 실행할 수 있는 이론 및 컴퓨터 시스템이다 (Poole et al. 1998; Winston 1992; Bellman 1978; Russel and Norvig 2009). 최근 AI의 빠른 발전 동인은 인터넷 및 클라우드의 활용, 컴퓨팅 성능향상, 빅데이터, 새로운 알고리즘의 발전으로 압축할 수 있다 (박형곤 2019). 인터넷 및 모바일 기기를 활용해서 확보할 수 있는 데이터와 정보의 양이 기하급수적으로 확대되고 있으며 이는 AI활용의 전방위적 확장과 이에 기반한 확률 추론 통계모델의 진화를 동시에 가져오고 있다. 또한 CPU와 GPU의 성능으로 대변할 수 있는 컴퓨팅 성능의 향상 또한 머신러닝과 딥러닝 모델의 정교화를 가속화하고 있다.[2]

　　AI는 복합적인 인지 시스템(Complicated Cognitive System)으로서 인터넷과 클라우드, 컴퓨팅 파워, 데이터, 알고리즘이라는 요소로 구성되어 있다는 측면에서 결합지(combined knowledge)의 기술특성을 가지고 있다고 할 수 있다. 따라서 AI에 의한 혁신은 각 요소 기술뿐만 아니라 요소 기술 간 결합 및 통합하고 조합하는 전체 시스템 차

---

2   1986년 제프리 힌튼(Geoffrey Everest Hinton)은 역전파 알고리즘(back propagation algorithm)이 둘이나 셋 이상의 계층을 가진 심층 신경망을 훈련시킬 수 있다는 혁신적인 연구를 발표했으며, 이것이 최근 각광을 받고 있는 딥러닝 시대를 열었다.

원에서의 동적 운용 기술이 모두 중요하다.

AI의 개발과 혁신은 신규 알고리즘을 제안 및 개발하고 문제를 정의한 후 아키텍쳐를 설계하거나 적절한 아키텍쳐를 선택하는 개념설계의 단계에서부터 출발한다. 이 영역은 딥러닝, 로봇, 강화학습, 비지도학습, 안전, 뇌신경과학, 기초이론뿐만 아니라 AI가속기, AI개발 플랫폼도 포함하는데, 막대한 초기 투자가 필요한 영역이며 선발자인 미국이 혁신을 주도하고 있다. 일례로 구글 알파벳의 딥마인드만 하더라도 2018년 한해 130여 편의 개념설계 논문을 발표하면서 700여 명의 연구원이 7억 500만 달러(약 8,200억 원) 정도의 연구개발비를 소요했다(Google 2019).

다음 단계는 데이터 엔지니어링 영역과 모델링 분야이다. 이 분야는 방대한 데이터의 처리와 라벨링 과정으로 다소 노동집약적 특성이 있기에 후발자 진입이 상대적으로 용이할 수도 있다. 모델링 단계는 누구나 활용할 수 있도록 제공되는 텐서플로우, 파이토치 등 수많은 공개 프레임워크를 활용할 수 있기 때문에 후발자의 진입장벽이 낮다고 할 수 있다. 한편, 실행 단계는 주어진 모델을 활용해 신규 데이터를 받아들여 예측을 수행하는 것으로 진입장벽이 거의 없다. 아래 그림은 AI혁신의 단계를 정리한 것으로 선도국의 경우, 개념설계 → 모

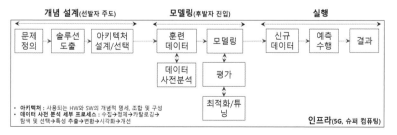

그림 1 AI 설계·구현·실행의 프로세스
출처: Schmidt et al.(2019); Panahandeh et al.(2017) 참조, 저자 작성.

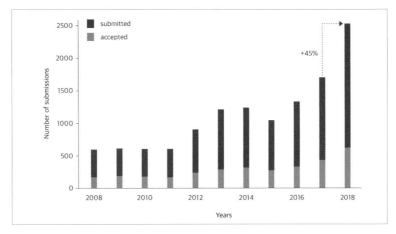

그림 2 연도별 ICML 제출 및 통과된 논문 수 추이
출처: Bach(2018).

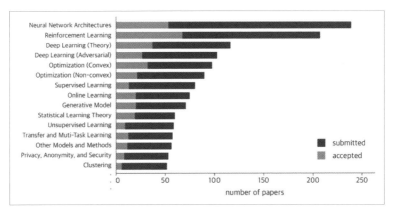

그림 3 주제별 ICML 제출 및 통과된 논문 수
출처: Bach(2018).

델링 → 실행의 단계적 절차를 반복, 순환적으로 거치며 혁신을 창출하는데, 주로 개념설계에 선도적 투자를 하고 모델링과 실행부분의 기술은 공개하는 전략을 구사하고 있다.

　　AI의 기술과 시장특성을 기술기회, 기술 전유성과 누적성 그리고 시장규모 등으로 구분해서 살펴보고, 이에 따른 선발국과 후발국의 전략적 입장을 살펴보면 다음과 같다.

첫째, 신기술의 출현 빈도를 의미하는 기술기회적 측면에서, AI 알고리즘의 경우 지도학습, 비지도학습, 강화학습 등 새로운 기법과 기술이 빈번하게 출현한다. 일례로 학회의 경우 ICML(International Conference on Machine Learning), NIPS(Neural Information Processing Systems), ICLR(International Conference on Learning Representations) 등 3개 학회만 해도 1년에 수천 건씩의 논문 발표, 구두 발표, 워크숍, 튜토리얼 등이 이루어진다. AI 분야가 신기술의 출현 빈도가 높다는 특성을 추격론의 관점에서 보면, 기존 기술에서 선발자가 우위를 가지더라도, 새롭게 등장한 신기술에서는 후발자도 선발자와 같은 입장이 될 수 있기 때문에 후발자의 시장진입과 추격의 가능성에 긍정적 측면이 있는 것이다.

둘째, AI알고리즘은 기본적으로 깃허브(github)와 같이 선도국 기업이 자신의 혁신 결과를 공개하는 생태계가 잘 발달되어 있어 후발자에 의한 외부 지식기반의 접근 가능성이 높다. 다시 말해 선발자가 자신의 혁신 성과를 공개하기 때문에, 혁신 결과의 보호 정도를 의미하는 기술혁신의 전유성은 낮다고 평가할 수 있지만, 후발자의 입장에서 공개된 선발자 혁신에 대한 모방의 유인이 높고 반대로 자체 개발과 혁신의 유인은 낮을 수 있기 때문에 결과적으로 선발자가 AI알고리즘의 혁신을 지속적으로 선도할 수만 있다면 AI 알고리즘의 공개생태계는 오히려 선발자의 시장 위상을 높이는 전략이 된다. 예를 들어 구글이 공개한 AI 프레임워크인 텐서플로우의 경우, 수많은 기업들이 활용하며 다양한 서비스를 출시하고 있어, 오히려 이를 공개한 구글이 이러한 사용자 기반을 플랫폼화하거나 일부 기술을 상용화하는 전략으로 시장에서의 위상을 공고히 하는 사례가 대표적이다.

셋째, 데이터는 축적 그 자체가 혁신의 원천이자 결과가 될 수 있기 때문에, 선도기업의 독점이 발생할 수 있으며, 누적성에 의한 독점이 공고화될수록 후발자의 시장진입과 추격이 어려워질 수 있다. 한편 슈퍼컴퓨팅 기술은 고성능슈퍼컴퓨팅(10^{15}),[3] 엑사스케일컴퓨팅(10^{18}), (멤리스터기반)저항컴퓨팅($\sim10^{19}$), 뉴로모픽컴퓨팅($\sim10^{18}$),[4] 양자컴퓨팅($\sim10^{1000}$)에서처럼 기본적으로 데이터의 처리속도를 둘러싼 속도 경쟁으로 기술발전의 궤적을 예측하기가 상대적으로 용이하다. 이처럼 선발자에 의한 독점이 발생하거나, 기술궤적의 예측 가능성이 높은 경우, 후발국의 입장에서는 정부의 정책 개입으로 시장 독점을 견제하거나 대규모 R&D를 투자해서 기술진보와 발전의 궤적을 뛰어넘는 추월형 추격전략이 효과적 일 수 있다. 그러나 일부 훈련 데이터는 공개하는 추세에 있다. 이를테면 이 분야를 선도하는 미국이 중심이 되어 다양한 라이선스가 설정되고, 다양한 기술과 지식은 Kaggle(25,000여 개의 데이터셋), UCI Machine Learning Repository(500여 개의 데이터셋) 등에서 공유 및 공개가 진행되고 있는 상황이다.

마지막으로 시장규모 측면에서 AI플랫폼(개념설계)은 26억 달러(2018년 기준, Schubmehl 2019), AI가속기는 28억 달러(2018년 기준), 모델링은 345억 달러(2018년 기준), AI 소프트웨어(도메인)는 95억 달러(2018년 기준)로서, 기존 전통 SW시장(패키지, IT서비스, 게임SW) 규모 1조 3,844억 달러와 비교하면 약 3.6% 정도에 불과하다. 하지만 AI 기반의 혁신을 통한 신산업 영역으로의 비즈니스 확장성은 매우 크

---

3   괄호 안의 숫자는 초당 처리속도를 의미한다.
4   뉴로모픽칩은 디지털, 아날로그를 모두 처리할 수 있는 칩으로 CPU보다 최대 1000배 빠름.

다. 최근 등장한 안면인식과 자율주행 등이 바로 AI에 기반해서 새롭게 등장한 산업영역이다. 협소한 시장이라는 특성을 추격론의 입장에서 해석하면, 후발자가 쉽게 뛰어들지 못하게 하는 일종의 진입장벽이지만, 동시에 새로운 비즈니스로의 확장성은 후발자가 새로운 산업영역에서 선도국과의 직접적인 경쟁을 회피할 수 있는 기회이기도 하기 때문에 초기 시장을 어떻게 확보하는가가 이 영역에서의 추격 성패를 결정한다고 할 수 있다.

이상의 분석을 한마디로 하면 AI영역에서의 경쟁은 기본적으로 슈퍼컴퓨터, 인터넷 인프라를 기반으로 전개되는 경쟁이자, 동시에 AI 알고리즘, 데이터 및 산업별 도메인 분야의 역량이 모두 포함되는 시스템 경쟁의 특성을 가진다는 것이다. 따라서 AI시스템을 구성하는 각각의 요소별로 후발국이 축적한 역량 수준이 다를 수 있기에 다양한 추격 전략이 병렬적으로 추진될 수 있고, 그만큼 복잡한 전략 조합도 가능한 영역이라 할 수 있는 것이다.

다음 절부터는 AI가 시스템경쟁이라는 관점에서 미국의 선도전략, 중국의 추격전략, 그리고 미국의 견제를 넘어서 중국이 지금까지 달성한 추격의 성과와 그 의미를 분석하고자 한다.

III. 미국의 전략

1. 공개형 생태계 전략

머신러닝, 딥러닝과 같은 AI에서의 핵심적 혁신은 미국이 주도했다고 해도 과언이 아닌데, 미국의 가장 뚜렷한 전략적 특징은 개방형 생태

계라는 점이다. 주로 민간 ICT기업에 의해 주도되고 있는 공개형 생
태계 전략은 구글의 텐서플로우, IBM의 왓슨 플랫폼 등이 대표적 사
례이다. 이들 기업은 자체 기술지식으로 연구개발에 성공한 머신러닝
프레임워크를 시장에 공개해 데이터만 있으면 누구나 AI모델을 만들
수 있게 했다. 특히 구글은 2017년 데이터 과학자(Data Scientist)들을
위한 커뮤니티이자 크라우드소싱 플랫폼인 캐글(Kaggle)[5]을 인수해
서 운영 중이다. 캐글을 이용하는 데이터 전문가는 약 60만 명에 달하
는데 이들은 암 발견과 심장병 진단 등 주로 해결하기 어려운 거대 난
제에 도전하기 위해 이 커뮤니티에 참여하고 있다. 구글의 입장에서
는 역량 있는 AI인재와 데이터 과학자를 확보하는 것이 쉽지 않고, 또
한 이들의 역량을 검증하는 데에도 많은 시간과 비용이 소모되는데 캐
글 플랫폼을 활용하면 이들을 직접 채용하지 않고도 글로벌 차원에서
의 협업이 가능하다는 것이다. 그리고 자사의 AI플랫폼인 텐서플로우
(Tensor Flow)를 공개한 연장선에서 구글의 캐글 운영은 알고리즘 이
외에 데이터셋과 모델링 분야에서도 더 많은 데이터 과학자들이 텐서
플로우를 활용하도록 해서 자사에 유리한 생태계를 조성해 나가는 전
략으로 이해된다.[6]

최근에는 SNS기업인 페이스북도 텐서플로우와 유사한 AI 프레임
워크인 파이토치를 외부에 공개하고 있는 상황이며, 이 외에도 코그니
티브 툴킷(cognitive toolkit), 케라스(Keras) 등 수많은 AI도구와 프레
임워크가 미국 ICT기업으로부터 공개되고 있다. 이러한 AI기술의 공

---

5   캐글은 2010년 앤서니 골드블룸(Anthony Goldbloom)이 창업한 데이터 과학자를 위
     한 온라인커뮤니티로서 데이터 과학자로 구성된 크라우드소싱(Crowdsourcing)을 기
     반으로 방대하고 복잡한 AI 문제를 온라인상에서 해결하는 것을 목표로 한다.
6   사실 구글은 전 세계 독감데이터까지도 모두 공개하고 있다(http://www.google.org/
     flutrends/).

개형 생태계는 선도국의 입장에서는 중요한 전략적 의미(Posen et al. 2013)를 가지는데, 후발자로 하여금 자체 개발보다는 모방하도록 하는 유인을 높이기 때문에 미국의 개방형 생태계에 포섭된 기업과 국가는 미국이 주도하는 생태계의 조력자로서 남게 될 가능성이 높게 된다. 구글의 안드로이드 생태계에 삼성전자와 같은 여러 휴대폰 제조기업들이 포섭되어 있는 것이 대표적인 예시라고 할 수 있다.

개방형 생태계의 조성은 AI기술지식의 모듈화(modularization)[7] 특성 때문에 가능하기도 하다. 모듈화란 복잡한 소프트웨어 구성요소를 관련된 기능이나 데이터와 같이 논리적으로 구분한 것을 말하는데, 예를 들어 구글의 텐서플로우는 복잡한 딥러닝의 개념과 구현의 구체적인 내용을 알지 못해도 데이터 혹은 데이터가 학습했을 때의 결과만을 가지고도 딥러닝을 활용할 수 있도록 하는 일종의 모듈을 제공하고 있다. 이는 비단 텐서플로우뿐만 아니라 대부분의 공개형 AI알고리즘이 취하고 있는 형태이다. 따라서 이 개방형 생태계에 참여하고 있는 사용자들은 딥러닝에 대한 깊은 이해 없이도 딥러닝을 활용할 수 있고, 이는 결국 딥러닝 기술 자체의 진보와 발전에 대해 미국의 기업과 연구자에 대한 의존도를 높이게 되는 것이다. 구글의 안드로이드와 애플의 아이폰은 운영체제와 같은 복잡한 기술혁신의 결과이지만, 이들이 제공하는 플레이스토어(play store)나 앱스토어(app store)를 통해 생태계 참여자들이 쉽게 혁신의 성과를 나누는 구조가 바로 AI 공개플랫폼의 모듈화와 일맥상통하는 사례라고 할 수 있다.

후발자의 생태계 포섭이 가능한 또 다른 기술체제적 특성으로 역

---

7   모듈화라는 기술 특성은 인공지능뿐만 아니라 대부분의 소프트웨어 기술에서 발견할 수 있는 특징으로 소프트웨어 기술이 입력과 출력이 명확하고, 입력이 일어나는 부분을 은닉하고, 논리적으로 다른 부분과 독립할 수 있는 기술의 특성 때문이다.

량 차이(capability gap)가 있다. AI는 개념설계, 모델링, 실행 및 도메인 부분으로 나눌 수 있는데, 개념 부분에서는 상당 수준의 기술누적성이 필요하며, 또한 연구개발의 성공 보장이 낮은 상태에서 초기에 막대한 투자가 요구되기 때문에 이를 뒷받침하는 높은 수준의 혁신 역량이 필수적이다. 하지만 모델링과 실행의 분야는 지식의 누적성이 낮으며, 선도기업들에 의해 이미 텐서플로우 등 다양한 프레임워크가 공개되어 있어 지식의 접근 가능성도 매우 높은 상황이다. 한편 도메인의 경우, 실제 해당 산업의 경쟁력과 융합역량이 중요하다. 해당 산업에서의 경쟁력이 없이 단순히 공개되어 있는 AI프레임워크의 활용만으로는 결정적인 혁신을 창출하기 어렵다. AI에 의한 의료영상의 해석만을 잘한다고 낮은 의료산업의 기술지식 수준이 획기적으로 바뀌지 않는 것과 같은 이치이다.

이렇게 AI기술체제 내에서도 구성 요소별로 필요한 역량 수준이 다르기 때문에 개념설계 부분에서 모델 생성, 그리고 실행 부분으로 혁신을 고도화시키기가 쉽지 않고, 그 반대, 즉 모델에서 개념설계의 방향으로 역공학적 학습형(reverse-engineering) 역량 제고가 어렵게 된다. 이런 상황에서 이 분야의 선도국들은 보다 기술누적성이 높은 곳에서 혁신을 선도하며, 생태계 참여자의 혁신을 무상으로 렌트하고자 AI프레임워크와 같은 공개형 생태계 전략을 구사할 유인이 있는 것이다.

최근에는 미국 정부도 자국에 유리한 공개형 생태계 조성에 박차를 가하고 있다. 2016년 '국가 AI R&D 전략계획'에서는 연방의 데이터와 컴퓨팅 환경을 공개하는 것을 포함하고 있으며, 이에 대해 미국 내뿐만 아니라 국제적인 협력도 강조하고 있다.[8] 즉, 산업계와 학계,

---

8   2019년에 업데이트된 이 전략은 민-관의 파트너십(Public-Private Partnership)이 추가적인 전략 계획으로 제시되었다.

국제적인 공조와 정부 기관들의 협력을 통해 기술적인 진보를 만들고 이러한 기술적 진보가 미국 경제와 안보에 빠르게 확산될 수 있도록 공개하는 것을 AI발전의 주요 전략으로 삼는다는 것이다. 실제로 미국 정부의 AI기술 개발 프로젝트에는 미국뿐만 아니라 영국, 캐나다 등 여러 국가들이 함께 참여하고 있는 상황이다.

2. 선도 개발 전략

AI연구와 활용의 핵심 인프라라 할 수 있는 슈퍼컴퓨터의 경우에 기술진보의 궤적이 어느 정도 예측 가능하지만 대규모의 투자가 지속적으로 필요하기 때문에 다음 단계로의 과학적·기술적 돌파구를 만들어 가는 데에는 정부 차원의 대대적인 정책적 투자가 매우 중요하다. 향후 사물인터넷과 클라우드를 통해 엄청난 양의 데이터가 쏟아질 경우 슈퍼컴퓨터의 수요는 더욱 높아질 것이며, 슈퍼컴퓨터의 도입과 성능은 곧 해당 국가가 직면한 핵심적인 문제를 해결할 수 있느냐 없느냐를 판가름하는 기준이자 데이터 중심의 시대에 글로벌 기술패권의 중요한 요소로 부상하고 있기 때문에 선도국 미국으로서는 이 부분에 대한 투자를 매우 중요하게 생각할 수밖에 없다.

　　AI혁신을 주도하는 미국 정부의 선도 정책은 장기적 관점에서 체계적으로 진행되고 있다. 2015년 미국 정부가 발표한 '미국을 위한 혁신 전략(A Strategy for American Innovation)'에서는 '새로운 프론티어의 추구(Pursuing New Frontiers in Computing)'를 주요한 전략으로 제시하고 있는데, 슈퍼컴퓨팅 기술 개발을 통한 경제적인 이익뿐만 아니라 과학적으로 완전히 새로운 발견을 위한 미국 정부의 의지와 노력을 밝히고 있다. 특히 중국과 경쟁 중인 차세대 슈퍼컴퓨터 분야에서는 엑사스케일 컴퓨터 개발 목표를 명확히 제시하고 있다. 그리고 이 계획은 '국가 AI R&D 전략계획(2016)', 'AI에서의 주도권 유지를 위한 행정명령(2019)'[9]으로 이어지면서 일관성 있게 추진되고 있다.

특히 AI알고리즘에 대한 R&D 투자 전략을 담은 '국가 AI R&D 전략 계획'[10]은 하드웨어, 소프트웨어, 데이터, 통신 등 여러 기술이 뒷받침되어야 하는 AI분야에 대해서 장기 R&D투자를 첫 번째로 강조하고 있을 만큼 정부 차원에서의 의지가 높다. 아래 〈그림 4〉는 미국의 R&D 전략 계획의 틀을 도식화한 것이다. 가장 기저에 있는 전략은 범분야 R&D 기초를 만드는 것으로, 윤리, 법제도, 안전, 환경, 표준, 노동, 민관협력에 관련한 연구이다. 이러한 기본적인 전략 위에 우리가 AI라고 포괄적으로 불리는 데이터 분석, HW, 자연어 처리, 범용AI 등

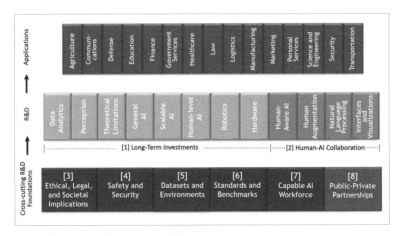

그림 4 미국 국가 최상위 R&D 전략 계획틀

출처: White House(2019) The National AI R&D Strategic Plan: 2019 Update.

9   Executive Order on Maintaining American Leadership in Artificial Intelligence.
10   National Artificial Intelligence Research and Development Strategic Plan: 2019 Update

의 R&D가 이뤄지고 이를 기반으로 응용 단계의 R&D가 이뤄진다. 이 전략 계획에서 제시하고 있는 응용단계의 R&D는 농업, 통신, 국방, 교육, 재무 등 AI의 구체적인 적용 분야가 제시되어 있다.

추진 조직 측면에서는 미국 상무부 산하의 국립과학재단(National Science Foundation, 이하 NSF)과 미국 국방성의 연구, 개발 부문을 담당하고 있는 방위고등연구계획국(Defense Advanced Research Projects Agency, 이하 DRARPA)이 주도하고 있다.

NSF는 주로 자국 내 대학과 연구소에 장기 연구개발지원을 통해 기초연구에 집중할 수 있는 환경을 제공하는 반면, 인터넷의 원형인 ARPANET을 개발한 DARPA[11]는 AI분야에서 나온 과학적 성과를 상용화와 실용적 문제 해결에 사용할 수 있도록 지원하고 있다. 2018년 DARPA는 AI의 한계를 해결하기 위한 새로운 이론 및 응용 프로그램을 모색하며, 차세대 AI을 개발하기 위해 'AI Next 캠페인'과 '인공지능탐험(Artificial Intelligence Exploration)' 프로그램에 수년간 20억 달러(약 2조 2,500억 원) 이상을 투자한다고 발표했다.[12] 'AI Next 캠페인'이 다루는 분야로는 '새로운 AI', '강력한 AI', '적대적(Adversarial) AI', '고성능 AI', '차세대 AI' 등이 있다. 슈퍼컴퓨터와 AI알고리즘 분야에서 미국의 '프론티어 전략(frontier strategy)'은 마치 맨해튼 프로젝트(Manhattan Project)[13]와 같이 대규모 민관합동 투자를 통해 과학

---

11   DARPA는 기초연구에서 나온 아이디어(기초 기술)를 발굴하여 NSF의 약 3~10배에 달하는 풍부한 연구비를 지급하여 매우 실용적인 문제해결 기술로 발전시키고 있다.

12   The U.S. Exascale Computing Project(2017.03), Exasclae Computing Project.

13   맨해튼 프로젝트는 제2차 세계대전 중에 미국이 주도하고 영국과 캐나다가 공동으로 참여했던 민관합동 핵폭탄 개발 프로젝트이다. 1945년에 이르러서 이 프로젝트는 13만 명을 고용하고, 당시 화폐가치로 2억 달러(2011년 기준 24억 4,000만 달러) 예산 규모로 성장했다.

기술의 근본적 돌파구를 만들어 가는 전략(Lee 2018)으로 이해되는데, 어떤 면에서는 정부가 위험을 감수하면서 과학기술 돌파구를 만들어가고 이를 발판으로 시장을 조성하는 '기업가형 국가전략'이라고도 할 수 있을 것이다(Mazzucato 2013).

IV. 중국의 추격

1. 국산화와 모방학습을 통한 추격: 운영체제와 인터넷서비스

AI를 포함하는 소프트웨어 산업에서 중국의 초기 추격의 영역은 운영체제와 인터넷서비스 분야였으며, 당시의 전략은 정부 주도형 국산화와 모방학습으로 요약할 수 있다.

중국은 1990년대 후반부터 미국이 주도하는 윈텔리즘(Winteli-sm)[14]의 체계에 대한 대안으로 오픈소스 소프트웨어인 리눅스(Linux)를 활용해 '홍기리눅스(1999.8)'를 개발하고 미국이 주도하는 생태계에서 벗어나고자 했다. 중국 정부의 전폭적 지원 하에 추진된 리눅스 확산정책은 그러나 마이크로소프트의 소스코드 개방전략과 저가격 전략으로 큰 효과를 보지 못했으며, 마이크로소프트의 중국 내 시장점유율이 약 90%(2007년)에 달하는 상황으로 귀결됐다. 중국 홍기리눅스의 추격 실패는 오픈소스 소프트웨어의 제품 개발에 치중한 나머지 선발자의 소스 공개와 약탈적 가격전략 그리고 운영체제 기술의 누적성과 높은 사용자의 학습효과에 대한 치밀한 대응을 하지 못한 경

---

14 MS의 운영체계인 윈도우(Windows)와 인텔(Intel) 간의 기술협력으로 구축된 PC 기술의 생태계.

험 미숙의 결과라고 할 수 있다. 중국의 다음 추격은 이른바 바이두(Baidu), 알리바바(Alibaba), 텐센트(Tencent)를 지칭하는 BAT기업이 주도한 인터넷서비스 영역이었다. 이 분야는 새로운 서비스와 기술이 빈번하게 탄생하고 진화하기에 '기술발전의 기회성'은 높지만 신기술이 기존 기술을 대체하며 진화하기 때문에 '기술누적성'과 '기술궤적의 예측성'은 낮다. 한편 데이터의 누적이 품질과 혁신에 영향을 주며 사용자에 의한 망 외부성(network externality)이 존재하여 시장을 선점한 선발자의 위상은 매우 높을 수 있다. 따라서 이 분야에서 후발자 추격이 성공하기 위해서는 이미 선발자가 장악한 시장에 진입하는 가능성과 지속적 혁신을 통한 확산의 가능 여부가 매우 중요한 결정요인이 된다.

초기 중국의 인터넷 서비스시장은 야후 중국과 구글이 장악했었지만, 중국 정부의 규제에 의해 2009년 이후 바이두와 텐센트, 알리바바와 같은 토착기업들이 약진하면서 추격의 결정적 계기가 마련되었다. 중국의 인터넷전략은 당-국가(Party-state) 체제안정(Taubman 1998)과 같은 국가 거시 전략의 하위 개념(Kalathil 2003; Hachigian, 2002)으로 인터넷의 경제 및 산업적 활용은 장려하지만 체제유지를 위한 통제의 수위는 높게 유지하고 있다.[15] 특히 공안부와 국가안전부가 주도하는 콘텐츠 검열의 경우, 성(province, 省) 단위 지방정부에도 동일하게 작동하고 있다. 이 검열시스템으로 인해 2010년 한 해에 대략 6만 개의 웹사이트가 유해 사이트로 규정되어 차단됐으며 3억

---

15 인터넷 통제는 자본주의나 사회주의 체제의 고유한 특징이 아닌 어느 체제에서든지 나타날 수 있는 보편적 현상인데, 자본주의에서는 인종 간의 갈등, 정치적 비방, 음란물의 유포·확산, 사생활 보호 같은 공익에 목적을 두고 중점적으로 통제한다면, 사회주의 체제에서는 공익성을 표방하지만 권위주의적 체제유지가 통제의 최우선 목적이다.

5,000만 개의 기사, 사진, 영상물이 제거됐다(Ziccardi 2013, 248). 야후(Yahoo), 마이크로소프트(MS), 구글(Google) 등 글로벌 기업들은 중국 정부의 검열에 적극적으로 협조한다는 서명 없이는 중국에서 사업을 계속할 수 없었으며, 심지어 검열로 인해 중국 정부와 갈등이 발생하기도 했다. 중국에 가장 먼저 진출한 야후는 2004년 중국 정부의 요청에 따라 자사 이메일 서비스를 이용한 기자의 개인 정보를 제출한 후, 해당 네티즌이 실형을 선고받는 사건이 발생하면서 국제 여론의 맹렬한 비난[16]을 받았으며, 마이크로소프트 역시 중국 정부의 요청에 따라 특정 블로그와 게시판을 직권 삭제함으로써 네티즌들로부터 원성을 들어야 했다(Amnesty International 2006). 구글은 2000년 캘리포니아 본사에 TF를 만들어 중국 진출 이전에 이미 중국어 검색 시장의 약 1/4을 점유했지만 2002년 9월 중국 정부에 의해 중국 시장에 콘텐츠 유입이 차단됐고, 이후 중국의 검열을 수용한 2006년 1월이 되어서야 이메일, 메신저, 게시판 등 부가서비스를 제외한 검색 서비스만을 제공하는 제한적인 google.cn을 운영할 수 있었다. 그러나 토착 기업인 바이두가 자국 검색 시장의 50% 이상 선점해버린 상황에서 후발주자인 구글이 시장 점유율을 높이기에는 어려움이 있었다. 결과적으로 야후는 2005년 10월 중국 토착 전자상거래 기업인 알리바바에게 10억 달러(약 1조 985억 원)에 인수[17]됐고 2013년 9월 2일 폐쇄됐으며, 구글은 2010년 중국에서 완전히 철수했다.

---

16   중국 내 인터넷 서비스 접속 및 정보제공 사업자는 물론 개인 인터넷 이용자들도 국가안보를 위협하거나 공공의 안정을 훼손하지 않겠다는 동의서에 서명해야 한다. 중국 시장에 가장 먼저 진출한 야후의 경우도 자사의 웹사이트에서 '체제 전복적인' 자료를 제거하겠다는 서약을 한 바 있다.

17   미국 야후는 알리바바의 지분 40%를 인수하는 조건으로 야후차이나를 매각했으며 알리바바는 지난해 미국 야후에 넘긴 지분을 76억 달러(약 8조 3,486억 원)에 재구매했다.

글로벌 기업의 시장 퇴출과 서비스 제한은 중국 토착 기업에게는 그야말로 '기회의 창'이 되었다. 구글을 모방하며 성장한 바이두는 검색 분야에서 자국 시장의 77.1%를 점유하고 독자 생태계를 조성하기 시작했고, ICQ 메신저를 모방한 메시징 서비스 '위챗(Wechat)'으로 시작한 텐센트는 전자결제와 게임 등 분야로 사업을 확장하며 45조 원의 매출(2019년)을 달성해 세계 3대 인터넷 서비스 기업으로 등극했다. 추격론의 입장에서 보면, 중국 정부의 검열체계[18]는 야후, 구글, 페이스북과 유튜브 등 당시 중국 시장을 장악한 미국 인터넷 기업들에게 시장 퇴출의 계기를 마련해주는 일종의 배타적 장벽이 되었으며, 중국 토착기업들에게는 초기 시장진입과 성장이 가능하게 하는 요람 시장으로 기능한 것이다. 정부에 의해 보호되는 시장에서 중국 토착기업들은 글로벌 기업의 서비스를 모방하며, 이를 통해 축적한 보완적 자산을 활용해서 해외기업의 M&A를 통한 신속한 기술습득의 모델로 성장할 수 있었다. 이렇게 정부의 정책적 개입과 규제를 기회의 창으로 삼아 성장한 이들 중국의 토착기업들이 바로 최근 중국의 AI혁신을 주도하는 중심세력으로 부상한 것이다.

2. 선도, 공개 및 블록화 전략의 병행: AI 생태계

AI시스템을 구성하는 슈퍼컴퓨터, AI알고리즘과 데이터의 측면에서 중국의 전략 구사를 살펴보면 다음과 같다.

18 　중국은 1996년 2월 11일 최초의 인터넷 관련 법령인 국무원 공포 제195호(중화인민공화국 컴퓨터정보망 국제 네트워크관리임시규정)를 발표하고 1998년에 금순공정(金盾工程)이라는 사업으로 국가 방화벽인 방화장성(防火長城)을 구축하여 대만, 티베트, 천안문사태, 파룬궁, 민주, 자유 등과 같은 인터넷 정보를 차단하고 있다.

첫째, AI의 핵심 인프라라 할 수 있는 슈퍼컴퓨터 분야는 중국이 미국과 대등한 수준의 개발역량을 확보한 영역이다. 중국은 이른바 863계획(1986년 3월 추진된 첨단기술연구발전계획)의 일환으로 정부 주도형 슈퍼컴퓨터 개발프로젝트를 대대적으로 추진했는데, 2003년 '상하이 고성능 IC디자인센터'[19]가 주도한 연구[20]가 성공하면서 자체 CPU를 확보하게 된다. 이후 중국의 슈퍼컴퓨터 '톈허(天河)2'는 2013년부터 세계 슈퍼컴퓨터 성능대회에서 1위 자리를 차지했고, 2015년에는 중국의 선웨이 타이후라이트[21]가 세계 1위를 차지할 정도로 발전했다.

개발 목표 측면에서 최근 중국은 국가병렬컴퓨터연구센터, 슈퍼컴퓨터 전문기업인 슈곤(Sugon) 그리고 중국국방과학대학의 주도하에 톈허-3(Tianhe-3, 天河三号)로 명명된 엑사스케일 슈퍼컴퓨터를 2020년까지 구축할 것이라는 로드맵을 발표한 반면, 미국은 중국보다 1년 늦은 2021년에 아르곤 국립연구소의 오로라(Aurora)를 엑사스케일 슈퍼컴퓨터로 개발할 목표를 제시하고 있다.[22] 마치 과거 미국과 소련 간에 우주개발계획을 연상케 하는 슈퍼컴퓨터 분야는 기본적으로

19　선웨이 칩(Chip)과 아키텍처의 국산화를 담당했던 지앙난컴퓨터연구소가 상하이 고성능IC디자인센터로 확대된 것으로 추정함.

20　'핵심 전자기기 및 고성능 일반 칩, 기본 소프트웨어'라는 국가과학기술주요프로젝트(NMP) 지원금을 활용한 연구개발.

21　선웨이 타이후라이트는 서버(노드·병렬로 연결하는 슈퍼컴퓨터의 단위) 수만 4만 960개, 컴퓨터 두뇌에 해당하는 코어 수만 1,064만 9,600개를 갖춘 거대한 컴퓨터다. 이 컴퓨터는 2015년까지 6회 연속 1위 자리를 고수한 톈허2보다 성능은 3배 빠르며 전력 효율은 2배가량 좋은데, 이는 성능 좋은 컴퓨터가 전력 효율은 좋지 않다는 기존 상식을 뒤집은 것이다.

22　오로라는 세계 최대의 연산처리장치 생산 기업인 인텔에 의해 구축될 예정이며, 인텔의 3세대 10nm 가속기인 코드명 나이츠밀(Knight Mill)이 탑재될 예정이다. Aurora의 성능은 1엑사플롭스이며, 2021년을 목표로 구축될 예정이다. Aurora는 특히 딥러닝을 비롯한 인공지능을 활용할 수 있는 환경도 제공한다(추형석 2019).

연산처리 속도의 선형적 경쟁을 하는 분야로서 기술궤적의 예측성과 기술기회가 모두 높기 때문에 양국 모두 전폭적인 정부의 지원 하에 선도적 기술경쟁 전략을 추진하고 있으며, 이러한 경쟁적 선도개발 전략은 앞으로도 한동안 이어갈 것으로 예상된다.

둘째, AI알고리즘과 프레임워크의 경우, 2019년 11월 개최된 '동북아 공개SW활성화 포럼'에서 황즈허 중국 공개SW활성화 포럼 의장(중국전자정보산업발전연구원 부의장)이 "오픈소스 SW가 없었다면 중국은 오늘날과 같은 성장을 이뤄낼 수 없었을 것"이라고 강조했던 것처럼, 중국이 미국형 기술생태계에 의존적인 기술학습을 해 왔으나, 최근에는 독자적인 중국형 AI공개생태계 조성에 박차를 가하고 있다. 2019년 중국은 '국가 차세대 AI개방혁신플랫폼(National Open Platform for Next Generation Artificial Intelligence)' 구축 계획을 발표하면서 미국이 주도하는 오픈소스 생태계에 참여하는 대신 직접 오픈소스 생태계를 조성하고자 노력하고 있다. 이 전략은 오픈소스로 참여하는 기업 간 기술과 지식을 공유하면서 다른 기업의 참여를 유도하는 미국의 개방형 생태계와 유사한 전략으로 기획됐다. 이 전략에 참여하는 화웨이는 서버 마더보드(쿤펭)부터 운영체제(하모니 OS), DB(거스DB) 등을 오픈소스로 만들어 공개하고 있으며, 텐센트 역시 분산 메세징 미들웨어(튜브MQ), 오픈 JDK8 기반의 텐센트 코나 JDK, 엔터프라이즈 컨테이너 플랫폼(TKE스택) 등을 오픈소스로 개발 중이다. 바이두는 2016년 패들패들 자율주행 오픈 플랫폼을, 텐센트는 지능형 의료 오픈 플랫폼, 알리바바는 시티 브레인 오픈 플랫폼을 개발하고 있다(표 1 참조).

한편 민간 차원에서도 중국판 깃허브라고 불리는 '기티(Gitee)'가 빠르게 성장하고 있는데, 2013년 5월부터 시작돼 현재 전 세계에서 두

표 1 국가 차세대 인공지능 개방 혁신 플랫폼 정책과 참여 기업

정책	분야	참여 기업
5대 인공지능 개방 혁신 플랫폼 (2018년)	자율주행	바이두
	스마트시티	알리바바
	의료 및 헬스케어	텐센트
	음성인식	아이플라이텍
	영상인식	센스타임
10대 차세대 인공지능 개방 혁신 플랫폼(2019년)	비주얼 컴퓨팅	이투
	마케팅	마이닝캠프
	기초 SW 및 HW	하웨이
	일반 금융	핑안보험
	영상감지	하이크비전
	스마트 공급망	징둥
	이미지 감지	메그비
	보안	치후
	스마트 교육	티에이엘
	스마트 홈	샤오미

번째, 중국에선 가장 큰 오픈소스 코드 호스팅 플랫폼으로 거듭나고 있다. 2019년 7월 기준 기티에는 350만 명 이상의 개발자와 520개 이상의 코드 저장소(레파지토리)가 있다. 또한 중국 내에서의 오픈소스 커뮤니티 파워도 커지고 있다. 중국은 미국을 제외하면 가장 큰 오픈소스 기술 커뮤니티를 보유하고 있다.

셋째, 미국이 초국적 데이터의 유통과 활용을 강조하는 입장이라면, 중국은 자국 내에서는 데이터 공개를 통한 공유를 활발히 할 수 있도록 환경을 조성하지만, 반대로 국외로의 유출은 통제하는 일종의 블록화 전략을 추진하고 있다. 2017년 6월부터 중국 정부는 데이터 주권과 국가안전을 명목으로 외국 기업의 중국 내 서비스를 정부가 검열, 통제하는 내용을 담은 〈사이버보안법〉을 도입했는데, 이로 인해 애플은 중국 앱스토어에서 인터넷 검열시스템을 우회하는 가상사설망(VPN) 관련 앱(응용프로그램) 60여 개를 삭제해야 했고 아마존웹서비

스(AWS)도 2017년 11월 중국 시장에서 철수하게 되었다.

중국 정부는 데이터를 주권과 안보 차원에서 바라보는 한편 산업적 차원에서의 활용도 매우 중시하고 있다. 2014년 3월 리커창 총리는 정부 업무 보고에서 빅데이터를 미래 신흥산업으로 강조했고 이듬해인 2015년 9월 국무원이 로드맵 성격의 '빅데이터발전촉진행동요령'을 발표하기도 했다.[23] 이후 2016년 공업신식화부는 빅데이터산업발전규획(2016-2020),[24] 2017년 12월 8일 개최된 중공중앙정치국 제2회 집체회의에서는 시진핑 주석이 국가 차원의 빅데이터 전략 실시를 통한 '디지털중국'의 건설 가속화를 강조했다. 이러한 일련의 정책발표는 중국이 데이터를 주권 차원에서 통제 및 검열할 대상으로 인식하는 것과 동시에 미래산업의 원동력으로도 인식하고 있다는 것을 보여주는 사례이다.[25] 데이터의 산업적 활용이라는 측면에서 중국은 2017년 개인정보보호법의 초안이 준비된 것 이외에 지금까지 기업의 정보활용을 통제하는 구체적인 법제화 논의는 별다른 진전이 없는 상황이다. 다만 외국 기업에 대해서는 개인정보 보호와 관련된 규제를 철저히 적용하고 있는데, 중국 정부가 마이크로소프트에게는 데이터 수집및 원격 업데이트 기능을 제한했으나, 틱톡처럼 자국 기업의 해외 데이터 활용은 오히려 적극적으로 장려하는 이중 전략을 구사하고 있는 상황이다.[26] 추격론의 입장에서 보면, AI혁신의 원천이 될 수 있는 데이터는 높은 기술누적성을 보이기 때문에 시장 독점이 용이하게 발생

---

23 中国政府网(2015) "国务院关于印发促进大数据发展行动纲要的通知." 9月6日.

24 中华人民共和国发展和改革委员会(2016), "大数据产业发展规划(2016—2020年)."

25 「习近平 : 实施国家大数据战略加快建设数字中国」, 2017年12月9日.

26 이에 대해 미국, 일본 및 유럽연합(EU)은 2017년 12월 아르헨티나에서 열린 세계무역기구(WTO) 각료회의에서 중국의 인터넷 규제와 보호주의적 산업정책을 규탄하는 성명을 발표했지만 중국은 데이터 주권으로 반박하고 있다.

할 수 있는데, 후발자인 중국이 사이버안보법까지 발동하며 강조하는 데이터 주권이라는 개념은 자국 시장에서 글로벌 기업의 데이터 누적성을 차단하고, 미국 기업이 구축해 놓은 공개 데이터 생태계에서 벗어나 자국이 주도하는 데이터 생태계를 구축하고자 하는 전략으로 이해되며, 개인정보 보호에 대한 느슨한 관리는 토착기업들에 의해 장악된 국내 시장에서 데이터의 활용에 대한 정책적 유연성을 발휘하는 부분으로 이해된다.

이상의 내용을 요약하면, 중국은 슈퍼컴퓨터와 같은 인프라 분야에서는 미국과 유사한 대규모·장기적 선도개발 전략을, AI 알고리즘 분야는 미국형 생태계 의존형 학습과 독자 생태계 구축을 위한 전략을 병행하고 있으며, 데이터 분야는 데이터 주권과 연계하여 강력하게 통제하면서도 개인정보 보호에 대해서는 자국 기업의 혁신에 유리하도록 전략적 유연성을 보이고 있는 것이다. 다시 말해, AI 분야의 중국의 추격은 어느 한 영역에 집중하거나 혹은 통일된 전략을 구사한다기보다 하드웨어 인프라(슈퍼컴퓨터), AI 알고리즘 그리고 데이터 등 AI 기술생태계의 구성 요소 각각의 혁신 특성에 따라 차별화되고 복합적인 추격 전략을 구사하고 있는 것이다.

V. 미국의 견제와 중국의 추격 성과

1. 미국의 견제

21세기는 '중국의 세기(Chinese Century)'가 될 것이라는 세계은행(1992년)의 전망으로 촉발된 소위 '중국위협론'은 2017년 초 트럼프 대통령이 취임하고 나서부터 단순한 관세부과 수준의 무역 갈등을 넘어 핵심기술에 대한 패권경쟁의 차원으로 번지고 있다.

최근 중국이 2017년 차세대 AI발전규획(중국 국무원)을 발표하면서 2025년까지 AI기술혁신을 달성하고, 2030년에 미국을 제치고 AI의 중심 국가로 도약하는 이른바 AI굴기의 3단계 전략목표를 설정하자, AI 혁신의 선도국을 자처하던 미국 정부도 이러한 소위 중국판 IT굴기라고 불리는 중국의 거센 기술추격에 자극을 받아 'AI 이니셔티브(2019년)'를 발표하고, 중국에 의한 피추격을 조기에 차단하기 위한 관세부과, 수출접근제한 그리고 핵심 기술에 대한 통제 등 견제의 범위와 수위를 한층 높이는 양상이다. 2018년 8월 미국은 자국 연방기관이나 연방정부에 물품을 납품하는 계약업체가 화웨이의 장비나 서비스를 구매하지 못하도록 하는 규제를 발표했고, 2019년 5월에는 미국의 국가적 이해에 중요한 기술과 IP의 중국 수출을 규제하는 행정명령을 발동해서 화웨이와 68개 계열사를 '수출제한기업리스트'에 추가했다. 또한 화웨이의 안드로이드 운영체계(OS) 라이선스를 차단하고 중국 신장지역의 인권탄압 등을 이유로 중국 정부가 지정한 AI개방형 플랫폼 핵심 기업인 상탕커지(商湯科技·Sense Time),[27] 쾅시(曠視·Megvii Technology Limited),[28] 커다순페이(科大訊飛·iflytek)[29]를 구매금지 제

---

27 비상장사지만 일본 소프트뱅크 손정의 회장은 기업 가치가 70억 달러(8조 3,650억)를 넘을 것으로 평가했다. 중국 알리바바가 지원하는 상탕커지는 구글 알파고보다 먼저 인간과의 대결에서 승리한 AI 기술을 보유한 업체이기도 하다. 상탕커지의 모태가 된 홍콩중문대 멀티미디어랩은 2014년 딥러닝에 기반한 독자 개발 알고리즘으로 안면인식 정확도 98.52%를 기록, 인간의 식별률 97.53%를 제쳤다.

28 이미지 인식과 딥 러닝 소프트웨어를 설계하는 AI 회사다. 자체 개발한 딥러닝 프레임을 바탕으로 정확도 높은 얼굴인식 서비스를 제공하면서 주목을 받았다.

29 음성인식 분야 AI 기업으로 중국 스마트폰 대부분이 커다순페이의 기술을 탑재하고 있다. 중국에선 미국판 '시리'로 불린다. 미 MIT 테크놀로지 리뷰는 커다순페이를 세계 혁신 기업 중 6위(텐센트 8위)로 꼽았다. 이투커지(依圖科技·Yitu Technology) 역시 이

재 대상 기업 리스트에 포함시키기도 했다(2019년 10월).

한편 중국 정부가 '제조 2025'를 발표하며 슈퍼컴퓨터의 핵심이 되는 반도체 분야에서 하이실리콘, 유니그룹 등을 핵심기업 육성을 강조하자, 미국 정부는 2017년 중국계 사모펀드인 캐넌브리지의 미국의 반도체 기업 래티스 인수를 불허했으며, 2018년에는 D램 제조업체인 푸진진화(2018년 10월)와 화웨이 계열사인 하이실리콘 등을 포함해서 중국산 반도체와 반도체 기업에 대해서 집중 관세를 부과하기 시작했다. 그리고 2019년 6월에는 자국과 선도 경쟁을 치열하게 펼치고 있는 슈퍼컴퓨터 분야를 정조준해서 중커수광(中科曙光), 톈진하이광(天津海光), 청두하이광IC(成都海光集成电路), 청두하이 광마이크로전자기술, 우시지앙난컴퓨터기술연구소(无锡江南计算技术研究所) 등 5곳을 추가로 수출제한 기업리스트에 포함시켰다. 중커수광은 중국과학원 산하 기업으로, 세계 2위의 슈퍼컴퓨터 톈허2호와 싱윈을 개발한 기업이며, 우시지앙난컴퓨터기술연구소는 세계 3위 슈퍼컴퓨터 선웨이(Sunway)를 개발한 기업이기도 하다(방은주 2019).

앞서 언급했듯이 데이터 분야는 미국의 초국적 유통을 강조하는 반면, 중국은 데이터 주권을 강조하고 있어 양국 간 시각차가 큰 영역이다. 중국이 2017년 6월 사이버보안법을 발표하면서, 애플도 2018년 3월부터 중국 내 계정의 암호 해제에 필요한 암호화 키를 중국 당국에 공개하고 있으며, 중국 사용자의 아이클라우드 계정도 중국의 데이터 업체에 맡겨 보관·관리하고 있는 실정이다. 중국 정부의 데이터에 대한 검열은 최근 중국에서 다른 나라로 개인정보 및 중요한 데이터를 보낼 때도 중국 정부의 사전 심사를 의무화하도록 하며, 점차 강화되

미지인식 기반 AI 기업이다.

는 추세에 있다. 상황이 이렇게 되자, 미국 정부도 2018년 3월 클라우드 법을 시행하면서 미국 IT기업의 해외 서버에 저장된 데이터를 열람할 수 있도록 하는 법을 제정했으며, 2018년 12월에는 틱톡을 운영하는 중국 기업 바이트댄스를 이름과 이메일 주소, 위치 등 개인정보를 불법으로 수집했다는 혐의로 미 연방거래위원회(FTC)에 제소해 벌금을 부과하며 견제의 범위를 데이터로 확장하기도 했다. 특히 바이트댄스가 2018년 8월 미국 기업인 뮤직컬리(Musical.ly)를 인수하고자 했을 때는 중국 기업이 미국 기업을 인수하면서 데이터를 취득하는 이슈에 대해서 미국 국방수권법(NDAA)를 발동해 중국의 대미 투자에 대해 심사하기도 했었다.

이러한 선도국과 추격국 간의 견제와 대응은 후발국의 역량 수준이 높아질수록 더욱 심화될 가능성이 높은데 최근 AI 분야에서 중국의 기술굴기가 더욱 빨라지고 있어 양국 간의 전략 대응과 우리에의 영향에 대해서는 추가적인 관찰과 연구가 필요할 것으로 보인다.

2. 중국의 추격 성과

협의의 의미로 보면 AI는 알고리즘 정도로 이해할 수 있지만, 광의로 보면, 슈퍼컴퓨터, 데이터 그리고 연구인력, 도메인 등 다양한 요소들이 상호작용하는 일종의 복합적 기술생태계로 이해할 수 있으며, 이 영역에서 선도국 미국과 추격국 중국의 견제와 대응도 AI 생태계를 구성하는 다양한 분야로 구분해서 살펴볼 필요가 있다.

먼저 양적인 지표로 살펴본 AI 기술역량의 경우 〈표 2〉와 같다. 대용량의 연산능력이 필요한 AI 기술의 특성상 AI인프라의 핵심이라 할 수 있는 슈퍼컴퓨터의 경우, 2018년 11월 기준 중국이 4억 3,800만

표 2 중국 AI 기술추격의 성과

구분(기준 연도)		미국	중국
인프라	Top 500 슈퍼컴퓨터 성능(2019)	38%	30%
	Top 500 슈퍼컴퓨터 수(2019)	116	219
	100명당 유선 통신망 가입자 수(2018)	33.9	28.0
개념설계	AI 칩 설계기업 수(2019)	55	26
	100만 명당 연구 논문 수(2017)	62.6	19.2
	인용 영향 지수(2016)	1.8	0.9
데이터	100명당 IoT 데이터(TB)(2018)	41.9	19.3
도메인	인당 AI VC+PE Funding(2017~2018)	102.4$	17.2$
	100만 명당 고인용 AI 특허수(1960~2018)	170	0.9
	AI 도입 기업 수(2018)	22%	32%
	100만 명당 AI 스타트업 수(2017)	8.4	0.5
인력규모	100만 명당 AI 연구자 수(2017)	173.1	23.2
	100만 명당 Top AI 연구자 수(H-Index)(2017)	31.3	1.2

출처: Castro et al.(2019). Who Is Winning the AI Race:China, the EU or the United States?

GFlops를 보이고 있지만 미국은 5억 3,300만 GFlops로 중국보다 앞
선다. AI인력 측면(2008~2017년 기준)에서도 중국(1만 8,232명)은 미
국(2만 8,536명)에 미치지 못하며, 알고리즘의 연구역량[30]에서도 중국
(65.17로 3위)은 미국(66.46으로 1위)보다 열위에 처해 있다.

시장역량 측면에서, 총 AI 기업 수는 미국이 2,039개, 중국이
1,040개이지만, 특히 AI스타트업의 수를 보면, 미국(1,393개)과 중국
(383개)의 격차가 벌어지는 것으로 나타났다(CBInsight 2019). 세계
AI 분야 100대 스타트업에서 미국은 77개, 중국은 6개를 기록하고 있
다. 10대 AI 스타트업에는 미국이 6개, 중국은 3개로 미국이 앞섰지만,

---

30   2009년~2018년간의 학문적 연구 성과를 양, 질적으로 분석한 소프트웨어정책연구소의
AI두뇌지수 참조. AI두뇌지수는 연구역량 기준, 해당 국가의 상위 핵심 연구자 100명의
역량을 지수화한 값으로, 인공지능 연구역량은 학술연구 수, 편당 인용 수, 세계 평균 대
비 피인용 비율(FWCI, Field Weighted Citation Impacts)을 활용하여 측정하고 변수에
가중치를 반영.

1, 2위는 중국 기업인 상탕커지, 쾅시가 차지했다. 이러한 굵직굵직한 안면인식 AI 기업들은 공안부 등 중국 체제의 특성으로 인해 정부가 개입해 공공안전, 금융, 운송, 소매유통, 물류 등으로 적용 분야를 확대해 가면서 영향력을 확대해 나가고 있는데, 최근 중국 정부는 2020년까지 전국에 4억 대의 안면인식 카메라로 범죄자를 식별하는 치안 정책을 내놓으면서 대규모 투자를 예정하고 있다. 반면 미국은 최근 샌프란시스코에서 행정당국의 안면인식 기술을 이용한 감시를 금지하는 법안이 통과됐는데, 개인정보 보호에 대한 해석을 미국과 중국이 달리하기 때문에 출현할 수 있는 정책 차이로 이해할 수 있다. 한편, 인력 규모 측면에서도 100만 명당 AI 연구자 수에서 미국이 173.1명, 중국이 23.2명, 100만 명당 Top AI 연구자 수에서 미국이 31.3, 중국이 1.2로 양국 간 차이가 상당히 크다는 것을 알 수 있다. 정리하면 미국이 중국보다 인프라, 인력 및 알고리즘 역량 등 전반적인 역량 수준은 높은 것으로 나타났으나, 슈퍼컴퓨터의 점유와 AI 도입 기업의 수 정도에서 중국이 상대적으로 선방하고 있는 것으로 보인다(표 2 참조).

　한편 질적 기준으로 중국의 추격 수준을 가늠해 본다면, 기술궤적의 예측 가능성이 높은 슈퍼컴퓨터의 경우, 중국이 미국을 제치고 3년 연속 1위를 달성한 바가 있어 이 부분에서 중국은 세계 최고의 기술 수준을 달성했다고 볼 수 있을 것이다. 차세대 연구개발 계획에서도 중국은 톈허-3(Tianhe-3)로 명명된 엑사스케일 슈퍼컴퓨터를 미국보다 1년 빠른 2020년까지 완성하는 로드맵을 제시하고 있다. 다만, AI 알고리즘의 경우, 미국이 개념설계 → 상세설계 → 실행의 전 단계를 장악하며 혁신을 창출하고 있으나 중국은 주로 미국이 주도하는 공개형 생태계에 편입하여 복제적 학습을 하는 단계에 있는 것으로 평가된다. 전략적 관점에서는, 미국이 주로 AI의 개념설계에 선도적 투자를 하고, 나머지 단계는 캐글, 텐서플로우, 파이토치 등 AI도구를 공개하며, 글로벌 AI 인재들과 협업하고 있는 상황에 비해, 중국은 주로 미국의 공개 소프트웨어 생태계를 활용하며, 일부 이른바 BAT로 불리는 바이두, 알리바바, 텐스트와 같은 중국 혁신기업들을 중심으로 자체 개발한 AI 프레임워크를 공개하고 있으나, 아직 자국 내 공유 생태계 수준으로 글로벌 차원에서의 위상이 그리 높지 않은 상황이다.

이상 추격의 성과 측면에서 미국과 중국을 비교해 보았는데, 최근 AI가 특정 산업을 넘어 전 산업과 보다 넓은 차원에서 적용되기 때문에 향후 미중 AI패권 경쟁의 전개 양상은 더욱 복잡해질 것으로 전망된다.

VI. 요약과 시사점

이 글은 기술의 특성이 해당 산업의 혁신패턴을 결정한다는 기술혁신론의 입장에서 최근 AI를 둘러싸고 미중 간 복잡하게 전개되는 경쟁과 전략 대응을 분석했다.

첫째, AI혁신생태계는 개념설계 → 모델링 → 실행의 단계적 절차를 거친다. 개념설계는 AI가속기와 AI개발 플랫폼도 포함하는데, 막대한 초기 투자가 필요하기에 후발국 추격이 쉽지 않다. AI알고리즘은 신기술의 출현이 빈번하기에 기술 기회가 높아 후발국도 새롭게 등장하는 기술기회를 잡기만 한다면 추격이 가능하지만 선도국이 주도하는 오픈생태계가 잘 발달되어 있어, 후발 국가들의 의존도는 높은 상황이다. 한편 황즈허 중국 공개SW활성화 포럼 의장이 "만약 오픈소스SW가 없었다면 오늘날과 같은 중국의 성장은 없었을 것"이라고 했던 것처럼, 그간 중국은 미국형 공개생태계에 편입한 학습으로 성장했으나 최근 들어 독자적인 오픈소스 생태계 조성에 총력을 다하는 모습이다. 따라서 향후 중국이 미국형 기술생태계에 의존한 기술과 지식의 습득 및 학습의 과정을 반복하는 방향으로 가는가 아니면 독창적 혁신 생태계의 창출과 글로벌 확산의 과정으로 나아갈 수 있는가는 향후 중국 AI 추격의 성패를 결정짓는 중요한 부분이자 중요한 관전 포인트가 될 것이다.

둘째, AI혁신의 기반이 되는 슈퍼컴퓨터의 경우에 기술발전의 궤적이 어느 정도 예측이 가능하지만 대규모의 투자가 지속적으로 필요하기 때문에 정부의 정책적 투자가 중요하다. 게다가 향후 사물인터넷과 클라우드를 통해 엄청난 양의 데이터가 쏟아질 경우 슈퍼컴퓨터의 수요는 더욱 높아질 것이며, 데이터 중심의 시대에 글로벌 기술패권의 중요한 요소로 부상하고 있기 때문에 미중 양국 모두 이 부분을 매우 중요하게 생각할 수밖에 없다. 이 영역에서는 중국과 미국 모두 시종일관 정부 주도형 선도 개발을 지속하고 있고, 양국의 역량 수준이 비슷하기 때문에 미국으로부터의 견제도 점차 높아지는 추세이다. 마치 과거 미국과 소련 간에 펼쳐진 우주개발경쟁을 연상케 하는 미중 간 슈퍼컴퓨터의 기술경쟁은 앞으로도 한동안 이어갈 것으로 예상되는데, 향후 중국의 차세대 슈퍼컴퓨터의 성능이 고도화될수록, 미국의 강도 높은 추가 제재가 예상되며, 이에 중국의 전략 대응이 어떻게 전개되는지는 흥미로운 관전 포인트가 될 것이다.

셋째, 데이터 분야에서 미국이 데이터의 초국적 유통을 강조한다면 중국은 데이터 주권을 외치고 있는 상황이다. 최근 미국은 국가별 디지털 무역장벽을 분석하고, 이의 철폐와 완화를 추진하고 있는데, 이러한 미국의 입장은 향후 전개된 미중 간 무역협상에서도 적극적으로 반영될 가능성이 높다. 한편 미중 양국의 데이터 갈등이 글로벌 차원의 데이터 거버넌스에 미치는 영향은 우리에게도 영향을 미치는 부분으로 예의주시가 필요하다고 하겠다.

넷째, 미중 양국의 전략경로를 보면, 미국은 선도＋공개 전략을, 중국은 선도＋복제학습＋독자생태계 전략을 복합적으로 구사하고 있다. 슈퍼컴퓨터 분야에서는 미중 양국 모두 정부주도형 선도전략을 유지하고 있다. 다만 AI알고리즘의 경우, 미국이 개념설계 → 상세설계 → 실행의 전 단계에서 혁신을 창출하며, 주로 AI의 개념 설계는 선도적 투자를 하고, 나머지 단계는 텐서플로우와 같이 공개형 전략으로 추격방어와 글로벌 AI인재들과 협업을 병행하고 있는 상황이라면, 중국은 미국형 공개생태계에 편입하여 복제적 학습을 하는 단계에 있는 것으로 평가된다. 일부 이른바 BAT로 불리는 중국 혁신기업들을 중심으로 자체 개발한 AI 프레임워크를 공개하고 있으나, 아직 자국 내 공유 생태계 수준으로 글로벌 차원에서의 위상이 그리 높지 않다. 그러나 AI가 특정 산업을 넘어 전 산업과 보다 넓은 차원에서 융합되는 최근 추세를 감안하면, 향후 미중 양국의 견제와 추격을 위한 전략 조합과 변화는 향후 또 하나의 관전 포인트이다.

마지막으로 AI경쟁에 참여하는 미국 기업들을 보면, 인텔은 물론 구글, MS, 아마존 등 산업 간 구분이 거의 없는 플랫폼 기업들이다. 이들의 경쟁은 개별 기술경쟁이나 특정 산업영역에서 전개되는 국지전이 아니라 거의 모든 산업의 영역을 아우르는 플랫폼 경쟁이다. 따라서 아직은 그 가능성이 낮을 수 있지만, 장기적인 관점에서 보면, 이들의 경쟁이 전방위적 경쟁 혹은 산업경쟁을 넘어 국가 간 '체제의 효율성 경쟁'으로도 확전되는 시나리오가 가능하며, 이러한 관점에서 미중 양국 간 AI패권 경쟁의 변화 양상을 관찰해 보는 것도 의미가 있을 것으로 보인다.

참고문헌

강동균. 2019. "美, 기업 검열하는 中 '사이버 보안법' 손본다."『한국경제』(2월 7일).

박형곤. 2019. "AI의 사업적 적용 및 전개."『인더스트리 포커스』. 딜로이트 컨설팅.

방은주. 2019. "한국, 슈퍼컴퓨터 순위 10위…'톱500'에 5대 뽑혀."『ZDNet Korea』(6월 19일).

이승환. 2019. "인공지능 두뇌지수(AI Brain Index): 핵심인재 분석과 의미."『이슈리포트』, 소프트웨어정책연구소.

추형석. 2019. "엑사스케일 슈퍼컴퓨터의 승자는?"『월간 SW중심사회』. 소프트웨어정책연구소.

Amnesty International. 2006. "Undermining Freedom of Expression in China: the Role of Yahoo!, Microsoft and Google."

Bach, Francis. 2018. "Opening Remarks." https://vimeo.com/312256252 (검색일: 2019.12.3.)

Bellman, R. 1978. "An introduction to artificial intelligence: Can computers think?" *Thomson Course Technology.*

Brenkert, George G. 2009. "Google, Human Rights, and Moral Compromise." *Journal of Business Ethics* 85(4): 453-478.

Carlsson, Bo. 1994. "Technological systems and economic development potential: four Swedish case studies." In *Innovation in Technology, Industries and Institutions: Studies in Schumpeterian Perspectives*, edited by Shionoya, Yūichi, and Mark Perlman, Ann Arbor, MI: University of Michigan Press.

Castro, Daniel, Michael McLaughlin, and Eline Chivot. 2019. "Who Is Winning the AI Race: China, the EU or the United States?" https://www.datainnovation. org/2019/08/who-is-winning-the-ai-race-china-the-eu-or-the-united-states/ (검색일: 2020.1.5.)

CBInsights. 2019. "AI 100: The Artificial Intelligence Startups Redefining Industries." https://www.cbinsights.com/research/artificial-intelligence-top-startups/ (검색일: 2020.01.21.)

Dang, Thi Thanh Van. 2001. "A Strategic Approach to Marketing Tourism Attractions via the Internet: the Case of Vietnam." Ph. D. Diss., Nanyang Technological University.

Freeman, Chris. 1995. "The National System of Innovation'in historical perspective." *Cambridge Journal of Economics* 19(1): 5-24.

Google. 2019. "Deep Mind Research." https://www.deepmind.com/research (검색일: 2019.12.28.)

Hachigian, Nina. 2002. "The internet and power in one-party East Asian states."

Washington Quarterly 25(3): 41–58.

Kalathil, Shanthi, and Taylor C. Boas. 2003. *Open Networks. Closed Regimes: The Impact of the Internet on Authoritarian Rule*. Washington, WA: Carnegie Endowment for Int'l Peace.

Kalathil, Shanthi. 2003. "China's new media sector: Keeping the state in." *The Pacific Review* 16(4): 489–501.

Kim, Linsu. 1997. *Imitation to innovation: The dynamics of Korea's technological learning*. Boston, MA: Harvard Business Press.

Lee, Kai-Fu. 2018. *AI superpowers: China, Silicon Valley, and the New World Order*. Boston, MA: Houghton Mifflin Harcourt.

Lundvall, Bengt-Åke, 1992. *National Systems of Innovation: Toward a Theory of Innovation and Interactive Learning*. London, UK: Anthem Press.

Malerba, Franco. 2004. *Sectoral Systems of Innovation: Concepts, Issues and Analyses of Six Major Sectors in Europe*. Cambridge, UK: Cambridge University Press.

Malerba, Franco, and Luigi Orsenigo. 1996. "Schumpeterian patterns of innovation are technology-specific." *Research Policy* 25(3): 451–478.

Mazzucato, Mariana. 2011. *The Entrepreneurial State: Debunking Public vs. Private Sector Myths*. London, UK: Anthem Press.

Nelson, Richard R.. 1993. *National Innovation Systems: a Comparative Analysis*. Oxford, UK: Oxford University Press.

Panahandeh, Ghazaleh, Erik Ek, and Nasser Mohammadiha. 2017. "Road Friction Estimation for Connected Vehicles Using Supervised Machine Learning." Paper presented at the *IEEE Intelligent Vehicles Symposium*, U.S.A., July.

Paolini, Luca. 2018. "Trade: Not a Zero Sum Game." https://am.pictet/en/denmark/global-articles/2018/market-views/in-brief/us-china-trade-war (검색일: 2020.1.4.)

Perez, Carlota and Luc Soete. 1988. *Catching Up in Technology: Entry Barriers and Windows of Opportunity in Technical Change and Economic Theory*. New York: Printer Publishers.

Poole, D. I., Goebel, R. G., Mackworth, A. K. 1998. *Computational intelligence*. New York: Oxford University Press.

Posen, Hart E., Jeho Lee, and Sangyoon Yi. 2013. "The power of imperfect imitation." *Strategic Management Journal* 34(2): 149–164.

Russell, Stuart J., & Norvig, P. 2009. *Artificial intelligence: a Modern Approach*. New Jersey: Prentice Hall.

Schmidt, Jonathan, Mário R. G. Marques, Silvana Botti and Miguel A. L. Marques. 2019. "Recent advances and applications of machine learning in solid-state materials science." *npj Computational Materials* 5(1): 1–36.

Schubmehl, David. 2019. "Worldwide Artificial Intelligence Software Platforms Market." https://www.ibm.com/downloads/cas/PQ29DALE (검색일: 2019.12.10.)

Storey, Ian and Herbert Yee. 2004. *The China Threat: Perceptions, Myths and Reality*. London, UK: Routledge.

Taubman, Geoffry. 1998. "A not-so World Wide Web: The Internet, China, and the challenges to nondemocratic rule." *Political Communication* 15(2): 255-272.

White House. 2019. "Executive Order on Maintaining American Leadership in Artificial Intelligence." https://www.whitehouse.gov/presidential-actions/executive-order-maintaining-american-leadership-artificial-intelligence/ (검색일: 2020.1.3.)

Winston, P. H. 1992. *Artificial Intelligence*. Massachusetts: Addison-Wesley Reading.

Ziccardi, Giovanni. 2013. *Resistance, Liberation Technology and Human Rights in the Digital Age*. New York, NY: Springer.

제11장

미일 기술패권 경쟁과 미국의 경제적 대응
민군겸용기술을 둘러싼 안보 논쟁과 통상마찰

최용호

* 이 글은 필자의 학위논문인 최용호. 2020. "1980~1990년대 미일 기술패권 경쟁과 통상마찰: 기술 문제의 안보화와 미국의 경제적 대응"(서울대학교 석사학위 논문)을 수정 및 보완한 것이다.

I. 서론

패권의 상대적 하락이라는 구조적 변화는 선발 패권국에 어떤 영향을 미치는가? 자국의 우월한 지위를 지속하기 위해서 패권국은 어떻게 대응하며, 그 과정은 어떠한가? 강대국 간의 패권경쟁은 국제정치를 특징짓는 가장 중요한 현상 중 하나로서 국제정치학의 오랜 관심사 중 하나였다. 그러나 패권경쟁을 다루는 기존의 논의들은 패권의 조건과 그 순환적 주기를 거시적인 관점에서 추상적으로 조망하거나, 구조적 세력변동 과정에서의 전쟁 발생 여부에만 초점을 맞추었을 뿐, 부상국의 도전에 직면한 패권국이 주체적·선제적으로 대응하는 역사적 과정은 충분히 다루지 못했다.

본 연구는 특히 강대국 패권경쟁 과정에서 나타나는 두 가지 흥미로운 현상에 주목하였다. 첫째, 당대의 경제성장을 견인하는 첨단기술 산업, 소위 '선도부문(leading sectors)'의 중요성이다. 역사적으로 선도부문에서 벌어지는 강대국 간 주도권 경쟁은 향후 경제력과 군사력을 근간으로 하는 패권의 부침과 밀접히 관련되어 나타났다. 오늘날의 패권경쟁도 군사력이나 경제력과 같은 기성 무대뿐 아니라 새로운 기술의 발달로 점차 복잡해지는 기술, 정보, 지식 등의 새로운 무대에서 치열하게 펼쳐지고 있다(Modelski and Thompson 1996; 하영선 외 2018). 둘째, 제2차 세계대전 이후의 국제정치를 살펴보면, 일부 논자들이 주장하는 것처럼 강대국 간 경쟁이 '불가피하게' 대규모 패권 전쟁으로 귀결되기보다, 주로 경제적 갈등의 형태로 나타나고 있다는 점에 주목할 필요가 있다. 특히 국가들이 전략적 이익을 달성하기 위해 경제적 수단을 활용하는 현상이 지속적으로 나타나고 있다(Luttwak 1990; Blackwill and Harris 2016).

첨단기술 산업을 둘러싸고 1980년에서 1990년대 초중반에 걸쳐서 나타난 미국과 일본의 경쟁과 갈등은 이러한 패권경쟁의 다채로운 국면을 엿보게 해주는 사례이다. 1980년대 들어서 일본의 기술굴기가 두드러지자, 미국은 부분적으로 시장에 개입하면서 일본의 부상을 견제하고 자국의 지속적인 발전을 촉진하는 일종의 '사다리 걷어차기'의 모습을 보였다. 예컨대, 미국은 통상제재의 위협을 동원하여 일본 시장의 개방을 요구하는 공격적인 통상정책을 펼치기 시작하였고, 동시에 자국 첨단기술 산업을 육성하기 위한 정책들을 펼치게 되었다. 미국이 적어도 표면적으로 '자유 시장원리'에 입각하여 경제를 운영하고, 그 이전까지 동맹국들과 다자적인 방식으로 경제 협력을 모색했음을 고려할 때, 미국의 이러한 조치들은 상당히 이례적이었다.

여기서 특별히 주목해야 할 점은 미국 내에서 '일본 문제'가 정치적 문제로 창발(emergence)하는 과정의 복합적 국면이다. 일차적으로 미국의 대응은 산업 경쟁력의 하락, 무역수지 적자 등 경제적 조건이 악화되는 상황에서 주요 행위자들의 선호가 정책으로 반영된 경제적 차원의 문제였다. 그러나 경제적 갈등 이면에 '일본 위협'의 '안보화' 과정이 자리 잡고 있었음을 놓쳐서는 안 된다. 당시 미국의 전문가들은 일본의 미사일용 반도체나 잠수함용 무음기술 등과 같은 이른바 '민군겸용기술(dual-use technology)'의 우위는 미국의 국가안보를 위협할 것이라고 강조하고 있었다. 가장 포괄적으로는 미일 갈등의 기저에 당대의 선도부문을 중심으로 벌어지는 양국의 기술패권 경쟁이 있었음도 유의할 필요가 있다. 미국의 정책 대응 이면에는 일본의 기술굴기를 견제하는 한편 첨단기술 산업 기반을 유지하여 미국의 미래 기술혁신역량을 유지하고자 했던 대일 강경파들의 정책 동기가 강하게 작용하고 있었다. 이런 측면에서 미국에서 촉발된 안보 논란은 강경파들이 자신들의 목표를 정당화하기 위해 미래의 위협을 쟁점화하는 담론정치의 성격을 지니고 있었다.

본 연구는 이렇게 복잡하게 전개되었던 1980-1990년대의 미일 경쟁의 사례를 국제정치학 분야의 이론적 시각을 원용하여 체계적으로 분석하는 것을 목적으로 한다. 이 시기 첨단기술 산업에서의 미일 경쟁을 다룬 기존의 연구들은 대부분 경제적 이익 및 제도의 측면에 집중하여 분석함으로써 경제 문제 이면에 잠복하고 있었던 미국 내 안보 논쟁을 본격적으로 다루지 못하고 있다(Bhagwati et al. 1990; Krauss and Reich 1992; Kunkel 2003; Milner and Yoffie 1989; Tyson 1992; Zeng 2007). 안보의 시각에서 본 사례를 접근하는 연구들도 일본의 기술적 부상이 가져오는 군사 안보 위협을 실재하고 주어진 것으로 전제한다는 점에서 미국 내 촉발된 안보 논쟁이 담론정치의 성격이 있음을 놓치고 있다(Alic et al. 1992; Mastanduno 1991; Pages 1996; Sandholtz et al. 1989).

기존 연구의 한계를 보완하기 위하여 본 연구는 안보, 경제, 이념, 이익 및 제도적 요소들의 연계에 주목하는 '복합지정학'의 시각을 제시하였다(김상배 2018). 복합지정학의 시각에서 본 미일 경쟁은 선도부문의 기술패권 경쟁이라는 지정학적 요소를 배경으로 하여 비판지정학적 차원의 미국의 이념적 변화와 안보화, 그리고 비지정학적 차원에서 경제적 이익을 극대화하려는 민간 경제주체들의 정책 선호의 변화 및 미국의 정책적 대응이라는 요소들이 복합적으로 연계되는 과정이다. 선도부문에서 미국과 일본의 지정학적 경쟁은 미국 내부의 변화를 추동하는 구조적 조건으로서 작동하였다. 이러한 지정학적 양상은 영토적 경계를 넘어선 자원과 행위자들의 초국적 흐름을 탐구하는 비지정학적 차원의 변동과도 연계되는데, 구체적으로 세계시장에서 이익의 확보가 주된 관심인 미국의 이익집단들이 유리한 경쟁 환경을 창출하기 위해 국가의 행동을 요구하는 양상으로 표출되게 된다. 또한 미국의 정책 결정자들은 통상제재를 전략적으로 활용하고 자국의 기술혁신을 촉진하기 위한 경제정책들을 펼치게 되며 이는 국제적 통상마찰로 이어진다. 이렇게 복합적인 양상을 보이는 미국 내 변화는 기술 문제를 국가안보 차원으로 안보화하는 비판지정학적 담론정치에 의해 추동된다.

본 연구에서 시도하는 미일 경쟁에 대한 사례분석은 강대국 간 기술패권 경쟁이 수반하는 패권국의 변화 및 대응 전략에 대한 일반적인 함의를 모색한다는 점에서 이론적 의의가 있다. 또한 본 연구의 이러한 시도는 이른바 '화웨이 사태'에서도 드러나듯이 오늘날 국제정치학의 최대 화두라고 할 수 있는 미국과 중국의 기술패권 경쟁의 본질을 이해하는 하나의 실마리를 제공한다는 점에서 중요한 정책적·실천적 함의를 지닌다.

본 연구는 크게 네 부분으로 구성되었다. 제2절은 기존의 국제정치(경제)이론들을 소개하고, 이들의 논의를 엮어서 선도부문에서 벌어지는 강대국 간 기술패권 경쟁을 이론화하는 분석틀로서 복합지정학을 제시하였다. 제3절은 고전지정학적 관점에서 미국과 일본의 기술패권 경쟁과 그 과정에서 미국과 일본의 상대적 지위가 변해가는 과정을 다루었다. 제4절은 비판지정학적 관점에서 일본의 기술굴기가 만들어내는 안보 위협을 강조하는 미국의 안보 담론의 구체적인 내용을 살펴보았다. 제5절은 비지정학적 관점에서 일본 문제에 대응하는 미국 내 민간 행위자들의 이익집단 정치와 일본의 기술추격을 견제하는 미국의 정책이 결정되는 과정을 분석하였다. 결론에서는 이 글의 주장을 요약하고, 미일 경쟁이 강대국 패권경쟁 전반에 주는 의미를 살펴봄으로써 본 연구의 이론적·실천적 함의를 간략히 짚어 보았다.

II. 이론적 논의 및 분석틀: 기술패권 경쟁의 복합지정학

일본의 기술굴기에 대한 미국의 대응을 이해하기 위해서는 국제와 국내 정치의 연계, 국가 정책 결정자와 민간 행위자의 상호작용, 이념과 제도의 역할, 그리고 기술, 안보, 경제의 이슈가 복합적으로 연계되는 과정을 체계적으로 다룰 수 있는 분석틀이 필요하다. 이러한 시도는 이론적 정교함이나 설명의 경제성을 염두에 두기보다는 미국의 경제 정책이 수립되는 과정의 역동성을 입체적으로 포착하는 것에 중점을 둔 것이다. 이러한 목적에 비추어 볼 때, 최근 학계를 중심으로 전개되고 있는 '복합지정학(complex geopolitics)'의 논의는 기존 이론들을 엮는 일종의 메타 프레임으로서 유용한 출발점을 제공해준다.

복합지정학은 물리적·지리적 영토와 공간을 중심으로 정치를 이해하려는 지정학적 사고의 유용성을 인정하면서도, 그것만으로는 복잡한 세상의 한 단면만을 담을 수 있다고 주장한다. 즉 복합지정학은 영토국가들의 자원권력 경쟁에 주목하는 현실주의적 고전지정학의 시각, 영토를 초월하는 초국적 행위자들의 흐름의 상호작용과 지구화의 추세를 강조하는 자유주의적 비(非)지정학의 시각, 나아가 권력의 담론적 실천과 행위자들의 간주관적 상호작용을 강조하는 구성주의적 '비판지정학'의 시각을 모두 엮어서 볼 때, 세계정치의 종합적인 구도를 이해할 수 있다고 본다(김상배 2018, 68-82). 본 연구는 이러한 세 가지의 분석적 범주를 바탕으로 기존 국제정치학의 이론적 논의들을 엮어 강대국의 기술패권 경쟁을 분석틀의 초석을 놓고, 이를 미일 경쟁의 사례에도 적용하였다.

1. 고전지정학과 물적 조건의 변화: 선도부문의 경쟁

고전지정학은 권력의 원천을 물질적 자원의 분포와 이에 대한 접근성
이라는 측면에서 이해하며, 국가의 전략은 이러한 자원과 시장을 확
보하기 위한 경쟁으로 이해한다. 이런 점에서 고전지정학은 현실주의
국제정치이론과 통하는 점이 많다(김상배 2018, 70-75). 고전지정학의
시각에서 보면, 미일 경쟁의 구조적 차원에서 선도부문에서의 물질적
경쟁과 강대국 간의 상대적 지위의 변화를 포착할 수 있다.

강대국 간 기술패권 경쟁에 대한 국제정치이론의 논의는 선도부
문과 세계정치 리더십의 장주기를 탐구하였던 모델스키(George Mod-
elski)와 톰슨(William Thompson) 등의 연구에서 찾아볼 수 있다. 장
주기 이론에 의하면 선도부문의 기술혁신은 특정 지역 및 국가에서 집
중적으로 발생하며, 선도부문을 이끄는 국가는 세계정치경제 질서와
규범 체계 재편을 주도하면서 궁극적으로 패권국으로 부상한다. 따라
서 기술패권의 주도권을 둘러싸고 기존 패권국과 부상하는 도전국 간
의 경쟁이 치열하게 전개된다. 이는 역사적으로도 반복적으로 나타나
는 현상인데, 예컨대 20세기 초반 영국과 미국의 패권 교체의 과정에
서 나타난 기술경쟁이 대표적인 사례이다(Modelski and Thompson
1996, 51-62). 이 연구에서 다루고 있는 20세기 후반의 미일 경쟁도 예
외가 아닌데, 반도체 산업, 컴퓨터 산업, 인공위성 산업 등 당대의 최
첨단 기술 산업을 둘러싸고 선발국 미국과 후발국 일본 사이에서 치열
한 기술패권 경쟁이 나타났다. 요컨대, 선도부문에서의 '물질적 능력'
의 확보 경쟁은 강대국 간의 '상대적 지위 변화'를 유발함으로써 글로

벌 패권의 향배에 지대한 영향을 미치게 된다는 것이다.

이처럼 기술패권 경쟁과 상대적 지위의 변화는 경쟁에 임하는 패권국을 변화시키는 구조적 유인으로서 작용하게 된다. 여기서 두 가지 사실에 주목할 필요가 있다. 첫 번째는 구조적 차원의 물질적 변화는 미래에 대한 불확실성을 유발한다는 점이다. 두 번째는 선도부문을 이루는 첨단기술들이 민간부문에서 상업적으로 활용될 뿐 아니라 동시에 군사적 용도로도 활용될 수 있는 '민군겸용기술(dual-use technology)'의 속성을 지닌 경우가 많다는 점이다. 따라서 부상국의 민군겸용기술의 성장이라는 구조적 요소가 부과하는 경제와 안보에 대한 이중적인 압력은 패권국이 직면하는 미래에 대한 불확실성을 증폭시키게 되며, 이에 따라 패권국의 미래 경제 이익에 대한 기대뿐 아니라 국가안보에 대한 전망도 변화할 수 있다.

2. 비판지정학과 이념적 변화: 안보화

비판지정학의 시각에서 지정학적 현실은 주어진 그대로 실재하는 것이 아니라 재현되고 해석되는 대상이다. 즉 지정학적 현상은 담론적 실천을 통해서 현실을 재편하려는 권력 투사의 과정이다(김상배 2018, 75-88). 이러한 비판지정학의 관점에서 보면, 전술한 구조적 차원의 변화가 유발하는 패권국 내부의 이념적 변화를 포착할 수 있다. 다시 말해, 세계질서의 구조적 차원의 변화는 사회질서를 이루는 행위자들의 간주관적 의미의 변화를 수반하게 된다.

그렇다면 국제적 차원의 물질적 변화는 어떻게 이념적 변화를 유발하는가? 첫째, 이념은 이해관계를 정의하고 세상의 문제를 규정하는 '청사진'의 역할을 한다. 국제적인 차원의 물질적 변화는 행위자들이 이전과는 다른 환경에 놓이게 만듦으로써 불확실성을 초래한다. 불확실성이 강한 상황에서는 문제의 상황을 규정하고, 문제의 원인과 영향을 규명하고 이해할 수 있도록 '청사진'을 제공하는 이념의 역할이 중요해진다. 둘째, 이념은 행위자의 목적과 이익을 충족시키는 방향으로 문제에 대한 해결책을 제시한다. 특히 기존의 지배적 담론 내지는 공유된 이념이 새롭게 부과되는 불확실한 상황을 제대로 규명하지 못할 경우, 새로운 이념은 대안 담론으로서 기존의 이념에 대항하는 '무기'로서 기능하게 된다(Blyth 2001, 3-4).

　이런 맥락에서 부상국의 도전에 대해 패권국의 주요 행위자들이 문제의 성격을 안보의 문제로 인식하고 이를 쟁점화하는 과정에 주목할 필요가 있다. 안보화(securitization) 이론에 따르면 안보 위협은 객관적으로 실재할 수도 있지만 동시에 주관적으로 구성되는 위협일 수 있다. 이 과정에서 특정 현상이 전통적인 군사 안보 이슈 영역의 문제가 아니더라도 행위자들이 이를 중대한 위협으로 인식하고 비상적 조치가 필요하다는 담론을 형성함으로써 안보 문제로 부상할 수 있다. 따라서 안보란 현존하는 위협이 무엇인가에 대한 사회적 합의를 간주관적으로 구성하는 정치적 담론이다(Buzan 1998, 21-47). 또한 안보 담론은 '현재' 실재하는 물질적인 요소와 이익을 기반으로 출현할 수도 있지만, 역으로 '미래'의 현실적 조건들을 새로이 규정하고 재구성하는 방향으로 작동하기도 하며, 이러한 목적에 따라 '현재'의 위협이 과장될 수도 있다. 다시 말해, 담론은 물질적 요소에 대한 행위자의 비물질적 · 이념적 반영임과 동시에 이렇게 구성된 행위자들의 이념은 기존과는 다른 방향으로 실재적 현실의 변화를 이끄는 원동력이 되기도 한다(김상배 2015, 74-75).

　요컨대, 선도부문의 경쟁의 결과로 나타나는 패권국의 상대적 지위의 하락과 이것이 수반하는 미래에 대한 불확실성은 패권국 내부에 안보화 담론정치를 유발할 수 있다. 패권국의 주요 행위자들은 자신들이 직면한 문제를 안보 위협으로 규정하고, 이를 사회적 쟁점으로 부각할 수 있다. 이때 이러한 안보 담론이 반드시 군사적 차원의 실재적 위협을 반영하는 것은 아닐 수 있다. 오히려 패권국이 직면하는 안보 위협은 도전국과의 상대적 격차가 줄어들어 '현재' 누리고 있는 우위가 '미래'에는 어떻게 될지 모른다는 불확실한 상황이 만들어내는 구성적 위협일 수 있다. 이렇게 등장하는 새로운 담론은 위협을 쟁점화함으로써 기존의 지배적 담론을 공격하고, 새로운 해법을 제시하게 된다.

3. 비지정학과 정책·제도적 변화: 이익집단 정치와 전략적 경제정책

지리적 공간을 기반으로 분포된 물질적 자원을 둘러싼 영토 국가 간의 경쟁의 차원에서 국제정치를 이해하는 고전지정학과는 달리, 비(非)지정학적 관점은 지구화 추세 속에서 지리적 공간을 넘어서 구축되는 물질적 자원 및 상호 교류의 흐름의 증대와 이것이 만들어내는 상호의존적 질서에 주목한다. 행위자 차원에서 비지정학은 초국적 기업과 같은 민간 행위자들 간의 경쟁과 협력에 주목하는 동시에 이들이 국가와 상호작용하여 만들어내는 역동성에 주목한다. 권력의 작동 방식의 차원에서 비지정학은 자본의 증식과 생산 활동을 통해 부의 극대화를 추구하는 경제주체들의 이익 추구 전략에 초점을 맞춘다(김상배 2018, 78-80). 이런 관점에서 보면, 국제적 물적 조건의 변화가 추동하는 민간 행위자들의 정책 선호의 변화 및 패권국 경제정책 기조의 변화를 포착할 수 있다.

먼저 경제적 이익을 둘러싸고 첨단기술 산업 시장에서 비국가 행위자들이 벌이는 경쟁에 주목할 필요가 있다. 다원주의 전통을 계승하는 '개방경제정치(open economy politics)' 관점에 따르면, 경제적 이익의 극대화를 추구하는 민간 행위자들은 세계경제에서 차지하고 있는 물질적 지위에 따라 국가의 경제정책에 대한 정책 선호를 형성한다. 사회 수준에서 형성된 정책 선호는 각종 이익집단들의 정치적 활동을 통해 표출된다. 이렇게 표출된 다양한 정책 선호들은 제도적 결집 과정을 거쳐 정책결정에 이르게 되며, 이러한 정책은 정치적 절충 과정을 통하여 나타난 승자의 이익을 반영한다(Lake 2009). 이런 시각으로 보면, 선도부문에서 도전국의 기업들이 추격할 경우, 이윤의 확보가 주된 관심인 패권국의 초국적 기업들은 세계시장에서의 경쟁력 하락을 만회하기 위해 기존의 자유무역과는 다른 형태의 전략적 통상정책을 국가에 요구하게 된다(Milner and Yoffie 1989).

한편 선도부문 경쟁의 결과로 나타나는 구조적 변화는 패권국의 경제정책 기조를 전략적으로 활용케 하는 변화를 야기하기도 한다. 이러한 논의는 '전략무역정책(strategic trade policy)' 이론에서 발견할 수 있다. 전략무역정책론에 따르면 과점 구조, 규모의 경제 존재, 연구개발의 외부효과가 존재하는 등의 특징을 갖는 첨단기술 산업에서는 시장을 통한 완전경쟁이 나타나지 않으며, 초과이윤을 둘러싼 제로섬적 국제경쟁이 발생하게 된다. 따라서 초과이윤을 국내로 이전시키기 위해서는 정부가 기술혁신을 촉진하고 산업을 보호하는 등 부분적으로 시장에 개입하여 자국 산업의 비교우위를 창출하는 것이 중요하게 된다(Krugman 1986; Tyson 1992). 결과적으로 부상국의 도전을 받는 패권국은 주요 첨단기술 산업에 개입하여 비교우위를 전략적으로 창출하는 기술·산업·통상정책들을 펼치게 된다.

이상의 이론적 논의들을 종합하여 미일 기술패권 경쟁의 사례에 적용하면 다음과 같은 주장들을 펼칠 수 있다. 선도부문에서의 기술패권 경쟁이 유발하는 미국과 일본의 상대적 격차의 감소는 미래에 대한 불확실성을 야기하여 미국의 국내적 변화를 추동하는 구조적 유인으로서 작동하였다. 이러한 물적 조건의 변화는 미국 내부에 두 가지 차원의 변화를 유발하였다. 첫째, 미국 내부에는 일본의 기술굴기를 경제적·군사적 안보의 문제로 쟁점화하는 담론들이 등장하게 되었다. 이러한 담론들은 실재적·물질적 조건에 대한 이념적·비물질적 반영임과 동시에 기존과는 다른 방향으로 현실의 변화를 추동하는 원동력으로 작용하였다. 둘째, 세계시장에서 불리한 위치에 놓이게 된 미국의 이익집단들이 국가에 강경한 조치를 요구하는 이익 표출의 정치과정이 나타나게 되었다. 궁극적으로 미국의 정책 결정자들은 이전과 달리 경제정책을 전략적으로 활용하게 되었으며, 그 결과 미국과 일본 사이에서는 통상부문에서 갈등을 겪게 되었다.

III. 미일 기술패권 경쟁과 상대적 지위의 변화

1. 미국의 기술패권과 일본의 추격

2차 세계대전 종전 이후 미국은 군사와 경제 모든 면에서 명실상부한 패권국으로 등장하였다. 특히 미국 패권의 근간이라고 할 수 있는 첨단기술 산업의 경우 미국이 다른 국가들을 월등히 압도하고 있었다. 1950년–1960년대에 이르는 기간 동안 미국은 당대의 선도부문이라고 할 수 있는 항공우주 산업, 컴퓨터 산업, 반도체 및 전자 산업을 지배하고 있었다. 당시 미국은 전문 교육을 받은 과학자들과 공학자 등 풍부한 인적 자원, 대학을 중심으로 하는 연구 기반, 민간기업들의 우수한 혁신역량, 그리고 국방부 등 군 관련 정부기관들의 R&D 지원과 수요 창출 등을 바탕으로 세계 첨단기술 산업을 이끌고 있었다(Nelson 1990, 123). 예를 들어, 미 상무부의 자료에 따르면, 1955년 기준 세계 첨단기술 산업 수출에서 미국이 차지하는 비중은 약 36%에 달하였는데, 이는 일본의 약 2%, 서독의 약 18% 그리고 프랑스의 약 6%에 비해 월등히 높은 수치였다(U.S. Department of Commerce 1983, 46).

전후 미국이 추진한 안보·경제 정책들은 이러한 미국의 우월한 구조적 위치를 바탕으로 이뤄질 수 있었다. 그리고 미국 패권이 수립한 우호적인 정치경제 질서 안에서 일본 및 서유럽 국가들이 성장할 수 있었다. 즉 소련과의 냉전이 본격화되면서 미국은 공산권과의 체제 경쟁에서 우위를 점하기 위해서는 서유럽 국가들 및 일본과 같은 동맹국들과 군사적·경제적 협력이 필요하게 되었고, 이러한 필요에 따라 자유주의 진영 내에서 자유무역을 촉진하는 한편 이들의 산업화 발전을 지원하였다. 또한 미국은 소련의 위협에 효과적으로 대응하기 위해 동맹국들과의 기술 공유도 적극적으로 추진하였다. 이처럼, 미국의 패권과 냉전의 요소가 만드는 우호적인 경제 환경 안에서 일본은 경제성장에 매진할 수 있었다(Pages 1996, 52).

이러한 구조적 환경에서 후발주자였던 일본은 첨단기술 산업에서 선발국인 미국을 따라잡기 위해 적극적인 추격전략을 펼쳤다. 특히 이 과정에서 일본 통산성(Ministry of International Trade and Industry, MITI)으로 대변되는 국가기관이 컴퓨터, 반도체, 통신, 전자 산업 등의 첨단기술 산업 발전에 주도적인 역할을 했다. 예를 들어,

1962년에는 컴퓨터 산업의 기술개발을 위해 MITI는 200만 달러 규모의 FONTAC 프로젝트를 개시하였다. 1966년에는 그 규모가 확장되어 6,450만 달러 규모의 '고속 컴퓨터 프로젝트(High-Speed Computer Project)'가 실시되었다. 한편 1976년에는 MITI 주도로 3억 6,000만 달러 규모의 '초고밀도집적회로 프로그램(Very Large Scale Integrated Circuits Program)'이 개시되었다. 이러한 추격전략을 바탕으로 일본의 첨단기술 산업은 성장하여 서서히 미국의 우위에 도전하게 되었다(Fong 1988).

2. 상대적 지위의 변화와 불확실성

근 20년간 일본의 경제가 성장하면서, 미국이 누리고 있던 압도적인 지위는 점차 상실되고 있었다. 특히 일본의 첨단기술 산업이 성장하면서, 미국과 일본 사이의 상대적 격차가 시간이 지남에 따라 점점 줄어들게 되었다. 예를 들어, 상무부의 자료에 따르면, 첨단기술 산업에서 미국의 수출 대비 수입의 비중은 1962년 약 22.2% 수준에서 1980년 약 51.8% 수준으로 증가한 반면, 일본의 수치는 1962년에 88.7% 수준을 기록한 것에 비해 1980년에는 34.5% 수준으로 하락하였다. 또한 첨단기술 산업에서 종사하는 미국 기업들의 경쟁력도 하락하고 있었는데, 미국 기업들의 매출은 1959년 약 79%에서 1978년에 이르면 약 47%로 줄어들었다(U.S. Department of Commerce 1983, Appendix B 52-53).

다른 자료들도 첨단기술 산업에서 미국의 상대적 경쟁력이 약화라는 추세를 보여주고 있다. 세계 첨단기술 산업의 수출에서 미국과 일본이 각각 차지하는 비중을 보여주는 〈표 1〉에 의하면, 미국의 비중은 1970년대부터 1989년까지 지속적으로 하락한 반면, 일본의 비중은 꾸준히 증가하고 있다. 즉 세계 첨단기술 산업의 수출에서 일본이 차지하는 비중은 1970-1973년 기간 약 7% 수준에서 1988-1989년 기간에는 16%를 기록하면서 약 2배 이상을 뛰었다. 반면 미국의 비중은 같은 기간 약 30% 수준에서 약 21% 수준으로 감소하고 있다. 한편 첨단기술 산업에서 미국과 일본의 비교우위 수준을 산출한 〈표 2〉를 보면 미국 첨단기술 산업의 비교우위 지표는 1970년에서 1989년 기간

표 1 세계 첨단기술 산업의 수출에서 주요 국가들이 차지하는 평균 비중(단위: %)

연도	미국	일본
1970-1973	29.54	7.07
1973-1976	27.36	7.54
1976-1979	24.37	9.21
1979-1982	25.07	10.06
1982-1985	25.24	12.93
1985-1987	22.29	15.03
1988-1989	20.64	16.01
변화율 (1970-1989)	-8.91	+8.94

출처: Tyson(1992, 23)을 참조하여 필자가 작성.

표 2 주요 국가들의 첨단기술 산업의 비교우위 수준[a] (단위: %)

제품군	미국		일본	
	1970-1973	1986-1989	1970-1973	1986-1989
전체 첨단기술 제품	219	192	80	113
화학 및 의약품	111	124	86	47
기계장비	156	146	93	144
전자제품	212	168	110	200
항공기 및 부품	440	416	6	7
과학장비	217	208	86	100

출처: Tyson(1992, 24)를 참조하여 필자가 작성.
a. 이 지표는 특정 국가의 세계시장에서 전체 제조업 상품의 수출 비중 대비 첨단기술 산업 상품의 수출이 차지하는 비중으로 측정되었다.

동안 감소한 반면, 일본 첨단기술 산업의 지표는 동 기간 지속적으로 증가하고 있다. 특히 미국의 비교우위는 기계장비, 전자산업, 과학장비, 항공기 및 부품 등의 주요 첨단기술 산업에서 감소하고 있고, 오직 화학 및 의약품 분야에서만 증가하고 있다. 반면 일본의 비교우위는 자료에 포함된 모든 첨단기술 산업에서 증가하고 있다.

이처럼 많은 지표들이 미국이 더 이상 이전과 같은 기술적 우위를 누리지 못한다는 것을 보여주고 있었다. 그러나 여기서 유념해야 할 것은 첨단기술 산업에서 미국과 일본의 상대적 격차가 줄어들고 있었다고 해서, 일본이 미국을 절대적으로 추월한 것은 아니었다는 점이다. 즉 미국은 많은 첨단기술 산업에서 여전히 우위를 유지하고 있었다. 예컨대, 〈표 1〉을 다시 보면, 미국의 첨단기술 산업 수출이 세계시장에서 차지하는 비중이 1970년대에 비해 1980년대 후반에 하락하고, 동 기간에 일본의 비중이 상승한 것은 맞지만, 절대적 수치를 보면 미국이 여전히 일본을 앞서고 있었다. 비교우위 수준을 측정한 〈표 2〉를 다시 봐도, 첨단기술 산업에서 일본이 미국을 상당히 따라잡은 1986-1989년에도 미국의 비교우위 수준은 192%로 일본의 113% 수준보다 절대적인 수치상에서는 앞서고 있다는 것을 알 수 있다. 이 자료에 따르면 미국은 전자부문을 일본에게 내주고 있었지만, 다른 부문에서는 여전히 일본을 앞서고 있었다. 특히 항공부문이나 과학장비 부문에서는 일본을 압도하고 있었다.

이런 측면에서 일본의 부상이라는 물적 조건의 절대적 변화 자체가 자동적으로 미국에게 객관적 위협으로 작용하는 것은 아니었다. 오히려 중요하게 작용했던 것은 상대적 격차의 감소를 보여주는 지표들이 미국에 함의하는 것이 무엇인지에 해석하는 문제였다. 다시 말해, 당장 미국 첨단기술 산업이 일본에 완전히 자리를 내주었다기보다 이러한 추세가 계속될 경우 이것이 미국의 '미래'에 어떤 영향을 미칠 것인지 불확실했다는 것이 중요하게 작용하였다. 이처럼 상대적 지위의 변화가 유발하는 미래에 대한 불확실성이 미국의 국내적 변화를 추동하는 구조적 조건으로 작용하였다.

IV. 민군겸용기술을 둘러싼 미국 내 '일본 위협론'과 안보화 정치

선도부문의 경쟁의 결과로 나타나는 미국의 상대적 지위의 하락과 이것이 수반하는 미래에 대한 불확실성은 미국 내에 안보화 담론정치를 유발하였다. 미국의 주요 행위자들은 민군겸용기술의 속성을 지닌 주요 첨단기술 산업에서 일본이 우위를 점하게 되면 미국의 국가안보가 중대하게 위협받을 것이라고 주장하였다. 이러한 안보화 담론은 두 가지 형태로 나타났다. 첫째, 일부 전문가들은 일본의 부상이 가져오는 '경제적 위협'을 강조하면서, 일본식 발전모델 자체의 불공정성을 문제 삼기 시작하였다. 둘째, 일본의 기술굴기는 미국이 일본에 기술적으로 의존하게 만들기 때문에 군사적으로도 중대한 안보 위협이 된다는 주장이 미국의 군사 전문가 및 군 기관을 중심으로 부상하게 되었다.

1. 경제적 위협의 안보화

일본의 부상을 경제적 위협으로 인식했던 미국 내 안보 담론은 '수정주의자(revisionist)'라고 불리는 일군의 전문가, 관료, 그리고 정치가 집단의 논의에서 찾아볼 수 있다. 수정주의적 담론은 미국에서 일본과의 통상문제가 격화되기 시작한 1980년대 초반에 본격적으로 논의되기 시작하였고, 1980년대 중반에 들어서는 미국 사회 내에 상당한 지지를 얻게 되었다. 1980년대 후반 및 1990년대 초반에 들어서는 수정주의적 담론이 미국의 경제정책에 상당 부분 반영되게 된다. 이들은 당시 미국 사회 내에 통용되던 지배적 자유주의 담론을 비판하면서 미국의 경제정책들이 전략적 산업정책 및 관리무역의 형태로 수정되어야 함을 역설하고 있었다(Morris 2011, 35-63).

첫째, 수정주의자들은 포괄적인 의미에서 일본의 정치경제모델이 갖는 근본적인 불공정성을 지적하고 있다. 다시 말해, 수정주의자들은 미국을 포함한 서구 자본주의 국가들이 일본을 오해하고 있으며, 일본의 정치경제모델이 자본주의 모델이기는 하지만, 시장에서의 자유경쟁에 바탕을 두는 영미식 자유주의적 시장경제체제와는 근본적으로 다른 모델이라고 주장하였다. 예를 들어, 대표적 수정주의자로 평가받는 찰머스 존슨(Johnson 1995)은 일본의 정치경제 모델을 '자본주의 발전국가 모델(capitalist developmental state)'이라는 개념으로 이론화하면서, 일본의 모델은 시장에서의 자유경쟁이 아니라 국가가 여러 형태로 시장에 개입하여 발전을 추구하는 모델이라고 주장하였다. 이와 유사하게 통상 전문가이자 수정주의자인 프레스토비츠(Prestowitz 1988)도 미국의 관료들이 일본의 본질을 잘 알지 못한 상태에서 경제정책을 펼치는 실수를 저지르고 있다고 신랄하게 비판하고 있다.

수정주의자들이 보기에 이러한 일본의 정치경제모델은 공정하지 못한 모델이었다. 예를 들어, 존슨은 일본 모델의 불공정성을 다음과 같이 지적하고 있다. 우선 가격 결정 메커니즘 차원에서 일본은 인위적으로 상품가격을 설정하고 있다고 주장한다. 즉 일본 상품의 가격이 시장원리에 따라 결정되기보다 국제 경쟁에 유리한 방식으로 인위적으로 설정되고 있다는 것이다. 존슨은 이러한 일본 기업들의 가격책정 행태가 실질적으로는 보조금을 받는 것과 유사한 것이라고 본다. 둘째, 특허 정책의 차원에서 일본은 미국의 지적재산권을 빈번히 침해하여 이익을 취하는 반면, 일본에서 활동하는 미국 기업들에게는 부당하게 엄격한 지적재산권이 설정된다고 주장한다. 셋째, 규제정책의 측면에서 일본은 민주주의 국가 중에서도 행정 절차가 매우 불투명한 축에 속한다고 주장한다. 넷째, 정부조달의 측면에서도 자국 기업에게 유리한 낙찰가격을 설정하는 등 불공정 행위가 만연하며, 일본의 공정거래위원회는 이런 관행에 대하여 적극적인 제재를 가하지 않고 있다고 비판한다. 이 외에도 일본 기업문화와 계열기업의 문제, 유통구조의 비합리성 등을 지적하면서 미국 기업들이 일본 내에서 공정하게 경쟁하지 못하고 있다고 비판한다(Johnson 1990, 105-123).

둘째, 수정주의자들은 일본의 불공정한 모델에 의해 미국 산업이 위기에 처하고 있으며, 이는 미국 사회를 약탈하는 '경제적 위협'이라고 주장하였다. 즉 일본이 세계경제를 석권하여 미국 기업들이 부당하게 시장에서 퇴출당하게 되면 산업공동화를 초래하게 되고, 이는 궁극적으로 대규모 실업사태로 번지는 등 미국 사회에 위협이 된다는 것이다(Drucker 1986). 여기서 더 나아가 수정주의자들은 일본의 경제모델을 이대로 좌시할 경우 미국이 힘들게 구축한 국제적 자유무역 질서도 크게 위협받을 수 있다고 주장하였다. 이들이 보기에 한국 등 다른 동아시아 국가들은 이미 일본의 모델을 모방하여 자유무역 질서를 위협하고 있었다(Fallows 1989).

특히, 흔들리지 않을 것만 같았던 미국의 첨단기술 산업도 거센 경쟁에 직면하게 되면서, 수정주의자들은 미국의 미래가 위기에 처했다고 부르짖기 시작하였다. 이들은 경제적 파급효과가 큰 첨단기술 산업에서의 패배는 미국 미래 성장의 원동력이 붕괴되는 것을 의미한다고 강조하였다. 예를 들어, 일본에 반도체 시장을 내주는 상황, 즉 '전자 칩에 대해서 지는(losing the chips)' 상황은 텔레비전과 자동차 산업 등 제조업 부문에서의 미국의 패배와 같이 미래 미국의 경제에 치명적 위협으로 작용할 수 있었다. 이들이 보기에 전자 산업과 같은 첨단기술 산업에서의 미국이 고전하는 것은 시장에서 민간 행위자들의 경쟁의 결과가 아니었기 때문에 더욱 문제가 되었다. 즉 일본의 주요 정부 기관들이 선도부문의 육성을 위해 조직적으로 개입하고 있었기 때문에, 이대로 놓아두었다가는 미국의 기업들이 공정하지 못한 경쟁에 의해 일본 기업들에게 패배할 수 있다는 것이 수정주의자들의 핵심 주장이었다(Fallows 1994, 21-71; Prestowitz 1988, 26-70).

　여기서 주목할 부분은 이들이 일본 문제를 무역적자 등 지표로 나타나는 현상적이고 일시적인 문제가 아닌, 일국의 경제 모델에서 파생되는 불공정성이라는 보다 근본적인 문제로 인식하였다는 점이다. 따라서 일본 문제는 단순히 시장의 자동적인 조절 메커니즘에 의해서 해결될 수 없고, 시장에 맡기면 일본의 모델이 영미의 모델로 수렴할 것이라는 전통주의자들의 주장은 잘못된 것이었다. 수정주의자들이 보기에 이러한 문제를 해결하기 위해서는 일본이 영미식 모델을 따를 것을 기대할 것이 아니라, 일본의 불공정한 관행의 시정 및 미국의 이익에 부합하는 구체적인 협상 결과를 강력하게 요구하는 것이 필요하였다(Prestowitz 1988, 322). 또한 일본과의 경쟁에서 승리하기 위해서는 미국 또한 미래를 짊어질 수 있는 산업을 지원하는 등 발전지향적 관리무역 및 산업정책이 필요하였다(Johnson 1989, 26-27).

2. 군사적 위협의 안보화

미국 내 '일본 위협론'은 단순히 일본의 부상이 가져오는 경제적 위협만을 강조한 것은 아니었다. 1980년 "필수적인 부품들에 대한 해외 의존성의 급격한 증가는 미국의 안보를 근본적으로 훼손하고 있다"라고 발표한 미 하원 군사위원회의 보고서(U.S. Congress 1980, III)를 필두로 미국 내에서는 군 기관, 전문가 및 의회를 중심으로 민군겸용기술의 일본에 대한 의존이 가져올 군사적 안보 위협에 대한 다양한 논의가 치열하게 전개되었다. 미국 정부는 1980년대 중·후반 및 1990년대 초까지 기술 문제가 가져오는 안보적 함의를 연구하는 다양한 프로그램들을 지원하였고, 이러한 연구들은 미국 내 기술 안보 담론을 형성하는 데 기여하였다.[1]

　미국의 주요 전문가들은 크게 3가지 차원에서 기술 문제를 군사적 안보 위협으로 인식하였다. 첫째, 일군의 전문가들은 군사적 차원의 부품 조달에 대한 안보 위협을 강조했다. 이들은 미국의 주요 무기체계가 외국의 기술과 공급원에 의존할 경우, 위기가 발생했을 때 과연 미국이 필수적인 부품들과 장비들을 필요한 만큼 알맞은 시기에 조달할 수 있는가에 대한 의문을 제기했다. 예를 들어, 군 기관에서 발행한 한 보고서는 "외국칩이 아니면 선택권이 없다(no choice but foreign chips)"라고 표현하며 일본 기업에 의존하는 주요 무기체계를 열거하면서, 외국의 공급원과의 관계가 단절되어 이러한 필수 부품을 국내 생산에 의존하게 된다면 심각한 지연이 발생하고, 이는 미국에게 중대한 안보 위협으로 작용할 수 있다고 지적하였다(Air Force

---

1　주요 연구 목록은 다음을 참조(Friedberg 1989, 414).

Association and the U.S. Naval Institute Database 1988, 16-17). 군 작전을 지휘했던 고위 장교들은 이러한 안보 위협을 광범위하게 공유하였는데, 예를 들어, 당시 합동참모본부장이었던 크로우 제독은 미국의 전략적 무기들이 외국에 지나치게 의존하고 있으며, 이것이 재고 소진으로 이어질 경우 군사 작전에 중대한 차질이 발생할 수도 있음을 지적하고 있다(Crowe 1991).

이러한 위협 인식은 반도체 산업을 다룬 국방과학위원회(Defense Science Board, DSB)의 기술보고서에서도 발견할 수 있다. DSB는 미국의 최신 무기체계에 사용되고 있는 집적회로들의 상당 부분이 외국에서 생산되고 있다고 지적하면서 국내의 공급원을 확보하거나 재고를 충분히 확충하지 못한다면 미국은 유사시 군사적으로 필수적인 장비들을 활용하지 못할 것이라고 경고하고 있다. 이 보고서의 요지는 다음과 같이 요약된다. 첫째, 미국의 군사력은 상대방보다 우월한 기술력에 바탕을 두고 있다. 둘째, 군사 기술에 필수적인 것이 전자산업이며 이것의 근간을 이루고 있는 것이 반도체이다. 셋째, 따라서 미국의 군사력이 유지되기 위해서는 경쟁력 있고 우수한 반도체 제품을 대량으로 확보하는 능력이 확보되어야 한다. 넷째, 반도체를 대량으로 확보하기 위해서는 민간부문의 반도체 산업이 활성화되어야 한다. 다섯째, 그러나 현재 미국의 민간 반도체 산업은 심각한 위기에 직면해 있다. DSB는 이처럼 미국의 안보가 외국의 첨단기술에 의존하는 상황을 "받아들일 수 없는(unacceptable)" 상황이라고 표현하고 있다(U.S. Defense Science Board 1987, 1-2, 87).

미국의 전문가들은 과거의 전례에 비추어 볼 때, 이러한 상황이 실현 불가능한 시나리오가 아닐 수 있다고 주장하였다. 예를 들어, 베트남 전쟁 당시 일본의 전자 기업이었던 소니(Sony)는 미국의 지속적인 요청에도 불구하고 텔레비전 카메라를 공급하는 것을 거절하였는데, 당시 이 부품들은 미국의 미사일 체계가 작동하기 위해 필수적인 장비들이었다. 이처럼 일본 기업들이 부품을 제공하지 않는 상황에서 국내 첨단기술 산업 기반이 붕괴한다면, 미국의 군사 작전에 큰 차질이 발생할 수 있었다(Libicki et al. 1987, 94).

둘째, 일부 전문가들은 미국이 일본과의 기술경쟁에서 밀리게 되면 첨단기술에 대한 통제권이 외국 정부와 기업에 넘어갈 것이라고 경고하였다. 이들은 외국 정부 및 기업들의 이익과 미국의 국가안보 이익이 일치하지 않을 수도 있음을 지적하였다. 이런 상황이 발생하면 외국 정부 및 기업들은 미국 표준에 부합하는 기술적 장비들과 물품들을 공급하지 않을 수 있었다(U.S. Congress 1988, 14). 예를 들어, 미국 국방부는 1980년대 중반 버블기억장치를 필요로 하고 있었는데, 일본의 기업들이 이러한 기술의 개발을 꺼리면서 부품 조달에 상당히 애를 먹은 적이 있었다(Libicki et al. 1987, 92). 또한 일본 기업들이 기술적 우위를 유지하기 위해 기술을 공유하지 않거나, 미국에 우수한 장비들을 납품하지 않을 수 있었다. 예를 들어, 일본 기업인 니콘(Nikon)은 최첨단 기술이라고 할 수 있는 노광장치를 자국 정부에 우선 납품하였는데, 미국이 이러한 기술에 접근하기까지는 무려 24개월이 걸렸다(U.S. Defense Science Board 1990, 20).

셋째, 외부 기술을 통제하지 못한다는 우려는 일본처럼 우수한 기술을 보유한 국가들이 자국의 이익에 따라 자신들의 첨단기술과 장비를 제3국에 넘길 가능성에 의해 증폭되었다. 만약 제3국이 소련과 같은 미국의 적국이고, 이들이 첨단장비를 군사적 목적에 사용하게 된다면 미국의 미래 국가안보는 상당히 위협받을 수 있었다. 예를 들어 일본의 화학기업이 소련에 제공한 할론가스는 소련이 탄도미사일유

도체제를 강화하는 데 이용될 수 있었다(Sanger 1988). 또 다른 예로
일본의 잠수함 무음기술이 소련에게 이전된 사례를 들 수 있다. 1987
년 5월 일본 기업인 토시바(Toshiba)는 정교한 밀링머신(milling ma-
chine)을 소련에 제공한 것으로 알려졌는데, 이 장비로 인해 소련은
자신들이 보유한 핵 잠수함의 소음을 획기적으로 줄일 수 있었다. 미
의회는 상징적으로 '토시바에 대한 전쟁'을 선포하였고, 세계 각국이
지켜보는 가운데 일본산 라디오들을 때려 부수는 퍼포먼스를 보이기
도 하였다(Vogel 1992, 55).

　　마지막으로 단기적 문제를 넘어 장기적인 차원에서 미국의 국내
첨단기술 산업 기반과 제조업이 완전히 붕괴될 가능성이 제기되었다.
즉 미국 국방부가 외국의 기업들에게 의존하는 상황은 미국 국내 기업
들에 대한 수요 감소로 이어지고, 궁극적으로 미국 기업들이 시장에
서 퇴출되는 상황이 벌어질 수도 있다는 우려이다. 이렇게 되면 미래
에 미국의 군사 기술이 외국에 완전히 종속되고, 회복 불능상태에 도
달할 수도 있었다. 이는 선도부문에서의 경제적 경쟁력의 상실뿐 아니
라 장기적인 미국의 국가안보에도 심각한 위협이 되는 것이었다(U.S.
Defense Science Board 1987, 26-68).

　　이상에서 살펴보았듯이, 선도부문에서 미국의 상대적 지위가 하
락함에 따라 미국 내에는 일본의 기술굴기를 경제·군사 차원의 안보
위협으로 쟁점화시키는 담론들이 등장하게 되었다. 이러한 주장들의
논리적 귀결은 경제성장과 군사안보에 필수적인 첨단기술 산업에 대
해서는 이전과는 달리 국가가 시장에 개입하여 문제를 해결해야 한다
는 것이었다. 즉 양자적 방식으로 일본과의 통상을 관리하여 공평한
게임의 장을 만들고, 전략산업에 대해서는 국가가 기술혁신을 지원하
는 등 육성책을 펼쳐야 한다는 것이었다.

민군겸용기술을 둘러싸고 미국에서 촉발된 안보 논쟁은 현재의 불확실한 상황에 대한 행위자들의 주관적 해석에 기초하여 미래의 현실적 조건들을 자신들에게 유리한 방향으로 재구성하고, 이러한 목적에 따라 현재의 위협을 쟁점화시키는 안보화 담론정치의 전형을 보여준다. 물론 미국의 안보 담론은 부분적으로 미국의 상대적 하락이라는 물적 변화에 기초하고 있었다. 그러나 3절에서도 강조하였듯이 절대적인 측면에서 미국은 여전히 선도부문에서 일본을 능가하고 있었다. 또한 일본 위협을 강조하는 담론들은 이대로 두면 미국과 일본의 상대적 격차가 줄어드는 추세가 미래에도 계속될 것이라는 것을 암묵적으로 가정하고, 이러한 추세가 지속된 미래(그러나 아직 실현되지 않은 미래)에 미국이 직면하는 어려움을 일종의 잠재적 시나리오 형태로 제시하고 있다. 이런 면에서 미국에서 촉발된 안보담론은 물질적이고 고정적인 위협에 대한 객관적인 위협이라기보다 불확실한 미래에 있을 수 있는 잠재적 위협에 대한 행위자들의 주관적 판단에 기초하여 형성되고 쟁점화된 측면이 강하다고 볼 수 있다.

V. 이익집단 정치와 미국의 정책 대응

1. 사회의 정책 선호 변화와 이익집단 정치

미국 내에서 무역의존도가 높은 첨단기술 산업의 다국적 기업들은 1970년대 후반까지만 해도 자신들의 이익을 보장하기 위해 보호주의 세력을 저지하고 자유무역 연합을 유지하는 데 상당한 영향력을 발휘하였다. 미국 기업들의 이러한 정책 선호를 형성한 것은 이때까지 이들이 우수한 기술력을 바탕으로 세계시장에서 유리한 위치에 있었기 때문이었다. 그러나 미국 첨단기술 산업의 경쟁력 저하가 뚜렷해지기 시작한 1970년대 후반을 거쳐 1980년대에 들어서면서 미국 기업들은 정부가 공격적으로 일본 시장을 개방하고 경제성장과 국가안보에 필수적인(critical) 산업을 육성하는 방향으로 정책을 추진해야 한다고 요구하기 시작하였다(Milner and Yoffie 1989). 이들이 내세운 명분을 살펴보면, 4절에서 논의했던 안보담론들이 되풀이됨을 확인할 수 있다.

이러한 이익집단 정치가 가장 극명하게 나타난 산업이 당대의 대표적 첨단기술 산업으로 분류되는 반도체 산업이다. 1947년 이래 세계 반도체 시장은 미국의 초국적 기업들이 장악하고 있었으나, 1980년대 들어 일본 반도체 기업들이 16K DRAM 분야를 넘어 차세대 반도체라고 할 수 있었던 64K DRAM 분야에서도 약진하자, 미국 기업들의 위기의식은 고조되었다(Tyson 1992, 93-101). 이 과정에서 미국 반도체산업협회(Semiconductor Industry Association, SIA)가 반도체 산업을 대변하여 미국 정부의 적극적인 대응을 요구하기 시작하였다. 예컨대, SIA는 홍보회사에 의뢰하여 언론을 통해 자신들에게 유리한 여론을 조성하고자 하였다. 더불어 SIA는 자신들의 입장을 지지해줄 사람들을 동원하고 조직화하고 있었는데, 반도체 산업을 지지하는 20여 명의 의원들로 구성된 '의회 반도체 지지 모임(Semiconductor Congressional Support Group)'이 대표적인 사례이다. 이 모임은 SIA의 의견을 고위 관료들에게 전달하는 데 큰 역할을 하였다(O'Shea 1992, 64). 궁극적으로 1985년 6월 14일 SIA는 1974년의 무역법의 301조에 근거하여 불공정무역을 명목으로 일본을 미 무역대표부(United States Trade Representative, USTR)에 제소하게 된다. 이 제소는 후술한 1986년 미일 반도체협정이 체결되는 시작점이 되었다.

SIA의 핵심 주장 및 요구사항은 다음과 같다. 첫째, 일본이 미국에 수출하는 것처럼 미국의 기업들도 일본 시장에 동등한 수준의 접근을 할 수 있도록 제도적 틀을 만들어 달라는 것이다. 이를 위해서 SIA는 일본이 미국의 반도체 상품을 구매하고, 덤핑 행위 및 반경쟁적 관행을 그만두도록 미국 정부가 압력을 행사하길 원하고 있었다. 둘째, SIA는 만약 일본에 대한 시장개방 요구가 관철되지 않을 경우, 외국의 불공정한 경쟁으로부터 국내 산업을 보호하기 위해 미국 정부가 통상제재도 불사해야 된다고 주장하였다(Wolff 1985, 1-4). 셋째, 국내적인 차원에서 미국 정부가 반도체 산업의 자본 형성, R&D 투자 및 공학교육을 적극적으로 지원해야 한다는 것이었다(Semiconductor Industry Association 1981, 22-23).

SIA 외에도, 슈퍼컴퓨터, 디스플레이 산업 등 주요 첨단기술 산업에서 미국의 기업 및 이익집단들은 정부가 일본에 대해 강력한 조치를 취할 것을 요구하기 시작하였다. 예컨대, 미국전자산업협회(American Electronics Association, AEA)와 같은 단체들과 IBM, Hewlett-Pack-ard 등과 같은 첨단기술 기업들은 SIA의 301조 청원을 지지하는 정치적 활동을 벌였다(Zeng 2007, 133-134). Cray와 같은 기업들은 슈퍼컴퓨터 시장에서 일본의 불공정한 관행을 지적하며 미국이 일본에 압력을 행사할 것을 강력히 요구하였다(Cray Research 1991, 재인용: Tyson 1992, 78). 또한 디스플레이 산업에 있어서 AEA는 금전적 지원과 더불어 반독점법의 완화, 그리고 HDTV 기술을 개발할 수 있는 정부와 산업의 컨소시엄을 구성할 것을 주장하였으며, AT&T와 Zenith 같은 기업들도 정부의 지원을 강력히 요청하였다(U.S. Congress 1989b, 42-54; Burgess 1989, F3).

한편 많은 이익집단은 미국 정부가 1988년 종합무역법의 슈퍼

301조를 활용하여 슈퍼컴퓨터 및 인공위성과 같은 첨단기술 산업에서 일본의 불공정 관행을 특정하도록 압력을 행사하였다. 전기전자기술자협회(Institute of Electrical and Electronics Engineers, IEEE)는 "일본식의 경쟁 방식은 곧 미국의 고성능 전자 산업에 중대한 위협이 될 것"이라고 경고하면서 미국 정부가 일본에 강경한 조치를 취할 것을 요구하였다(U.S. Congress 1992, 140-141). 전미제조업협회(National Association of Manufacturers, NAM)는 슈퍼 301조를 통해 일본을 압박하려는 미국 정부의 조치가 실용적인 동시에 책임감이 있는 "훌륭한 조치"라고 보았다(U.S. Congress 1990, 1-3). AEA 또한 일본에 광범위하게 존재하고 있는 무역장벽을 제거하기 위해 미국 정부가 공격적인 협상 전략을 취할 것을 강력히 요구하고 있었다(U.S. Congress 1989a, 33-37).

2. 일본의 기술굴기에 대한 미국 정부의 견제 및 산업 육성

선도부문에서 일본의 도전이 거세지자, 미국 정부는 부분적으로 시장에 개입하면서 경제정책을 전략적으로 활용하기 시작하였다. 구체적으로 미국 정부는 통상제재를 무기로 일본 시장의 개방을 요구하였고, 자국 첨단기술 산업을 육성하기 위한 정책들을 펼치게 되었다. 이는 미일의 통상마찰로 귀결되었다. 여기서 유념할 부분은 미국이 이러한 정책을 펼친 이면에는 경제적·군사적 안보 위협을 쟁점화시킴으로써 일본을 견제하겠다는 대일본 강경파들의 인식이 짙게 깔려 있었다는 점이다. 이를 살펴보기 위해서 여기에서는 대표적으로 반도체 산업을 둘러싼 미일 통상마찰이 1986년 반도체협정(The US-Japan 1986 Semiconductor Agreement)으로 귀결된 과정, 그리고 미국이 1987년

SEMATECH[2]를 통해 반도체 산업을 지원했던 과정을 살펴본다. 또한 미국이 1989년에 슈퍼 301조를 활용하여 일본의 슈퍼컴퓨터 산업 및 인공위성 산업을 특정하는 과정 및 1994년 '국가 평판디스플레이 이니셔티브(National Flat Panel Initiative)'를 통해 평판디스플레이 산업의 육성을 꾀한 과정을 간략히 살펴본다.

첨단기술 산업의 위기가 사회적 쟁점으로 떠오르고 있던 1980년대 초중반 무렵, 레이건 행정부는 대일본 강경파와 온건파로 양분되어 있었다(유석진 1995, 172). 특히 1980년대 초반까지 레이건 행정부에는 일본에 대한 강경한 대응을 지양하는 기류가 형성되어 있었다(Prestowitz 1988, 51). 그러나 점차 사회의 압력이 거세지면서 레이건 행정부 내 대일 강경파들의 주장이 힘을 얻기 시작하였다(O'Shea 1992, 67).

강경파들의 주장은 레이건 행정부의 정책 목표에도 상당히 반영되기 시작하였다. 이는 비밀 해제된 레이건 행정부의 '국가안보 의사결정 지침(National Security Decision Directives, NSDD)' 문서들에 잘 드러나 있다. 레이건 행정부는 일본을 소련의 위협에 공동으로 대항하는 동맹으로 인식하면서도, 경제적인 문제에 대해서는 일부 강경 대응이 필요함을 밝히고 있다. 구체적으로 이 문서는 일본 시장을 개방하기 위한 조치들을 계속 추진하고, 일본의 불공정한 관행을 양자 협상을 통해 시정해 나갈 것임을 밝히고 있다. 특히 첨단기술 산업에 있어서 미국 기업들이 일본 시장에 진출하고 일본 기술에 접근할 수 있도록 압력을 행사할 것을 밝히고 있다. 또한 일본의 첨단기술 기업들

---

2   SEMATECH는 semiconductor manufacturing technology의 앞 글자들을 따서 만든 용어로서 반도체 산업의 국제경쟁력 강화를 목적으로 구성된 미국 정부와 기업들의 컨소시엄을 지칭한다.

이 미국 시장으로의 수출 과정에서 나타나는 '약탈적(predetory)' 관행을 방지할 필요성을 제기하고 있다(White House 1982). 한편 비밀 해제된 CIA의 문서에 따르면, 당시 USTR의 대표를 맡고 있던 브록(William Brock) 또한 일본과의 불공정한 경쟁으로 인해 첨단기술 산업에서 미국 기업들이 부당하게 패배할 경우, 국가안보에 "심각한(serious)" 영향을 미칠 수 있다는 것을 지적하고 있다. 브록은 일본과의 문제를 해결하기 위해서는 "구두 설득(verbal persuasion)"을 넘어 일본이 미국 제품을 실질적으로 구매하는 동시에 국내 산업정책을 제거하고, 이를 일본의 공식 정책으로 채택할 수 있도록 압력을 행사해야 한다고 주장하였다(Brock 1984, 3-14).

레이건 대통령 본인은 일본과의 우호적인 동맹관계를 유지하기 위해서라도 경제적인 문제를 해결해야 된다고 인식하고 있었다(White House 1984a). 또한 레이건 대통령은 국내에서 강력히 제기되고 있는 보호주의적 압력을 의식하고 있었다. 레이건은 일본과의 문제가 미국 사회에서 엄청난 정치적 쟁점이 되고, 이를 해결하려는 일본 정부의 의지가 부재한 상황에서 일본 정부의 정책을 변화시킬 효과적인 전략을 고민하고 있었다. 구체적으로 레이건은 일본이 시장을 개방하여 미국 상품을 더 수입하도록 '촉구(urge)'하며, 일본 측에서 이에 대해 충분히 반응하지 않을 경우, 미국 행정부는 견디기 힘든 '심각한(severe)' 정치적 압력에 시달릴 것이며, 그렇게 되면 일본에 대한 제재조치를 취할 수밖에 없음을 '경고(caution)'하겠다고 천명하고 있다(White House 1984b, 1).

이러한 정책 기조는 반도체 산업에 대한 미국의 정책 대응으로 이어지게 되었다. 우선 미국 정부는 일본 반도체 시장에서의 수입 확대를 요구하였는데 그 결과로 체결된 것이 1986년의 미일 반도체협정이다. 이 협정은 미국이 반도체 산업과 같은 첨단기술 산업을 대상으로 미국 정부가 이제는 적극적으로 전략적 산업을 관리하겠다는 의지를 보여주었다는 점, 그리고 구체적인 시장접근 수치를 제시함으로써 과정의 공정성뿐 아니라 결과의 공정성까지 요구하는 협상이었다는 점에서 미국 정부의 접근이 변했다는 사실을 보여준다(Kunkel 2003, 100-102; Tyson 1992, 109). 한편 미국 정부는 1987년 SEMATECH이라고 불리는 컨소시엄을 지원하여 반도체 산업에 개입하여 적극적으로 민간영역의 기술혁신을 추구하는 정책을 펼치게 된다. SEMATECH은 명시적으로 민간부문의 기술발전 및 산업 육성을 목표로 하고 있었다는 점에서 기존의 군사적 목적의 기술혁신을 위주로 지원했던 미국의 정책 기조와는 차별화되었다(Alic et al. 1992, 255-282; Fong 2000, 175-177).

　　이러한 정책이 결정되는 과정에서 강경파들은 미국이 직면하게 될 경제 및 군사적 안보 위협을 쟁점화하면서 부각시켰고, '필수적(critical)' 산업의 구제 및 지원을 통해 일본의 부상을 견제하고자 하였다. 특히 국방부 산하의 DSB와 미국의 무역을 관장하는 USTR 및 상무부와 같은 부서들의 역할이 중요하였다. 이들은 공통적으로 일본이 반도체 산업을 석권할 경우 발생할 수 있는 경제적·군사적 안보 위협을 강조하고 있었다. 반도체에서 일본과의 경쟁이 치열해지던 1985년 무렵, DSB는 SIA와 함께 다양한 연구를 진행하면서 반도체 산업의 경쟁력을 높이기 위해서는 정부의 개입이 필요하다는 인식을 공유하고 있었다(Pages 1996, 97). 예컨대 DSB의 의장이었던 어거스틴(Norman Augustine)은 의회 청문회에서 "미국 반도체 산업의 쇠퇴가 지속될 경우 미국의 방위 산업은 외국에 더욱 의존적으로 될 수밖에 없고, 이는 반도체 기술의 중요성을 고려할 때, 받아들일 수 없는 상황"이라고 증언하고 있다(US Congress 1987a, 3327). 이런 인식은 반도체 산업의 쇠퇴가 가져올 국가안보 위협을 지적하면서 이를 "받아들일 수 없는 상황"이라고 규정한 DSB의 보고서에도 공통적으로 나타나고 있다(U.S. Defense Science Board 1987, 1-2, 87).

한편 USTR의 관료들도 SIA 및 DSB의 주장에 동조하면서 국가안보에 필수적인 반도체 산업의 전략적 중요성을 인식하고 있었다. 당시 USTR 대표 야이터는 한 인터뷰에서 일본과의 경쟁 과정에서 반도체 산업이 큰 위기에 처해 있으며 "국가안보의 문제들이 위태로운 상황에 놓여 있다고 느꼈다"라고 회고하고 있다(Yeutter, Clayton 인터뷰 1996, 재인용: Kunkel 2003, 92-93). 또한 USTR의 고위 관리였던 스미스는 국방부의 브리핑을 받고 안보의 차원에서 반도체 산업의 중요성을 인식했으며, 미래의 열쇠인 반도체 산업을 잃는 것은 미국이 감수할 수 없는 일이었다고 밝히고 있다(Smith, Michael 인터뷰 1996, 재인용: Kunkel 2003, 92).

SIA, 의회, 그리고 행정부 내 강경파의 목소리가 거세지는 가운데 레이건은 특별대응팀을 꾸려 반도체 산업의 대응책을 세우도록 지시했다. 이때 주목할 점은 특별대응팀의 총 책임자가 강경파로 알려진 상무부 장관 브릿지(Malcon Bridge)였다는 점이다. 특별대응팀의 각료들은 1985년 10월 24일 일본의 불공정 행위에 대한 반덤핑 조치를 대통령에게 건의할지 결정하는 회의를 개최하였다. 회의의 분위기는 당시 특별대응팀의 일원으로 참여했던 상무부 소속의 강경파 프레스토비츠의 글에 잘 묘사되어 있다. 이 회의에서도 강경파들은 반도체 산업을 국가안보의 차원에서 생각해야 한다고 주장함으로써 문제의 사안을 안보 문제로 쟁점화했다. 이에 일부 유보적인 의견에도 불구하고 특별대응팀은 일본에 대한 강경한 반덤핑 조치를 대통령에게 권고하기로 결정하였다(Prestowitz 1988, 59-60).

미 의회도 대체로 반도체 산업이 필수적 산업(critical industry)이라고 인식하면서, 정부의 지원을 옹호하고 있다. 정도의 차이가 있다면 DSB가 주로 군사적 위협에 초점을 맞췄다면 의회는 반도체 산업기반이 가져올 경제적 파급효과를 강조했다는 점이다. 즉 의회는 경제적 목적 그 자체로도 국가의 개입이 정당화될 수 있다고 인식하고 있었다. 예를 들어, 미 의회는 반도체 산업이 성장하면 그 효과가 경제의 다른 부문에도 파급되어 나타나기 때문에 전자 산업의 기초가 되는 반도체 산업을 육성해야 한다고 주장하고 있었다(U.S. Congress 1987b, 58).

한편 1980년대 후반에 들어 미 의회의 주도로 '1988년 종합무역법(Omnibus Trade and Competitiveness Act of 1988)'이 입법되면서 미국 통상레짐에 중요한 변화가 나타나게 되었다. 종합무역법의 슈퍼 301조는 미국의 국내법으로 무역 상대국에 대하여 일방적으로 제재조치를 취하거나, 제재를 취하겠다는 협박을 통해 자국의 이익을 관철시킬 수 있는 길을 제도적으로 열어준 것이라고 평가할 수 있다(Bhagwati et al. 1990). 1989년 5월 미국은 슈퍼 301조에 따라 일본을 우선협상대상국으로 지정하고, 슈퍼컴퓨터와 인공위성에서의 일본의 정부조달 관행을 우선협상관행으로 지정하였다.

이 과정에서 미국의 다양한 민간 행위자들의 지지가 있었음은 앞서 살펴본 바 있다. 이와 더불어 그 이면에 경제·군사 안보의 측면에서 중요한 전략적 산업을 지원하여 일본을 견제하고자 했던 강경파들의 인식이 작용하였음을 부정할 수 없다. 강경파에 속하는 정책 결정자들은 전략적으로 중요한 슈퍼컴퓨터 및 인공위성 산업에서 미국이 전통적으로 우위에 있었음에도 불구하고, 일본이 불공정한 방식으로 자국 산업을 지원하고 미국 기업들을 차별함으로써 경쟁력이 하락하고 있다고 주장하였다. 따라서 정부가 나서서 이러한 첨단기술 산업을 구제할 필요가 있다고 강조하였다(Bayard et al. 1994, 102-112).

특히 의회와 DSB, 상무부, 및 USTR과 같은 부서들이 일본 기술 굴기의 안보 위협을 강조하면서 일본에 대한 강경한 대응을 선호하고 있었다. 예컨대, DSB의 슈왈츠(Jack Schwartz)는 슈퍼컴퓨터가 전투기 및 잠수함만큼이나 군사 안보에 필수적이기 때문에, 미국은 무조건 세계에서 기술적 우위를 유지해야 된다고 역설하였다(Markoff 1989). USTR의 윌리엄즈(Lynn Williams) 그리고 상무부의 국장 파렌(Michael Farren)은 인공위성을 슈퍼 301조로 특정하는 것이 미국이 오랜 기간 비교우위를 누리고 있던 항공우주 산업에서 일본이 부상하는 것을 견제하는 아주 효율적인 방법이라고 증언하였다(U.S. Congress 1989c, 7-10, 13-15).

한편 1990년대에 클린턴 행정부가 들어서면서, 미국은 더욱 명시적으로 자국의 선도부문을 육성하는 행보를 보이게 되었다. 대표적인 예가 평판디스플레이(Flat Panel Display, FPD) 산업을 육성하는 목적으로 1994년 4월 28일에 발표된 '국가 평판디스플레이 이니셔티브(National Flat Panel Initiative, NFPDI)'이다. 1993년 클린턴 행정부는 민간과 정부의 상호 협력으로 핵심적인 기술을 발전시킨 전형적인 예로 SEMATECH를 제시하면서, 이러한 모델을 다른 첨단기술 산업에도 확대하여 적용시킨다는 구상을 내놓았다(Clinton 1993, 9). NFPDI는 이런 맥락에서 등장하였다. NFPDI는 FPD산업에 1998년까지 약 3억 7,000만 달러를 지원하였는데, 주요 임무는 FPD의 기술에 대한 연구개발 지원, 전문적인 첨단기술에 대한 지식 및 전문가 양성, 투자 확대, 시장 창출 등을 포괄하고 있었다(Flamm 1998, 100-105).

NFPDI는 국가안보의 확보 및 경제적 이익의 창출이라는 두 가지 전략적 목표를 모두 담고 있었다. 우선 국방부가 이 프로그램을 직접 금전적으로 지원하고 관리하고 있었다는 점에서 NFPDI는 군사적 고려가 짙게 깔려 있는 산업정책이었다. 또한 NFPDI를 통해 개발된 디스플레이들이 아파치 헬기, F-16 전투기 등에 바로 적용된다는 점도 이 프로그램이 군사적 목적에 따라 기획됐음을 보여준다(Fong 2000, 178). 한편 NFPDI는 명시적으로 민간부문 FPD의 육성도 목표로 하고 있었다. 미국의 컴퓨터, 정보통신, 반도체 및 전자 산업이 미래에도 지속적으로 경쟁력을 지니기 위해서는 탄탄한 국내 FPD 산업 기반을 구축하는 것이 필요하였는데, NFPDI는 이러한 목적에 따라 상업적 FPD의 발전을 추구하였다(U.S. Department of Defense 1994, I-6). 또한 백악관의 관료들은 NFPDI를 로봇공학, 전자 패키징(electronic packaging), 미세전자기계시스템(micro-electromechanical system) 등의 다른 민간 첨단기술 분야에도 적용될 수 있는 기술발전의 모범 사례로서 NFPDI를 지원하고 있었다. 즉 NFPDI는 세계 첨단기술 산업에서 미국 기업들의 경쟁력을 높이기 위한 미국의 의도를 명백히 반영하고 있다(Barfield 1994, 21).

VI. 결론

1980-1990년대 첨단기술 산업을 중심으로 나타난 미국과 일본의 경쟁과 갈등은 패권경쟁의 과정에서 부상국의 도전에 직면한 패권국이 자국의 우월한 지위를 지속시키기 위해서 어떻게 대응하는지 보여주는 대표적인 사례이다. 본 연구는 미국 내에서 일본 문제가 민군겸용

기술을 매개로 경제와 군사적 안보의 문제로 부상하고, 궁극적으로 이것이 미국의 경제적 제도·정책 대응으로 이어지는 복합적인 과정을 입체적으로 분석하는 시도를 펼쳤다. 이 과정에서 본 연구는 고전지정학의 시각뿐 아니라 비판지정학, 비지정학과 같은 다양한 이론적 논의를 엮어서 보는 '복합지정학'의 분석틀을 제시하였다. 복합지정학의 시각에서 본 미일 기술패권 경쟁은 선도부문의 기술패권 경쟁을 구조적 배경으로 하여 이념적 차원의 안보화, 이익 차원의 정책 선호의 변화, 그리고 제도적 차원에서 패권국의 정책 대응이라는 요소들이 복합적으로 연계되는 사례이다.

첫째, 고전지정학적 차원에서 선도부문에서의 기술패권 경쟁이 유발하는 미일의 상대적 격차의 감소는 미래에 대한 불확실성을 야기하여 미국의 국내적 변화를 추동하는 구조적 유인으로서 작동하였다. 제2차 세계대전 종전 이후 미국이 선도부문에서의 압도적 우위를 바탕으로 패권국의 지위에 오르게 되었다. 냉전과 소련과의 경쟁이라는 구조적 배경에서 미국은 동맹국들에게 우호적인 경제 환경을 제공하였고, 이러한 구조적 공간 속에서 일본은 국가가 중심이 되는 추격전략을 펼쳐 첨단기술 산업을 포함한 경제성장을 이룰 수 있었다. 그러나 선도부문에서의 미국의 우위는 1970년대부터 일본의 추격을 받기 시작하여 1980년대에 이르면 미국과 일본의 상대적 격차가 상당히 줄어들게 되었다. 여기서 주목할 점은 상대적 지위가 변했다고 해서 미국의 우위가 완전히 없어진 것은 아니었다는 점이다. 미국은 이전만큼은 아니더라도 여전히 선도부문에서 우위를 유지하고 있었다. 이런 측면에서 물질적 조건의 절대적 변화 그 자체가 미국에게 객관적 위협으로 작용한 것은 아니었다. 오히려 상대적 지위의 변화와 이것이 유발하는 미래에 대한 불확실성이 미국의 국내적 변화를 추동하는 구조적 유인으로 작용하였다.

둘째, 비판지정학적 차원에서 선도부문의 경쟁의 결과로 나타나는 미국의 상대적 지위의 하락과 이것이 수반하는 미래에 대한 불확실성은 미국 내부에 안보화 담론정치를 유발하였다. 미국의 주요 행위자들은 일본이 민군겸용기술의 속성을 지닌 주요 첨단기술 산업에서 우위를 점하게 되면 경제적·군사적 측면에서 미국의 국가안보에 중대한 위협이 될 것이라고 주장하였다. 첫째, 수정주의자라고 불리는 일부 전문가들은 일본의 부상이 가져오는 경제적 위협을 강조하면서, 일본식 발전모델 자체의 불공정성을 문제 삼기 시작하였다. 둘째, 미국의 군사 전문가를 중심으로 일본의 기술굴기는 미국이 일본에 기술적으로 의존하게 만듦으로써 군사적으로도 중대한 안보 위협을 가할 것이라는 주장들이 대두되었다. 이들은 시장의 자유경쟁에 대한 신뢰에 바탕을 두고 있던 미국 사회 내 지배적 자유주의 담론에 도전하면서 미국 정부가 시장에 개입하여 첨단기술 산업을 육성하는 한편 일본과의 무역을 관리해야 한다고 주장하고 있었다. 이러한 담론들은 미국 사회 전반에 확산되면서 정책 결정 과정에 상당한 영향을 미쳤는데, 이는 담론적 실천을 통해 미국이 누리고 있던 기술패권을 미래에도 지속시키려는 목적을 가지고 현실을 재편하려는 담론정치의 전형을 보여준다고 할 수 있다.

셋째, 비지정학적 시각에서 보면, 미국의 기술경쟁력 하락으로 세계시장을 둘러싼 경쟁에서 불리한 위치에 놓이게 된 민간 행위자들의 정책 선호의 변화와 더불어 경제정책을 전략적으로 활용하기 시작한 미국 정부의 대응을 포착할 수 있다. 미국의 민간 기업 및 이익집단들은 자신들의 경제적 이익을 극대화하기 위해 정부가 시장에 개입하여 산업을 구제하고 지원하길 바라며 압력을 행사하였다. 한편 미국 정부는 일본의 부상에 대응하여 경제정책들을 전략적으로 활용하기 시작하였고, 이는 미국과 일본 사이의 통상마찰로 귀결되었다. 여기서 주목해야 할 점은 미국이 이러한 정책을 펼친 이면에는 안보 위협을 쟁점화함으로써 일본을 견제하겠다는 정책 결정자들과 이익집단들의 인식이 짙게 깔려 있었다는 점이다.

본 연구에서 제시하는 복합지정학의 시각은 미래 패권경쟁의 일단면, 특히 오늘날 국제정치의 최대 화두라고 할 수 있는 미국과 중국 사이의 패권경쟁에도 함의하는 바가 적지 않다. 고전지정학적 차원에서 오늘날 미국과 중국의 경쟁은 IT 제품, 5G 이동통신 분야, 인공지능, 빅데이터, 사물인터넷 등 이른바 '4차 산업혁명' 분야라고 불리는 선도부문에서 치열하게 전개되고 있다. 한편 비판지정학적 차원에서 상대방의 기술성장을 사이버 안보 위협으로 규정한다든지, 상대방의 경제모델 자체를 비난의 대상으로 삼는 담론이 등장한다는 점에 주목할 필요가 있다. 예컨대, 미중 무역전쟁에서 미국의 301조 조치가 〈중국 제조 2025〉를 겨냥했다는 사실은 미국이 중국의 발전모델 자체를 문제 삼고 있음을 보여준다. 또한 미국이 화웨이와 같은 중국 기업들을 제재하는 과정에서 중국 제품들이 야기하는 사이버 안보 문제를 제기했다는 점은 기술의 문제가 안보화되는 메커니즘을 잘 보여준다고 하겠다. 마지막으로 비지정학적 차원에서 사회의 경제적 요구가 표출되는 과정 및 민간기업과 국가의 충돌 양상도 주목할 필요가 있다. 러스트벨트(rust belt)로 상징되는 쇠퇴 산업 등 세계시장에서의 불리한 위치에 놓이게 된 미국의 정치세력들이 트럼프 대통령의 주요 지지층이었다는 것을 떠올릴 필요가 있다. 또한 미국 정부의 통상제재 대상이 중국의 화웨이 및 ZTE와 같은 기업들을 겨냥하고 있다는 점을 떠올리면 패권국이 경제적 수단을 통해 중국의 부상을 견제하며, 그 충돌 양상도 국가와 민간 행위자 사이에서 비대칭적으로 나타나는 경향이 있음을 알 수 있다.

한편 본 연구의 분석대상이 되는 1980-1990년대의 미일 경쟁과 오늘날 펼쳐지고 있는 미중 경쟁의 차이를 간과해서는 안 될 것이다. 무엇보다 주목해야 하는 것은 1980-1990년대 당시 일본은 미국 중심의 안보 질서에 편입되어 미국과 동맹관계에 있었던 반면, 오늘날 중국과 미국 사이에서는 이러한 안보적 유대가 없다는 점이다. 이는 두 가지를 시사한다. 첫째, 패권국 미국은 자국의 첨단기술 산업이 위협에 처할 경우 동맹국에 대해서도 경제제재를 가할 수 있다는 점이다. 그렇다면 경쟁관계에 놓여 있는 중국에 대해서는 더욱 단호하게 대응할 수 있다. 둘째, 일본의 경우 미국의 강압적 요구에 순응하는 모습을 보였다. 이는 안보 측면에서 미국에 의존적인 일본의 상황을 반영하는 것이었다. 그러나 미중 경쟁은 중국이 미국의 조치에 관세보복으로 대응함으로써 단순한 통상 마찰을 넘어 통상 전쟁으로 확대되는 모습을 볼 수 있는데, 이는 미일관계와 달리 미중관계는 더욱 갈등적일 수 있음을 보여준다.

경제적 상호의존이 심화된 오늘날의 현실을 감안할 때, 강대국 간의 경쟁이 통상 전쟁과 같은 충돌로 나타날 경우, 한국과 같은 중견국들도 직간접적인 피해를 받을 수밖에 없다는 점은 자명하다. 이러한 격동과 불확실성의 시대에서 한국이 취해야 하는 외교전략은 어떤 내용을 담아야 할지 학계, 전문가, 정책 결정자들이 함께 지혜를 모아야 할 때이다.

참고문헌

김상배. 2015. "사이버 안보의 미중관계: 안보화 이론의 시각."『한국정치학회보』49(1): 71-97.

_____. 2018.『버추얼 창과 그물망 방패: 사이버 안보의 세계정치와 한국』. 파주: 한울.

유석진. 1995. "양면게임과 미일 통상마찰: 비교사례연구." 김태현·유석진·정진영 편.『외교와 정치: 세계화시대의 국제협상논리와 전략』. 서울: 오름.

하영선·김상배 편. 2018.『신흥 무대의 미중 경쟁: 정보세계정치학의 시각』. 파주: 한울아카데미.

Alic, John A., Lewis M. Branscomb, Harvey Brooks, Ashton B. Carter, and Gerald L. Epstein. 1992. *Beyond Spinoff: Military and Commercial Technologies in a Changing World*. Boston: Harvard Business School Press.

Air Force Association and the U.S. Naval Institute Database. 1988. *Lifeline in Danger: An Assessment of the United States Defense Industrial Base*. Arlington Va: Aerospace Education Foundation.

Barfield, Claude. 1994. "Flat panel displays: A second look." *Issues in Science and Technology*, 11(2): 21.

Bayard, Thomas Q., and Kimberly Ann Elliott. 1994. *Reciprocity and Retaliation in U.S. Trade Policy*. Washington D.C.: Institute for International Economics

Bhagwati, Jagdish and Patrick Hugh eds. 1990. *Aggressive Unilateralism: America's 301 Trade Policy and the World Trading System*. New York: Harvester Wheatsheaf.

Blackwill Robert D. and Jennifer M. Harris. 2016. *War by Other Means: Geoeconomics and Statecraft*. Cambridge: The Belknap Press of Harvard University Press.

Blyth, Mark. 2001. "The Transformation of the Swedish Model: Economic Ideas, Distributional Conflict, and Institutional Change." *World Politics*, 54(1): 1-26.

Brock, William E. 1984. *U.S. Trade Policy Toward Japan*. Washington D.C.: Central Intelligence Agency.

Burgess, John. 1989. "Zenith, AT&T Seeks U.S. Funds for Joint Venture on HDTV." *Washington Post*. March 1. p. F3.

Buzan, Barry, Ole Wæver and Jaap de Wilde. 1998. *Security: A New Framework For Analysis*. Boulder: Lynne Rienner.

Drucker, Peter F. 1986. "Drucker on Management: Japan and Adversarial Trade." *Wall Street Journal*. April 01.

Clinton, William J. and Albert Gore, Jr. 1993. *Technology for America's Economic Growth, A New Direction to Build Economic Strength*. Executive Office of the President. ADA261553.

Cray Research, Inc. 1991. "The Japanese Public Sector: Problems and Prospects for US Supercomputer Vendors." Minneapolis: Cray Research Inc.

Crowe, William J. 1991. "Strategic Supplies Depend on U.S. Industries." *Washington Post.* December 19.

Fallows, James. 1989. "Containing Japan." *The Atlantic Monthly* 263(5): 40-53.

_____. 1994. *Looking at the Sun: The Rise of the New East Asian Economic and Political System.* New York: Pantheon Books.

Flamm, Kenneth. 1998. "US National Flat Panel Display Initiative: Summary and Overview." *Industry and Innovation.* 5(1): 93-105.

Fong, Glenn R. 1998. "Follower at the Frontier: International Competition and Japanese Industrial Policy." *International Studies Quarterly* 42(2): 339-366.

_____. 2000. "Breaking New Ground or Breaking the Rules: Strategic Reorientation U.S. Industrial Policy." *International Security* 25(2): 152-186.

Friedberg, Aaron L. 1989. "The Strategic Implications of Relative Economic Decline." *Political Science Quarterly* 104(3): 401-431.

Johnson, Chalmers. 1989. "Their Behavior, Our Policy." *The National Interest* 17: 17-27.

_____. 1990. "Trade, Revolutionism, and the Future of Japanese-American Relations." In Kozo Yamamura. (eds.), *Japan's Economic Structure: Should it Change?* Seattle: Society for Japanese Studies.

_____. 1995. *Japan: Who Governs? The Rise of the Developmental State.* New York: W. W. Norton.

Krauss, Ellis S. and Simon Reich. 1992. "Ideology, Interests, and the American Executive: Toward a Theory of Foreign Competition and Manufacturing Trade Policy." *International Organization* 46(4): 857-897.

Krugman, Paul R. eds. 1986. *Strategic Trade Policy and the New International Economics.* Cambridge: MIT Press.

Kunkel, John. 2003. *America's Trade Policy Towards Japan: Demanding Results.* New York: Routledge.

Lake David, 2009, "Open Economic Politics: A Critical Review." *Review of International Organizations* 4: 219-44.

Libicki, Martin C., Jack Nunn, and Bill Tayler. 1987. *U.S. Industrial Base Dependence/ Vulnerability: Phase II-Analysis.* Mobilization Concepts Development Center. Washington D.C.: National Defense University.

Luttwak, Edward. 1990. "From Geopolitics to Geoeconomics: Logic of Conflict, Grammar of Commerce." *The National Interest* 20: 17-23.

Mastanduno, Michael. 1991, "Do Relative Gains Matter?: America's Response to Japanese Industrial Policy." *International Security* 16(1): 73-113.

Markoff, John. 1989. "Supercomputers Worry U.S. as Japan Challanges American Dominance." *New York Times.* May 1.

Milner, Helen and David Yoffie. 1989. "Between Free Trade and Protectionism: Strategic Trade Policy and a Theory of Corporate Trade Demands." *International Organization* 43(2): 239-272.

Modelski, George and Thompson, W. R. 1996. *Leading sectors and world powers: the Coevolution of Global Politics and Economics*. Columbia: University of South Carolina Press.

Morris, Narrelle. 2011. *Japan-Bashing: Anti-Japanism since the 1980s*. New York: Routledge.

Nelson, Richard R. 1990. "U.S. technological leadership: Where did it come from and where did it go?" *Research Policy* 19: 117-132.

O'Shea, Timothy J.C. 1992. "The U.S.-Japan Semiconductor Problem." In Walters, Robert S. (eds.) *Talking Trade: U.S. Policy in International Perspective*, 51-77. San Francisco: Westview Press.

Pages, Erik R. 1996. *Responding to Defense Dependence: Policy Ideas and the American Defense Industrial Base*. Westport: Praeger Publishers.

Prestowitz, Clyde. V. 1988. *Trading Places: How We Allowed Japan to Take the Lead*. New York: Basic Books.

Sandholtz, Wayne, Michael Borrus, John Zysman, Ken, Conca, Jay Stowsky, Steven Vogel, & Steve, Weber eds. 1992. *The Highest Stakes: The Economic Foundations of the Next Security System*. New York: Oxford University Press.

Sanger, David E. 1988. "Japanese Police Raid Seller of Gas to Soviets." *New York Times*. December 8.

Semiconductor Industry Association. 1981. *The International Microelectronic Challenge*. Cupertino, California: Semiconductor Industry Association.

Tyson, Laura D'Andrea. 1992. *Who's Bashing Whom?: Trade Conflict in High-Technology Industries*. Washington: Institute for International Economics.

U.S. Congress, House Committee on Armed Services. 1980. *The Ailing Defense Industrial Base: Unready for Crisis*. Defense Industrial Base Panel Report. 96th Congress, 2d Session. Washington D.C.: U.S. Government Printing Office.

_____, House Committee on Armed Services. 1987a. *Hearings on the National Defense Authorization Act for Fiscal Years 1988/1989: Research, Test. and Evaluation*. 100th Congress, 1st Session. Washington D.C.: U.S. Government Printing Office.

_____, House Committee on Energy and Commerce, Subcommittee on Commerce, Consumer Protection, and Competitiveness. 1987b. *Competitiveness of the U.S. Semiconductor Industry*. 100th Congress, 1st Session. Washington D.C.: U.S. Government Printing Office.

_____, Office of Technology Assessment. 1988. *The Defense Technology Base: Introduction and Overview A Special Report*. OTA-ISC-374. Washington D.C.: U.S. Government Printing Office.

_____, House Committee on Ways and Means. 1989a. *USTR Identification of Priority Practices and Countries under Super 301 and Special 301 Provisions of the Omnibus Trade and Competitiveness Act of 1988.* Hearings Before the Subcommittee on Trade of the Committee on Ways and Means, House of Representatives, 101th Congress, 1st Session. Washington D.C.: U.S. Government Printing Office.

_____, Senate Committee on Commerce Science, and Transportation. 1989b. *High Definition Television.* Hearing Before the Subcommitteee on Science, Technology, and Space of the Committee on Commerce Science, and Transportation, 101th Congress, 1st Session. March 26. Washington D.C.: U.S. Government Printing Office.

_____, Senate Committee on Commerce Science, and Transportation. 1989c. *Japanese Space Industry: An American Challenge.* Hearing Before the Subcommitteee on Foreign Commerce and Tourism of the Committee on Commerce Science, and Transportation, 101th Congress, 1st Session. Washington D.C.: U.S. Government Printing Office.

_____, Senate Committee on Finance. 1990. *Super 301: Effectiveness in Opening Foreign Markets.* Hearings Before the Subcommitteee on International Trade of the Committee on Finance. 101th Congress, 2nd Session. Washington D.C.: U.S. Government Printing Office.

_____, House Committee on Government Operations, 1992. *Is the Administration Giving Away the U.S. Supercomputer Industry?*: Hearings Before Legislation and National Security Subcommittee of the the Committee on Government Operations, House of Representatives, 100th Congress, 2nd Session. Washington D.C.: U.S. Government Printing Office.

U.S. Defense Science Board. 1987. *Report of the Defense Science Board Task Force on Defense Semiconductor Dependency.* Washington D.C.: Department of Defense, Office of the Under Secretary of Defense for Acquisition.

_____, Industrial Base Committee. 1990. *Report of the Defense Science Board Task Force: Foreign Ownership and Control of U.S. Industry.* Report to the Undersecretary of Defense for Acquisition. Washington D.C.: Department of Defense.

U.S. Department of Defense, Office of the Under Secretary of Defense Acquisition and Technology. 1994. *Building U.S. Capabilities in Flat Panel Displays: The Flat Panel Display Task Force Final Report.* Washington D.C.: Government Printing Office.

Vogel, Steven. 1992. "The Power behind "Spin-ons": The Military Implications of Japan's Commercial Technology." In Sandholtz, Wayne, Michael Borrus, John Zysman, Ken, Conca, Jay Stowsky, Steven Vogel, & Steve, Weber(eds.) *The Highest Stakes: The Economic Foundations of the Next Security System*, 55-80. New York: Oxford University Press.

White House. 1982. "National Security Decision Directive on United States-Japan

Relations." *National Security Decision Directive Number 62.* (May 20)

_____, 1984a. "Preparatory Process for the Visit of Prime Minister Nakasone and the U.S.-Japan Follow-Up Effort." *National Security Decision Directive Number 151.* (December 10.),

_____, 1984b. "U.S.-Japan Trade Policy Relations." *National Security Decision Directive Number 154.* (December 31.),

Wolff, Alan W. 1985. *Petition of the Semiconductor Industry Association: Pursuant to Section 301 of the Trade Act of 1974, as amended, for relief from the Effects of Japanese Market Barriers in Semiconductors.* San Jose: Semiconductor Industry Association.

Zeng, Ka. 2007. *Trade Threats, Trade Wars: Bargaining, Retaliation, and American Coercive Diplomacy.* Michigan: University of Michigan Press.

제12장

미국 기술패권에 대한 중국의 안보인식
MS, 구글, 애플을 중심으로

김지이

I. 서론

20세기 90년대 이후 첨단기술의 눈부신 발전과 정보혁명으로 인해, 인류는 정보화시대에 진입했다. 정보의 중요성이 강조되면서 각국들이 혁신산업 발전에 박차를 가하고 있으며 그에 따른 주도권 경쟁은 날로 치열해지고 있다. 대표적으로 독일은 자신들의 강점인 제조 현장 역량을 바탕으로 2012년 Industry 4.0 Working Group을 시작했고, 2014년 이를 Industry 4.0 플랫폼으로 확장했다. 미국은 2015년 '신미국 혁신 전략'을 발표했고, 일본은 로봇 기술을 중심으로 'Society 5.0'을 추진, 중국은 제조 강국을 위한 '중국제조 2025' 계획을 차례대로 발표했다.

이처럼 기술 영역에서 우세를 보이고 있는 강국들이 너나 할 것 없이 경쟁에 뛰어들고 있으며 그 열기는 식을 줄 모른다. 그중에서도 미중의 경쟁과 갈등이 단연 돋보인다. 2018년 하반기부터 2019년 상반기를 돌아봤을 때 세간의 주목을 끌었던 이슈 중 하나가 바로 미국 정부와 화웨이 기업 간의 갈등이다. 사건은 2012년, 미국 의회가 화웨이와 중흥 장비에 대한 의혹 보고서를 내놓으면서부터 시작되었는데 주로 화웨이와 중흥 장비에 백도어가 숨겨져 있고, 배후엔 중국 정부가 있다는 내용을 담고 있었다(U.S. House of Representatives 112th Congress 2012). 2014년에 들어서는 제임스 코미 연방수사국 국장이 "미국 대기업에는 두 부류가 있다. 중국에 해킹을 당한 기업과 아직 해킹 사실을 알아차리지 못한 기업"이라고 언급하면서 중국 기술굴기의 위협을 강조하였다(Scott Pelley 2014). 뿐만 아니라, 미국 정부는 2018년 8월 화웨이를 '국가안보위협'으로 분류하며 화웨이 통신장비 거래를 금지했고, 미국의 강한 압박에 대해 중국 왕이 외교부장은 "미국이 화웨이를 억압하는 건 전형적인 경제적 바링(霸凌; 따돌림) 행동이다"
라고 비판하였다(新华网 2019.5.22). 화웨이 사례는 두 가지 측면을 동
시에 보여준다. 첫째, 중국의 첨단기술이 상당한 수준으로 발전했다는
것이다. 둘째, 화웨이 갈등 사례는 단순히 기업과 국가 간의 충돌을 넘
어서 국가 대 국가 행위자가 부딪히는 전형적인 국제정치 사례이다.

화웨이 사례는 미국이 대중국 기술에 대한 위협인식이 강해진 것
을 보여준다. 그러나, 흥미롭게도 중국이 미국 기술에 대한 위협인식
이 먼저 형성되어 왔으며 그 형성시간이 훨씬 오래되었다. 다시 말해,
중국도 "미국판 화웨이"와 같은 기업들로 인해 피해를 받아왔다. 관련
기업들로는 대표적으로 윈텔리즘의 한 축인 마이크로소프트(Micro-
soft, 이하 MS), 검색엔진 분야에서 제국이라고 불리는 구글, 나아가 오
늘날 빅데이터 영역에서 빅 브라더를 꿈꾸는 애플 등이 있겠다. 이들
은 모두 미국의 다국적기업이며, 20세기 말부터 중국 시장에 진출하
면서 우월한 기술력을 통해 기술표준을 장악하면서, 지적재산권 남용,
사이버 해킹 등과 같은 횡포를 보였다. 이와 같은 상황 아래, 중국 정
부는 ICT 기술에 대한 위협인식을 점차 강화하였고 기술표준을 장악
한 미국 다국적기업들에 대한 견제와 대응을 시작하였다. 이에 따라
본 연구는 미국 디지털 분야에서의 기술패권에 대한 중국의 안보인식
이 점차 강해졌고, 기술, 정보, 데이터 등 요소가 국가 주권을 침해한
다고 주장하면서 그에 대한 미국 다국적기업들에 견제가 심해지고 대
응정도가 보다 높아진 것을 보고자 한다.

본 연구와 관련해서 기존의 연구들은 아래와 같이 크게 두 가지로
범주화해 볼 수 있다. 우선, 중국 정부는 미국의 기술독점이 경제, 정
치, 문화 패권으로 이어지기에 위협이 된다고 인식하는 연구들이 있
다(李盛竹 2010; 王玉鹏 2013). 20세기 말부터 오늘날까지 ICT 기술을

비롯한 첨단기술의 발전으로 인해 정보가 초국가적으로 자유롭게 넘나들고 동시에 엄청난 전파속도를 보이면서 기존의 시공간 제한성을 타파하였고 인류문명에 중요한 진보를 가져왔다. 허나 왕위펑(王玉鵬 2013)에 따르면 이는 동시에 개도국 중국과 같은 나라들에게는 소극적인 영향을 주었다고 이야기한다. 현재 정보기술 관련 주도권은 미국을 주도로 하는 서방 선진국들이 가지고 있다. 하여 그들은 자신들의 지배권을 이용하여 서방의 의식형태, 정치주장, 문화 관념이나 가치관을 매스 미디어나 다양한 도경을 통해 광범위하게 전파한다는 것이다. 리청주(李盛竹 2010)에서는 미국이 다국적 ICT 기업들을 이용해 일종의 "정치-기술 패권" 행위를 지속하면서 기타 국가나 지역의 자주적 발전에 방해를 조성한다고 주장한다. 또한 미국의 기술독점이 기술패권, 정보패권으로 이어지면서 정치, 문화 등 패권을 형성하며, 주요하게 IT를 기반으로 하는 다국적기업들과 인터넷이라는 가상공간을 통해 소프트파워를 전파하면서 이른바 소프트한 정복(soft-conquer)을 하려고 시도한다는 것이다. 하지만 이는 어디까지나 중국 국내 학자들이 주장하는 부분이다. 또한 중국 정부가 공개적으로 관련 주장을 피력한 적이 없기 때문에 어디까지나 조심스러운 추측에 불과하다는 한계가 존재한다.

　다음으로는 ICT 기술의 발달로 인한 인터넷 공간에 대한 다른 인식으로 보는 연구들이 존재한다(Kim and Douai 2012; 曹妤 2011). 여기서 언급하는 다름은 바로 중국의 안보에 대한 위협인식이 미국이 주장하는 '인터넷 자유'와는 상반된 이념으로 형성되어 있다는 것이다. Kim and Douai(2012)는 미국의 특징을 잘 나타내는 구글과 같은 다국적 인터넷 기업들은 언론의 자유 그리고 기타 시민의 자유를 우선시한다. 허나 중국은 정교한 통제 체계를 통해 사회질서의 유지에 훨씬 더 중점을 둔다. 따라서 미국의 인터넷 공간 또는 사이버 공간이라는 가상세계에서의 침해를 전반 사회 안정성과 통합에 대한 위협으로 간주한다는 것이다. 나아가 초위(曹妤 2011)는 미국의 IT를 기반으로 하는 다국적기업들이 인터넷 공간에서 중국의 다방면의 국가 주권을 침해함으로 인해 중국 정부는 자국의 주권과 안보 수호를 위해 인터넷 공간을 관리한다고 설명하였다. 하지만 위와 같은 연구들은 모두 단기적인 시각에서 중국이 대미 기술패권에 대해 느끼는 위협인식을 보았기에 중국, 특히는 중국 정부가 미국의 기술독점에 대한 위협인식 형성 그리고 심화과정에 대한 설명이 결여되어 있다.

결국 기존의 연구들은 미국 기술패권에 대한 중국 정부의 안보인식을 보여주는 데 많은 기여를 하였지만 주로 미국의 패권적 행동에 대한 중국의 위협인식이거나 또는 양국 사이의 근본적으로 다른 문화적, 이념적 차이로 인해 형성된 위협이라는 주장들이기에 중국 정부가 미국 다국적기업 기술패권에 대한 위협인식과 대응정도가 날로 강화되는 과정을 설명하기에는 충분치 못한 부분이 있다. 따라서 본 연구는 이러한 문제점들을 보완하고 발전시키기 위해 미국 기술독점에 대한 중국 정부의 안보인식 형성 및 강화과정을 시간의 순서에 따라 살펴보려고 한다. 또한 정보기술이 가져오는 위협을 중국은 주권에 대한 침해로 인식하기 시작하면서 미국 기술패권에 대한 견제가 커졌음을 고찰하고자 한다.

이 글은 아래와 같이 구성되었다. 우선 2절에서는 날로 발달하는 기술이 가지는 네트워크 적인 힘이 어떻게 국가 주권과 충돌하는지에 대한 분석틀을 기존의 국제정치이론 논의와 함께 제시하였다. 3절에서는 기술력 우위를 점한 행위자가 기술표준 설정 및 실행하는 과정에서 발산되는 네트워크 권력의 실체를 보여준다. 계속하여 4절에서는 미국의 기술패권을 중국 정부에서 주권에 대한 위협으로 인식하였고 그 인식이 점층적으로 강화되었음을 피력하고자 한다. 또한 5절에서는 4절의 논의를 이어 강화되는 위협인식 하에 중국 정부가 취한 대응전략들을 구체적으로 살펴보고자 한다. 마지막으로는 결론을 대신하여 본 연구는 오늘날 펼쳐지고 있는 미중의 기술패권이 가져다줄 수 있는 시사점을 제시해보았다.

II. 이론적 분석틀

정보화, 글로벌화, 민주화 등의 복합적인 변환을 겪고 있는 오늘날, 기성무대에서의 승부만으로 전체 무대의 판세를 가늠하려는 시도는 너무 단순하다고 볼 수 있다(김상배 2018). 따라서 더 이상 전통적인 군사력이나 경제력으로 간주되는 단순 겨룸으로는 승자를 가려낼 수 없는 상황으로 인해 네트워크 파워(network power)가 떠오르고 있다. Manuel Castels(2011)에서는 네트워크 파워란 사회적 상호작용을 조정하는 데 필요한 표준에서 발생하는 힘이라고 정의한다. 이러한 경우, 권력은 네트워크에서 배제함으로써가 아니라 포용의 규칙을 부과함으로써 행사된다. 여기에서의 핵심은 바로 표준(standard)이다.

　　Grewal(2008)가 비유했듯이 표준은 일종의 "티핑 포인트(tipping point)"[1]로서 양적인 축적과 더불어 질적인 변화를 초래하고 따라서 새로운 속성을 나타냄으로써 네트워크 파워가 발생한다. 따라서 글로벌 표준은 관련 영역의 임계값을 초과하는 영향력을 발휘할 수 있다.

1　　작은 변화들이 어느 정도 기간을 두고 쌓여, 이제 작은 변화가 하나만 더 일어나도 갑자기 큰 영향을 초래할 수 있는 상태가 된 단계를 말한다.

표준으로 가는 길에는 두 번의 임계점을 넘어야 하는데 그것들은 각각 가시성(visibility)과 필연성(inevitability)이다(Grewal 2008). 다시 말해 그 표준을 얼마나 많은 사람들이 알고 있으며 널리 사용되고 있는지, 또한 다른 대안 표준들을 점진적으로 제거할 수 있는 대체 불가한 특성을 지녔는지를 확실히 보여줘야만 글로벌 표준이 만들어질 수 있다는 것이다. 특정 분야에서 확립된 표준은 단순히 관련 영역 및 해당 당사자들에게만 영향을 주는 것은 아니다. 대표적으로 오늘날 전 세계적으로 가장 많이 사용되고 있는 영어를 예로 들 수 있다. 영어가 하나의 언어 영역에서의 매개표준(mediating standard)으로 진화하면서 영어를 주된 언어로 사용하는 국가들이 세계 시장의 법규 및 제도를 주도하면서 거대한 경제적 이익을 얻었다. 뿐만 아니라 해당 언어가 엘리트 수준에서의 지구적 언어로 발돋움하면서 전 세계 많은 나라 사람들이 영어를 매력적으로 느끼고 관련 국가에 유학을 가면서 전문 인재가 집중되는 효과도 보았다. 이렇듯 글로벌 표준은 다양하고 다층적인 부분에서 물보라를 형성한다. 본 연구에서 다루게 될 기술표준 역시 이러한 힘을 가지고 있다. 더불어 기술이라는 자체가 시공간을 넘나들고 축소하는 특성을 가지고 있음으로 그 파급효과는 더 엄청나다.

그렇다면 시공간을 넘나드는 기술의 발달은 국가의 주권과 어떻게 충돌되는가? 우선, 주권(sovereignty)은 국가의 의사를 최종적으로 결정하는 권력을 뜻하며 대내적으로는 최고의 절대적 힘을 가지고, 대외적으로는 자주적 독립성을 가진 국가를 일컫는다. 따라서 주권은 국가 행위자에게 있어 독립적이고 절대적인 최고의 정치적 권리이다. 주권 개념을 본격적으로 국가와 정치의 영역으로 끌어들인 것은 1576년 장 보뎅(J. Bodin)의 저서『국가론』이다. 그의『국가론』제6편에 의하면, 주권은 국가의 절대적·영속적 권력으로서 최고의 지위를 가지며 모든 법률에서 독립된 권력으로 정의되었고, 이런 권력의 존재는 국가의 본질로서 국가의 존재에 있어 필요불가결한 요소로 이해되었다.

개별 국가들에게 부여된 절대적인 주권의 등장은 1648년 베스트팔렌조약의 체결과 함께 태동한 유럽 국가들 사이에서의 국제적, 법적 질서의 확립에서 시작되었다. 베스트팔렌체제는 기본적으로 시민사회 중심이라기보다는 행정부로 대표되는 국가 중심적 시각인 정치적 장치이다(박인휘 2001). 이러한 특징 하에서 주권을 보호, 주요하게는 영토를 보호하고 지켜나가는 행위는 정부에게 전횡적인 지배를 가능케 하는 정당성을 부여하였다. 그리고 몇 세기가 지나, 주권이 가지는 개념적 구성의 역사적 변화에 주목하면서 웨버(Weber)는 주권을 구성하고 있는 내용들이 가지는 본질적인 함의는 바로 일반 국민들의 대중적 의사가 주권 개념 형성 과정에서 배제되어 있다는 점을 지적한다(Weber 1995). 하여 근대에 와서는 국민이 주권을 가진다는 국민주권설이 주장됨과 아울러 주권이 최고 독립의 권력을 의미한다는 주권개념으로 발달하였다.

이와 같이 주권은 개념의 변화를 지속해왔다. 그리고 오늘날 ICT 기술의 급속한 발전과 더불어 발생한 인터넷 공간이라는 국경이 모호한 세계가 열리면서 다시금 변화의 움직임을 보이고 있다. 사이버 공간이라는 비(非)영토적인 흐름의 발상을 바탕으로 하여 3차원적으로 파악한 '흐름으로서의 공간'을 우리는 탈지정학에 해당된다고 본다(Castel 2000). 그렇다면 지정학적인 요소가 덜한 특징을 보이고 있는 인터넷 공간에서 과연 주권이 작동될 수 있을까? 이 물음에 대한 하나의 참고 항목으로 우리는 중국을 볼 수 있다. 대표적으로 미국과 기술력 차이를 보이고 있는 중국은, 설령 인터넷이라는 공간이 경계가 모호할지라도 자국 내에서 발생하는 모든 부분은 국가의 주권에 포함됨으로 마땅히 보호하고 관리해야 되는 대상이라는 것이다. 중국 정부가 주장하는 국가 주권에 대한 기술의 위협은 이 글에서 다룰 MS, 구글, 애플 등 다국적기업들과 중국 정부의 갈등에서도 잘 드러난다.

중국 정부는 날로 발달하는 정보기술이 사이버 공간이라는 가상 세계를 통해 현실 국가에 피해를 준다고 보고 있다. 즉 인터넷은 국경이 없을지 몰라도 인터넷을 사용하는 네티즌들은 모두 국적을 갖고 있기에 국경이 존재하며 따라서 그들에게 발생하는 위협은 모두 국가 주권에 포함된다는 것이다. 나아가 인터넷을 포함한 ICT 기술 역시 기술 자체로는 국경이 없을지 몰라도 그것을 만들어낸 행위자와 그러한 기술을 사용하는 행위자는 국경이 존재함을 피력한다. 대표적으로 MS가 소스코드 비공개 전략을 통해 중국 시장에서 기술 독점을 이용해 벌인 여러 가지 횡포를 기술이 국가 주권에 대한 침해로 간주하면서 강하게 비판했으며, 구글의 2010년 중국 철수 사건에서도, 구글의 철수는 결국 중국 정부가 요구한 정보에 대한 검열 약속을 지키지 않음으로 인해 국가의 불안정을 초래하여 국가 주권을 침해하였다고 간주하였다. 나아가 애플의 데이터 서버를 중국 내에 보관토록 요구한 부분 역시 자국민이 생산한 데이터이므로 주권 관할 권내에 속해 데이터 주권으로 명명하기도 하였다. 결국 인터넷 공간이라는 국경이 불분명하고 시공간이 압축된 가상 세계일지라도 자국 국경 내에서 일어나는 모든 부분들은 대내적 주권에 포함되므로 그에 따른 지배력을 행할 수 있으며, 이러한 독립적인 영향력 구사는 "불간섭 원칙"에 따라 대외적인 간섭을 의식할 필요가 없다는 것이다.

이 글에서 위와 같이 중국 정부의 기술이 국가 주권에 끼치는 영향을 살펴보면서 중국의 대내외적인 "주권"과 "불간섭 원칙"에 대한 강력한 주장은 자국의 안보를 확보하기 위한 간주관적 이해의 결과라고 보고 있다. 따라서 중국 정부는 미국의 기술패권이 가져다주는 안보적 위협 인식을 주권과 안보가 개념적 상호의존성을 지닌다는 점을 기반으로 국가 주권에 대한 침해로 인식하고 그에 상응한 전략 방안을 구사하고 있음을 알 수 있다.

III. 미국 기술패권 현황

기술패권으로 가는 길에 필요한 요소는 무엇인가? 바로 표준이다. 실제로 중국에서는 "삼류 기업은 제품을 팔고, 이류 기업은 기술을 팔며, 일류 기업은 표준을 판다"는 말이 있다. 이는 표준 획득의 중요성을 잘 보여준다. 그리고 21세기 정보혁명은 기술표준의 중요성을 거듭 강조하고 있다. 후사사(湖沙沙 2014)에 의하면 기술표준은 국가 주권의 경제 영역에서의 연장선이자, 국가가 실시하는 비관세 장벽의 중요 수단으로 간주된다고 한다. 따라서 시장 발전이 수요하는 핵심 기술에 대한 표준을 제정하는 자가 그와 동시에 치열한 정보기술 시장에서의 주도권 획득, 거대한 시장 점유율과 경제이익을 얻게 되며 나아가 국가와 산업의 안전을 도모할 수 있다.

중국은 1970년대 개혁개방을 실시하면서 빠르게 성장했지만 선도부문에서 취약한 모습을 보여왔고 관련된 국가 정책 제도도 아직 성숙되지 못한 상황이다. 더불어 21세기에 들어서면서 징보산업의 글로벌화는 중국의 정보산업 발전에 새로운 도전과 일련의 곤란을 가져다주었으며 동시에 정보 안전과 국가 안전 문제를 야기하였다. 특히, 미국 ICT 기업들의 인터넷 또는 사이버 공간으로 통하는 중요한 기술과 산업의 독점 운영은 중국에게는 커다란 사회적 압력을 가져다주었다.

1. MS의 윈도우 운영체제

가장 먼저 MS의 운영체제 분야의 기술패권 현황을 들 수 있다. 1992년 MS는 중국에 정식으로 진입하면서 DOS라는 시스템을 수출하였다. 이후 MS는 DOS 시스템의 우위와 소스코드 비공개라는 전략을 통해 MS-윈도우로 전환하면서 관련 시장 분야에서의 독점 지위를 차지하였다. 더불어 MS의 PC 분야에서의 기술독점은 중국 내 서비스 시장의 독점으로부터 시작하여 다양한 분야에서 영향력을 펼쳤다.

　우선 1998년, MS가 운영체제 분야에서의 기술독점을 이용해 중국의 서비스 시장 장악을 시도해봤던 비너스 프로젝트(Venus Project) 사건이 있다. "비너스 프로젝트"는 오직 중국 시장을 위해 개발되어 왔다. 비너스 프로젝트는 셋톱박스(set-top-box)를 인터넷을 접속할 수 있는 미래형 TV의 필수 설비로 사용하여 관련 가전제품을 연결하고 제어할 수 있도록 하는 방안이었다. 당시 MS의 비너스 프로젝트는 중국 시장을 겨냥한 것이었기 때문에 그 특징은 주요하게 간략화와 저가였다. 그렇다면 중국 소비자들의 수입 수준을 고려하여 진행된 이 프로젝트를 통해 당시 MS가 얻고자 했던 건 무엇이었을까? "중국 가정용 컴퓨터 시장조사보고"에 따르면 1997년 10월까지 중국의 2.45%의 도시 가정이 가정용 컴퓨터를 가지고 있었고 총 수량은 153.1만 대에 불과했다. 이는 같은 시기 미국 가정용 컴퓨터 보급률이 55%에 도달한 데 비하면 미미한 수준이었다(新浪网 1999.3.23).

　중국의 실정은 MS에게는 기회였다. 중국은 세계 최대의 가전제품 시장이었고 또한 낮은 컴퓨터 보급률을 가지고 있었기에 사실상 중국 시장의 개척은 MS로 하여금 거대한 이익을 창출할 수 있는 좋은 조건을 갖추고 있었다. 당시 MS의 이 프로젝트에는 PC, VCD 그리고 가

전제품의 생산제조 업체들만 포함되어 있었고 가장 중요한 서비스 담당 업체가 없었다. 즉 MS가 프로젝트를 통해 최종적으로 얻고자 하는 건 인터넷 콘텐츠와 서비스 범위를 더욱 방대한 케이블TV 사용자로 확대시킴으로써 미래 인터넷 뱅킹의 중개상, 소프트웨어와 서비스의 통제중심, 전자상거래 영역에서의 지배력을 확보하기 위한 데 있었다 (新浪科技 1999.11.12). 이는 MS가 당시 PC뿐만 아니라 운영체계 기술을 통해 관련 서비스 분야에서의 중국 내 독점 지위를 얻고자 한 시도로 볼 수 있다. 만약 MS가 중국 내 하드웨어와 소프트웨어를 공제함과 동시에 중국 정보서비스 시장이 개방되면 전반적인 셋톱박스를 비롯한 관련 서비스 시장이 MS의 통제범위에 들어가게 되는 것이었다. 이후 "비너스 프로젝트"는 관련 서비스 시장에서의 독점 가능성을 제기하는 중국 내 학자 및 전문인들의 반발에 성공을 거두지 못하였지만 시도 자체만으로도 기술독점이 뻗어갈 수 있는 영역이 넓다는 것을 보여주었다.

　다음으로는 기술독점이 지식재산권 독점으로 이어진 사건들을 보겠다. MS는 소스코드 비공개라는 폐쇄형 전략을 펼치면서 PC 운영체제 분야에서 독점 지위를 차지하였다. 결국 윈도우 운영체제는 중국 등 개도국들에게는 넘기 어려운 기술 장벽을 형성하였고 중국을 비롯한 개도국에서는 일반 PC 사용자는 물론 국가 정부 부문에서도 MS의 운영체제를 공공용 PC에 결합하여 사용하였다. 문제는 당시 MS가 전 세계적으로 시스템 균일징가 전략을 실시하였기에 정품 시스템은 가격적인 측면에서 중국과 같은 개도국 소비자들에게 부담을 안겨줬고 따라서 불법복제 현상이 출현하기 시작하였다. 이러한 현상이 반복되고 확산되면서 당시 MS는 중국의 불법복제 현상을 타파하고자 일명 "도둑잡기" 방식을 취하였다.

우선, 시스템의 정가가격을 해적판 버전과 비슷한 수준으로 대폭 하락하는 방법을 취함과 동시에 일부의 지방정부, 학교 그리고 PC방들과 연합하여 불법 복제 사업을 조사하였다(环球财经 2006.04.19). 따라서 MS가 조사를 실시한 일주일 동안, 많은 중국 국내 기업들이 MS 법률부로부터 MS의 정품 시스템을 즉각 구입하라는 통보를 이메일을 통해 받았고, 메일 내용에는 일부 기업의 소프트웨어와 컴퓨터 사용 기기의 수량을 상세히 열거하는 등 내부 정보가 대량 포함되어 있었다(环球财经 2006.04.19). 이는 MS가 기술표준 및 독점 운영체계를 통해 불법적으로 정보를 수집, 개인의 정보 안전을 엄중하게 위협한다는 중국 소비자들의 질타를 받았지만 일종의 지식재산권을 수호하기 위함이라고 해명하였다.

이 외에도 MS는 운영체제에서의 기술독점이라는 점을 이용해 끼워 팔기(Tying)와 번들링(Bundling) 전략을 펼쳤다. MS의 경우 윈도 시스템을 구입할 때 IE(internet explorer)브라우저를 끼워서 파는 형식으로 끼워 팔기 전략을 펼쳤다. MS의 이러한 전략들은 궁극적으로 소비를 늘리기 위함을 목적으로 두고 있었다. 당시 MS가 관련 애플리케이션 정보를 완전히 공개하지 않았기 때문에 겸용성 문제가 존재하였고 결국 각 국가에서 자체적으로 만든 관련 애플리케이션을 윈도 시스템에 결합해 사용할 수가 없었다.

위와 같은 사건들의 발생의 시발점은 결국 MS의 기술표준을 통한 기술독점에 의한 것이었다. 거듭 말했듯이, MS는 시종일관 폐쇄형 전략을 구사하였기에 관련 PC 기술에 대한 접근이 어려웠고 결국 기타 국가들에게 기술 장벽을 형성하였다. 뿐만 아니라 MS의 기술독점 현상은 지식재산권 남용과 약탈적 가격책정 문제로 이어졌다. 개도국들에게는 자체적 기술발전 저해, 전문인재 부족, 과학연구 분야에서의 낮은 수준의 결과물이라는 어려움이 공존하면서 불공평한 국제경쟁 국면에서 상응한 이익을 얻기란 쉽지 않았다. 결국 MS의 기술독점으로 인한 행위는 기술패권으로 이어졌다고 볼 수 있다.

2. 구글의 검색엔진과 모바일 운영체계

21세기, 글로벌화의 급속한 발전과 더불어 인터넷 시대가 열렸다. 스마트폰의 확산부터 태블릿 PC 등 지능형 전자제품이 지속적으로 등장하면서 관련된 검색엔진 시장도 확대되었다. 하루에도 수많은 인터넷 기업들이 문을 열고 또 닫는다. 이와 같은 치열한 경쟁에서 세계 검색엔진 시장의 최고를 굳건히 유지하고 있는 기업을 꼽으라면 단연코 구글일 것이다. 세계 제1의 검색엔진 사이트로 1998년 7월에 설립된 구글은, 현재 세계 여러 나라에 자사를 설립하였다. 2019년 3월 Stat-Counter에서 내놓은 데이터를 기준으로 구글은 전 세계 검색 서비스 시장에서 약 91%라는 어마어마한 점유율을 소유하고 있다. 이는 단순히 구글의 검색 서비스 시장에서의 독보적인 지위를 보여줄 뿐만 아니라 기술 또는 서비스 관련 분야에서 구글이 엄청난 능력과 매력을 겸비하고 있다는 것을 말해준다.

　　인터넷 검색서비스 산업을 비롯한 혁신 IT 분야는 그 특성상 선점 효과가 뚜렷하여 선도 사업자에 의한 시장력 확보 가능성이 매우 높은 분야로 지목되기도 한다(최난실헌 2015, 99). 구글이 압도적인 시장 점유율을 가짐으로써 다른 검색엔진 기업들(야후, bing)의 역전을 기대하기가 어렵다. 또한 대규모 플랫폼 사업자는 자본력, 브랜드 인지도, 기존에 영위하던 사업과의 시너지 효과 등을 바탕으로 하여 장기적으로 더 큰 시장을 독점할 우려가 있으므로 해당 산업분야에 대한 진입

장벽은 더욱 높아질 가능성이 있다(최난설헌 2015). 따라서 현재 세계
적으로도 3-4개의 기업이 과점시장을 형성하고 있으며, 검색엔진 시
장에의 신규 진입은 현실적으로 쉽지 않다(조성국·이호영 2015). 결국
구글은 이와 같이 관련 시장 진입의 어려움과 독보적인 기술력을 통해
검색 서비스 시장에서의 지배적 지위를 가지고 있다.

  엄청난 기술력과 매력을 겸비한 구글이 2006년 1월, 중국 시장 진
출을 선언하였다. 당시 중국 내 인터넷 사용자 수가 많은 편은 아니었
지만 지속적인 성장률과 13억이라는 잠재적이지만 거대한 시장이 존
재하였기에 예상이익은 실로 엄청났다. 구글의 자칭 기업 도덕적 고점
에도 불구[2]하고 '중국에서의 기회가 저항할 수 없을 만큼 중요한 것으
로 판명됐다'는 점을 고려해 구글의 사업이익이 동기의 중심에 있다고
밝혔다. 여러 문제점들이 있었지만 구글은 계속하여 중국에 대한 검색
서비스를 제공하였고 꾸준한 성장 아래 2009년에 이르러 중국 검색시
장에서 32.7%의 점유율을 보였다.[3] 구글은 중국 내 경쟁사인 바이두
(百度)와 비교했을 때 점유율 및 성과는 약세를 보였지만 두터운 지지
층이 존재하였기에 지속적인 시장 확대를 이어나갈 수 있었다.

  하지만 인터넷이 가져온 다용성과 편이성 이면에는 국가와 비국
가 행위자 사이에 상호 의존의 심화로 인해 새로운 마찰을 형성하였
다. 2009년 12월, 중국 인권운동가 두 명의 구글 메일 계정과 구글 인
프라가 해킹 당한 사실이 밝혀지면서 구글은 관련 사례의 배후로 중국
정부의 개입 의혹을 제기하였다. 더불어 구글 CEO 에릭 슈미트는 이

---

2 당시 중국 당국의 검색 심사제도 등 언론자유 제한조치를 받아들인 구글의 선택에 대해
   많은 비난이 제기되었다. 관련 자료로는 Brenkert(2009, 61-66)을 볼 것.

3 中国互联网络信息中心(China Internet Network Information Center, CNNIC). 2009.
   『2009年中国搜索引擎用户行为研究报告』. (http://www.cnnic.cn/hlwfzyj/hlwxzbg/
   ssbg/201206/t20120612_27459.htm)

와 같은 상황이 지속될 경우 중국에서 검색서비스 중단 및 철수하겠다
고 언급하면서 중국 정부에 대한 불쾌감을 드러냈다.[4] 그리고 다음해
인 2010년 1월, 힐러리 미 국무장관이 인터넷 검열은 인권을 부정하는
행위라며 중국을 인터넷 자유가 없는 나라로 지목하고 중국 정부의 인
터넷 검열을 정면으로 비판[5]함으로써 양국 정부가 정면 대치하는 보다
복잡한 양상으로 발전되었다. 구글 철수라는 카드를 놓고 중국 정부,
구글, 미국 정부의 팽팽한 신경전이 지속되는 가운데 구글은 2010년 3
월 23일, 구글 자사의 중국 사이트를 홍콩으로 옮기는 형태로 중국 시
장에서 검색 사업 부문을 철수한다고 공식적으로 발표하였다.

　　구글의 득세는 검색엔진에서 그치지 않았다. 구글은 명실상부한
모바일 운영체제 안드로이드를 가지고 있다. 애플의 iOS 운영체제와
양대 산맥을 이룬다고는 하지만 안드로이드 시장점유율이 iOS보다 압
도적으로 많은 건 주지의 사실이다. 구글은 안드로이드를 중심으로 이
미 모바일 운영체제 생태계를 구축 완료한 상태이며, 삼성, 화웨이,
LG 등의 많은 곳에서 안드로이드 단말기를 쓰고 있다. 최근 화웨이에
공급하고 있던 안드로이드 모바일 OS를 구글이 중지하면서 화웨이는
부득불 자체적인 모바일 운영체제 개발을 촉진해야 되는 상황에 이르
렀다.

---

4   관련 내용은 "A new approcah to China." Jan. 12, 2010을 참조하라. (https://google-blog.blogspot.com/2010/01/new-approach-to-china.html)

5   Clinton, Hillary(January 21, 2010). "Remarks on Internet Freedom." A Speech de-livered at The Newseum, Washington, D.C. (http://www.state.gov/secretary/rm/2010/01/135519.htm)

3. 애플의 클라우드 서비스

전 세계는 인터넷 시대를 지나 서서히 빅데이터 시대로 진입하고 있다. 데이터는 정보화의 산물로서, 정보기술 자체를 넘어서, 새로운 전략자원으로 부상하고 있다. 따라서 일단 데이터가 경쟁 대상에게 장악이 되면, 우리의 안전과 이익은 언제든지 위험에 노출될 수 있다. 결국 데이터 안전은 빅데이터 시대 국가 안전의 가장 핵심적인 부분 중 하나로 거듭나고 있다. 현재까지의 상황으로는 데이터 분야에서도 미국의 다국적 IT 기업들이 선두 역할을 하고 있다. 앞서 언급한 MS, 구글은 물론 아마존 그리고 애플까지 내로하는 다국적기업들이 모두 이 사업에 막대한 자금을 투자하고 있다. 아직 PC와 검색엔진 단계에서처럼 독점기업이 뚜렷이 보이진 않지만 빅 브라더를 꿈꾸는 애플, 아마존, 구글 등 기업이 현재는 우세적 위치를 점하고 있다.

사실 애플은 MS, 구글, 아마존보다는 시장점유율이 크진 않다. 하지만 애플은 2011년 자사의 콘텐츠를 원활히 서비스하기 위한 기반 서비스를 제공하기 위해 아이클라우드 전략을 발표하면서 점차 자신만의 색을 찾아갔으며 최근 젊은 세대들이 애플 기기를 많이 사용하면서 클라우드 부분에서의 시장점유율을 부단히 올리고 있는 상황이다. 특히 중국 시장에서 애플의 클라우드 서비스가 많은 사랑을 받고 있는데, 2010년 구글이 중국 철수로 인해 이미지 타격을 받으면서 많은 사용자들이 애플로 갈아타기도 했다. 또한 기존 클라우드 강세인 아마존은 중국 현지화에 실패하면서 애플보다 저조한 성적을 보이고 있다.

그러나 애플은 구글, 아마존 등과 다르게 중국에서 나름의 강세를 보이고 있다. 애플이 중국에서 환영받고 사랑받는 이유 중 하나는 바로 클라우드 서비스를 장착한 아이폰이 중국 젊은 세대들의 마음을 사로잡았기 때문이다. 실제로 전 세계에서 판매되는 아이폰 약 2억 대 중 5,000만 대가 중국에서 팔리고 있는데 그만큼 아이폰에 장착된 아이클라우드 서비스가 중국 내에서 광범위하게 사용되고 있다는 것을 보여준다. 아이폰은 심플하고 세련된 디자인은 물론 클라우드 서비스가 용이하게 되어 있어 사용자로 하여금 빠른 습득을 하도록 도와준다.

하지만 순조로웠던 애플이 2013년 "스노든 사건"[6]에서 개인정보를 비롯한 사용자 데이터를 미국 FBI와 NSA에 제공 및 사용된 점이 밝혀지면서 여러 국가들은 애플 본사에 데이터 현지화(data localization) 문제를 거론하였고 동시에 요구하는 사건이 있었다. 러시아, 브라질 등을 포함해 주요한 감시 대상국으로 중국이 포함되면서 당시 외교부 쩌우이(周一)는 "미국은 국제사회와 각국 국가 사람들의 본 사건에 대한 관심과 요구에 주목해야 하며 국제사회에 필요한 설명을 제공해야 한다"라고 표명하였다(央視网 2013.06.19). 또한 2014년 한 해 동안 중국 정부는 16번의 외교부 관례 기자회견에서 사이버 해킹과 안보에 대한 질문에 시종일관 "중국은 사이버 해킹의 최대 피해국이다. 사이버 안보를 위협하는 모든 형식의 사이버 공격과 해킹 행위를 반대한다" 라는 점을 적극 어필하였다(人民网 2014.12.25).

애플사의 아이클라우드 데이터는 단 대 단 암호화(End-to-end Encryption; 端对端加密)[7]로 되어 있기에, 많은 전문가들이 데이터에

---

6   2013년 미국 정부가 구글, 마이크로소프트, 애플 등 자국 IT기업과 통신회사에 프리즘(PRISM)이란 프로그램을 설치해 세계의 모든 온라인 통신 내용과 개인정보를 무차별적으로 감시하고 있다는 사실이 전직 CIA 요원인 에드워드 스노든의 폭로로 인해 드러났다.

7   단 대 단 암호화(End-to-end Encryption; 端对端加密)는 암호화 방법 중의 하나로, 메시지를 암호화해서 전송하고 최초 도착하는 노드에서 복호화한 다음 다시 암호화해서 전송하는 방식. 모든 중간 노드를 통과할 때는 복호화, 암호화 과정을 거친다. 온라인 암호화라고도 한다. (출처: IT용어사전)

대한 우려가 외부의 해킹 공격에만 국한된 것이 아니라 정부에 대한 우려라고 지적하였다. 중국 정부는 이와 같은 위협을 인지한 후 관련 입장표명에 그치지 않고 2015년 7월에는 "네크워크안전법 초안(网络安全法草案)"을 발표하면서, 인프라 운영자가 공민의 개인정보 등의 중요 데이터를 수집하는 과정에서 중요한 핵심 데이터에 대해 국지화를 요구하는 내용을 담았다. 당시 이러한 중국의 데이터 국지화 조치에 대해 세계적으로 많은 논란이 있었다. 일부 학자들은 데이터 현지화에 대한 입법은 새로운 무역장벽을 형성한다면서 데이터 민족주의라고 언급하면서 전반 경제체계에 엄중한 위험을 조성한다고 하였다 (Chande, 2015). 하지만 중국 정부는 시종일관 데이터 현지화는 자국의 국가 안전과 사회 안정을 위해 필요한 절차라고 입장을 취하면서 양자 사이에 팽팽한 긴장감을 조성하였다.

IV. 중국 정부의 안보인식

1. 기술주권에 대한 위협

앞서 소개한 일련의 사례들은 중국으로 하여금 기술의 중요성과 기술 표준이 가지는 힘을 일깨워 주었고, 동시에 표준을 가진 독점기업이 시장에서 일으키는 파급력과 영향력을 체감할 수 있게 만들었다. MS가 기술독점으로 인해 펼친 서비스 시장에 대한 독점 시도, 지식재산권 남용 등은 중국의 경제발전과 시장발전에 모두 제약을 걸었을 뿐만 아니라 중국 정부로 하여금 자국의 기술주권이 침해당한다는 위협인식을 형성하게 하였다.

우선 1990년대 중국 시장에 진출한 MS가 기술독점을 이용한 사례들은 중국 정부로 하여금 자국의 기술주권이 위협을 받는다는 안보 인식을 형성하였다. 초기의 윈도우 3.x를 비롯하여 당시에 비교적 널리 사용되었던 윈도우 95/98, 윈도우 NT의 시스템의 바이러스 침투와 해킹의 안전상의 문제가 지속적으로 제기되었다. 또한 1998년, 캐나다에서 폭로한 미국의 정보안전국이 MS 시스템에 백도어를 남겨 도청을 진행한 "NSA 비밀키(密钥)" 사건은 다시 한 번 기술에 대한 경각심을 높여주었다. 이와 같은 배경 하에, MS가 중국시장 진출 후 발생한 사건들은 중국 정부로 하여금 기술에 대한 위협인식을 증가시키는 계기를 마련해주었다.

앞서 말했듯이 MS는 소스 비공개라는 폐쇄형 전략을 실시하였고 따라서 관련 코드에 대한 정보가 없었기에 해킹에 대한 의구심을 가지고 있는 상황에서 "해적판 도둑잡기"와 "블랙사건"은 중국 정부로 하여금 기술의 주권에 대한 위협인식을 증폭시켰다. 먼저 해적판 "도둑잡기"가 진행되었을 때 공창오픈소스소프트웨어회사(共创开源软件有限公司) CEO인 초둥(曹冬)은 "MS는 운영체계에서 소스를 공개하지 않은 것과 더불어 운영체계에 백도어(backdoor)를 남겼다. 이러한 백도어는 사용자가 일단 인터넷에 접속하기만 하면 손쉽게 사용자의 시스템에 진입을 할 수 있게 만든다. 동시에 이러한 침입은 사용자들이 모르는 상황에서 진행되는 것이다. 목전 유행하는 일련의 바이러스가 실질상으로 이러한 백도어를 이용하여 사용자 시스템에 침입하는 것이다. 따라서 MS 역시 이러한 백도어를 사전에 남긴 것을 이용하여 해적판을 없애려는 행동이다"라고 꼬집었다(环球财经 2006.04.19). 중국 국가저작권국 옌샤오홍(阎晓宏) 부국장 역시 "MS를 비롯한 각종 조직과 기관의 정당한 권리 보호에 대해 당국은 이해와 지지를 표하지만, 이 과

정에서 취하는 방식과 조치에 대해 주의 할 필요가 있다. 권익을 보호
하기 위한 조치는 적당해야 하며 그 정도가 지나치는 것은 안 된다"라
고 언급하였다(凤凰资讯 2008.10.27).

　　당시 MS의 윈도 시스템이 중국 내 시장점유율 90% 이상을 차지
하였기에 만일 미국과의 갈등이 발생하였을 경우 자국의 정보안전은
물론 기초시설 붕괴와 근본적으로 국가안보에 위협을 가한다는 가능
성이 제기되었다. 이렇듯 기술독점이 국가안보 문제를 야기하는 것에
대해 중국 정부는 자국의 주권 침해로 이어진다는 인식이 두텁게 깔려
있다는 것을 알 수 있다.

2. 정보주권에 대한 위협

중국 정부는 검색엔진 분야에서의 거두 구글이 중국 시장에 진입하고
철수하는 과정을 통해 인터넷이라는 공간을 통한 통제의 어려움을 느
끼는 동시에 관련 서비스가 자국의 정보주권을 엄중히 침해한다는 주
장하였다.

　　그렇다면 중국에 있어 정보주권이란 무엇을 의미하는가? 정보주
권은 국가주권의 개념에서 진화되어 온 것으로서 정보화시대 국가주
권의 중요한 구성부분이다. 따라서 한 국가가 당국의 정보전파시스템
과 전파데이터 등 내용에 대해 자주적으로 관리할 권리가 있다. 정보
주권은 세 가지 방면의 내용을 포함하는데 첫째, 국가 정보자원을 보
호, 개발 및 이용할 권리가 있다. 둘째, 외부의 간섭을 받지 않고 자주
적으로 본국의 정보 생산, 가공, 저장, 유통 및 전파체제를 확립할 권
리가 있다. 마지막으로, 국가가 본국의 정보를 수출하고 외국 정보를
유입하는 것에 대해 관리 및 감독할 권리가 있다. 이와 같이 중국은 기

본적으로 정보를 생산해내는 주체가 중국 인민들이고, 또한 정보를 전파하는 기반시설이 중국 내에 위치하여 있음으로 마땅히 주권 내에 속한다는 주장이다. 나아가 오늘날 중요한 정보 전파 수단인 인터넷으로까지 주권의 범위가 확대되고 있고 이는 결국 네티즌, 관련 인터넷 기반시설, 중국에 소재하는 인터넷 기업들까지 모두 주권의 관할권 내에 속한다는 것이다.

2010년 구글의 중국 시장 철수 사건이 바로 이러한 중국 정부의 정보주권에 대해 견고하게 수호하려는 의지를 확인한 대표적인 사례라 볼 수 있다. 당시 중국은 구글과 서방 언론이 주장하는 집중된 인터넷 검열과 정보 자유 제한에 대한 중앙으로부터 "디지털 폭정"이라는 꼬리표를 달게 되었다. 또한 구글이 중국의 인터넷 검열과 감독 제도를 이유로 시장 철수의 원인을 피력하면서 중국에게 무책임한 비난의 화살을 돌렸다는 것이 중국의 입장이다(曹妤 2011). 따라서 구글이 철수를 선언한 지 5개월이 지난, 2010년 6월 8일, 중국 국무원신문판공실에서는 "중국인터넷정황"이라는 백서를 처음으로 발표하였으며, 그중 인터넷 안전에 대해 부분적으로 언급하는 내용을 담았다. 주요 내용으로는 "중화인민공화국 국경 내 인터넷은 국가 중요 기초설비로서 중국 주권 관할 범위에 속한다. 따라서 중국은 인터넷 주권을 보호해야 되며 존중받아야 된다"고 명시하면서 더욱더 인터넷을 통한 정보주권 보호에 노력을 기울였다(《中国互联网状况》白皮书 2010).

중국은 2010년 "인터넷정황" 발표를 시작으로 반복적으로 정보주권에 대한 언급을 지속해왔다. 2014년 브라질 국회연설에서는 시진핑 국가주석이 "날로 발달하는 인터넷 기술로 인해 인터넷 공간이 국가 주권, 안전, 발전 이익에 새로운 도전을 가져다준다… 그러나 인터넷 기술이 어떠한 정도로 업그레이드되든 관계없이, 절대로 정보주권을 침범해서는 안 된다"라고 언급하였다(人民网 2014.7.18). 나아가 2015년 중국에서 열린 제2회 세계인터넷대회에서 시진핑 국가주석은 "과학은 국경이 없지만 과학자는 국경이 있는 것과 마찬가지로, 인터넷 역시 국경은 없지만, 인터넷 공간은 주권이 존재한다… 따라서 인터넷 주권을 존중해주시길 바란다"고 언급하면서 다시 한 번 중국 정보주권 나아가서는 정보를 전파하는 인터넷 공간에 대한 주권담론을 강조하기도 하였다(中国新闻网 2015.12.16).

3. 데이터주권에 대한 위협

클라우드(Cloud)[8]는 웹메일, Office 프로그램을 포함한 소프트웨어, 플랫폼 그리고 서버, 네트워크를 비롯한 인프라 등을 아우르는 방대한 IT 자원을 가리킨다. 클라우드 컴퓨팅은 정보의 소유와 관리를 분리하기 때문에 운영의 효율성을 제고한다(이용수 2011, 43). 그러나 좀 더 엄격한 잣대로 말하자면 정보의 공유 및 소유를 말하기보다는 클라우드 서비스 주체인 기업들이 주도권을 가지고 관련 정보의 소유 및 관리를 통합한다고 볼 수 있다. 이유는 다중 백업 정보와 데이터베이스의 소유와 관리는 클라우드 서비스 주체의 영역이고 권한이기 때문이다. 따라서 빅데이터 시대로의 진입을 앞두고 개인정보를 비롯한 자국 내 국민들과 정부의 데이터 보호의 중요성을 느끼면서 데이터주권을 주장하면서 애플의 데이터 현지화를 이루어내기도 했다.

　가상화와 클라우드 컴퓨팅은 물리적 IT 인프라를 단순화하고 과다한 비용을 줄이는 효과를 가져다주었지만 관련된 보안 위협도 동시

8　기업 내에 서버와 저장장치를 두지 않고 외부에 아웃소싱해 쓰는 서비스를 의미한다. 빅데이터를 클라우드로 관리하면 분석과 활용이 용이하다. (출처: 한경 경제용어사전)

에 존재한다. 중요하게는 클라우드의 주체의 인터넷 기반 기업들이 디도스(DDoS) 공격과 같은 해킹 공격을 받게 되면 절대로 유출되어서는 안 되는 데이터와 보안문제가 발생하며, 나아가 클라우드 서비스가 제대로 작동되지 않을 위험을 갖고 있다. 더 많은 인프라를 이전하는 것은 인터넷 기반의 서비스 업체에 대한 디도스 공격을 강화하고 있는 해커들로 인해 사용자의 보안 또한 위험해지고 있다. 2010년 5월 구글의 서비스 장애가 발생하자 구글의 클라우드 기반 비즈니스 애플리케이션에 의존하는 기업들은 혼란에 빠지고 말았다. 그 사고가 해커로 인한 것이 아니었지만 사이버 범죄자가 나쁜 목적으로 클라우드를 활용하는 방법을 모색하고 있다는 징후가 더 많았기 때문이다. 이렇듯 클라우드 서비스는 많은 사용자의 데이터를 대형 서버에 모아놓고 처리하기 때문에 이 서버가 해킹을 당하면 대규모의 개인, 기업정보 유출 사태로 이어질 수밖에 없는 위험이 존재한다.

데이터주권은 누구나 접근할 수 있는 클라우드를 통한 데이터나 애플리케이션의 소유권이 어느 나라에 귀속되는가 하는 문제이다. 숨어 있는 2차적인 백업서버의 위치, 존재조차도 알 수 없는 휴면 데이터베이스 전용서버 문제 등이 글로벌 데이터전쟁 논란의 핵심 사안이 될지도 모른다. 클라우드의 일반화로 데이터주권 문제가 국제법 무대의 뜨거운 이슈로 떠오르고 있다. 애플, 아마존, 구글 등 글로벌 IT 업체들은 이용자 정보가 큰 경쟁력이라는 판단으로 데이터센터 확충에 열을 올리고 있다. 하지만 애플, 구글 등 글로벌 IT 업체들이 클라우드 컴퓨팅에 기반한 서비스를 시작하면서 이용자 정보가 미국, 일본 등으로 흘러가고 있지만 서버가 외국에 위치하고 있어 해킹을 당하면 마땅한 대책이 없다. 애플이 수집한 것으로 알려진 전 세계 아이폰 이용자들의 위치정보를 포함한 각종 정보도 미국 데이터센터에 저장돼 있다.

그리고 2013년 전 세계를 떠들썩하게 만들었던 스노든 사건이 폭로되면서 중국을 비롯한 이해 당사국들은 데이터의 중요성과 위협을 인지하였고 애플을 비롯한 해당 다국적기업에게 데이터 현지화를 요구하였다. 이와 같이 중국은 인터넷 공간에서 벌어지는 부분들을 모두 국가주권에 대한 위협으로 간주하고 있다.

문제는 모두 단일한 공간에서 벌어지는 현상들로서 기술주권, 정보주권, 데이터주권 등 다양한 주권 형식이 내포하고 있는 내용이 다소 겹치는 한계점이 존재한다. 그럼에도 불구하고 중국 정부는 미국 다국적기업들의 기술독점을 두고 '기울어진 운동장'에서 자국의 안보를 수호할 수 있는 최선의 방어책으로 국가 주권수호를 내세우면서 관련 대응책을 구비하고 있다.

V. 중국 정부의 대응전략

중국은 단기간 내 기술 차이를 따라잡기에는 무리가 있고 사실상 정부가 자체적인 안보 기준을 모색해나가는 것에 중점을 두고 대응하는 것이 주된 전략이다. 중국 정부는 MS의 중국 시장 진입 후로부터 MS의 기술에 대한 백도어(backdoor) 설치 의혹과 그에 따른 기술주권에 대한 위협, 구글과의 갈등에서 보인 정보주권에 대한 위협인식, 나아가 애플을 비롯한 다국적기업을 대상으로 데이터주권을 수호하기 위한 노력을 기울였다. 중국 정부는 주로 육성과 보호라는 두 가지 대응전략을 가지고 관련된 조치를 취하였다. 아래에는 이와 관련해 중국 정부가 펼친 정책적인 지원과 법률적 규제 조치들을 살펴보고 그에 따른 실질적 사례 및 해당 효과와 한계점에 대해 다뤘다.

1. 대항표준 설립 시도: 홍치(紅旗) 리눅스

기술로 인한 정보 안전과 국가주권이 위험에 노출된다는 인식이 증가될수록 중국 정부는 관련 기술표준에 대한 거부감을 보이면서 기술표준에 대한 수용을 거부하고 관련된 독자적인 표준을 만들려는 일종의 반항적인 모습을 보였다. 당시 MS의 윈도 시스템 소스 비공개라는 전략이 국가의 산업 전반에 있는 데이터와 정보안전에 위협을 가한다는 인식과 IT 분야에서 자체의 OS와 CPU(Central Processing Unit)가 없는 것이 정보산업의 문제로 제기되었다. 따라서 MS의 운영체제를 대처할 수 있는 독자적인 표준이 필요하다는 인식 아래 오픈소스 개발에 박차를 가했다. 그 대표적인 사례가 바로 중커홍치(中科紅旗, 이하 홍치) 리눅스(Linux)이다.

 1998년 리눅스가 중국에 진출하면서 중앙으로부터 시작하여 각 지방정부에 이르기까지 모두 국산 리눅스의 지지를 목적으로 각종 정책과 정부 구매 등 도경을 통해 리눅스의 응용과 발전을 촉진시키려 했다(周殷华·范璐·沈小白 2008). 그리하여 홍치로 하여금 전자정보 발전 기금 프로젝트(电子信息发展基金项目), 863계획(863计划), 국가과학기술 공관계획(国家科技攻关计划), 그리고 베이징 과학기술위원회와 국가경제무역위원회 등 정부기관의 중점 소프트웨어 프로젝트를 도맡아 하게 하였으며 나아가 863계획 소프트웨어 중대 프로젝트가 지원하는 '중국어 Linux 및 사무용 소프트웨어에 관한 표준 및 규범(中文Linux和办公软件相关标准与规范)'에 주요 멤버로 참여할 수 있는 기회를 제공해 주었다(周殷华·范璐·沈小白 2008).

 또한 중국 정부는 홍치의 지원 조치에 대해 자금 지원뿐만 아니라 시장 지향적 역할을 발휘하였다. 즉, 국산 리눅스의 보급에 유리한 외부환경을 조성하기에 심혈을 기울였다. 이 기간 동안 중국 정부는 전국적인 범위 내에서 소프트웨어의 정품 보급 추진과 이와 배합되는 '정부구매법(政府采购法)', '소프트웨어 정부 구매 관리방법(软件政府采购管理办法)'을 통해 국내 소프트웨어 시장을 규범화하고 특히 국내 리눅스 시장이 수요를 만족시킬 수 있는 상황에선 국산 리눅스 운영시스템을 우선적으로 구매할 수 있도록 한다고 발표했다(倪光南 2003). 나아가 중국 정부는 정보산업 영역에서 일련의 정책을 실시하면서 리눅스 발전을 인도하였다. 주요하게는 2000년, 국무원에서 발행한 '소프트웨어 산업과 IC(integrated circuit) 산업발전을 위한 정책에 관한 통지(国务院关于印发鼓励软件产业和集成电路产业发展若干政策的通知)', 2002년 국무원 판공실에서 발행한 '진흥 소프트웨어 산업 행동 강령(振兴软件产业行动纲要 2002-2005年)', 2006년 국무원 '국가 중장기 과학과 기술발전 계획 요강 2006-2020년(国家中长期科学和技术发展规划纲要 2006-2020年)' 그리고 2007년 국가발전계획위원회에서 발행한 '첨단기술 산업화 '십일오' 계획(高技术产业化"十一五"规划)' 등은 정부의 전반 사회 연구개발에 대한 투자확대를 의미하고 자주적 혁신에 의거한 제품개발에 대한 우대정책 실시를 공표하였기에 첨단기술 분야에 있어서 소프트웨어와 ICT 등 분야의 제품 개발을 격려하였다.

이 밖에도 기술표준에 관한 전략을 발표함과 동시에 MS와 같이 기술표준을 이용하여 기술독점 지위를 남용하는 기업들의 행위를 제약하고자 2008년 8월부터는 정식으로 '중화인민공화국 반독점법(中华人民共和国反垄断法)'을 시행하기 시작했다. 실제로 반독점법은 MS와 같은 독점운영 기업들에 대한 실질적인 제한조치들을 실시한 것으로 보인다. 대표적으로 반독점법 제3장 제17조에서 시장 지배 위치에 있는 경영자가 시장 지배적 지위를 남용하는 행동을 금한다는 것을 명시하였다(中华人民共和国反垄断法 2007). 즉 공정하지 못한 고가의 상품을 판매하거나 공정하지 못한 저가로 상품을 구매하는 행위를 금하며 또한 정당하지 못한 이유들로 원가보다 낮게 상품을 판매하지 못한다는 등을 규정하였다. 이는 MS가 중국의 해적판 현상을 타파하고자 실시한 정품 저가판매 운동을 겨냥한 것으로 볼 수 있다. 중국 공정원 니광난(倪光南) 원사는 "MS의 해적판에 대한 방임과 저가판매는 일종의 경영전략이다. MS는 고의적으로 중국 사용자들로 하여금 공짜로 MS 시스템을 사용할 수 있게 함으로써 중국이 자체적인 운영체계 발전을 할 기회가 없도록 만들기 위함이다"라고 언급하였다(天极网 2018.04.30).

그러나 이러한 중국 정부의 적극적인 공세에도 불구하고 홍치를 비롯한 국내 리눅스 개발 기업들은 눈에 띄는 성과를 안겨다 주지 못했으며 2014년에 홍치는 기업 해산을 선언하기에 이르렀다. 중국의 리눅스 개발이 뚜렷한 성공을 거두지 못한 데는 아래와 같은 여러 가지 문제들을 존재했다. 주요하게는 시스템 자체의 개발은 비교적 빠른 진행을 보였으나 MS-윈도우 시스템에 이미 많은 사용자들이 적응을 하고 있었고 그에 버금가는 편리한 운영체계 개발과 교체에 대한 시간이 상당히 걸리게 되었다. 또한 당시 홍치 리눅스와 더불어 관련 국내 리눅스 개발 기업들이 정부 재정에 대한 의존도가 너무 컸다는 것이 하나의 이유가 될 수 있다. 즉, 오픈소스 표준 설립 자체는 탄탄한 기술력이 토대가 되어야 하는 아래로부터 위로의 방향으로 진행이 필요했으나 중국은 정부로부터 시작하는 위로부터 아래로의 실시 전략이 문제가 되었다.

2. 외국 ICT 기업에 대한 견제

중국 정부는 미국 구글을 비롯한 미국 다국적기업들과 견주는 국내 ICT 기업을 육성하기 위해 다양한 방법을 모색하였다. 가장 먼저는 인터넷 검열 시스템이 있겠다. 방화장성(防火長城; Great Firewall)이라고도 불리는 이 검열 시스템은 검색엔진 이용자가 얻고자 하는 내용에 대해 시스템 내부에서 검열을 거쳐 보여주는 역할을 한다. 대표적으로 2006년 1월 구글은 국제적인 비판에도 불구하고 잠재적인 중국 시장을 위해 중국 정부가 내세운 인터넷 검열 방침을 따르기로 약속하고 중국 시장에 진출하였다. 실제로 중국어판 구글에서는 대만독립, 티베트독립, 천안문 사태, 파룬궁, 민주, 자유 등 중국 정부가 민감하게 생각하는 단어를 입력할 때 검색이 이루어지지 않았다(배영자 2011, 73). 이후 구글이 자사의 정보가 해킹당하고 있다고 항의하면서 중국 정부의 인터넷 검열방침을 따르지 않는 서비스를 제공하겠다고 발표하였다(McGregor 2010).

하지만 구글은 얼마 가지 않아 같은 해 7월에 계약만료를 앞두고 중국 정부에서 발급하는 인터넷영업허가(ICP) 갱신을 위해 다시 중국으로 돌아왔다. 중국에서 인터넷 서비스를 지속하기 위해서는 가장 먼저 ICP 허가 제도를 받아야 하는데 이는 중국 정부에 속하는 통신 관리국이 담당한다. 따라서 국한된 서비스일지라도 거대한 중국시장이 가져올 이익을 무시할 수 없는 기업의 측면에서는 적합하지 않는 규제를 무릅쓰고서도 선회할 수밖에 없는 선택이었다. 이는 결국 중국에서 인터넷 사업을 진행하려는 모든 국내외 기업들이 넘어야 할 첫 장벽이 바로 중국 정부라는 것을 보여주는 대목이다. 결국 ICP 허가 제도와 같이 중국 정부는 제도적인 차원에서도 지속적인 견제를 가능케 하도록 장벽을 만들어 놓았다.

계속하여 중국 정부는 구글 철수 사건이 발생한 지 몇 개월이 지나지 않아 처음으로 "중국 인터넷 정황(中国互联网状况)"이라는 백서를 내놓으면서 주권에 대한 명시적 언급을 하기 시작하였다. 뿐만 아니라 제조업의 비중을 줄이고 내수시장 발전을 추진하기 위해 2010년 '전략적 신흥산업'을 육성하기 위한 정책을 제시했다. 최근에는 중국 정부는 ICT 산업의 고도화, 모바일 서비스 산업 창출, 산업구조 개혁 등을 촉진하기 위해 인터넷 플러스(互联网+) 전략을 발표했다. 인터넷 플러스는 인터넷을 기반으로 전통산업과의 연계를 강화해 새로운 산업구조를 구축하기 위한 정책이다. 중국 정부는 플러스가 의미하는 바와 같이 인터넷을 기반으로 신성장산업을 육성하고자 하는 것을 보여준다. 즉 중국 정부는 인터넷 산업을 활성화해 수요와 공급을 효율적으로 배분하고, 기업 관리의 투명성을 제고해 시장에서의 공정한 경쟁을 유도하는 혁신의 촉매제로 강조하고 있다. 이 밖에도 2011년에는 중앙인터넷안전 및 정보화 영도소조(中央网络安全和信息化领导小组)를 설립하면서 정부의 인터넷 공간에 대한 중시를 여실히 보여주었다.

이와 같은 중국 정부의 적극적인 정책적 지지와 공세는 중국 국내 기업들에게 긍정적인 효과를 가져다주었다. 대표적으로 BAT로 불리는 바이두, 알리바바, 텐센트가 빠르게 치고 올라와 내수시장 장악에 힘썼으며 특히는 바이두가 검색엔진 분야에게 독보적인 모습을 보였다. 물론 관련 기업들의 성장과 성공이 기업 자체적인 현지화 전략이 잘 실행이 된 부분이 컸다고 볼 수 있지만 여전히 중국 정부의 위와 같은 지원과 지지의 효과를 무시할 수 없다. 현재 바이두 등 중국 IT 기업들이 중국 국내에서 우월함을 보이고 있지만 아직 글로벌한 시장에서의 점유율은 구글 등 미국 기업들에 비하면 미미하다는 것이 중국 정부의 역할을 잘 보여주는 부분이겠다. 즉, 중국 내 ICT 기업들의 기술이 아직 글로벌한 표준으로 받아들여지기에는 부족한 부분이 존재함을 보여주는 동시에 미국의 다국적 IT 기업들의 우월한 기술력이 내비치는 매력과 그에 따른 문턱이 상당히 높음을 느낄 수 있다.

3. 법률적 규제: 네트워크안전법

첨단기술과 인터넷 공간이 점차 중요해지면서 중국 정부는 인터넷에 관련된 법안을 적극적으로 제정했다. 대표적으로 국가 사이버 공간 주권, 안전과 발전의 이익 유지 및 사이버 공간 주권 지키기에 관한 기본원칙을 수립한 2017년 6월 1일부로 정식 시행된 "네트워크안전법(网络安全法)"이 있다. 중국 정부는 "네트워크안전법"의 제정 이유를 사이버 보안을 보장하고 인터넷 공간에서의 주권과 국가안보, 사회적 공공의 이익을 지키고 공민, 법인 및 기타 조직의 합법적 권익을 보호하며 경제사회 정보화의 건전한 발전을 촉진하기 위해서라고 명시하였다(中华人民共和国网络安全法 2016).

　　이 법은 중국의 인터넷 공간의 안전관리 문제를 포괄적으로 규율하는 첫 법규로서 중국의 인터넷 공간에서의 법치건설의 중요한 이정표이자, 법을 따라 망을 다스리고 사이버 위험을 해소하는 법률적 무기로 법치궤도를 통한 건강한 인터넷 운영을 위함이라 밝혔다. 그중에서도 관련 법률이 강조하는 부분은 인터넷 안전등급 보호제도와 인터넷 운영자의 안전 의무 이행 및 중요 데이터 해외 유동 제한에 관한 것이다. 우선 인터넷 안전등급 보호제도 및 운행자 의무 이행에 관련해서는 아래와 같다. "네트워크안전법" 제21조에 따르면 국가는 인터넷 안전등급 보호제도를 실시하고 인터넷 운영자는 인터넷 안전등급 보호제도의 요구에 따라 관련 의무를 이행해야 한다. 먼저, 인터넷 운영자는 인터넷이 간섭받고, 파괴되거나 권한 없는 접속을 방지할 수 있도록 보장해야 한다. 또한 인터넷 데이터가 유출되거나 도난당하고 임의로 수정되지 않도록 방지한다. 뿐만 아니라, 내부안전관리 제도와 운영 규정을 제정하고 인터넷 안전 담당자를 확정하며 이들이 인터넷 안전보호 책임을 다할 수 있도록 한다. 구체적으로는 컴퓨터 바이러스와 인터넷 공격, 인터넷 침입 등 인터넷 안전을 위협하는 행위를 방지하는 기술과 인터넷 운행상태와 인터넷 안전 사건 모니터링 및 기록이 가능한 기술을 보유할 수 있도록 대책을 취한다. 규정에 따라 관련된 인터넷 일자를 6개월 이상 보관하며 데이터 분류 및 중요 데이터 백업과 암호화 대책을 취한다.

다음으로 핵심 정보 인프라의 중요 데이터 해외 유동을 제한하는 부분도 포함되어 있다. 실제적으로 중국은 특수한 분야의 개인정보나 중요 데이터의 저장 위치에 대한 명확한 규정이 부재해왔다. 따라서 "인터넷안전법"은 이에 착안하여 핵심 정보 인프라 운영업체의 개인정보 저장 위치에 대해 특별히 언급하고 있다. 주요 내용으로는 "중화인민공화국 국내에서는 운영 중 수집하고 발생한 개인정보와 중요 데이터는 국내에서 저장되어야 한다. 만약 업무상 불가피하게 데이터를 국외에 제공해야 할 경우, 국가 인터넷 통신부서와 국무원 관련 부서가 제정한 방법에 따라 안전 평가가 진행된다"고 명시되어 있다. 결국 '인터넷안전법'은 중국 정부로 하여금 인터넷을 직접 통제하고 그로부터 야기되는 위험에 대처할 수 있는 법적 근거를 마련해 주었다. 또한 중국이 개정한 "네트워크안전법"은 다국적 IT기업들을 압박하는 수단이 되었다. 대표적으로 애플은 중국 앱스토에서 인터넷 검열시스템을 우회하는 가상사설망(VPN) 관련 응용프로그램 및 앱 60여 개를 삭제하였다. 더불어 MS는 중국 사용자들에 관련된 자사 데이터를 중국 데이터 센터로 옮겼고 애플은 2018년 2월 iCloud 서비스 운영권을 중국 현지 업체에 넘기기도 하였다.

VI. 맺음말

국제정치의 오랜 관심사는 국가안보였다. 그리고 오늘날 기술의 발달로 인해 국경이라는 경계가 다소 모호한 탈지정학적인 인터넷 공간에서의 국가주권 존재 여부가 화두가 되고 있다. 중국을 비롯한 러시아, 브라질은 사이버 공간상에서도 주권은 존재한다고 주장하며 다소 근대국가적인 주권 개념을 지속적으로 어필하고 있다. 그렇다고 해서 그들의 주장하는 바가 터무니없지는 않다.

중국은 실제로 미국 다국적 IT 기업들로부터 개인정보 유출은 물론 정부의 관련 정보안전이 여러 차례 위험에 노출되는 사건들을 경험했고 기술독점 기업들이 취하는 기술 장벽 전략으로 인해 단기간에 기술의 문턱을 넘기 어려운 현실을 마주해야만 했다. 이 같은 상황에서 중국 정부가 취할 수 있는 최선의 방법은 바로 주권과 안보의 공생관계를 이용하는 것이었다. 국가안전이 위협을 받는다는 인식형성이 국가주권에 대한 침해로 이어졌으며, 나아가 주권은 독립적 국가의 최고권리로서 필히 수호를 해야 한다는 담론을 형성하였다. 그리고 정부 차원에서 규제할 수 있는 다양한 법규와 제도를 발표 및 실행하였으며 동시에 자국 시장 내 기업들의 관련 분야에서의 성장을 촉진하고자 대대적인 재정 및 정책적 지원을 펼쳤다. 현재까지의 결과만을 놓고 봤을 때 잘된 점과 한계가 동시에 존재하므로 대응전략의 성공 여부를 섣불리 판단할 수는 없다.

이 글은 미국의 ICT 분야에 종사하는 다국적기업들의 기술패권 현황과 그들에 대한 중국 정부의 안보인식 형성과정 및 변화를 중심으로 살펴보았다. 나아가 미국 기술패권에 대응하는 중국 정부의 대응전략을 검토해보면서 몇 가지 시사점을 고찰할 수 있었다. 첫째, 글로벌한 기술표준은 엄청난 파워를 갖는다. 그리고 기술표준이 갖는 파워가 곧 네트워크 권력으로 전환되어 사용된다. MS와 구글과 같이 PC 그리고 검색엔진 분야에서 선두를 달리고 있는 독점기업들을 단순히 정책과 법률적 도경으로 견제하기에는 어려움이 있다. 다음으로 주권 개념에 대한 부동한 이해이다. 근대국가에서 주장하는 영토를 중심으로 하는 것을 주권으로 간주하는 국가 행위자들이 있는 반면 인터넷은 국경에 제한되지 않는 자유로운 공간으로 인식하는 국가들도 있다. 중국 정부와 같이 인터넷 등 탈지정학적인 공간에서도 주권의 개념을 적용하는 국가들에겐 주권의 범위가 지속적으로 확대되고 있는 추세이다. 마지막으로 주권과 안보가 공생관계를 넘어 점차 그 경계가 모호해지고 있다는 점이다. 중국 정부가 미국의 기술독점에 대한 위협을 안보로 간주함으로써 자연스럽게 국가주권에 대한 침해로 이어지고 있는 상황이다. 결국 이 두 개념에 대한 보다 정확한 고찰이 앞으로 필요하다. 더불어 미국 기술패권에 대한 중국의 견제가 어느 정도의 효과를 보이고, 반대로 중국 기업들이 미국 정부의 견제대상으로 지목되는 현상은 앞으로 ICT를 필두로 하는 혁신산업이 미중 경쟁의 새로운 라운드가 될 가능성이 있음을 시사한다.

참고문헌

1차 자료

U.S. House of Representatives 112th Congress. 2012. "Investigative Report on the U.S. National Security Issues Posed at Chinese Telecommunications Companies Huawei and ZTE." https://intelligence.house.gov/sites/intelligence.house.gov/files/documents/huawei-zte%20investigative%20report%20(final).pdf

中华人民共和国中央人民政府. 2000. 《国务院关于印发鼓励软件产业和集成电路产业发展若干政策的通知》; (国发〔2000〕18号)." http://www.gov.cn/gongbao/content/2000/content_60310.htm

_____. 2002. "中华人民共和国政府采购法". http://www.gov.cn/gongbao/content/2002/content_61590.htm

_____. 2002. "振兴软件产业行动纲要(2002年至2005年); (国办发〔2002〕47号)." http://www.gov.cn/zhengce/content/2016-10/12/content_5117974.htm

_____. 2002. "中华人民共和国反垄断法(主席令第六十八号)." http://www.gov.cn/flfg/2007-08/30/content_732591.htm

中华人民共和国国家发展和改革委员会. 2007. "高技术产业化"十一五"规划." http://www.ndrc.gov.cn/zcfb/zcfbghwb/200705/t20070514_579679.html

中国互联网络信息中心(CNNIC). 2009. 『2009年中国搜索引擎用户行为研究报告』. http://www.cnnic.cn/hlwfzyj/hlwxzbg/ssbg/201206/t20120612_27459.htm

中华人民共和国国务院新闻办公室. 2010. 《中国互联网状况》白皮书." http://www.gov.cn/zwgk/2010-06/08/content_1622866.htm

全国人民代表大会常务委员会. 2017. "中华人民共和国网络安全法." http://www.npc.gov.cn/npc/xinwen/2016-11/07/content_2001605.htm

人民日报. 2010/1/12. 第12版. "谷歌终于道歉了."

단행본 및 논문

김상배. 2018. "미중 플랫폼 경쟁으로 본 기술 패권의 미래." 『Future Horizon』 36(-): 6-9.

박인휘. 2001. "주권과 글로벌 안보: 세계화시대 주권과 안보의 개념적 재구성." 『한국정치학회보』 35(3): 455-474.

배영자. 2011. "미국과 중국의 IT 협력과 갈등 : 반도체 산업과 인터넷 규제 사례." 『사이버커뮤니케이션 학보』 28(1): 53-88.

이용수. 2011. "스마트혁명 시대 빅데이터 활용과 프라이버시 사이의 충돌에 관한 연구." 경원대학교 석사학위논문. 1-180.

조성국·이호영. 2015. "인터넷 검색사업자의 경쟁법적 규제에 관한 연구─검색중립성 논의와 규제사례 및 그 시사 점을 중심으로.”『경쟁법연구』13: 268-305.

최난설헌. 2015. “인터넷 검색시장에서의 공정성 문제-Google 사례를 중심으로-.”
『경쟁법연구』14(3), 95-118.

曹妤(초위). 2011. “全球化背景下跨国公司于国家主权的博弈 —以谷歌退出中国事件为例.”
碩士学位论文. 上海师范大学.

胡沙沙(후사사). 2014. “信息产业技术标准全球化对我国国家安全的威胁及应对战略研究.”
碩士学位论文. 天津师范大学.

李盛竹(리청주). 2010. “美国跨国公司国际竞争战略研究 ——基于新‘政治—技术霸权’背景.”
『国际经济探索』26(7): 50-55.

倪光南(니꽝난). 2003. “Linux技术已经成熟, 可大力推广.”『信息空间』12(-): 26-27.

王玉鹏(왕위펑). 2013. “信息时代我国文化安全面临的挑战.”『重庆与世界』, 30(8): 4-6.

周殷华外2人(쩌우인화 외 2인). 2008.
“我国Linux发展的成功模式:政府引导的产学研战略合作联盟 ——以中科红旗公司为例.”
『中国软科学』8(-): 85-92.

Brenkert, George. 2009. “Google, Human Rights, and Moral Compromise.” *Journal of Business Ethics*, 2: 61 – 66.

Chander, Anupam. and Le, Uyen P. 2014. “Data nationalism.” *Emory Law Journal*, 64: 677-739.

Castels, Manuel. 2000. *The Rise of the Network Society*. 2nd edition. Oxford: Blackwell.

_____. 2011. “A Network Theory of Power.” *International Journal of Communication*, 5: 773 – 787.

Grewal, D. S. 2008. *Network power: The social dynamics of globalization*. Yale University Press.

McGregor, James. 2010. *The China Fix*, TIME, February 1, 2010, http://content.time.com/time/magazine/article/0,9171,1955426,00.html (검색일: 2020.1.)

Pelley, Scott. 2014. “FBI Director on Threat of ISIS, Cybercrime.” *CBS News*, October 5, 2014. https://www.cbsnews.com/video/fbi-director-on-threat-of-isis-cybercrime/

Sung Wook, Kim and Aziz Douai. 2012. “Google vs. China’s “Great Firewall”: Ethical implications for free speech and sovereignty.” *Technology in Society*, 34: 174 – 181.

Weber, Cynthia. 1995. *Simulating Sovereignty*. Cambridge: Cambridge University Press.

뉴스기사

『凤凰资讯』. 2008/10/27. “中国工程院院士倪光南：微软是“滥用知识产权”.” http://news.ifeng.com/mainland/200810/1027_17_848849.shtml (검색일: 2020.1.10.)

『环球财经』. 2006/4/19. “邪恶帝国”中国版本？ http://business.sohu.com/20060419/n242887620.shtml (검색일: 2020.1.10.)

『人民网』. 2014/12/25. “外交部发言人谈网络安全问题”. http://world.people.com.cn/n/2014/1225/c391819-26276919.html (검색일: 2019.12.9.)

『搜狐网』. 2018/1/16. "iCloud数据将迁移至国内，继续使用还是弃坑，先了解这些再说." https://www.sohu.com/a/217060811_623786 (검색일: 2020.1.10.)

『天极网』. 2018/4/30. "工程院院士：微软放任中国人装盗版Windows反过来说人是小偷." http://mobile.yesky.com/351/630660851.shtml (검색일: 2019.12.20.)

『人民网』. 2014/7/18. "习主席"信息主权不容侵犯"互联网安全观响彻世界." http://yuqing. people.com.cn/n/2014/0718/c210107-25299779.html (검색일: 2019.12.8.)

『新华网』. 2019/5/22. "王毅：美国打压华为是典型的经济霸凌行为." http://www.xinhuanet. com/2019-05/22/c_1124529936.htm (검색일: 2019.12.8.)

『新浪科技』. 1999/11/12. "第一章"维纳斯计划"福兮祸兮(2)." http://tech.sina.com.cn/news/ it/1999-11-12/11059.shtml (검색일: 2019.11.14.)

『新浪网』. 1999/3/23. "微软维纳斯计划白皮书." http://news.sina.com.cn/richtalk/news/ tech/9903/032331.html (검색일: 2020.1.10.)

『央视网』. 2013/6/19. "中国要求华盛顿解释"棱镜门"." http://news.cntv.cn/2013/06/19/ ARTI1371600089193970.shtml (검색일: 2019.12.10.)

『中国新闻网』. 2019/12/16. "习近平强调"尊重网络主权"有何深意." http://www.chinanews. com/gn/2015/12-16/7674308.shtml (검색일: 2019.12.5.)

426

지은이

이승주 중앙대학교 정치국제학과 교수
연세대학교 정치외교학과 학사 및 석사, 미국 캘리포니아 버클리대학교 정치학 박사
The Political Economy of Change and Continuity in Korea: Twenty Years after the Crisis. (2018, 공저)
『사이버 공간의 국제정치경제』 (2018, 편저)
『일대일로의 국제정치』 (2018, 편저)
『일대일로: 중국과 아시아』 (2016, 편저)

배영자 건국대학교 정치외교학과 교수
서울대학교 외교학과 학사 및 석사, 미국 노스캐롤라이나대학 정치학 박사
『지구화 시대의 공공외교』 (2019, 공저)
"사이버안보 국제규범 연구." 『21세기정치학회보』 27(1). (2017)
"미중 패권 경쟁과 과학기술혁신." 『국제지역연구』 25(4). (2016)

차정미 연세대학교 통일연구원 연구교수
연세대학교 중어중문학과 학사, 연세대학교 정치학과 석사 및 박사
"Analysis on the Implementation of South Korea's Nordpolitik in 1970-1990s."
Korea Observer 51(1). (2020)
"4차 산업혁명시대 중국의 군사혁신 : 군사지능화와 군민융합(CMI) 강화를 중심으로." 『국가안보와 전략』 20(1). (2020)
"중국 개혁개방 초기 국가주도의 ICT 발전전략과 정책 분석." 『동북아연구』 34(2). (2019)
"북중관계의 지정학: 중국 지정학 전략의 '변화'와 대북 지정학 인식의 '지속'을 중심으로." 『동서연구』 31(2). (2019)

홍건식 중앙대학교 국익연구소 선임연구원
연세대학교 국제관계학과 학사, 정치학 석사 및 박사
"시진핑의 중국몽과 정체성 정치-일대일로, AIIB 그리고 패권정체성."『국제정치논총』58(1). (2018)

강하연 정보통신정책연구원(KISDI) 국제협력연구본부 본부장
캐나다 브리티시 컬럼비아 대학교 학사, 연세대학교 국제대학원 석사, 미국 Northwestern University 정치학 박사
『사이버공간의 국제정치경제』(2018, 공저)
『4차 산업혁명시대의 남북관계-글로벌 정보화에 비춘 새로운 지평』(2018, 공저)
"전자상거래규범 영향평가 및 대응전략 수립." KISDI 연구보고서 (2016)

유인태 단국대학교 정치외교학과 조교수
연세대학교 정치외교학과 학사 및 석사, 미국 사우스캐롤라이나대학교 정치학 박사
"글로벌 인터넷 거버넌스에서의 스윙국가 중견국 외교: 브라질, 인도, 한국의 사례."『국가전략』25(4). (2019)
"캐나다 사이버 안보와 중견국 외교: 화웨이 사례에서 나타난 안보와 경제통상의 딜레마 속에서."『문화와 정치』6(2). (2019)
"Internet Governance Regimes by Epistemic Community." *Global Governance* 25(1). (2019, 공저)
"디지털 보호무역주의의 국제정치경제"『동서연구』30(2). (2018)

김상배 서울대학교 정치외교학부 교수
서울대학교 외교학과 학사 및 석사, 미국 인디애나대학교 정치학 박사
『사이버 안보의 국가전략 2.0: 국제규범의 형성과 국제관계의 동학』(2019, 공저)
『버추얼 창과 그물망 방패: 사이버 안보의 세계정치와 한국』(2018)
『아라크네의 국제정치학: 네트워크 세계정치이론의 도전』(2014)
『정보혁명과 권력변환: 네트워크 정치학의 시각』(2010)

김주희 부경대학교 정치외교학과 조교수

독일 베를린 자유대학교 정치학과 학사 및 석사, 정치학 박사

『미·중 디지털 규범 경쟁과 유럽의 전략』(2020)

『독일 사이버안보 국가전략: 안보화를 넘어 군사화로』(2020)

"A Critical Analysis of Multilateral Aid of Middle Power States." 『한국정치학회보』 51(3), 81-110. (2017)

"Die Einwirkung der Europäischen Integration: Europäisierung in der Umwelt-politik in Deutschland." 『세계지역연구논총』34(4), 27-54. (2016)

이왕휘 아주대학교 정치외교학과 교수

서울대학교 외교학과 학사 및 석사, 영국 런던정경대 국제정치학 박사

『미중 전략적 경쟁, 무엇이 문제이고 어떻게 풀어야 하나』(2020, 편저)

"핀테크(金融科技)의 국제정치경제: 미국과 중국의 경쟁." 『국가전략』24(2). (2018)

『미중의 아태질서 건축 경쟁』(2017, 편저)

김준연 소프트웨어정책연구소 책임연구원

중국 길림대학교 경제학 학사, 한양대학교 국제학대학원 석사 및 박사

"Windows of Opportunity, Capability and Catch-up : The Chinese Game Indus-try." *Journal of Contemporary Aisa.* (2019)

"Catch-up by Indigenous Firms in the Software Industry and the Role of the Government in China : A Sectoral System of Innovation (SSI) Perspective." *Eurasian Business Review.* (2013)

『2020 한국경제대전망』(2019)

『디지털사회 2.0』(2019)

『중국과 인도의 혁신과 추격』(2013)

최용호 서강대학교 정치외교학과 학사, 서울대학교 외교학과 석사
"1980-1990년대 미·일 기술패권 경쟁과 통상마찰: 기술 문제의 안보화와 미국의 경제적 대응." 서울대학교 석사학위논문 (2020)

김지이 서울대학교 국제문제연구소 미래세계정치센터 조교
중국 북경화공대학교 영문학 학사, 서울대학교 외교학 석사과정